湖南人底精神

湖湘精英与近代中国

罗 宏 许顺富 著

新星出版社 NEW STAR PRESS

作者简介

罗宏,男,1954年生。南京大学文艺学硕士毕业,广州大学教授。评论家、作家。获广州市优秀专家称号。出版发表论著、论文、文学作品约二百万字。影视作品约四百部(集)。作品获国家、省、市政府奖十余项。2014年长篇小说《骡子和金子》有较热烈市场反响,转让五项版权,销行量数十万册(含电子书)。

许顺富,男,1963年生,华东师大近现代史专业博士毕业,湖南省委党校教授,硕士生导师。教研室主任。湖南首批"优秀青年骨干教师","121"人才工程培养对象。开创湖南绅士群体研究新领域。在海内外发表论文60余篇,论著《湖南绅士与晚清政治变迁》、《湖南绅士与晚清文化变迁》、《政坛不倒翁谭延闿》等多部。获省级优秀教学成果奖三项。

广州大学文学思想中心资助

目 录

序 / 1

第一章：近代湖湘政治精英群体形成的历史大环境
  第一节　文化冲突中的投诚与招安 / 1
  第二节　文化投诚中的虚心与杀心 / 7
  第三节　贵族统治阶级的执政力退化 / 13
  第四节　晚清的乱世生态 / 22

第二章：近代湖湘政治精英群体形成的乡土社会
  第一节　湖湘的地缘社会生态 / 33
  第二节　楚文化底色对湖湘民性的影响 / 40
  第三节　移民传统与湖湘绅士的社会影响 / 45
  第四节　乾嘉苗民起义的社会影响 / 53

第三章：近代湖湘政治精英群体的思想资源
  第一节　宋代的湖湘文化大开化 / 63
  第二节　王夫之的诞生 / 75
  第三节　王夫之思想述要 / 84
  第四节　王夫之的湖湘文化影响 / 101

第四章：近代湖湘政治精英群体的教育摇篮——岳麓书院

第一节 湖湘学基地与岳麓学统 / 111

第二节 王夫之和岳麓书院 / 125

第三节 清代岳麓书院的辉煌 / 128

第四节 罗典书院时代 / 134

第五节 湖湘英杰与岳麓书院 / 153

第五章：嘉道年间湖湘政治精英集团的形成

第一节 嘉道年间的湖湘政治精英群体 / 159

第二节 陶澍的历史地位和文化贡献 / 168

第三节 贺长龄的历史地位和文化贡献 / 176

第四节 魏源的历史地位和文化贡献 / 190

第六章：咸同年间湖湘政治精英群体的兴盛

第一节 乱世崛起的湘军集团 / 199

第二节 湘军领袖曾国藩 / 203

第三节 继往开来的左宗棠 / 216

第四节 湘军对历史的改变 / 226

第七章：湘军知识精英集团的文化建构

第一节 东西方文化的时代冲突 / 238

第二节 湘军集团的礼教文化重建 / 245

第三节 湘军集团的分化和没落 / 259

第八章:光(绪)、宣(统)年间湖湘政治精英群体的新变

    第一节 湖湘维新派精英群体的形成 / 274

    第二节 湖湘宪政派精英群体的形成 / 284

    第三节 湖湘革命党群体的形成 / 290

    第四节 令人回味的文化启示 / 295

第九章:近代湖湘政治精英群体的文化启示

    第一节 近代湖湘政治精英群体的文化属性和时代条件 / 308

    第二节 近代湖湘政治精英群体的极致道德情结 / 314

    第三节 近代湖湘政治精英群体的保守与革命 / 325

    第四节 近代湖湘政治精英群体的宗法性 / 334

    尾声 怎样面对先辈的文化遗产 / 344

后记:我与湖湘文化 / 351

序

文选德[*]

  晚清以来的百年间，湖湘英杰人物井喷式地涌现，堪称奇观。湖湘文化也在很大程度上因为这些英杰人物的历史作为而为世人关注，从而彰显湖湘文化的独特魅力。可以说，湖湘英杰既是湖湘文化哺育的结果，也是体现湖湘文化辉煌的显著标志。尤其是近代以来，湖湘文化对历史和民族的贡献，最突出的表现就是英才辈出。因此，研究近代湖湘英杰与研究湖湘文化是相辅相成的，本书作者就是抓住这种关系展开研究，体现了作者对湖湘文化的深度理解。这也是本书的新意之一。

  对于近代湖湘英杰的研究，学界大都着眼于业绩，例如，建构了湖湘学派，创造了咸同中兴的历史局面，开洋务运动之先声，平定边疆外敌侵略，捍卫了国家主权以及维新变法等等，而探讨这些湖湘英杰群体形成轨迹的研究并不多见，甚至可说是空白。晚清以来，社会经济并不发达，政治区位也比较偏远，地理环境相当封闭的湖南，为什么会井喷式地涌现群星灿烂的政治家群体，担当起左右中国方向的历史使命，创造一系列彪炳史册的辉煌业绩？这的确是个历史之谜。本书作者从清代社会政治大背景，湖湘乡土社会文化环境，影响湖湘英杰的思想资源，以及岳麓书院的教育摇篮作用等方面，展开多元综合考察，将湖湘英杰

---

[*] 文选德，知名湖湘学者。湖南师范大学教授、博士生导师，《湖湘文库》编辑出版委员会主任。曾任中共湖南省委副书记、湖南省政协副主席。

群体的形成归结为多种因素的合力作用。这种多元视角的观照，符合马克思主义的历史合力论的思想方法，也抓住了近代湖湘英杰群体形成的关键因素。据我所知，对近代湖湘英杰的形成从社会政治背景、乡土文化背景、思想资源背景和教育背景综合考察的论著为数不多，因此本书具有相当的开创性。

在此基础上，作者还以专章对陶澍和贺长龄、曾国藩和左宗棠、谭嗣同和黄兴为代表三代湖湘英杰群体的代际差异和文化特点展开了分析，许多观点别开生面。比如第三代湖湘精英群体与前两代比较显出较为复杂的情况，即保守与革命的并存现象。给人的感觉是湖湘文化出现了划时代的转型。作者进行了分析，认为这一代湖湘英杰群体虽然有时代新变的一面，但并不是突变，也并没有改变湖湘文化的基本内涵，从更深层的文化性格看，无论保守或革命，依然是湖湘传统文化性格的赓续，保守派和革命派均是湖湘文化的孪生子。也就是说，经世致用为思想特色的湖湘文化，是以经世需要为道路取舍的标准，保守与革命都依据经世效果为决策，对湖湘英杰而言并没有价值信念的选择障碍。这样的分析，看到了湖湘文化历史传承的延续性而没有被表象的断裂性所迷惑，对于我们更深刻地把握湖湘文化的内质，是有独到眼光的。此外，对代表性的湖湘英杰人物，作者的一些分析也富有意味。比如对于贺长龄的历史地位，作者根据史料分析，将他提升到与陶澍并立的高度；对于左宗棠的分析，也依据史料将其和曾国藩对照，指出是两种湖湘文化人格的代表之一；还有对罗典的评价，作者综合史料，提出了罗典书院时代的概念，将罗典和两位弟子袁名曜、欧阳厚均联系在一起，作为一个符号人物，标举岳麓书院最辉煌的教育业绩和教育时代。这些观点不仅富有新意，更富有启迪。总结湖湘文化，固然要依据史料，包括发掘新史料，但如何观照史料也很重要。由于时间的流逝和社会的种种变迁淘洗，历史的史料无论怎么丰富，和历史进程的无限丰富性相比都是有限的，史料缺失是史学研究的常态，仅靠史料来还原历史往往是很困难的。历史研究在很大程度上是学者对有限史料的解读，这就要考验学者的史学功底了。我认为，史学功底是衡量学者水平的非常重要的指标。本书就史料的新发现而言并不突出，基本上都是依据已经开掘的史料以及前人的研究，但给我留下深刻印象的是作者在耳熟能详的史料和观点中不乏独到的发现或者说见地，尽管他们的观点我并非全都认同，却很欣赏作者的探索精神与史学功夫。学术研究要百家争鸣，各抒己见，即使有些观点不成熟也没关系，真理和真知总是在不断的探索和讨论中确立。如果本书能引起学界的关注和讨论，推动对湖湘文化研究的深入，则是我所乐见的。

本书的两位作者都是湖湘子弟，天然受到湖湘文化哺育，对湖湘文化也有浓浓乡情。许顺富教授是近代史的博士，二十多年研究近代史，尤其在湖南绅士研究领域耕耘很深，著有《湖南绅士与近代湖湘文化变迁》《谭延闿政坛不倒翁》等多部专著，给本书的研究和写作奠定了较为扎实的知识基础。罗宏教授专业是文艺理论，而立之年走出湖湘，到了岭南，成为广东的知名学者、评论家、作家，也是颇有建树。还值得一提的是，罗宏父母家族均为近代湖湘显望世家，先人中不乏湖湘英杰，他七世族祖便是著名岳麓山长罗典，五世伯外公便是主编《皇朝经世文编》的著名经世派领袖，云贵总督贺长龄。这种家世背景，激发他投入到湖湘文化的研究中，从而使本书字里行间透出特殊的情感温度。我还得知，罗教授的姨妈贺延祜是新民学会的会员，姨父欧阳继统在大革命时期就读中山大学，是广东知名的学运领袖，抗日战争时期在我的家乡石门和友人一起创办了九澧中学，也是我的母校，于是和罗教授又有了一种亲和感。当罗教授请我为他们的新著作序之时，便欣然接受，匆忙中写下了如上不成文章的文字。

权且为序。

文选德

2016年6月16日

第一章：近代湖湘政治精英群体形成的历史大环境

考察近代湖湘政治精英的形成，首先必须关注相关的历史大环境。近代湖湘政治精英的形成，与清代以来的政治大环境密切相关。很大程度上，是时代的种种情势有意或无意间成就了近代湖湘政治精英群体的诞生和崛起。具体言之，清王朝执政历程中的激烈文化冲突，满族统治集团为巩固政权采取的文化投诚与招安并举的国策，以及由此而衍生的满族贵族集团与汉族士大夫集团之间微妙的实力消长转换，构成了近代湖湘政治精英群体崛起的重要社会、政治条件。

第一节　文化冲突中的投诚与招安

一、武力征服与文化的反征服

清朝政府是满洲贵族建立的最后一个中华封建王朝。生活于白山黑水之间的满族曾是古老的游牧民族，西周时称肃慎，西汉时叫挹娄，隋唐时称靺鞨，宋朝时叫女真，清朝时称满洲。满洲贵族习游牧，精骑射，长期过着游牧渔猎生活。明朝后期，满洲部落在努尔哈赤的领导下，迅速强大，建立了一支所向披靡的八旗铁骑，其子皇太极乘着明末内乱，凭借着八旗劲旅，纵横于东北三省，建立了清朝政权，奠定了清王朝的根基。顺治皇帝福临六岁登基，虽是叔嫂合谋的杰作，却没能力处理国家军政大事，是在母后孝庄皇太后和叔父多尔衮的联合辅佐下，成为划时代的雄主，打着为"故主雪耻"，为汉人复"君父之仇"的旗幡，将八旗铁蹄开进山海关，最终实现了祖辈挥师入关、统一天下之梦。

八旗铁蹄席卷南移，迅速打败了兵进京师的李自成农民义军。满洲贵族以明朝的合法继承人自居，在京城为明朝的崇祯皇帝举行了隆重葬礼，这是一出精心策划的政治表演，希望赢得民心，争取明朝遗老遗少的拥戴。1644年9月，顺治皇帝又将都城从盛京（今沈阳）迁到了北京，企图更进一步地亲和与控制新征服的异族汉民，巩固清朝江山。

清军在不断向南征服的过程中，也遭遇了一个不可思议的奇怪现象：越是汉人文化深厚的地区，抵抗情绪就越强，征服难度就越大，付出的代价就越惨重。对于一个崇尚武力的少数民族来说，最初根本意识不到文化的影响作用，而迷信暴力是解决一切问题的万能工具。越是汉人抵抗强烈的地区，清军越加残暴，制造了"扬州十日"、"嘉定三屠"等一系列屠城惨案。史料记载，仅扬州一城，共有男女老少八十多万人在这场浩劫中遇害。但是，暴力不仅没有镇住文化底蕴深厚的汉人反抗，反而激起了更多的平民百姓走上武力抵抗道路。一城城的汉人被杀光了，一城城的汉人又揭竿而起。满洲贵族从这血淋淋的事实中，开始意识到靠一味杀人的暴行，难换来天下太平。

这就是人心的力量，这就是文化的力量。马克思在《不列颠在印度统治的未来结果》一文中曾指出：相继征服过印度的阿拉伯人、土耳其人、鞑靼人和莫卧儿人，不久就被当地居民同化了。野蛮的征服者总是被那些他们所征服的民族的较高文明所征服。这是一条永恒的历史规律。[1]尚处在封建军事民主化时期的满洲贵族要统治远比自己文明先进得多的广大汉族地区，光靠暴力难以长久，必须找到一种令汉人为我所用的制度。于是，清朝政府在实行武力征讨，确立"重满抑汉"的基本国策的同时，又大力施展对汉族士大夫的怀柔政策。一方面大量留用明朝的遗臣，使他们臣服新主，为己所用，消弭广大汉人的抵抗情绪；另一方面，也是更重要的方面，就是恢复汉人传统的选官取才的科举制度，疏通知识分子的上进渠道，在体制内约束知识分子的言行，使他们由新朝的对抗者转变为拥护者和支持者。所以，清代科举制的推行不能简单地视为一种官员选拔制度的延

---

[1]《马克思恩格斯选集》第一卷，人民出版社1995年版，2004年5月北京第5次印刷，第768页。

续，更有着招安汉族文化人的良苦政治用心。

顺治元年（1644）十月，顺治帝就在《即位诏》书中对科举制度作了明确规定："会试定于辰、戌、丑、未年，各直省乡试定于子、午、卯、酉年。凡举人不系行止黜革者仍准会试，各处府、州、县儒学食廪生员仍准给廪，增附生员仍准在学肄业，俱照例优免。"[1]1645年七月，浙江总督张存仁在给顺治皇帝所上的奏折中，更明确地阐述了开科取士的重要作用。他说："近有借口薙发，反顺为逆者，若使反形既露，必处处劳大兵剿捕。窃思不劳兵之法，莫如速遣提学开科取士，则读书者有出仕之望，而从逆之念自息。"[2]可见，清朝统治阶级已经深深地意识到，与其使用武力，处处围剿那些反清组织，不如采用安抚手段，通过开科取士的方法，使那些明代遗民尽快进入新的权力秩序之中，自觉地认同新政权。在武力征服与文化反征服的较量中，满族统治者终于找到了一条科举应对之路。

二、开科取士与文化笼络政策

1645年，清政府正式实行科举制度，规定于当年八月举行乡试，次年二月举行会试，科举制度由此成为清朝固定的一项国家制度。清代的科举实行常科、制科与八旗科并行的制度。常科是清代按照规制，定期举行的科举考试，是最重要的科举项目，包括"文科"和"武科"两类，其中又以"文科"考试影响最大。"文科"考试分为四级，依次是童试、乡试、会试和殿试。童试包括县试、府试、院试三个阶段，主要是考生员（即秀才）；乡试是省级考试，每三年一考，考中者为"举人"。会试是国家级考试，考中者为"贡士"；殿试是最高一级考试，由皇帝亲自主持，贡士复试合格后才能参加殿试，殿试主要挑选状元、榜眼、探花和进士身份以及职务任命。"武科"考试也大体类似，分为武童试、武乡试、武会试和武殿试四级，考武秀才、武举人、武状元等，但重在比试武艺和军事知识。制科则是不定期举行的科目，清代主要有博学鸿词科和孝廉方正科。八旗科主要是针对满洲贵族和八旗子弟，主要考国语和骑射，以保障满洲贵族的特权。

---

[1] 陈文新主编、王炜编校：《〈清实录〉科举史料汇编》，武汉大学出版社2009年版，第4页。
[2] 陈文新主编、王炜编校：《〈清实录〉科举史料汇编》，武汉大学出版社2009年版，第7页。

清代的科举考试内容主要以《四书》《五经》为主，向读书人灌输儒家的道德伦理思想，培养效忠于封建皇权的奴仆是科举考试的主要目的。在统治阶级看来："老子主无名无为，不利于干涉；墨家创兼爱，重平等，尚贤任能，尤不便于专制。惟独孔学，来等差，贵秩序，与人民言服从，与君主言仁政，以宗法为维系社会之手段，而达巩固君权之目的，此对当时现实社会，最为合拍，帝王驭民之策，殆莫善于此。"[①]这是极其意味深长的。征服者向被征服者递交了文化的降表。儒学被满族统治者尊奉为新王朝的意识形态。不能不承认，这是一种高明的统治术——以文化的投诚换取政治合法性的建构，既弥补了征服者自身的文化短板，又可以收买世道人心，将叛逆者转化为臣奴。清王朝因此真正得以维持下来。

科举考试采用的是八股文方式，这也是一种富有心机的设计，即每篇阐述儒家经义的论说，文由破题、承题、起讲、入手、起股、中股、后股、束股八个部分组成，对句子的长短、声调的缓急、避讳的格式等都有严格的规定。这种繁琐而僵硬的文体很大程度上束缚了考生的创造力，因而饱受后人诟病。问题在于，对于巩固政权而言，人的创造力恰恰是要被压抑的。如果我们这样来理解科举，也许就有更多会心之感。不过，科举考试也不全是消极性的统治术。不以门第论英雄，而以考试成绩较短长，贯彻着以成绩高低为选才标准的公平竞争原则，这就给每一个人通过科举考试以改变命运的机会。不管门第，不讲年龄，不论财富，在当时是最为公正的选才制度，给了每个读书人奋发进取的希望。加之科举考试又与功名利禄直接挂钩，士人一旦中试成名，不仅官运亨通，良田美宅，娇妻美妾随之而来，而且可以显亲扬名，光宗耀祖，一洗十年寒窗无人问的辛劳。

还必须留意，清代实行的是满汉双轨制管理制度，在中央各机关分设满、汉员，各部正、副职也是满、汉分设，表面看来好像是一视同仁，实际上是"重满抑汉"，同级官员以满为尊，官印往往掌握在满官手中，品级也以满官为大，高级军事官员绝大多数都是满人，汉人所占比例极少，总督、巡抚等地方大员在清代初期绝大多数由满人或蒙古族人担任，武科和八旗科考试主要是针对满人而设。满人比汉人享有更多的社会特权。他们还强行要求汉人改发易服，从形式上培养汉人的服从心理。满族统治者吸取了元朝蒙古人的教训，尽量不去触动汉人

---

① 转引自叶晓川：《清代科举法律文化的儒学化》，《科教文汇》2007年9月（上旬刊），第176页。

上层阶级的利益,甚至把自己打扮成儒家文化的倡导者、弘扬者,并基本沿用了明朝的政治体制,打造出一套"满汉全席"式的政治"合作"体制。虽然,这种以满洲贵族为主,以汉族士人为辅的管理制度蕴含着种族歧视,但是,在文化旗帜上却书写着儒学的图腾,这就迎合了汉人的文化心理,而且,毕竟在制度上给汉族士人参与大清帝国的管理提供了可能,从而在很大程度上消除满汉之间的隔阂。于是,功利诱惑重树了知识分子对异族皇权的尊敬,无数汉族知识分子渴望通过科举为朝廷效力,不再去考虑这朝廷是何族所创。①

科举考试对于士人而言是一个漫长的旅程。由于清代科举名额有限,能够连闯四关,科科及第的幸运者毕竟凤毛麟角。按规定,秀才大府20名,大州县15名,小县4名或5名。全国秀才名额在25000名左右,举人限额在1500名上下,进士限额在400名左右。举人与秀才限额的比例按规定大体是1/20,但是,如果加上历年落榜的人,20∶1的比例就大打折扣,按大、中、小省,分别是80∶1、60∶1、50∶1,淘汰率就十分可观了。参加会试殿试考进士,比例就是30∶1、40∶1。这种考试都是三年一次,三级考试都能顺利通过,大体要十年的时间,从童生到进士的考中机率大概是百分之几,要是在哪一级上蹉跎一下,就是十几年甚至几十年了,难怪在科场上出现了不少的白发童生和寿星举人。广东顺德人黄章,年近40才考中秀才,60岁补上廪生,83岁被选为岁贡生,康熙三十八年(1699)100岁时从广东千里迢迢到北京顺天参加乡试,一路由曾孙服侍照料。入考场时,黄章在灯笼上大书"百岁观场"四个大字,留下了"百岁乡试"的科场佳话。广东诸生谢启祚百岁参加会试,角逐进士功名。谢启祚先后有三妻二妾,23个儿子,12个女儿,29个孙子女,38个曾孙,两个玄孙。过着五世同堂的幸福生活,本可尽情享受天伦之乐,但他仍旧以98岁高龄入省参加乡试,本可以以年高获得皇帝恩赐举人,但被其拒绝,结果凭自己的学识和能力,果然考中了举人。为此他还特地作了一首老女出嫁的自嘲诗:"行年九十八,出嫁弗胜羞。照镜花生面,光生雪白头。自知真处子,人号老风流。寄女青春女,休夸早好逑。"第二年,他又以99岁高龄入京参加会试,朝廷授给国子监司业衔。这种寿星秀才、高龄举人在科举考试中并不是个别现象。据《光绪会典事例》公布的数字,乾隆元年(1736)赐给参加会试的70岁以上举人五人进士。从乾隆十七年(1752)到光绪

---

① 曹猛:《当我们读历史时,我们能读到什么》,吉林出版集团有限责任公司2012年版,第112—113页。

十二年（1886），六朝在150年的会试中，赐给70岁以上举人国子监司业、学正、翰林院检讨等头衔者2224人，赐给各省乡试的秀才以举人和副榜头衔12140余人，①足见科举考试对士人的强大诱惑力。

科举考试中，还有特殊的门类。对于那些知识渊博，在社会上有较高声誉和学术影响力的士人，清朝统治者还特开方便之门，通过举办制科的形式来笼络他们。1679年，康熙皇帝创办了博学鸿儒科，这是一种通过荐举与考试相结合，选拔具有真才实学的人才的办法，用以吸纳非常之才。3月，康熙皇帝亲自在体仁阁主持考试，参考人员共143人，试题为一诗一赋：即《省耕诗》和《璇玑玉衡赋》，录取一等20人，二等30人，共50人。这个鸿儒群体大多是淡于名利、踏实苦干、清廉自守、学识俱佳的人才，因此，康熙皇帝在迫使他们出山以后，给予了他们很高的礼遇，不仅升迁打破常例，还让他们参与国家的大型文化活动，陪同皇帝出席各种盛典，成为天子近臣，使他们时常感受皇帝重才的诚意，这对清代统治的巩固和化解汉族士子反清的情绪起了重要作用。康熙六十一年，又开设了孝廉方正科，以道德行为作为选才的标准，树立道德标兵，引领社会风尚，营造汉族知识分子尊礼重道的社会氛围。诸此种种，都可见统治者的确在科举上耗费了良苦机心。

钱穆在《国史新论》一书中谈到，在举行科举考试时，"不仅政府与社会常得声气相通，即全国各区域，东北至西南、西北至东南，皆得有一种相接触相融合之机会，不仅与政治上增添其向心力，更于文化上增添其调协力"②。费正清在谈到清代科举制度的作用时也说："殿试由皇帝主持，他通过这一仪式扮演了一种'圣人—教师'的角色而获得众多'天子门生'的效忠。士子一旦入仕，就会视皇帝为道德的楷模、学术和艺术的恩主，所以对于清朝最高统治者而言，真正的考验为他们是否能胜任这一角色，从而使国家和文化在'天子'的统治下保持统一。统治中国不仅需要政治和军事上的手腕，同样还需要文化上的领导能力。"③

清朝统治者正是利用了科举考试这一有效的工具，确立了大清新朝的国家意识形态，聚合了全国知识分子的能量，沟通了全国各地知识分子的文化交流，

---

① 任恒俊：《晚清官场规则研究》，海南出版社2003年版，第9—12页。
② 钱穆：《国史新论》，生活·读书·新知三联书店2005年版，第259页。
③ [美]费正清著，张沛等译：《中国：传统与变迁》，世界知识出版社2002年版，第259页。

激发出广大知识分子奋发进取的潜能，读书习文、精研学问的热情，在一定程度上促进了全国各地文化的繁荣，并为王朝培养了忠臣。后来的湖湘英杰群体中，绝大多数都是科举制度中选拔进仕的官僚，经过科举制的调教，他们成为鞠躬尽瘁，舍身忘死捍卫大清体制的中兴将相。这是科举政治功效的明证。

第二节　文化投诚中的虚心与杀心

一、汉文化修习之热

科举制的推行不仅表现出对汉族知识分子的招安，也显示出满族统治者的一种文化投诚，换言之，满族统治者在巩固政权的同时也经历了自身的文化蜕变。满族入关，铁马金戈，所向披靡，然而文化资源严重缺乏。也正是因为这种缺乏，促使满族征服者如饥似渴地寻求文化支撑，其必然结局就是向被征服的汉族学习先进的文化。这种学习有两大功能，一是提升文化落后之统治者治理天下的能力，二是消弭被统治者因文化隔膜而造成的心理对峙。

早在关外时期，满洲统治者就有意识地对自己的子弟实施汉文化的教育，从小就聘请名师，教导他们学习儒家的《四书》《五经》和政教制度。皇太极规定，诸贝勒大臣的子弟，8岁以上15岁以下，都要读书，使他们"习于学问，讲明义理，忠君亲上"。顺治皇帝早年受过良好的汉文化教育，亲政后他又重用汉官，推行大兴文教的政策，使崇儒之风开始漫延全国。

到康熙皇帝，这种对汉文化的修习，更为突出。康熙是一个典型的学习型君主，他勤奋好学，博学多才，经史子集、天文历法、数理医律、佛道自然，莫不涉猎。他曾说："朕御极五十年，听政之暇，勤览书籍，凡四书、五经、通鉴、性理之书，俱曾研究。……朕常进论天文地理，及算法声律之学。"[①]康熙皇帝继位于幼龄，受尽了权臣之气，看惯了朝臣的勾心斗角，领略了官场的尔虞吾诈，在复杂的环境中，学会了治国理政的权谋之术。面对圈地引发的汉人仇满情绪，

---

① 王春瑜主编《康熙政风录》，中共中央党校出版社1996年版，第310、311页。

"扬州十日"、"嘉定三屠"留下的历史后遗症,吏治败坏、贪腐猖獗而导致的人心丧失,他清醒地认识到必须对大清王朝进行一次大型的修复手术。康熙修复手术的一个重要举措就是不惜放下身段向儒家文化全面投降,用文化的魅力去弥合满、汉之间的矛盾,向世人表明他是天下的共主,会站在公正的立场上去处理国家的事务,不会偏袒任何一方。他一再声明"满汉皆朕之臣子"。"朕向待大臣,不分满汉,一体包容,诸臣当人人感戴自效。"①他大批任用汉人,废除各种对汉人的歧视性政策。康熙除在政治、经济方面推行向汉人学习以外,在意识形态上更是崇儒媚汉。他不仅继续承认儒家文化的正统独尊地位,而且还亲自主持编写了《朱子大全》和《性理精义》,将程朱理学定为官学。科举必考。康熙将程朱理学奉为"圣学",尤其对朱熹推崇有加。他说:"宋儒朱子,注释群经,阐发道理。凡所著作及编纂之书,皆明白精确,归于大中至正,今经五百余年,学者无敢疵议。朕以为孔孟之后,存稗斯文者,朱子之功,最为宏巨。"②在《御纂朱子全书》序言中,康熙更称颂朱熹:"文章言谈之中,全是天地之正气,宇宙之大道。朕读其书,察其理,非此不能知天人相与之奥,非此不能治万邦于衽席,非此不能仁心仁政施于天下,非此不能外内为一家。"称赞他"开愚蒙而立亿万世一定之规"。康熙还特地下令将朱熹从孔孟两庑的先贤中抬出,放在大成殿四配十哲之次,成为第十一哲,完全将他视若神明。

康熙的这一步棋实在很妙,击中了汉族知识分子的软肋。汉族知识分子不是倡导以"理"抗清吗?那我就鼓励大家学"理",既然政府都成了"理学"的倡导者,那么再进行反政府活动不就是反对自己所标榜的"理学"了吗?在清政府的软化政策面前,那些故作清高、强调气节的汉族知识分子变得哑口无言了,总不能自己打自己的嘴巴吧。显然,文化的话语权已经悄然操在了清政府手中,汉族知识分子先是沉默,然后是无可奈何地接受。但是,就像中国文化史上的许多类似经历一样,从社会边缘诞生的富有生命力的文化一旦"为君所用"成为主流,必定会从充满活力与创造性的原生状态走向凝滞、僵化、铁板一块,最后往往成为禁锢、戕杀文化的罪魁祸首。程朱理学在明代就已变味,康熙再把它捡起来时已经完全烂了。

---

① 王春瑜主编《康熙政风录》,中共中央党校出版社1996年版,第315页。
② 《东华录》康熙朝,五十一年二月。转引自:冯天瑜、何晓明、周积明:《中华文化史》,上海人民出版社1996年版,第890页。

二、修书立典之热

组织士人修书,这是清王朝向汉文化投诚的又一重要表现,也是笼络汉族知识分子的重要手段。

早在努尔哈赤时期,满族人就开始大量翻译汉文化典籍。努尔哈赤曾命令达海翻译《明会典》《素书》《三略》等书籍。《武经》《洪武宝训》《三国演义》《大学衍义》《资治通鉴》《通鉴纲目》《性理精义》《古文渊鉴》诸书以及其他汉族典籍,"皆翻译清文以行"。"汉族文化典籍的大量翻译,将汉文化的伦理观念、道德准则以及施政治国方略、立身处世经验等深广地渗入满族文化系统内,潜移默化地改变他们的文化心理。"①从顺治统治时期开始,满族统治者就开始重视图书的编撰和访求了。还在戎马倥偬之际,清廷就开始组织士人着手纂修《明史》。康熙深知汉人的文化情节很深,那些使小性子,不肯出山附清的汉族知识分子不都是以汉族文化的优越而自鸣得意吗,既然汉族知识分子这么酷爱自身的文化,那么何不顺水推舟,投其所好,让他们来从事自身的文化研究呢。康熙上台不久,就着力化解汉族知识分子与政府的对立情绪。他亲自召见了孔子的后裔孔尚任,破格提升他为国子监博士,以表示尊孔重儒的诚意。他还不惜谦卑地征召那些社会文化名人,希望他们出山来帮助编写儒家的文化典籍。康熙的友好,终于打动了那些有抵触情绪的汉族知识分子。一些人放下了名士的架子,接受了康熙的征召,不远千里跑到北京编书来了;那些先前极其强硬的知识分子,自己拉不开脸面,就叫家人出面回应康熙的礼遇。那位曾经绝食拒召的儒学家李颙,当康熙要亲自召见他时,他叫儿子李慎言前去应召,并奉上自己的两部儒家著作请康熙指正,显然已经把皇帝当作是文化同路人了。就连著名的儒学家黄宗羲听说康熙要修《明史》后,也让自己的独生子黄百家代他去助康熙一臂之力,算是对他重视汉文化的回应。康熙将召集而来的名士组成一个规模巨大的"国学"研究班子,编纂出版了《康熙字典》《古今图书集成》《佩文韵府》等大部头的文化工具书。到了乾隆皇帝,又广泛地搜集民间的古今图书,开始编纂《四库全书》,四库全书馆"贤俊蔚兴,人文郁茂,鸿才硕学,肩比踵接",其

---

① 冯天瑜、何晓明、周积明:《中华文化史》,上海人民出版社1996年版,第847页。

博大恢宏的文治气象更是前代无法比拟的。无数优秀的知识分子负笈而至，牢笼于日复一日的图书编纂之中，失去了昔日的清高与锐气，转身化为御用文人，绞尽脑汁地为清朝统治者寻找合法的理论依据。修书立典就有了文化建设、思想建设和政治建设的多重功效。

三、"文字狱"之热

对于理学的异端，清王朝通过大兴"文字狱"的方式加以打击。这可以理解为满族统治者在文化投诚中的另一招硬手段，与文化投诚的怀柔姿态相辅相成。用今天的话，就是胡萝卜加大棒的双管齐下。这也和满族统治者的文化自卑心理有关。在先进的汉文化面前，时常产生出一种文化自卑的心理，从而捕风捉影，牵强附会，制造文字狱。

康熙初年，鳌拜等四大辅臣主政，他们制造了一起震惊朝野的庄廷鑨《明史》案。庄廷鑨是浙江南浔的富豪，自小勤奋好学，不幸因病双目失明。他志向远大，立志要学习前贤左丘明，修一部能够名垂青史的史书。他用重金购得明代内阁首辅朱国桢撰写的一部未完的明史稿，遍请浙江知名学者加以修改补充，取名《明史辑略》刻印出版，后被人告发，书中有对清不利的"悖逆之词"，清政府为杀一儆百，将此案办成了弥天大案，其镇压手段之残酷，株连人数之广在清代历史上都是罕见的。该案历时两年，重辟七十多人，凌迟18人。已经死亡的庄廷鑨也被清兵从坟墓里挖出戮尸。康熙亲政后，为了笼络汉族文人、学士，开始宽文网之禁。但还是在晚年制造了戴名世狱案。戴名世为清朝翰林官。在他编写的《南山集》一书中，表示了对前明政权的同情，又用了南明永历帝的年号，被人告发，被清廷关进了大牢，判了死刑。除他以外，牵连的亲友和刻书的人多达三百余人。

雍正皇帝在位时间虽然短暂，但有案可查的文字狱也有二十余起。文字狱在数量和"质量"上都上了一个台阶。最为典型的文字狱案就是吕留良案。吕留良是浙江省的名儒，明亡后，他曾招兵买马，举兵反清，失败后削发为僧，康熙时几次征召他参加博学鸿儒科考试，他都以自杀相威胁而加以拒绝。他虽然也尊崇程朱，但他更重视程朱学里的民族主义思想，坚决反对当时御用的程朱学派，并极具民族意识和民主精神的认为"夷夏之辨"远大于"君臣之伦"。对于吕留良等人的"反动"言行,康熙表现出了十分宽容的态度,未加进行深究。但到雍正以后,虽然吕留良已不在人世,但他日记中"谤议及于皇考"的言论,捅到了他的痛处,加之曾静等人受他的思想影响,宣称皇帝应该由儒者来做,而不应该由文化低下的满人来做。曾静还专门给川陕总督岳钟琪写了一封策反信,要他起兵反清。当岳钟琪将此情况报告给雍正皇帝,雍正下令逮捕了曾静等人。为了弄清事情原委,他还亲自与曾静辩论"让知识分子做皇帝"的问题,觉得曾静脑子有问题,于是产生了一丝同情,就赦免了他的罪过。但吕留良是"元凶",必须严加重惩。于是,将吕留良剖棺戮尸,将其子和弟子凌迟或绞杀,将他的家族亲友数百人发配边疆为奴。雍正皇帝文字狱的另一杰作就是牵强附会,以文字入罪。雍正四年(1726)江西乡试主考官查嗣庭在科考试题中依据《礼记·大学》出试题"维民所止",被人告发说"维、止"二字是暗指"雍正"去头,于是罗织罪名,铸成冤狱。不仅查嗣廷及子女被处死,而且查嗣庭的原籍浙江还被停考乡试六年。翰林官徐骏以"清风不识字,何事乱翻书?"两句诗,被附会成是讽刺清朝没文化,并以诽谤朝廷之罪被处死。

到了乾隆,文字狱更是达到了登峰造极的程度,在他统治的六十年里,文字狱达到了一百三十多起。这场以彻底清除汉族对满族的反抗意识为目的的文化大浩劫极为残酷,甚至达到了荒唐的程度。胡中藻因为一句"一把心肠论浊清"的诗文,就被乾隆说成是在大清前面加"浊"字,讽刺大清政治不清明,因此将其砍头。乔廷英写"千秋臣子心,一朝日月明",乾隆认为"日月"为"明",他是梦想做明朝的臣子,于是将其灭族。卓长龄著《忆鸣诗集》,乾隆想"忆鸣"不就是"忆明"吗,可见他仍在怀念着明朝,于是将其满门抄斩。礼部尚书沈德潜作诗《咏黑牡丹》,有"夺朱非正色,异种也称王"之句,被认定是影射清王朝以异族夺得朱明皇位的逆词,令剖棺锉尸。江苏举人徐述夔的《一柱楼诗集》,有"明朝期振翮,一举去清都","大明天子重相见,且把壶儿搁半边"之句,乾隆以其"显有兴明灭清之意",而将徐述夔照"大逆律"戮尸。这种以文字获罪的现象极为普遍,弄得人人自危。

更有甚者,乾隆皇帝连他父皇以示宽大而免于处死的曾静,他也不愿放过,宁愿违背雍正不准后代追究此事的承诺,下令将曾静凌迟处死。当一个白发苍苍的老弱书生在凌迟酷刑面前,身上的肉被一块一块地割去,发出撕心裂肺的惨叫声时,汉族知识分子全都闭上了嘴。自尊心强一些的一头扎进书堆里,训诂考据去了——不仅是儒家经典，只要是与现实无关的古老文献都是他们研究的对象。功利心强的则一门心思地参加科举考试，混个一官半职，为祖宗争光，尤其是那些农民出身的知识分子，"朝为田舍郎，暮登天子堂"的悬念对他们来说实在是个不小的诱惑。想混口饭吃，又抹不开面子的，乾隆皇帝自然也忘不了给他们指条生路：你们不是觉得俺们满人没文化，不愿做俺们的官吗，那让你们搞自己的文化总行了吧。于是，他也学起其爷爷康熙的样子，大开"博学鸿儒科"，发起大规模的书籍编纂工程。这招还真灵，真有不少知识分子自动找上门来，带着家藏的珍本书籍，跑到紫禁城修纂起《四库全书》来了。乾隆皇帝借着这一机会，没收、销毁的书籍就"至少在十万部左右"。这些知识分子都忙着训诂、考试、编书去了，谁还能对他的政权构成威胁呢？于是，全国在一片歌舞升平中，享受着"康乾盛世"的欢歌。

到嘉庆、道光时虽然放松了对知识分子文化言论的限制，不再搞文化专制的文字狱活动，但是，清初文字狱的阴影仍在知识分子的心目中挥之不去。无数的士大夫拘谨、敏感而又卑琐的埋头于故纸堆中，远离现实政治。于是出现了"不以字迹与人交往，即偶有无用稿纸亦必焚毁"的梁诗正，"无他，但多磕头少说话"的三朝元老曹振墉这样的人物。众多人的罹难，使得清朝的文人学士们学会了明哲保身，没有谁愿意用生命和家小去尝试屠刀的锋利。总之，文字狱确乎也在相当程度上起到了压抑思想，巩固统治的作用。

当然，长期的思想窒息、文化停滞，换来的是社会矛盾的聚集，"发明"、"创造"、"活力"这些鲜活的字眼渐渐远去。社会陷于一片停滞之中，它就像一个大磨盘，围绕着皇权这个轴心缓慢地旋转，难以有新的发展。在"防民之口甚于防川"的社会场景之下，换来的不是社会安宁，而是遍及大半个中国的教民起义，差点断送了清朝的大好江山。虽然费了九牛二虎之力，将其平定了下去，但清朝政府从此一蹶不振，从而引发了封建文人的再度深思，龚自珍要发出"九州生气恃风雷，万马齐喑究可哀，我劝天公重抖擞，不拘一格降人才"的强劲呼声，这可能是满足于歌功颂德之声的统治者没想到的，他们更不可能想到，天下噤如寒蝉的局面下，江山的活力也在日益耗尽。

第三节　贵族统治阶级的执政力退化

一、崇满抑汉政策难以为继

清朝统治者长期推行"崇满抑汉"的国策，各级政府的实权都掌握在他们的手中，汉员则常受到欺压和多方限制。中央机构中，满官多于汉官。康熙《大清会典》中所开列的内阁、六部等130个中央机构中有品级和无品级额缺的共2082个，其中属于汉军和汉人的额缺为325个，仅占15.6%，其余额缺大部分为满洲旗人和内务部包衣旗人占有。这种状况到清末才有所改观。[①]在各衙门职官中，实行满汉复职。中央各部门都设立两个长官，一个部有一满一汉两个尚书，汉人尚书也多为汉军旗人。两者虽然名义上不分上下，实际上满尚书为正，汉尚书为副，满官居主导地位，各部实权完全掌握在满洲人手里。清政府有的机构一般不许汉人染指，成为满人专衙，如中央机构的理藩院、宗人府、内务府等，地方机构如盛京、伊犁将军、驻藏大臣等。盛京作为清政府的"陪都"，其规制基本仿照京师，官员都由满人担任。伊犁将军自乾隆二十七年（1762）设立至清末，共56任41人，其中蒙古旗人6人，汉军正黄旗1人，其余均为满洲旗人。[②]驻藏大臣从雍正五年（1727）至宣统三年（1911）的185年中，共有正、副大臣141人，这一百多位驻藏大臣中，绝大多数是满族出身，只有少数几个是蒙古人和汉人。[③]据章伯锋先生《清代各地将军都统大臣等年表》一书统计，在清朝前期的100年当中，将军都统、副都统等官职，基本上为满族贵族充任，直至光绪年间，民人才可染指。可见军队是清朝的命根子，只能掌握在满族人手里。汉人的任官途径主要是通过科举，而满人的任官途径多样。据统计，清朝历届殿试前三名共计324名，其中江苏117名，浙江76名，安徽20名，江南三省共占63%，而满蒙子弟只有3名。清朝任用的大学士、尚书、侍郎等朝廷高官中，汉人占有140名，占1/4。汉人出任高官，要有进士出身。但旗人不必，在420名旗人高官中，也只有寥寥的几个有进士

---

① 高中华：《社会分野与秩序变动》，中共中央党校出版社2009年版，第38页。
② 高中华：《社会分野与秩序变动》，中共中央党校出版社2009年版，第48页。
③ 高中华：《社会分野与秩序变动》，中共中央党校出版社2009年版，第52页。

出身。乾隆一朝60年中,选拔大学士60人,其中汉人25名,全部是进士出身,而旗人35名中,只有4个是进士①。

但是,崇满抑汉也有个度的问题。要在保持满人主宰地位的同时也能发挥汉人的积极性。这样才能保持政权的稳定。满族刚入关时,鉴于督抚权重,曾考虑尽用满人,不用汉人。在清初,各省的总督巡抚等官几乎全是任用满洲贵族,而汉人中实无二三焉。②但他们很快就发现这个效果不佳。这些人打仗行,治国的能力很差。他们往往以胜利者自居,气势凌人,稍有不从,就强权专政。不仅不能保一方平安,甚至还惹出无数的事端,造成满汉的严重对立。满洲贵族不得不调整统治政策,实行以汉制汉。多尔衮时期,在省一级的大员如督抚的职位上,他大量安插汉人,但是为了过渡,先是任用汉军旗人。多尔衮摄政期间,先后担任过督抚职位的有16人,其中汉军旗人占11人,如佟养量、佟养甲、杨方兴、王文奎等。到省级长官巡抚,汉族官员的数量就超过汉军旗人了,多尔衮摄政期间,各地曾先后设立了近30个巡抚职位,先后担任过巡抚的有64人,其中汉军旗人17人,除了一名满人線缙做过偏沅(省名)巡抚之外,其余46人全部是汉族官员。③在顺治、康熙、雍正三朝共有督抚652人,其中汉军旗出身的295人,汉族229人,满族125人、蒙古族2人、不明身份者1人。④由此可见,权力较大的总督以满人信任的汉军旗人担任最多,在一定程度上仍体现了"首崇满洲"的原则,权力较小的巡抚则大都由汉人担任,贯彻了"以汉制汉"的国策。

平衡满汉关系需要高度的政治智慧,事实证明,清朝统治者尽管投入了许多心血,也取得了很大成效,却在使用汉臣的过程中左右摇摆,反复无常。从而造成了满汉之间的深沉隔阂。如康熙时期的李光地、熊赐履、陈廷敬、于成龙、高士奇、姚启圣、周培公、施琅,雍正时期的张廷玉、年羹尧、岳钟琪、田文镜、李卫,乾隆时期的纪晓岚、刘墉等都是名震一时的人杰,为康乾盛世立过汗马功劳的汉族官员。但是,清朝皇帝只是重用他们的才能,并不真正相信他们。据说,康熙帝曾立有明训,藏于密室,令满员不时阅读,汉员不得与闻,内称对汉

---

① 林伯、朱梅苏:《中国科举史话》,江西人民出版社2000年版,第69—70页。
② 谢国桢:《明末清初的学风》,人民出版社1982年版,第75页。
③ 高中华:《社会分野与秩序变动》,中共中央党校出版社2009年版,第36页。
④ 转引自房德邻:《封疆大吏与晚清变局》,安徽人民出版社2013年版,第3页。

人只可利用，不可信任①。就连"大清第一才子"的纪晓岚因为谏阻乾隆帝南巡导致江南人民的财产枯竭，而遭到乾隆帝训斥说："我看你文学上还有一点根基，才给你一个官做，其实不过当作娼妓豢养罢了，你怎么敢议论国家大事？"②堂堂的清朝一品大员，天下名士、才子却被乾隆比做娼妓，可见其对汉官的轻蔑之态，不屑之情。

乾隆皇帝为了确保满族亲贵的特殊利益，在地方督抚的任命上一改前几朝的做法，尽量不用汉人和汉军旗人，而多用满人。他对其父雍正所重用的人才，采取贬汉扬满的评价手法。他说："鄂尔泰、田文镜、李卫皆皇考所最称许者，其实文镜不及卫，卫不及鄂尔泰……"他所说的三个人只有鄂尔泰是满人。乾隆对满汉官员的赏赐升迁也采取厚满薄汉的政策。如在平定金川之乱时主要依靠的是岳钟琪、杨遇春、杨方等汉族将领，而重赏的却是满人傅恒等。难怪到他的晚年，围绕他周围的大多是阿谀奉承、歌功颂德、贪赃枉法的满洲权贵了，如和珅、福康安、苏凌阿、阿尔泰、勒尔谨等。

嘉庆和道光时期，仍然多用满族督抚，但汉族督抚的比例有了明显的增加。这是因为和珅贪腐集团的倒台，牵涉到许多满洲贵族，使嘉庆皇帝感到满官并不比汉官可靠，满族贵族世代享受着种种特权，高官厚禄的供养着，但他们却不知感恩，反而利用皇帝对他们的信任，肆意贪赃枉法，败坏政府形象，损害满人声誉，影响社会安宁，使国家走上了危机四伏的境地。清廷给予满洲贵族的特权，是建立在武力征服和政治强权的基础之上，不仅不能保证官员增强理政治民的才干，反而逐渐消磨了打天下时所表现出的锐意进取精神。在这种情况下，清廷为了维护自己的统治就不能不向汉族地主阶级开放政权，特别是在其统治发生危机的时候，更需要依靠才智优长的汉族官员来帮其度过危机。在对付历时八年的川楚白莲教大起义中，八旗、绿营已不堪一击，清政府不得不利用汉族地主阶级分子来组织团练，于是，一批团练领袖，如刘清、罗思举等依靠镇压白莲教起义而走上了地方领导的岗位，一批靠科举起家，具有较高治国理政经验的汉族士人，如阮元、陶澍、贺长龄、林则徐等出任地方督抚，成为有影响的一代封疆大吏。到了咸同年间，在和太平天国的生死搏杀中，清朝贵族的军事实力受到了崩溃性

---

① 高中华：《社会分野与秩序变动》，中共中央党校出版社2009年版，第15页。
② 邓明编著：《明清帝王文治武功全纪录》，海潮出版社2008年版，第332页。

摧毁，执政力亦然。汉臣的启用，进入了快车道。资料显示，19世纪70年代大清王朝所有总督都是汉人，18位地方巡抚中15位汉人，道台以下的官员中，汉人占90%。[①]这标志着崇满抑汉政策的破产，从而给汉族精英提供了施展身手的机遇。

二、养尊处优的八旗子弟

清王朝的八旗包括满八旗、蒙古八旗、汉八旗，是满清政府开疆拓土，入主中原、统一天下的主要军事力量，是国家的政权支柱。清朝初年的八旗子弟继承了满族纯朴、笃实、果敢强悍、吃苦耐劳的优良传统，对上司、民族和国家，多抱忠义之气，在平定"三藩"割据，收复台湾，驱逐沙俄，平复准部，改土归流，扼守西北、西藏，维护祖国统一和领土完整等斗争中，产生了一批又一批战绩辉煌的八旗勇士，为清代八旗写下了光辉灿烂的诗篇。

八旗子弟的辉煌业绩，与清朝政权的特殊关系，使它成为清朝的特权阶层。八旗子弟享有政治特权，在任官上可以越级上位，占据政府部门的主要职位。政府内阁和中央各部首选满人，要职肥差由满州八旗子弟担任。经济上，八旗子弟通过圈占土地，用暴力手段强占民田民地，建立庄园、牧场，操控国家经济命脉。百万之众的旗人，可以不事生产，不谋职业，完全由国家出钱供养。在军事上，军队高官都由八旗子弟担任，一切暴力机构都控制在八旗子弟之手。文化教育也以满人的思想控制为依归，首重满人的受教育权力。司法审判，满人也享有特权，与汉人犯同样的罪，满人可以法外开恩，减等处理。一切制度都体现出满人的优越地位和特权印迹，从而构成一个占统治地位，享有各种特殊利益的满人特权阶层。

八旗子弟优越的特权地位，使他们可以利用权势，躺在先辈的功劳簿上，安享尊荣，做高官，享美差，恃强凌弱，强取豪夺，荒淫无度，嗜酒赌博，逐渐地丧失了先辈忠义尚武、好学上进、俭朴为本的进取精神。八旗子弟贪图享受，纵情于声色犬马之中。上至王公、驸马、宗室，下至一般八旗子弟无不有之。豫亲王多铎是第一代八旗子弟中贪色之徒。睿亲王出征，他借口"避痘为词"，不屑一顾，"私携妓女、弦管欢歌，披优人之衣，学傅粉之态，以为戏乐"；擅领部

[①] 参见芮玛丽：《同治中兴：中国保守主义的最后抵抗》，中国社会科学出版社2002年版，第70页。

员,私"视八旗女子";且"谋夺"大学士范文程之妻,被罚银千两,夺十五牛录人员。有的公爵"淫其家婢",家婢不从,便以物"塞其阴户致死";有的当朝驸马,"尝淫其婢",婢女不从,竟命"裸置雪中",活活冻死。嘉庆朝有四品宗室仪续、仪平,擅离京师,"在外宿娼";近支宗室绵传,"私行出京",在客店"挟妓饮酒";移驻盛京宗室喀勒明阿,恣意游荡,"强行奸污"民女,横肆不法;宗室喜龄"经年在外宿娼"①,沉醉于声色犬马之中。光绪年间,杭州旗营驻防将军常恩,平时除贪吸鸦片、女色之外,最喜欢斗蟋蟀,"凡善斗的蟋蟀不惜重金购买"。将军瑞徵"爱猫爱狗成癖",史载"从大堂至内寝及花园亭榭中",到处都有猫和狗,品种齐全,专人饲养。将军府中,其狗"非肉不饱",其猫"非鱼不餐"。瑞公爷以"猫狗伴眠",姬妾亦以此为常,或"拥猫而眠"或"抱狗而睡"。泡茶馆也成了旗人打发日子的风习。当时京城内外茶馆遍布,茶馆成了旗人遛早弯儿或遛鸟后品茗休憩的场所。他们有所谓"早茶、晚酒、饭后烟"的习惯。清晚期不少八旗子弟终日无所事事,习于怠惰,提笼架鸟,虚度光阴。②

　　八旗子弟痴迷于梨园戏剧也为一大奇观。按清政府规定,八旗王公、官员、兵丁人等均不准往茶园戏楼观戏听曲,更不准粉墨登场参加演出,目的是防止八旗子弟贪于戏乐,疏于国语骑射,丢掉了满人的优良传统。旗人痴迷戏乐兴起于康熙年间,康熙皇帝很喜欢看戏,清廷中因有南府之设,专司唱曲演戏。乾隆年间,各种戏剧竞相争艳,乾、嘉时期,宫内演戏一时称盛。上有好之,下必效之。亲王、贝勒、宗室"天潢"自不必说,将军大员、护军、披甲及各层官员,皆首当其冲。道光年间,惇亲王绵恺、镇国公绵顺,"相继以私匿优伶、游庙听曲、于府中演戏而获罪受罚"③。盛京将军宗室奕颢、副都统常明,皆喜"演戏宴会",服用奢华,务耽丰美。在陪都重地,竟有"弋腔戏两班"和一"徽班",将军府内"时常演剧"。道光十九年(1839),贝勒奕绮赴京城内各茶园登场度曲,九城哄传,各巷口报单高挂,书写今日某园准演绮贝勒八角鼓,且登场时任优伶骂辱,以博众茶客一笑,结果被皇帝下令革去贝勒,并重责四十板,令闭门思过,逾年而卒。尽管清政府例禁很严,处分特重,但戏迷们仍不知收敛,每届

---

① 藤绍箴:《清代八旗子弟》,中国华侨出版公司1989年版,第256页。
② 刘小萌:《旗人史话》,社会科学文献出版社2011年版,第89页。
③ 刘小萌:《旗人史话》,社会科学文献出版社2011年版,第124页。

傍晚，连接内外城的前三门城门关闭前，便会出现旗人为赶回城而拥挤于道的情景。

八旗王公贵族不仅游乐无度，而且鲜衣美食，到康熙年间，居住在都市里的八旗子弟，在生活上已是"衣文绣策肥（马），日从子弟宾客饮"。八旗王公贵族婚嫁多用锦绣金珠，死丧则烧毁珍宝车马，"嫁一女可破中人数十家之产，送一死而可罄生人数十年之用"。都下至四方奢侈相尚，"一鞍一骑，不惜百金"。八旗贵族世袭高官厚禄、养尊处优，日以游乐为嬉，平居积习，尤以奢侈为尚。到乾隆年间，追求鲜衣美食之风更加突出。乾隆皇帝陶醉于歌舞升平的太平盛世之中，炫富摆阔。对女乐、珍宝、宴席，无所不好。满洲王公贵族骄奢淫逸的生活方式也臻于极点。嘉、道时期，八旗王公贵族沉溺于享乐又不善理财，一些人的家境在无度的挥霍与家人的欺蒙侵蚀下逐渐败落。清初王公贵族均富有庄田，他们将土地租给民人或旗下壮丁耕种，设庄头进行管理。但年深日久，子孙后代对田土所在之地全然不知，册籍也无从钩稽，于是，庄头与管家富而主人反贫。"尝见满员进署，半多徒步，其官帽怕尘土，罩以红布，持之以行，每遇朝祭，冷署堂官蟒袍竟有画纸为之者。且闲散王公贫甚，有为人挑水者，虽勋戚世胄席丰履厚不无其人，其穷乏者究属多数。"[①] 许多旗人卖田卖地，典当、借高利贷，耽于享乐，艳慕奢华，导致生计艰难，沦为贫困阶层，八旗根基由此动摇。

三、八旗军事势力的衰微

清初八旗兵丁攻无不克、战无不胜，虎步龙行，威震四方。但是，待其底定天下，入居城中，就滋生了马放南山，安享尊荣的骄怠之情。兵士疏于训练，骑射技艺渐成摆设，变成了唬人的资本。打天下时的尚武精神变成了抢位子的权谋之计。

康熙年间，平定"三藩"之乱，入关三十多年的八旗兵，在优裕的生活中逐渐磨损了原有的锐气。派往前线的勒尔锦所率的八旗兵畏敌如虎，屯兵江北，不敢与吴三桂的叛军正面交锋。当战争推进到多山林沼泽的南方，八旗兵更是优势

---

① 何刚德：《春明梦录·客座偶谈》，上海古籍书店1983年9月影印，《春明梦录》下，第9、10页。

尽失，缺乏斗志，不敢主动进剿。康熙皇帝不得不提振绿营士气，规定"凡绿营官兵效力行间，立有破敌功勋者"，都要给予官职、赏赉。阵亡、殉难官员，自千总至兵丁给恤银，大小官员俱准荫子弟；挺身先登及越众冲锋者，依功大小授以守备、千把总等官。①绿营兵不仅数量多，而且以步兵为主，适合山地作战，尤其陕、甘绿营兵，更是骁勇善战。长期受满洲八旗的欺凌，得不到重用，这次终于为康熙所倚重，更想好好表现一番，令清朝皇帝刮目相看。在所有派出的满族将领中，只有图海在西北、岳乐在闽浙、彰泰在云贵获得些战绩，其他如勒尔锦、察尼、尚善、珠满、喇布、鄂鼐等皆"退守不前"、"劳师糜饷"、"坐失事机"，康熙帝提拔的汉军绿营将领，如张勇、赵良栋、王进宝、孙思克，以及浙江的李之芳、福建的姚启圣、广西的傅弘烈等，在平叛战争中都发挥了远比满将更为重要的作用。其后，在平定准噶尔部、回疆大小和卓叛乱和大小金川诸役中，虽然是八旗、绿营并用，但起主要作用的仍旧是绿营，可见，绿营已逐渐代替了八旗，成了清朝政权的军事支柱。

在承平日久之中，八旗子弟不再在骑马射箭、提高军事素质上用力，而是在贪图享受、追求奢华上竞相攀比。有的宗室子弟"轻入茶坊酒肆"滋事，与人争勇斗狠，搅扰社会治安；有的八旗子弟不愿出征，怒气冲天。如鄂容安被差往军营，其子鄂昌，竟指问朝廷"奈何，奈何"，深为不平，颇具一股流氓气味。满洲已改出征"无不踊跃争先，以不与为耻"的风气，而专求晏安、享受。即使出征亦"首鼠前却"，不肯力战，如顺承郡王征讨吴三桂，在军前"终日嬉戏，挟弹手搏以为乐"，甚至"纳妾生子，不问军事，而满兵皆效之"。甚至还出现朝臣不按时到班，屡教不改的事情。雍正晚年，八旗都统、副都统等，遇到开会的事情，"多不到班"；乾隆二十二年（1757），清廷部院官员对每月三次逢五朝期，"多视为具文，托故不到"，其中刑部司员"竟至无一人到班"。据查有郎中砗福等29人"朝期误班"，云骑尉佛药洛等25员"均上朝来迟，未曾到班"。原有的勤于职守，忠于王事的精神已荡然无存。

乾隆时期，为扭转这种风气，一再强调"国语骑射"是满洲的根本，旗人千万不能将其丢弃，必须将其发扬光大。乾隆皇帝还亲自率领八旗兵丁进行围猎

---

① 军事科学院主编：《中国军事通史》，邱心田、孔德骐：《第十六卷 清代前期军事史》，军事科学出版社1998年版，第242页。

演武，并给予赏赐。但兵丁希图安逸，并不乐从，甚至以"行围为劳众，不无怨望"。乾隆皇帝为使八旗子弟"娴习武艺"，下令满洲大臣不准坐轿，一概骑马，然而，各部大臣偷安成习，以骑马辛苦，不敢违令坐轿，就改坐马车。连统兵大员亦不肯骑马，乾隆禁令如一纸空文。到嘉庆帝时期，各省将军、提镇等大员"公然坐轿"，连副、参以下官员亦"乘轿出入"，甚至直隶提督衙门兵马档册内，竟开写"轿夫十八名，具系战兵充役"，其偷安已达到何种程度。

八旗兵坐享钱粮、赏银，在京城中四处游嬉，在酒肆茶楼中消磨时光，乃至嫖娼聚赌，变卖家产挥霍。八旗军骁勇的传统日益澌灭，成了中看不中用的摆设。乾隆朝时，对西北用兵，士兵大多追求安逸享受，统兵将领策楞"退缩不前"，以至"士气颓靡，已成习惯"。嘉庆年间，军队里面的恶习更加严重，凡是打仗，往往是乡勇冲锋在前，其次是绿营兵，最后才是满洲兵丁。因此民谚说："真兵贼不相逢"，迫令乡勇和难民交战，而满洲士兵赴军营或凯旋，"惟知按站需索银两"，以备"置买产业"。到咸丰朝，满洲子弟"步甲空缺"，动则千员，京营、步军，"多由召募充当"。日习晏安，致八旗子弟的勇武精神，在战场上再也看不见了。

清朝肇兴，以弓矢威行天下，因此始终以骑射作为旗人的本务。八旗兵丁照例于每年春（二月下旬）秋（七月下旬）两次举行校射，也就是大比武。届时衣冠竞会，旌旄并举，骏马骄风，雕弓替月，盛况空前。但是，到清中叶以后，骑射逐渐脱离习武的宗旨，蜕变为娱乐性很强的活动，或曰"射鹄子"，即射黑而圆的靶心；或曰"射月子"，即射绸布做的靶心。这种射法主要是凭技巧而不是气力。到乾隆时期，旗人的骑射技艺渐成虚文。乾隆二十年（1755），旗人参加会试的举人共125名，其中七十余人自称是近视眼，希冀免考骑射。这中间，确实不会骑射的有五十余人。在对八旗官员进行的一次考试中，不但发现有步箭"甚属不堪"之人，还闹出了任意放几箭几乎伤人的笑话。

嘉庆元年（1796）爆发的川楚白莲教大起义，暴露了清朝所倚重的八旗兵已经腐败无能。当时一切"剿捕"事宜都由太上皇乾隆和宠臣和珅主持，而各统兵将领"皆以和珅为可恃，只图迎合专营，并不以军事为重，虚报战功，坐冒空粮，其弊不一而足"。清军将领平时惟酒肉笙歌自娱，一遇战事则"拥兵自卫，不敢近贼，或命将弁堵剿，将弁亦不向前，惟催督乡勇，乡勇亦不踊跃"。当时川楚各地广泛流传这样的歌谣："贼至兵无影，兵来贼没踪，可怜兵与贼，何日得相逢?""贼来不见官兵面,贼去官兵才出现。"嘉庆皇帝哀叹:"今满洲兵丁,不但远逊当年,且不及绿营,以致人皆不愿带领。"[①]首次承认向来被视为国家军事支柱的八旗"劲旅"已经比不上绿营。因此,在乾隆死后,嘉庆首先处决了大学士、军机大臣和珅,将军政大权操在自己手中,重惩屡战失利的清军将领。其中督抚、将军如湖北永保、惠龄,河南景安、陕西宜绵、秦承恩,四川英善等人或被处死,或革职充军。并实行坚壁清野,训练乡勇,利用汉族地主阶级保土保乡的意识,激发他们镇压起义的热情,团练由此成为镇压白莲教的重要力量。贵州广顺人刘清是四川南充县知县,他募集乡勇500人抗拒义军,屡立战功,官至布政使。四川东乡人罗思举起于乡勇,"誓杀贼立功名",后升为提督。这些人虽未能挤上封疆大吏的宝座,但他们乘"动乱"崛起于民间,就表明汉族地主阶级已经开始成为维护清王朝统治的主要力量,清廷向汉族地主开放政权也就成为必然趋势了。

随着八旗军事势力的衰微,改弦更张,对军队进行大换血,是挽救军事危机的唯一手段。但是,清朝统治者却仍旧抱残守缺,恪守"国语骑射"为满人之根本,汉人只可使用之,不可使信之。因此,哪怕八旗已经腐败透顶,仍旧不愿将其舍弃,而且还天真地希望他们能发奋图强,像满洲八旗先辈一样,骁勇善战,所向披靡。但事与愿违,一个昧于世界大势,在洋枪洋炮已被广泛使用的时代,仍旧还热衷于弓矢长矛的原始武器的军队,加之将贪兵怯,因此,一遇西方武力的侵略,失败就成了可想而知的结果,换来的是丧师失地、赔款通商的可耻下场。八旗军队在耻辱声中丢尽了最后一点颜面,不难想见,随着满族的嫡系军事势力日益颓萎,直接结果就是清朝政府的衰弱,一旦社会震荡,依靠的只能是非嫡系的军事力量,这也就给汉族军事官僚的崛起提供了舞台。后来曾国藩的湘军体系,李鸿章的淮军体系都因此而做大。

---

① 刘小萌:《旗人史话》,社会科学文献出版社2011年版,第146页。

第四节　晚清的乱世生态

一、晚清的政治衰败

清初统治者注意吸收前朝败亡的经验教训，采取轻徭薄赋，发展经济的宽松政策，加之康熙、雍正、乾隆励精图治，勤于政事，出现了"康乾盛世"的局面。但是，在盛世的欢歌声中，骄傲自大的心理也在膨胀。到了乾隆中期，清代政治乱象初露端倪。乾隆皇帝开始好大喜功，追求个人享受。他六巡江南，万人随行，华丽壮观，穷奢极欲；大兴土木，修建宫殿园林，搜罗天下奇珍异宝，挥霍无度，国库日见空虚。他宠信大贪官和珅，为其安逸享乐敛财增趣。和珅投其所好，皇帝的一言一行，喜怒哀乐，他都时常揣摩于心。乾隆一日也离不了他，没他在身边，乾隆浑身不自在，生活中少了无数的乐趣。和珅因此也飞黄腾达，成了乾隆身边的红人。为了满足乾隆穷奢极欲的享受，和珅绞尽脑汁，使"上自中央各部官员，下至封疆大吏、知府、知县，以及盐商、行商、票商们，每年都要把他们搜刮来的大量钱财和稀世珍宝献给皇上，以讨其欢心"。① 上有好之，下必效之。既然皇帝这么爱钱，其他官员自然就无所顾忌了，贪污腐败也就随之而来。和珅利用自己手中掌握的用人大权，在中央和地方的许多部门都安插了亲信，这些人为了报效和珅，也就拼命地搜刮民财，向和珅贡献，这样，一个以和珅为中心的贪污网就在全国形成了。他们不顾人民的死活，一个比一个贪赃枉法，巧取豪夺，拼命向人民搜刮。地方官吏，特别是总督、巡抚、布政使和按察使，贪赃舞弊，欺民害政的办法很多，他们"出巡则有站规、门包，常时则有节礼、生日礼，按年则有帮费。升迁调补之私相馈谢者，尚未在此数也。以上诸项，无不取之于州县，州县则无不取之于民。钱粮漕米，前数年尚不过加倍，近者加倍不止。督、抚、藩、臬以及所属之道、府，无不明知故纵，否则门包、站规、节礼、生日礼、帮费无所出也。州、县明言于人曰'我之所以加倍、加数倍者，实属层层衙门用度，日甚一日，年甚一年。'究之州县，亦恃督、抚、藩、

---

① 冯佐哲：《和珅秘史》（上），吉林文史出版社1989年版，2007年9月第2次印刷，第53页。

皂之威势以取于民，上司得其半，州县之入己者亦半。初行尚有畏忌，至一年、二年，则成为旧例，牢不可破矣"。①乾隆皇帝也严惩了一些贪官污吏，来整治社会风气。从乾隆三十七年（1772）到嘉庆初年先后揭发出来的贪污案，主要有广西巡抚钱度、四川总督阿尔泰、两广与云贵总督李侍尧、陕甘总督勒尔谨、浙江巡抚王亶望、陈辉祖、山东巡抚国泰、布政使于易简、江西巡抚郝硕、湖南布政使郑源璹、恒文、浙江巡抚福崧、江南河道总督周学健、浙江布政使鄂乐舜（即鄂敏）、直隶总督杨景素、两广与闽浙总督富勒浑、伍拉纳、云贵总督鄂辉、富纲、陕西巡抚秦承恩、原湖广总督、河南巡抚毕沅以及浙江巡抚琅玕等。但是，由于和珅这个贪官污吏的总根子没有被清除，反而受到一再重用，因而没有解决根本问题，反而使贪官们贪污的手段越来越隐蔽，越来越高明，形成一种互相包庇的不良风气，贪污之风愈演愈烈。

贪污之风的盛行，带来吏治的败坏，出现了劣币驱逐良币的官场逆淘汰现象。和珅利用乾隆对他的宠信，大肆提拔私人，形成上下其手的奥援。在和珅的一手操纵下，和琳、福长安、伊江阿、苏凌阿、国泰、景安、明保、吴省兰、吴省钦、澂瑞、湛露等一批贪腐官吏相继得到重用，占据要职。除此之外，还有不少文武大员向和珅献媚取宠，卑躬屈膝，昏夜向和珅营求，有的人竟恬不知耻地称和珅为老师，如孙士毅、孙绶、蒋赐棨、秦承恩、胡长龄、郑源璹和汪滋畹等人。②他们还极力地排挤朝中的正直官吏，千方百计地将他们赶出官场。大学士阿桂功高盖世，正直敢言，看不惯和珅的行为，和珅虽拿他没有办法，就借机让乾隆派他到外地处理棘手事情，免得他在朝中与自己作对。大学士福康安不满和珅，结果也被经常调到外省做事。军机大臣王杰、董浩，大学士朱珪等正直敢言、经常弹劾和珅集团贪腐行为的清廉官吏，都被和珅借故赶出了官场。正直的官吏被淘汰出局，贪腐的官吏四处横行，整个官场到处乌烟瘴气，清朝政治日益衰败。

乾隆死后，嘉庆皇帝为了扭转吏治败坏的局面，下令赐死了大贪官和珅，查抄了其贪污所得的赃款达八亿两之多，朝野震动。还重新启用了王杰、董浩、朱珪等一批清廉的汉族官吏，主持朝政，以刷新政治，挽救危局。但是，嘉庆毕

---

① 转引自冯佐哲：《和珅秘史》（上），吉林文史出版社1989年版，2007年9月第2次印刷，第124页。
② 转引自冯佐哲：《和珅秘史》（上），吉林文史出版社1989年版，2007年9月第2次印刷，第86页。

竟不是一个铁腕治吏、雄才大略的君主。他虽然躬行节俭，力求整顿因循怠玩之习，但是和珅秉政三十多年，亲信故吏满天下，树大根深，贪污腐败已成普遍的社会现象，吏治败坏积重难返，正人君子、廉吏能吏都被淘汰出了官场，自然正气难伸，廉风难树，用人腐败的恶果日益显现。"在中国传统社会里，中央政府实际上无法有效控制众多地域和将政治统治意志贯彻到普通民众中去，且长久的和平安宁又是普通百姓梦寐以求的最大幸福，所以仅仅是统治者个人有骄奢淫逸，繁刑重敛，尚不足以使天下大乱。形成规律的是苛政猛于虎，只要统治者以高压酷刑钳束天下，人们宁可最大限度的忍气吞声、逆来顺受也不会稍发宕辞，更遑论奋起抗争去铤而走险。因此，祸乱速起只会在现实政治任用佞人，君暗臣奸之际。那时由于统治者内部的利益冲突不断加剧，一些既得利益者们必然援引无耻小人，攻击与自己意见不同者，理不胜而求赢于势，导谀宣淫尽蛊其君以毒天下，正直者遂被一一铲除。于是'民乃益怨，衅乃俟生，败亡沓至而不可御'。"①民怨激发的社会动乱，瓦解着社会的向心力。清朝政府花了九牛二虎之力平定的川楚白莲教起义，耗尽了军力，掏空了国库，丧尽了民心。嘉庆为重拾人心，采取了一些整饬内政的措施。"嘉庆帝认为，掐断了和珅的庇护制网络结构的花朵，它的根株便会自然枯萎。他逐步地撤换并贬斥了和珅在各省政务中的一大批有权势的追随者。"消除和珅在朝中的影响力。嘉庆还有意识地提拔清廉而有能力的汉族官员担任地方大吏，改变"重满抑汉"的用人传统。吴熊光取代了景安担任了湖广总督，高书麟当上了云贵总督，王秉韬被任命为河南的河道总督，荆道乾被任命为安徽巡抚，阮元被任命为浙江巡抚。"嘉庆时代开始了汉族官员在清朝省一级政务中占支配地位的局面。"②清代湖湘英杰第一代的代表人物陶澍、贺长龄等也就是这个背景下被外放到省督一级的重要官职上。遗憾的是，这些措施仍旧未能换来政治清明。嘉庆帝重用的董浩，为科甲正途出身，担任军机大臣，家产未增一亩之田、一椽之屋，为官极为清廉，中枢任职40年，深悉一切典章制度，每逢咨询答疑，口若悬河，如数家珍，但同时也深谙韬光养晦、明哲保身之术。另一位重臣朱珪，一向以清廉高洁自许，生活相当俭朴，从不接受馈赠。住宅门庭陋小，终身未娶侍妾，以至嘉庆帝有诗赞曰："半生为独宿，一

---

① 胡成：《困窘的年代》，上海三联书店1997年版，第10—11页。
② [美]费正清编：《剑桥中国晚清史》（上卷），中国社会科学出版社1985年版，第123—124页。

世不贪钱。"但他识人不明，容易为小人所蒙蔽。有的贪官故意在他面前穿破旧衣衫，大谈安贫乐道之言，却深得他的信任。贪污事发，他仍深信不疑，还竭力为其求情。这些人虽清廉自守，但都非经世之才，更缺乏扭乾转坤的铁血手腕，因此，无以拯救政治衰败的颓势。

到道光时期，清朝政治更呈现出"日之将夕，悲风骤至"的衰世景象。整个官场患上了"一遇事全无识见，一举念只想要钱"的通病。皇帝懒政，官员取巧，文人远离现实政治，忙于考据、训诂。道光帝即位初，面对堆积如山的奏章、题本，烦恼不已，又怕不看受臣下欺蒙，就向他的心腹大臣曹振镛询问处置之方。曹振镛向他建议说："皇上太忙了，何不抽出其中几本，进行批改，发现有字辞错误的地方就用红笔勾出，然后发交给臣下。群臣们就会知道皇上看东西很细致，自然就不敢怠忽从事了。"道光很厌烦言官多管闲事，曹振镛又向他进言说："现在天下早已太平，有些人总喜欢故作危言，指陈时政阙失，以获取好的名声。如果加罪于他们，就会蒙受拒绝纳谏的不好名声，只有找出其中的小错误和荒谬之处，交部严加议处，那么大臣们就会震惊于皇上的圣明，办事的细致，而不敢放肆进言了。"道光帝采纳了他的建议，以后，凡是遇到奏章出现错误，不论大小，他都给予严厉处罚，于是，朝中大小官员大都惶恐不安，再也不敢指陈朝政得失了。道光皇帝宠信的大臣曹振镛、穆彰阿等，虽做事小心谨慎，也爱惜人才，不是很贪，但都"性巧佞，以欺罔蒙弊为务"，缺乏担当精神。曹振镛历事三朝，位极人臣，门生故吏遍天下，大家都很羡慕他，向其请教做官的诀窍，他竟答道："没有别的窍门，只是多磕头，少说话而已。"清朝统治者闭目塞听，对外面的世界一无所知，政治腐败到了极点。正直的文人心恢意冷，厌倦现实政治，开始忙于考据、训诂，在学问中寻求精神寄托。"好在乾、嘉时期的考证之学盛行于吴皖，后流衍于全国，独湘湘受其影响最少，因而即在这举世酣睡之际，湖湘大地发展出一代士大夫的'经世'之风。"[1]陶澍、贺长龄、贺熙龄、劳崇光、李星沅、汤鹏、魏源等一批湖南经世派人物开始崛起于嘉、道的政治舞台，成为耀眼的政治明星，从而拉开了湖湘英杰大批进入政治舞台的序幕。湖湘英杰的辉煌与大清政治的衰败似乎悄然关联，这是不是大清不幸湖湘幸呢？

---

[1] 胡成：《困窘的年代》，上海三联书店1997年版，第56—57页。

二、乱世的形成及汉族政治精英的兴起

传统中国的现实政治与整个社会始终存在着相对紧张的对抗关系，因而，每当其负面作用扩展到社会无法承受的程度，就一定是天下大乱到来之日。[①]嘉、道时期"康乾盛世"的余晖渐暗，吏治加速败坏，也引发了各地社会民众的武装起义。东南、西南、西北都爆发了大规模的汉族及回、苗民族起义，还有白莲教等会党的起义，及至太平天国的农民起义，捻军的起义等等，其间又穿插着帝国主义的侵略战争，一个乱世格局凸现出来。平定乱世成为时代的主题。

在乱世面前，惯于拍马溜须、歌功颂德的贪官庸吏，露出了不堪一击的虚弱本质，他们治国无能、治军乏术，贪婪无度，往往成为社会致乱之源。和珅贪腐集团的倒台，标志着满洲权贵已经全面堕落，无力担负起稳定天下的历史重任，清朝统治者不得不求助于汉族知识精英来帮其扶危解困。这就给汉族政治精英的崛起提供了历史机遇。

清朝平定川楚白莲教起义，嘉庆借助的是刘清、罗思举等汉族士大夫精英举办的团练武装。嘉、道年间，整漕运、治盐税、平河患、除积弊、禁鸦片，依靠的也是阮元、陶澍、贺长龄、林则徐等汉族士大夫精英。这时任用汉族士大夫精英为督抚已经不是为了缓解满汉矛盾了，而主要是因为汉人比满人更有才干。社会动乱是检验能吏和庸才，睿智与愚昧的实验场。中英鸦片战争，是中国与西方资本主义国家的首次交锋，在这场中外对垒中，清政府表现出了对外部世界的愚昧无知，这是"天朝上国"自以为是，长期闭目塞听的必然结果。清朝统治者先是想通过禁烟，来吓阻英人。但是，当英军北上攻占定海，英舰开进大沽，清朝统治者又开始惊慌失措，企图以牺牲禁烟英雄林则徐来求得息事宁人。当英国提出的议和条件有损清政府的尊严，又不惜与英国翻脸，先后派出宗室子弟奕山、奕经为"靖逆"、"扬威"将军，率领大军，赶赴广东及江浙等前线作战。但是，这两个养在深宫的纨绔子弟毫无作战常识，好大喜功，贪图享受，甚至还提出"防民甚于防寇"的反动论调，不仅不充分利用广东人民日益高涨的反英情绪，来联合抗击英军，反而还把主要的精力用来镇压广东人民的抗英斗争，结果导致"逆不靖"、"威不扬"，割地赔款的严重后果。与此相反的则是广东地方

[①] 胡成：《困窘的年代》，上海三联书店1997年版，第8页。

绅士借助民力保家卫国的抗英斗争,当英军在广东郊外的三元里实施武装骚扰,强奸当地妇女的暴行时,当地103乡的农民在举人何玉成、候补县丞王绍光和当地有影响的头面人物梁廷栋等人的组织、领导下,包围了英军盘踞的广州城北的四方炮台,并将敌人引到了牛栏冈进行伏击,英军司令卧乌古率领的两千多英军,落入人民战争的汪洋大海之中,在大刀、长矛、镰刀、锄头面前抱头鼠窜、乱作一团,在稻田、泥地里拼命奔逃,三元里人民乘着滂沱大雨,痛杀英军,二百多名英军在战斗中丧生,其余英军在海军派兵增援下,才仓皇逃回四方炮台。广州城郊四百多乡十万群众,纷纷与三元里人民汇合,冲向四方炮台,逃回四方炮台的英军惊恐不安,急忙向广东政府求救,奕山立即派广州知府余保纯等前往为英军解围,他们对领导乡勇的绅士们说:"已经签订和约了。这样,外国人就不会再进攻我们。所以,你们必须让他们离开。"他们警告绅士们说,他们必须为所发生的任何事件负全部责任。当农民发出抱怨和威胁时,绅士们却悄悄溜出了人群,回家了,失去了领导、没有组织的乡勇慢慢地、不满地散去。①英军才得以乘船逃离广州。由此可见,满洲贵族主导的八旗、绿营已经腐败不堪,无力担负起保家卫国的历史重任,而绅士领导的乡团开始展现出抗敌保家的强大威力。而湖南人魏源正是从这场战争中看出了中国的武器装备已远远落后于西方各国,因此,提出了"师夷长技以制夷"的伟大战略思想。

中英鸦片战争的硝烟还未散尽,太平天国起义以史无前例的声势,在不到两年之内,就席卷了长江以南的广大地区,并定都南京。八旗和绿营望风披靡,贪官、庸吏转眼之间成为太平军的刀下之鬼。随着江南、江北大营的相继覆灭,体制内的清军已无力完成对太平军的镇压,清朝最高统治者咸丰皇帝不得不求助于汉族士大夫来组织体制外的军队以镇压太平天国的农民起义。从1851年起,清朝政府相继在湖南、安徽、江苏、浙江等十多个省份任命了45个团练大臣,但只有曾国藩的湘军成了气候,其他团练大多自生自灭。曾国藩作为第二代湖湘政治精英的领袖,显示出了过人的政治眼光和人格魄力,他从办团开始,就不想株守旧章,而是想建立一支指挥自如,号令统一,效忠皇权,为卫道而战,敢打敢拼的强大军队。心有多大,发展的空间就有多大。湘军从创办开始,就跨越了皇权所

---

① [美]魏斐德著、王小荷译:《大门口的陌生人》,中国社会科学出版社1988年版,2002年1月第2次印刷,第12页。

构建的世袭兵制的传统藩篱，打破了招兵、练兵、调兵的互相制衡机制，确立了将领自招的新的募兵体系，将招兵、练兵、调兵合为一体。以书生训山农，从而形成了"呼吸相顾，痛痒相关，利益与共"的命运共同体。一批长期受理学思想熏陶的封建文人开始走上领兵打仗的行列。他们以同乡、同族、师生、亲戚等关系结合在一起，形成一个理学经世派的文化群体和军事群体，他们以理学治军，强调忠义血性，突出卫道意识，强化团结精神，在镇压太平天国运动中好勇斗狠，屡覆屡起，敢打敢拼，表现出不同于八旗、绿营的勃勃生气。也昭示着湖湘政治精英群体的文化风采，他们以赫赫军功赢得了皇帝的欢心，虽然咸丰皇帝仍旧实行"湘军出力、绿营收功"的政策，但也不得不让权给湘军将领，让他们出任地方督、抚，以安慰他们为清王朝效死疆场的忠心。这支体制外的军队也以它们的煌煌业绩而获得了转正的机会，成为清政府的重要军事支柱，汉族知识精英群体在乱世中迅速崛起。到同治三年（1864），全国总督八人，只有湖广总督官文为满族，其余均为汉人。更重要的是其中五人为湘籍将领。如刘长佑为直隶总督、曾国藩为两江总督，左宗棠为闽浙总督，劳崇光为云贵总督，杨载福为陕甘总督，均重兵在握，可说掌握了大清的命运；此外，还有四川总督骆秉章、两广总督毛鸿宾与湘军的关系又都极深，均靠湘军力量肃清境内动乱。除此之外，在全国十五个省的巡抚中，湘军将领也占了五人。[①]要是包括非湘籍的，湘军系统将领达11人之多。另据芮玛丽掌握的史料，至19世纪70年代末，大清王朝所有总督都任用了汉人，18省地方巡抚中15位汉人，布政使中有14位是汉人，按察使15位汉人，道台以下的官员中，汉人占90%。

  不难发现，尽管清朝统治者依然对汉臣进行打压、离间、分化，尽管汉臣在乱世之局中也未必能应对自如，稳操胜算，但是，清朝统治者不得不倚重汉臣来救亡大清天下，已是无可挽回的趋势。汉族政治势力的崛起，使其执掌中国命运的权力日益加重。在文化上，也促进了汉族儒学文化的进一步发展，由于汉族政治集团分布的区域性特征，又使区域文化呈现出耀眼的光芒，湖湘文化也因此而灿烂。近代湖湘政治精英群体就是在这样的时代大背景下脱颖而出。

[①] 胡成：《困窘的年代》，上海三联书店1997年版，第10—11页。

三、汉族绅士阶层的崛起

汉族政治精英的兴起不仅表现在官吏层面的队伍壮大，还表现在民间绅士阶层的壮大。某种意义上说，他们是汉族官僚政治精英的社会基础。

清朝开科取士的目的主要在于弱化汉族士人的势力，将他们的注意力吸引到研习儒家经典著作上来，培养忠君卫道意识，消弭他们的反清情绪。但是，许多事情并不以人们的意志为转移，汉族士人群体的增大，无形中培养出一个意趣相同、情感相系、利益相关的社会共同体，即正途绅士阶层，他们一旦与异途绅士阶层合流，就成为一股不可忽视的社会力量，直接影响着中国基层社会的稳定和安宁。

正途绅士主要是科举制度的产物，它包括一切通过科举考试取得功名、学品、学衔和官职的人员。生员、贡生、举人、进士都属于这一类型。生员是绅士地位最低一级的学品，是府、州、县学考录的"官学生"。生员可以参加"举人"和"进士"等更高级的考试，乡试入选即为"举人"，会试入选即为"进士"。有些在等级较高的考试中下第，但其较深的学生资历为人公认的生员，可授予"贡生"（即"朝廷的学生"）的学衔。进士、举人和贡生的地位都高于生员。他们与剩余的生员结合在一起组成绅士集团的主体，政府即从进士、举人和贡生中选任官吏。诚如《大清缙绅全书》所示，上层的官吏几乎都是来自正途。这些从政的人作为官吏替政府行使职权的同时，在他们的家乡地区仍保持绅士身份，而官职又可以提高他们在绅士中的权威。

异途绅士则是指不是通过正规的科举考试，而是通过科举之外的其他途径，诸如捐纳、荫、军功等获得监生或各类官职衔者而为绅士的人，这部分人是绅士集团的附属体。虽然"异途"的绅士只能出任较低的官职，但是这种非正规的官阶也能使获得者抬高作为绅士的地位。而且一个靠买学位头衔获得绅士地位的人，如果后来通过了举人和进士的考试，仍然可能变成"正途绅士"。有的考生捐监生衔只是为了尽早获得参加较高等级考试的资格。

清代绅士队伍是随着正、异途绅士人数的不断增多而发展壮大的。正途绅士是其主体，异途绅士是其附体，两者交相作用，构成一个介于官、民之间，享有一定社会特权的特殊社会阶层。"由科举途径而获得的功名身份的终身制，使一批人沉淀下来，形成了一个有稳定的制度性来源的社会群体——士绅集团。"①

　　清代科举的吸引力对满人和汉人是不相同的。满人不需要通过科举就可以享受高官厚禄，他们就没有必要花费很大的精力和代价去走这条漫长而艰苦的道路；而汉人必须通过科举考试取得功名，改变自己的命运，走上仕途，因而，这是唯一一条光宗耀祖之路，读书入仕自然就成了他们终身的追求。据统计，清顺治朝共举行两次乡试，录取八旗举人112人；康熙朝共举行16次乡试，录取八旗举人635人，乾隆朝共举行乡试27次，录取八旗举人1090人。②虽然，考中的人数在不断的递增，但相对于汉人录取的人数而言，少得可怜。因为，乡试每科录取的举人都在1500名左右。因此，正途绅士的增长主要是汉族绅士的增长，异途绅士的增长也大体类似。绅士阶层总人数在太平天国前约为110万人，正途绅士约74万人，占68%，异途绅士约35万人，占35%；太平天国后约为144万人，正途绅士约91万人，占63%，异途绅士约53万人，占37%。③太平天国作为一场伟大的农民运动，它打乱了近代绅士队伍的常规发展。科举制度录取名额是相对固定的，异途绅士非特殊情况，也是有比例的，按常规情况，绅士队伍的发展具有相对的稳定性，变化不可能很大。但是，因太平天国农民起义军的爆发，使绅士集团获得了超常规的发展。为了镇压农民起义，清政府先后调集了八旗、绿营兵进行大规模的围剿，但在农民起义军面前，昔日不可一世的统领、将军和朝廷命官犹如秋风中的落叶，倏忽之间便从云端跌入了泥淖，在太平天国的排刀下发出凄凉的哀嚎，太平军迅速席卷大江南北。清朝统治者不得不起用汉族绅士组织地方团练来镇压起义，于是，曾国藩、胡林翼、左宗棠、李鸿章等功名绅士乘时而起，利用封建绅士的卫道心理，组织湘军和淮军，将农民起义军镇压了下去，从而挽救了清朝统治阶级的危机。为了酬谢湘、淮军挽救危亡之功，跟随曾、左、李等人的许多汉族文人获得了封官赐禄，而且湘、淮等省还获得了增加学额的奖励。在罗尔纲所统计的182名将领中，书生出身的达一百多人，占可考人数的57%，其武途出身的75人，即占可考人数的43%。④增加学额虽然人数有限，就湖南省而言：长

---

① 杨力伟：《士绅的产生、衰落与消亡——一个宏观的透视》，《社会学与社会调查》1991年第5期，第10页。
② 胡雪艳：《清代前期科举制度上的满汉文化冲突》，《呼伦贝尔学院学报》2009年第4期，第9页。
③ 张仲礼著、李荣昌译：《中国绅士——关于其在19世纪中国社会中作用的研究》，上海社会科学出版社1998年1月第3次印刷，第110页。
④ 许顺富：《咸丰、同治时期湖南绅权势力的膨胀》，《香港中国近代史学报》2004年第2期，第22页。

沙府270名，衡州府50名，永州府26名，宝庆府46名，辰州府13名，永顺府8名，沅州府7名，郴州18名，靖州3名，澧州28名，桂阳州5名，全省共474名。①而军功、捐纳绅士人数增长更快，据罗尔纲估计，太平天国时期因军功而保荐至武职三品以上的已数万人，单保至游击以上的人数就有6339人之多。②捐纳绅士人数由原来的355535人上升到533303人，增长率为50%。因此，太平天国起义，导致了汉族绅士集团的极度膨胀。而这种膨胀又引发了绅士与军事的结合，形成了文武合流的局面，从而使得汉族绅权势力日益坐大，朝廷也莫奈其何。

在封建社会，中国是一个识字率很低的国家，清初，中国的读书人大约2000万人，清末不超过4000万人，以当时四亿人口计算，国民的识字率仅为10%。因此，拥有知识和功名的绅士很受社会尊敬，在民众的心目中拥有神圣不可侵犯的权威。正如陈独秀所言：在那一时代的社会"科举不仅仅是一个虚名，实已支配于全社会一般人的实际生活，有了功名才能做大官（那时捐班出身的官，人们还不大瞧得起，而且，官也做不大，大官必须正途出身，洋博士那时还未分明），做大官才能发大财，发了财才能买田置地，做地主（那时存银行和做交易所生意，又还未发明），盖大屋，欺压乡民，荣宗耀祖"。那时人家生了儿子，普遍的吉利话："一概是进学、中举、会进士、点状元"，甚至于"婆婆看待媳妇之厚薄，全以儿子有无功名和功名的大小为标准"，丈夫有功名的，公婆便捧在头上，没有功名的连佣人的气都得受。在农村，"贫苦农民的儿子，举人、进士、状元不用说，连秀才的好梦都不敢做，用尽九牛二虎之力，供给儿子读几年书，好歹能写出百而八十字，已经算是才子了，如果能够进城过一次考，胡乱写几百字交了卷，哪怕第一场就榜上无名，回家去也算得出人头地。穷凶极恶的地主们，对这一家佃户，便另眼相待，所以当时乡间有这样两句流行的谚语：'去到考场放个屁，也替祖宗争口气'，要是农民的儿子考取了秀才，便是一步登天，也就是立了将来做土豪劣绅的基础，一生吃著不尽"。在这样的一种空气中，"科举当然是一件神圣事业了"③。由此可见，科举的神圣性造就了绅士的特权地位。而特权地位又为其获得丰厚的经济效益提供了便利，名望加上财富，使他

---

① 张朋园：《中国现代化的区域研究 湖南省，1860—1916》，台北"中央研究院"近代史研究所1984年版，第73页。
② 罗尔纲：《湘军兵制》，中华书局1981年版，第161—162页。
③ 陈独秀：《陈独秀文章选编》，生活·读书·新知三联书店1984年版，第556—557页。

们成为地方权威人士。加上清政府的官府衙门只延伸到县一级，县以下的广大地区成为国家管理的真空地带，于是，官府只好把这一真空地带的管理工作委托给在社会上享有崇高声望的地方绅士。地方绅士由此成为"乡土权威"，成为沟通官、民之间的桥梁，而有些绅士还与朝廷大臣具有千丝万缕的联系，可以手眼通天，连地方官员都对他们礼让三分，尤其是在为清廷挽救统治危机的湖南，甚至形成了绅权大于官权的特殊现象。汉族绅士势力的扩大，构成清王朝一个异族的官僚集团和民间管制力量，即经理人阶层，满族皇族成为董事长，依靠他们来达到操控天下的目的。随着汉族绅士阶层的壮大，给汉族政治精英在施展政治作为时提供了有力的民间支撑，清朝统治者在对付汉族官僚时，面对的就不是个别官僚而是一个集体。从而使汉族政治精英更有话语权。近代湖湘政治精英群体的形成以及他们能够取得中兴王朝的赫赫功业，很大程度上和这种国情密切相关。

第二章：近代湖湘政治精英群体形成的乡土社会

本章我们将更近距离地观察近代湖湘政治精英群体生长的乡土社会环境，这同样是不可忽略的考察。否则，就难以解释，何以在同样的时代大背景下，是湖湘政治精英群体在近代的历史舞台上独领风骚。于是我们便发现，由湖南独特的地理环境、人文风俗、民习民性孕育而出的湖湘文化，在很大程度上造就了拯乱救危的近代湖南经世致用的政治精英群体，以其"治乱"经世的独特魄力，在考据、训诂的空疏学术氛围中脱颖而出，在乱世场景下，叱咤风云，成为近代中国政治版图中最绚烂的风景。

第一节　湖湘的地缘社会生态

一、地缘环境与文明落差

"湖南毗邻六省。北以滨湖平原与湖北接壤，南枕五岭与广东、广西为邻，东以幕阜、武功诸山系界江西，西以云贵高原东缘连贵州省境，西北则以武陵诸山脉界川东与鄂西。"[①]境内丘陵起伏、河谷纵横，湘、资、沅、澧四水倾注于

---

① 湖南省志编纂委员会编：《湖南省志》第二卷，《地理志》（上），湖南人民出版社1961年版，第2页。

洞庭湖以入长江。山林茂密，河水清纯，气候温和，物产丰富，这是湖南远古时吸引人类居住的基本自然地理条件。湖南远古的先民很早就创造了农耕文明。新石器时代，湖南各地已普遍有人类居住。湖南道县的玉蟾岩遗址就发掘出了世界上最古老的陶片和最早的人工栽培稻谷；湖南澧县城头山古城遗址发掘出了距今6500年的水稻田。印证了远古的农业文明。

湖南的原住民依靠特有的自然环境，繁衍生息，创造着自身的文明。但是，内陆性的地理环境也显现出封闭性的生态特点，加上南蛮大地缘的生态环境，"从商到楚，湖南经济水平一直落后于中原，'地广人稀，饭稻羹鱼，或火耕而水耨，果侑蠃蛤，不待贾而足，地势饶食，无饥馑之患……无饥饿之人，亦无千金之家。'说明湖南自然资源富饶，而经济水平较低"①。可见，在湖湘区域生存，依据自然条件不难温饱，要富裕却还需人为的努力，可是长期以来，湖南缺乏大富之家。从《史记》记载的情形看，当时湖南人的温饱生活水平是很低的，所谓"不待贾而足"，更多是得过且过意义上的"足"。这不能不使人反思，在求富的欲望上，湖南人还不够强烈。靠天吃饭，温饱即安，知足常乐成为普遍的原住民心态。可以做两种揣测：其一，宜于基本生存的湖湘自然地理条件在相当程度上抑制了居民们的进取心，从而显出某种文化的封闭性、保守性和落后性。其二，物质消费意义上的求富未必是湖湘居民的第一欲望，或许他们有更多心灵憧憬。从后世湖湘居民强烈的功业心来看，后种猜测似更富解释力。

与自然地理平行展开的是行政地理。于是我们便会强烈感觉到湖湘地区与中原政治文化中心距离遥远所形成的疏离性。即使我们以楚地行政版图来圈画政治文化的辐射，湖湘依然属于边缘之地（楚地政治中心在今湖北）。就行政层次而言，湖南地区直到清代才正式升格为省级架构。远离王化，这是行政地缘带来的宿命，当然又与自然地理不无关联。湖南作为一个多山的封闭性的内陆区域，很大程度上又导致了文化的封闭性。钱基博写道："湖南之为省，北阻大江，南薄五岭，西接黔蜀，群苗所萃，盖四塞之国。其地少而山多，重山叠岭，滩河峻激，而舟车不易为交通。顽石赭土，地质刚坚，而民性多流于倔强，以故风气锢塞，常不被中原人文所沾被。"②钱先生将湖湘自然地理和湖湘行政地理看成相互

---

① 罗望林主编：《湖南省经济地理》，新华出版社1988年版，第35页。
② 钱基博：《近百年湖南学风》，岳麓书社2010年版，第1页。

作用，化合为湖湘文化的封闭性、保守性和落后性。他还将这种地理格局与湖湘民性的倔强相关联，意味民性的倔强多少与视野的封闭相承。对此应该辨证看，一方面，视野封闭可能导致孤陋，保守，使倔强陷于坐井观天却自以为是的固执性。一方面，倔强也蕴含着一种自信，一种不自甘平庸的进取心，这是奋发自强的性格支撑。尤其倔强和坚定相联系，意味倔强者对信念的坚守格外执着。湖湘民性就是这样一种复杂的纠缠。后来的湖湘业绩显示，湖南既是中华帝国最保守的地域，也是最富变革气象的地域，矛盾得令人不可思议。其实细细推敲倔强这个词汇便不难心会。

必须承认，内陆封闭的地理环境对湖湘人的约束实在严重，使湖湘居民崭露头角的道路显得十分漫长。当下学界研究湖湘文化涉及地理因素，往往更多强调的是湖湘灵山秀水的美学价值对湖南人的性灵启悟与陶冶，例如楚辞之类瑰丽神奇诗文的成就，往往忽略了在这些原生态的山川景色以及神奇想象背后也蕴涵着文明的缺席，诗家的幸事往往是文明的不幸。我们更应重视这样的论断："湖南地处内陆，自古以来，社会经济的发展即原较全国其他地区为次，所以，王闿运指出：'湖南自郡县以来，曾未尝先天下'。近于封闭的地理环境，是湖南从古代到明清时期的漫长岁月里，经济引而不发，长期寂然无声，始终'碌碌无所轻重于天下'的一个重要原因。"①

这种状态一直延续到唐代。湖湘学者朱汉民认为："从秦汉到隋唐，湖湘地区一直是中华文化演变发展的边缘地区。"②当为中肯之论。史料表明，先秦至唐，湖湘地区是贬官流臣的发配场所。屈原、贾谊、柳宗元等著名政治家和文学家都曾流放于此，在他们留下的文字中，我们不乏见到"巴山楚水凄凉地"的描写与慨叹。这种凄凉感，未必是指物质生活贫困，而是指经济的落伍和文明的弱势。至少在中原文化的视角是如此。尽管我们不能否认湖湘地区曾经闪烁的楚文化瑰丽，但是同样也不能否认，在中华文明的演变进程中，是中原文化而不是楚文化具有主流地位，也许我们可以遗憾，为什么不是浪漫神奇更富有人情味的楚文化主宰着中华民族的命运，但历史却把充满现实理性的中原文化推上了主导地位，我们只能面对。也正是参照中原文化的强势地位，我们才判定湖湘本根文化

---

① 周跃云：《湖南地理与湖湘文化》，《求索》1993年第3期，第115页。
② 朱汉民主编：《湖湘文化通史》第1册，岳麓书社2015年版，第12页。

的弱势或"蛮荒"。启迪是深刻的，文化的核心竞争力是政治和经济的话语权。缺乏政治主导性和经济先进性的文化形态是很难引领历史潮流的。

但是湖湘的自然地理毕竟适宜农耕发展，社会的政治格局也在变化。秦代以后，历代统治者的权力不断向南扩张。在政治权力扩张的背后，则是经济开发的欲望以及相应经济实力的支撑，当然也包括先进经济技术和文化理念的播扬。这对提升湖湘经济和文化地位无疑是积极的。还要看到与政治扩张密切关联的人口增长。如果不严格地将先秦时期的湖南居民视为原住民，那么，汉代以后随着战乱等因素大量南迁的移民对湖湘地区人口增长带来的社会变化就格外值得关注。学界一般认为，东汉至宋代，至少出现了三次以上全国性的大规模人口南迁，宜于农耕的湖湘地区成为重要的移民落脚地，人口有着飞跃性的增长。以长沙地区为例，西汉时人口密度每平方千米不足3人，东汉时上升为每平方千米15人。唐贞观年间，潭州即长沙地区人口约为4万，到天宝年间达到20万人，至北宋时已达96万人。随着人口的增长，势必要发展经济作为支撑。"北宋，全国统一，促进了湖南作为全国粮茶基地区域性特点的发挥。以北宋淳化四年为例，荆湖南路和荆湖北路漕运到汴京的米额90万石，占东南六路上供总额的16.13%。南宋时，湖南地区提供的商品粮大于两广的总和。"①

至南宋靖康之难，宋王朝政治中心南移，湖湘地区作为国家重要的农业生产基地的地位得到巩固。这种经济地位的提升，不仅在经济层面也在文化层面改变了"蛮荒"之地的尴尬。经过历代的移民，不仅仅给湖湘贡献了生产力大军，也大大提升了湖湘人口的文化素养。就人口比例而言，受过中原文化熏陶的北方移民成为湖湘居民的主体——至少在后来成为湖湘文化核心区的地理区域是如此。更引人注目的是，一大批理学政治家兼思想家纷至沓来。他们不再是贬官罪臣，只是在湖湘大地留下失意的忧愤，而是雄心勃勃地想在湖湘大地播扬中原文化的最新成果——理学思想体系。湖湘的封闭性很大程度上被打破了，湖湘文化的大开化时代到来了。

从宋代至清代，湖湘文化的存在基本是在理学思想大旗下展开。别具一格的湖湘学派崛起以及湖湘文化的主要内涵，也深深地烙印着理学机理。近代湖湘政治精英群体，正是这种文化语境下的产物。甚至可以说，近代湖湘政治精英群

---

① 罗望林、翟辅东等：《湖南省经济地理》，新华出版社1988年版，第38页。

体是理学思想之水浇灌出的璀璨之花。其进程中当然有着文化的碰撞与融合，从而显示出湖湘文化与一般理学形态相区别的文化个性，但是湖湘文化的理学传承是不可割裂的主线。于是，理学中蕴涵的文化保守主义基因也就必然性地在湖湘文化形态中着床。如果再联想湖湘封闭性的内陆地理环境潜移默化养成的湖湘民性——忠直、倔强，通俗地说，一根筋，等等，我们对近代湖湘政治精英群体书写的历史勋业，可能就会悠然心会。可以说，湖湘文化的封闭性、保守性和倔强的湖湘民性相融会，以另一种英雄主义的形式在近代湖湘精英群体的业绩中显现出来。不可否认，近代湖湘政治精英群体至少到曾国藩一代都是皇权制度忠实而血性的卫道士，是曾国藩们挽救和中兴了大清王朝，延续了垂死的大清国运半个世纪之久。包括戊戌变法，湖湘英杰谭嗣同血溅菜市口，也是一种挽救大清危亡的壮举。王闿运、王先谦等近代湖湘大儒无不表现出总体倾向的保守姿态。这是我们审视湖湘文化和近代湖湘精英不可回避的问题。故有学者认为："自宋代理学根植湖南这片土地，并被弘扬光大之后，湖南士人就很难从'正统的'理学的传统文化氛围中挣扎出来，尤其是湖湘学派名盛一时之后，湖南更自为风气，所谓'普天之下，唯我独尊'，'舍我之外，必无教化'，这种保守的观念一旦形成，又在湖南这个封闭的小世界里滋生蔓延，其影响自然是相当深刻的。因此，湖南社会长期处在一个以丰衣足食为满足，以奉行'三纲五常'为止境，士大夫以文风自豪，百姓以知礼义为乐的境界。所以湖湘文化在宋至明清的漫长岁月里，它只能是'正统的'即以自我封闭、思想保守为特征的传统湖湘文化。"[①]我们认为，这种判断具有史实的支撑，但必须强调，我们还不能忽略湖湘民性中的倔强性，正是这种倔强中内蕴的激烈、坚定与固执使湖湘文化的保守主义具有了英雄主义的风采，亦即超越认知意义上的正确与谬误进入美学观照，从而更裸露出乡土文化的根性。总之，认知判断并非行动的全部理由。

二、文化地理的分期与启示

从文化地理的视角看，湖湘地区的文化形态演变尽管有许多细腻而微妙的演进层次，但是粗线条地归纳，可分为两大板块，即前宋时期湖湘文化形态与宋代

---

① 周跃云：《湖南地理与湖湘文化》，《求索》1993年第3期，第116页。

以后湖湘文化形态。也有学者认为，前者可称之"荆楚"文化、"沅湘"文化或者"湘楚"文化，后者才是现在我们熟知的湖湘文化。

如果不做精细辨析，可以说，湖南的原住民大体是越人、蛮人、濮人构成。古越人最初分布于湘东北、湘东、湘中和湘南地区，即湘江流域和资水中下游地区；蛮人即"三苗"的后裔，先是分布于长江中游和湘北的洞庭湖沿岸地区，后在春秋战国时期楚人的不断征伐下，迁往湘西、湘西南地区，即沅水、澧水流域；濮人散居在汉水流域和湘西北地区。聚居在湘西的濮人后来就成为秦汉时期史书中记载的"武陵蛮"和"武溪蛮"的主要民族构成部分，与迁住此处的蛮人一道，成为现今湘西、湘西南苗、瑶等少数民族的族源之一。春秋战国时期，湖南曾为楚国属地，一部分楚人、巴人迁入湖南，楚文化也随之进入湖南，经过碰撞和融汇，形成了以楚文化为主导的湘楚文化地理形态。从而构成宋代以前湖南地区的文化基本特色。历代文献中，有许多关于湘楚文化特色的描述：

> 南楚好辞，巧说少信。①
> 我蛮夷也，不与中国之号谥。②
> 荆楚僄勇轻悍，好作乱，乃自古记之矣。③
> 沅湘之间，其俗信鬼好祠。其祠，必作歌乐鼓舞以乐诸神，屈原放逐，窜伏其域，愁思怫郁。出见俗人祭祀之礼，歌舞之乐，其词鄙陋，因为作《九歌》之曲。上陈事神之敬，下见己之冤结。托之以讽谏。④
> 包楚与荆，风剽以悍，气锐以刚，有道后服，无道先强。⑤
> 唐末五季，湖南偏僻，风化凌夷，习俗暴恶。⑥
> 长沙故大郡，地广物众，统属邑十有二，其人劲悍决烈，尚勇好争，非得疏通练达介特贤明之士不足以治之。⑦

---

① 《史记·货殖列传》卷一二九，中华书局1999年版，3268页。
② 《史记·楚世家第十》卷四十，中华书局1999年版，第1692页。
③ 《史记·淮南衡山列传》卷一一八，中华书局1999年版，第3098页。
④ 王逸：《楚辞章句序》，见《文津阁四库全书》第1066册，商务印书馆2006年版，第16页—17页。
⑤ 杨雄：《十二州箴》，（清）王謨辑本。
⑥ 欧阳守道：《赠了敬序》，见《文津阁四库全书》第1187册，商务印书馆2006年版，第422页。
⑦ 金幼孜：《赠欧阳太守长沙序》，见《文津阁四库全书》第1244册，商务印书馆2006年版，第556页。

这些描述是经验化的，涉及文化的信仰特色和民性特色，也体现出楚文化的湖湘呈现形态。就信仰特色而言，楚文化处于自然神崇拜阶段。比较感性化、经验化和直接化，与日常生活的欲望密切相关。就民风民性而言，体现出楚地居民的忠直、倔悍、刚烈、偏执，总归不是温文尔雅。这在很大程度上是封闭性与非理性的生存特征。就文化呈现形态而言，是一种民风民俗形态，文化的观念化形态表现缺席。可见，这种文化形态还处于感性化甚至蒙昧化的低端层面，理性化、抽象化的层次不够。可以佐证的一个历史事实是，在宋代以前，湖湘大地没有一个本土思想家及思想文本，更谈不上思想学派。与中原文化区域思想家、思想著述和思想学派蔚然壮观的情景形成巨大反差。另一个事实是，整个唐代300年，湖湘中进士者仅25人，知识分子群体可谓极度贫乏。不难想见，此态势下，湖湘文化只能以较低端的民俗文化形态存在。所以，宋代湖湘文化大开化期，中原理学进入湖湘，可以摧枯拉朽独占鳌头，迅速成为湖湘大地统治性文化。尽管中原理学的进入与本土文化产生了碰撞与融合，但就对抗力而言，缺乏理性观念体系的本土文化可谓不堪一击。融汇的结果是招降而不是妥协。

朱汉民在《湖湘文化通史》中对宋代理学进入湖湘后，与既有的本土文化发生的碰撞与交融做了富有启迪的考察。有这样一段总结性的阐述：

> 一方面，外来的湖湘精英文化与本土的湖湘民俗文化之间有着激烈的冲突对立，宋代士大夫在湖湘地区传播中原正统儒家文化时，曾对湖湘本土的楚蛮习俗采取禁抑、压制、改造的政策，他们的"毁淫祠"、禁恶俗等激烈行动，常常体现出湖湘文化在转型、建构过程中两种文化的冲突。另一方面，湖湘精英文化与民俗文化之间又有交流、融合的一面。儒家士大夫对湖湘本土楚蛮习俗的禁抑与压制，是为了建构与正统儒学相一致的礼俗文化。譬如，他们强化了对合乎主流文化观念的祭祀，大量修建神农炎帝、舜帝、屈原、贾谊、柳宗元等儒家圣王、圣贤的祠庙，以取代楚蛮宗教习俗中的鬼神系统。但是，他们在关于炎帝陵、舜帝陵、湘妃祠、南岳祠、屈子祠、贾太傅祠的祠祭仪式及活动中，又大量吸收了本土的民间宗教、楚蛮习俗。这又充分体现出精英文化与民间文化之间的融合。[①]

---

① 朱汉民主编：《湖湘文化通史》第1册，岳麓书社2015年版，第13页。

朱汉民看到了宋代成为湖湘文化的一个重要转折点，看到了这种转型关涉精英文化和民俗文化的差异，看到了文化转型期间经历的阵痛。不过他的表述更侧重于两种文化之间的妥协与平衡。而我们认为这种转型是儒学文化对非儒学文化的成功征服。就转型的结果而言，是理学文化利用了湖湘民性，使湖湘居民成为理学文化的忠实信徒，将湖湘大地建构成理学的坚固重镇。宋代以来，理学播扬是全国性的，而且对理学的接受而言，湖南本土文化根基又是相当薄弱的，但是这种本土文化根基的薄弱会产生一种奇特的效应，一旦理学文化征服湖湘居民，也就拥有了最坚定的敢死队。这也可以解释，为何湖南人如此轻而易举地拥抱了理学，并且忠心耿耿地相厮相守近千年。后来的史实表明，真正临危受命，身体力行理学精神，在晚清维护和挽救了大清王朝的恰恰是湖湘儿女。我们认为，其中奥秘，就在于理学成功控制或说获得了由楚蛮文化培养出的最有殉献血性的信徒群体或说死士群体，这对在文化转型中式微的楚文化而言，是一种悲哀，但是对征服者的中原理学文化而言，则是一种大幸。

第二节　楚文化底色对湖湘民性的影响

一、神话、天道与浪漫风骨

从春秋至隋唐，盛行于湖南的是楚文化或说湘楚文化。楚国作为春秋战国时期的强国和大国，在八百多年的历史长河中创造了无比灿烂辉煌的文明成果，如楚国独步一时的青铜铸造工艺、巧夺天工的漆器制造工艺、领袖群伦的丝织刺绣工艺、精彩绝艳的辞赋、汪洋恣肆的散文、义理精深的哲学、诙诡谲怪的美术、五音繁会的音乐、翘袖折腰的舞蹈，等等。

由于种种原因，瑰丽璀璨的楚文化并没有发展成为中华文明的主流形态，一般说来，以儒家思想体系为哲学代表的中原文明或说中原文化构成了中华文明的符号形态。但这并不意味楚文化失去了文化的影响力，事实上，它化合为中华文明中的有机养分而显示其存在魅力。尤其是在楚文化的原生地，它更深刻地影响着民风民性的养成，从而使楚地居民在接受以儒学为代表的中原文化的进程中，显示出独特的地域个性。湖湘文化就是如此。尽管宋以来湖湘文化在转型中全面吸纳了儒学的时代新形态理学文化体系而成为理学一脉，但湖湘人是带着浓郁的楚文化底蕴去完成文化的蜕变，总之，湖湘文化有着厚重的楚文化底色。

楚文化是一种重情感、重想象、重浪漫理想的文化。这是与中原文化的一个重大区别。孔子曾经教育学生，不要谈论怪、力、乱、神，注重的是人间、社会、政治问题。楚人却对天道、宇宙问题倾注了极大的热情，以老子、庄子为首的道家学派是其典型代表。就人而论，孔子关注的是集体的人、社会的人，把人看成是社会的组成细胞，强调个人对社会的殉献与维护。老庄更关注是个体性的人，他们反对人被物役，要求个体身心的绝对自由，主张小国寡民的社会形态，对于个人对社会的义务是不以为然的。在这种文化意识中生活，人们势必相对忽略物质的诱惑而更注重心灵的安顿。也就不难理解，楚地居民之一的湖南人不太在意物质的富庶而对尊严格外敏感。

崇祖、忠君、爱国是中原文化和楚文化的共有之处，但中原文化偏重于礼法和制度，并凝聚于皇权，而且楚文化比中原文化表现得要更具感情的强烈深沉而富有乡土情结。屈原在《离骚》中说："陟升皇之赫戏兮，忽临睨夫旧乡。仆夫悲余马怀兮，蜷局顾而不行。"诗人上天入地，上下求索，亲临许多美好的境界，见到许多美好的事物。正当他要向更光明的境界飞升时，忽然从天界上看到自己的故乡，于是，悲从中来，徘徊而不继续前行了。这是一种何等强烈的乡土意识，一种何等难解的怀乡恋乡情结呀！可以感受到，屈原的忠君与爱国是以崇祖心结为主导。在中原诸夏与楚地南蛮的政治博弈中，楚人往往是被欺辱的一方，故园乡土的沦亡是最忧心的牵挂。他无法割舍的是先祖血脉滋润的故土，他无法容忍的是异邦人对故园的霸占。这更多是一种感性的情怀，而未必是一种理性的选择。历史的发展显示，强秦更显示出文明进步的方向，但这种理性的逻辑并不重要，重要的是楚人不能为人奴役，屈原意念中的君王和国家其实是一种文化的存在，而未必是政治制度的存在。所以，即使君王和国家极度腐败与没落，他也痴心不改。这是理解屈原或楚人的忠君爱国要格外重视的。

楚文化对神秘宇宙的迷恋，促使他们不断地去探索天道的奥秘，以找到天道和人道的结合点，弄清自然界的许多奇异现象。屈原在湖南流放期间所作的《天问》，对于天地、自然、社会、历史提出了一系列充满怀疑与求索精神的质问。

他一连问了172个问题，都与切实的俗世生活无关而关涉人的心灵超越。比较孔子的思索，我们更见出文化的差异。楚人可谓命比纸薄，心比天高，这是具有悲剧性的存在。然而，也正是如此，体现了不甘平庸，特立独行，超越俗流，敢于承担的人格风范。在灵与肉的人类永恒纠缠中，屈原表现出对灵的皈依。所以屈原又有"路漫漫而修远兮，吾将上下而求索"的豪迈诗句，这种诗情，一直流淌到后世湖湘英杰的血脉中。

对于屈原，我们要格外注意。事实上，他不仅是楚文化的人格符号更是湖湘人尤其是士大夫的人格偶像。屈原的卓然独立、自命不凡、清高自守、不屑俗流的人格自信，对理想的忠贞不渝，宁为玉碎，不为瓦全的殉道精神，还有满腔忧愤的悲剧气质等等，都深深地感召着湖湘后人尤其是士大夫，从而塑造了湖湘民性中充满血气的一面，我们不妨归结为一种宁死不屈的斗争人格。湖南人动不动就言死。早在先秦就有"楚虽三户，亡秦必楚"之说，及至杨度的《湖南少年歌》："若道中华国果亡，除是湖南人尽死！"陈独秀说："湖南人的这种奋斗精神，却不是杨度说大话，确实可以拿历史来证明的。二百几十年前的王船山先生，是何等艰苦奋斗的学者！几十年前的曾国藩、罗泽南等一班人，是何等'扎硬寨'，'打死战'的书生！黄克强历尽艰难，带一旅湖南兵，在汉阳抵挡清军大队人马；蔡松坡带着病亲领子弹不足的两千云南兵，和十万袁军打死战；他们是何等坚韧不拔的军人！"这样的斗争姿态已经不是出于理智的考量。孙中山就说，革命军一个人去打一百个人，这种不理智的事，只有湖南人才干得出来。[①]但是这种非理性的行动中却蕴含着一种殉道精神。再细看从屈原到谭嗣同，湖南人的死可说是主动献身，显出很强的殉献感和仪式感，以至于毛泽东诗意地总结为"唯有牺牲多壮志"，死亡在湖南人心中有种美学意味，体现了斗争人格的极致和对灵魂安顿的偏执。追根溯源，可以说是屈原精神的传承。以狂放著称的湖南大思想家王夫之便做了这样的背书："有明王夫之，生于屈子之乡，而邁闵戚志，有过于屈者。……聊为《九昭》，以旌三吕大夫之志。"[②]可见，王夫之自觉地认同了屈原传人的身份。湖湘大地，屈原人格已经生根开花，从王夫之、曾国藩、谭嗣同、黄兴到毛泽东，无不都是济危救困、拯救天下苍生的伟大理想主义

---

① 康咏秋：《封闭保守 热衷仕途——湖湘文化的反思》，《湖南科技大学学报》2006年第1期。
② 《船山全书》第15册，岳麓书社2011年版，第147页。

者。浪漫风骨和寻找大本大源的痴迷都在他们的身上得到了充分的体现，湖湘近代政治精英群体的人格风采都透射出屈原的光辉。

二、湘楚文化与霸蛮血性

当代学者探讨湖湘民性特征时，总结出了一种霸蛮精神。"霸蛮"一词是一个意涵比较丰富的湖南方言，就性格而言，既有信念坚定，行为果断，坚韧不屈，积极进取，不达目的决不罢休的一面，也有愚昧鲁莽，自以为是，不服气，不认输，不变通的非理性一面。与此大致相同的另一个说法就是"一根筋"。这种独特性格的形成，与地域文化的长期熏陶大有关联。

远古时代，湖湘原住民属于南蛮族群，与中原华夏族群在居住地域上分割，"语言不通，嗜欲不同"，生活方式、文化心理等等都有很大差异。春秋战国时代，以江汉地区为中心的楚国国力日益强盛，其经济和政治势力越过长江、洞庭，由北而南，逐渐征服了整个湖南地区。楚文化随之南下，与湖南的越、蛮、濮、巴等土著文化交相融合，形成了独具特色的湘楚文化。它是湘、楚文化互相融合的产物，也是"湖湘"这一地域名称之前湖南地域文化的称呼。作为春秋五霸之一的楚国，其势力最盛时，占有今湖北、湖南全部以及陕西、河南、四川、江西、安徽、江苏、山东等省的一部或大部，政治和文化影响远及广东、广西、云南、贵州，是当时名副其实的泱泱大国。

但是楚国控制地区，主要是荆蛮生活地区。这也是楚国向中原扩张困难要大得多所致。其实楚国在华夏族群里也是受歧视的。周成王时熊绎始封于楚，但周王室并不以为然，在称王问题上始终不予认可。祖先获封于楚，是因为做过周文王的老师之故，并没有血缘上的亲情纽带，因而不像其他的诸侯国那样为周王室所看重，获得的支持也极为有限。在周王室的冷落中，熊渠封儿子为王，熊通自称武王，既属离经叛道，也是无奈之举。如此一来，楚王也就索性自我认同蛮夷的身份，和蛮夷抱团取暖，包括通婚，进行血缘的融合。在兼并周围小国和要求周天子给予王的称号时，往往打出"我蛮夷也"的旗号，干脆就以不开化、不守礼仪的蛮夷自居，要挟对方。这种以蛮夷相标榜的自负心理，说明了楚人对蛮夷文化的认同，也是抗衡周王室及中原诸夏的需要。正是这种原始野性的蛮族文化，使得别人不敢做的事情，楚人却做了。问周鼎大小轻重，各路诸侯想都不敢想，楚庄王不仅想了，而且做了。最后逐渐上升为以蔑视既存、敢于叛逆为主要特点的族群精神。

春秋战国时期，诸侯国互相兼并。一般的诸侯国都是兼人之国，堕其城郭，焚其钟鼓，布其资财，散其子女，裂其土地，而楚国则与之相反，兼人之国，修其国郭，处其廊庙，听其钟鼓，利其资财，妻其子女，采取怀柔政策。即使对于包括湖南土著民族在内的土著蛮民，也概莫能外，表现出偏重认同蛮夷文化的倾向，以文化融合取代文化征服政策。楚武王自称"我蛮夷也"，与周文化分庭抗礼，表现出极大的文化叛逆。这一文化叛逆心理又导致楚蛮向"蛮"文化的纵深地带推进。于是，秉承远古湖南农耕文明的霸蛮因子，加之楚蛮年复一年自豪地积淀着"蛮"的特质，最终进化成湖湘文化中的"霸蛮"的主体基因。

对于这种"霸蛮"精神，应该多方面的研判。周王朝的年代，族群利益的扩张，南蛮族群和华夏族群发生了冲突，冲突的结果是华夏族取得胜利，逐渐向南扩张。南蛮族群的生存空间受到严重挤压，或者被迫让出生存条件比较优越的地域，向生存条件比较恶劣的区域迁徙，或者臣服于征服者。显然，这是一种屈辱的遭遇，在心理上必然产生怨恨、绝望、自卑以至于拼死反抗的心绪。所以，霸蛮性格在某种意义上可以视为一种屈辱者群体的人格表现。南蛮地区不仅是经济上的不毛之地，更是中原逐鹿失败者的流徙之地。社会文明程度较低，生存条件相对恶劣，其文化上的保守、落后不言而喻。在此生态下，也需要霸蛮精神的支撑，才能获得生存的力量。南蛮慷慨赴死，可以理解为对生理性生命的超越和升华，也暗蕴着生存竞争中处于劣势的绝望。慷慨赴死实际是断定生不如死而作出的选择，这无疑是悲剧性的，也就在悲剧性的霸蛮精神中，蕴涵着自强的心性。所以湘楚文化抚育的湖湘人往往呈现出偏执保守和激进求变的双重性格。霸蛮精神决定了湖湘人可能极度顽固保守，也可能非常激进开放，总之，湖湘人不会任人宰割，忍气吞声，庸庸碌碌地生存于世。他们一旦认定某种信念，无论这种信念是对还是错，即使是书生，也有着不屈不挠的践行壮举，从而区别于缺乏行动力的其他社会群体。近代以来湖湘政治精英群体以热血建立的勋业，就是有力的佐证。

第三节 移民传统与湖湘绅士的社会影响

一、移民传统及社会的影响

湖湘历来为重要的移民地区，历史上最具影响的是两次大规模的外籍人移入湖湘：一次是春秋战国时期的楚人入湘，另一次则是宋明时期的赣人入湘。其他零零散散的入湘移民更是不计其数，于是湖南成为一个多民族杂居的省份。这种移民现象相当程度改变了湖南作为内陆省份的封闭性，促进了社会的进步和文化的交流。

两宋期间，中原战乱频繁，大量的汉人向南迁移，带来了先进的生产技术和文化，促进了江南经济的繁荣，使南方的经济发展首次超过了北方。汉民族在长江流域的扩展，由东向西。因此江西的开发，晚于江东（泛指江、浙、皖）而先于两湖。当时，湖南地区仍旧土旷人稀，许多地方尚未开发，而江西、湖南两地互相连接，中间没有大山大河的阻隔，于是自密趋稀的移民行动，就自然发生了。其中移民带来的湖湘文化开化格外引人注目。

两宋时期，福建人胡安国与他的儿子胡寅、胡宏、胡宁等一家人从湖北就近迁往湖南，在湘潭碧泉、南岳衡山定居了下来，先后创办了湘潭碧泉、南岳文定、宁乡道山等书院，潜心学术，授徒讲学，开创了自成体系、独具特色的湖湘学派，湖湘文化由此肇兴。与朱子学派并起的湖湘学派，迅速崛起于南宋的学术文化界，主要仰赖于三大资源。一是博学的学者群体。湖湘文化的主要代表人物胡安国、胡寅、胡宏、张栻都是一代鸿儒。胡安国、胡寅都是进士出身，在为官的同时，钟情于学术研究和教书育人。胡宏、张栻从幼时开始就聪明好学，四处拜访名师，长大后又长期在书院从教，与人探讨治学之道。他们著书立说，是一个师承相续、博学深思的学者群体。二是原创的学术思想。湖湘学派开创了一个将义理之学与经世致用相结合的学术风格，将"圣门绝学"融入现实政治之中，找到了学术与政治结缘的门径。三是独特的人文环境。湖湘学派的主要代表人物虽不是湖南人，胡氏父子为福建崇安人，张栻为四川绵竹人，但他们长期生活于湖南。湖南是理学鼻祖周敦颐的故乡，周敦颐的学术思想直接影响了程颢、程颐，而湖湘学派的代表人物又是二程弟子的学生，与二程有着间接的师承关系，依此类推，周敦颐也可算得上是他们的祖师爷。湖湘学是湖湘学派所强调的传统文化精华与湖湘民性完美结合的产物。湖湘学派主张的修身养性、经世致用，特别是"习行"结合"行"为先的理论思想，它们附丽在坚忍不拔、艰苦卓绝、倔强坚守、忠义血性的湖湘民性之上，在宋、元、明、清以来的中国历史上，尤其是在近现代以来，在经世济民、安邦治国和抵御外侮、拯救时艰中，发挥了巨大的作用，成就了"中兴将相，什九湖湘"的丰功伟绩。①

宋代移民对湖南而言只是预演，最大规模的移民到明初进入了高潮。元末明初的连年战乱，使湖南大部分地区田园荒废，庐舍为墟，原有居民大量散亡。随后外省人，因"从征"、"屯垦"、"宦游"和从事商贾等，大批涌进湖南。当时从东部迁入湖南的移民来自16个省区，其中以江西人为最多，占外来移民的三分之二。据记载，元末明初之乱后，湘潭土著仅有数户，移民多自豫章（今南昌地区）来，与湘潭接壤的醴陵，原有土著居民仅存18户，其余之人都来自外省，而豫章人尤多。沅陵县城镇中的居民有来自开封的，有来自江南的，尤以江西为最多。所以有"江西填湖广，湖广填四川"之说。大庸县初设永定卫时，"无一土著之民，官军俱各省调集，以实卫城"。《永定乡土志》所载的大庸38大姓60始祖中，有24姓33始祖是明初从外省迁来的。其中，来自江西的有20始祖，"从征"来的有5始祖，属卫所军官的有8始祖。据近人统计，宝庆府在明代从江西共迁入89族，其中邵阳有38族、新化15族、武冈24族，新宁、城步各6族，靖州6族；迁入湘阴的共83族。又据地方志记载，益阳县移民共447族，其中明代移入的271族，洪武时移入的又占109族；醴陵县明代从江西迁入的有296族，其中洪武年间迁入的占200族。沅江县琼湖镇、草尾、团山等乡29姓中，有18姓是明初从外省迁入的，而其中15姓来自江西省，明中叶后又有6姓从江西迁入。这种变动的结果，在明代的湖南居民中，土著已是少数，而外来特别是江西移民成为主要组成部分。②同楚人入湘不同的是，赣人入湘是真正意义上的对土地的垦荒，当然，文化的垦荒亦平行展开。对于明初的赣人入湘，著名学者唐浩明先生作过十分贴切和透彻的历史点评。他说："明初，湖南人的组合发生过一次大变动。那便是数

---

① 康咏秋、谭长富：《湖湘学派与湘潭》，湖南大学出版社2006年版，第5页。
② 参见伍新福主编：《湖南通史》（古代卷），湖南出版社1994年版，第554—555页。

以百万的江西人西移三湘。赣人入湘，不仅因为血统较远的的联姻改善了湘人的体质，还因为北宋以来两赣文风盛于湖南，从而将一种人文优势带进湖南。这一切使湖湘民众强悍而不愚昧，地位卑微却渴望改变现状。"①

　　移民群体有一个最大的特点，就是不甘现状，敢于冒险，富有开拓精神。这个群体的湖湘进入，一方面带来了外部世界的视野和信息，极大地丰富了本土居民的见识，也把开拓精神植入湖湘，他们来湖湘就是来开拓创业的，和湖湘本土民性中的霸蛮血性相融汇，使湖湘文化中的进取性更加富有生机。我们重点讨论的近代湖湘政治精英群体，绝大多数都是移民之后。周敦颐、王夫之、李东阳、陶澍、贺长龄、魏源、罗典、何凌汉、胡林翼、曾国藩、左宗棠、彭玉麟、郭嵩焘、罗泽南、李续宾、刘长佑、王闿运、王先谦、王壮公等等均是。这也是湖南人为什么会成为乱世英雄，扭乾转坤的时代英杰的重要奥秘所在。

二、湖南绅士阶层的壮大及社会影响

　　绅士是古代中国社会一个很特殊的阶层。他们是有着科举功名或官宦经历的地方有名望的人士，就社会功能而言，"绅士充当了政府官员与当地老百姓之间的中介人"，"官吏处理地方事务，常常向绅士咨询"，"绅士作为本地的代言人，常常去说服政府接受他们的看法"。②可以说，在中国古代社会，政府能够有效地实施社会管理，离不开绅士阶层。清代以来，绅士阶层在湖湘社会逐渐壮大，近代湖湘政治精英群体是这个阶层的支撑性力量。

　　长期以来，湖南绅士阶层显得单薄。据张伟然统计，唐五代的进士湖南共得9人，宋代149人，元代24人，明代495人，清代前期（1652—1821）323人。③若就进士中额而言，全国18省中湖南居第14位，稍高于广西、云贵、甘肃等省。④而进士作为绅士阶层最有代表性的组成部分，是衡量绅权是否强大的重要标尺。湖南考中进士的人数较少，就表明退职回乡的官员人数有限，支配地方事务的绅权就

---

① 廖静仁主编：《天问湖南·历史之旅卷》，湖南地图出版社2005年版，第43页。
② 张仲礼：《中国绅士——关于其在19世纪中国社会中作用的研究》，上海社会科学院出版社1991年版，第48—52页。
③ 张伟然著：《湖南历史文化地理研究》，复旦大学出版社1995年版，第31—33页。
④ 转引自张朋园：《中国现代化区域研究 湖南省，1860—1916》，台北中央研究院近代史研究所1984年版，第72页。

相对薄弱。而且湖南考选举人的乡试一直实行湖广合闱，没有取得独立主考的资格。直到雍正元年，在湖南地方官的一再吁请下，方始取得在省城长沙独立乡试的资格，录取名额举人49名，副榜9名。到乾隆十二年减为举人45名。[①]中举人数比湖北较发达的省份要低，使得湖南绅士无法形成足以影响地方的强大之势。

但是，嘉、道时期，以陶澍、贺长龄等为代表的经世主变派文化群体的兴起奠定了近代湖南绅士群体崛起的基础。宋代开启的湖湘文化，由明末清初王夫之发扬光大，形成了气贯长虹的庞大学术体系和经世致用的独特文风，经过岳麓书院王文清、罗典、袁名曜、欧阳厚均等历任山长的教化灌输，培养出了许多胸怀天下、经世济民的杰出人才，湖南的经世致用之风独树一帜，成为扶危济困的一道亮丽风景线，湖南人才开始显耀于世。乾、嘉时期以经世而著名的有官至陕西布政使、署理巡抚的善化人唐仲勉；有刚直豪爽、有谋略、官至苏州知府的长沙人周有声；有好"研究舆地、兵法、星卜之书，尤留心兵事"，官至陕西按察使的溆浦人严如煜；有官至礼部员外郎，矜尚气节、勇于任事、以"烧车御史"闻名天下的湘乡人谢振定等。嘉、道时期，湖湘士人中有著名的实干家、政治家、改革家，历任安徽、江苏巡抚，官至两江总督的安化人陶澍；有积极倡导经世之学、编辑《皇朝经世文编》，历任江苏布政使，云贵总督的长沙人贺长龄；有意气凌厉，勇于言事，明习吏事，慨然有肩荷一世之志，不避权贵、声震朝野的益阳人汤鹏；有参与编写《皇朝经世文编》，撰写《圣武记》《海国图志》等书，一生鼓吹和从事改革的邵阳人魏源；有历任国子监祭酒、山东学政、工部尚书，为官勤奋廉明的道州人何凌汉；有历任国史馆提调、四川学政，主讲过城南书院和岳麓书院的道州人何绍基；曾任广西、广东巡抚、两广、云贵总督的长沙人劳崇光；历任府、道、臬、藩，署两江总督，著《国朝学案小识》的著名理学家善化人唐鉴；以诗文名噪一时，辑《沅湘耆旧集》，访求与校勘王夫之遗书的新化人邓显鹤；官至云贵总督、两江总督兼河道总督的湘阴人李星沅；曾任国子监官、广西学政，后主讲岳麓书院的清泉（今衡南）人丁善庆；曾任安徽按察使、湖北布政使、浙东、湖北巡抚的衡阳人常大淳等。这些人的功名、声望无形中成为湘人励志的榜样，许多人还有意识的扶掖湖湘后辈，后来湘军集团的许多人都

[①] （清）李瀚章等修，曾国荃等撰：《湖南通志》（三）卷一四一，光绪十一年重修，上海商务印书馆1935年7月影印，第2793页。

与他们有或多或少的关系，从而筑牢了湖南绅士崛起的根基。

以曾国藩为首的湘军集团的兴起是湖南绅士群体崛起的主要标志。1851年太平天国起义，湖南是起义波及的第二个省份。曾国藩正是在农民起义的烽火中，以"丁忧"身份奉旨创办地方团练。曾国藩开创了以"书生训山农"的建军模式，动员一批功名不显的绅士，以同乡、同族、师生、亲戚关系为纽带，组成一支"呼吸相顾，痛痒相关，赴火同行，蹈汤同往"，效忠皇权，为卫道而战，敢打敢拼的强大军队。他凭借着这支军队，以顽强的斗志，屡覆屡起的雄心，最终镇压了声势浩大的农民起义军，挽救了清王朝的统治危机。由于湖南是湘军的故乡，是湘军将才、兵源、饷源基地，随着湘军镇压太平天国农民起义的成功，湖南人由领兵、筹饷等而至通显者，成批涌现，居各省之冠，因军功而保荐各类虚衔者更是比比皆是。湘军将领中升至总督者有湘乡人曾国藩、曾国荃、杨昌濬、刘岳昭，湘阴人左宗棠、长沙人杨岳斌、衡阳人彭玉麟、新宁人刘长佑、刘坤一、浏阳人李兴锐、邵阳人魏光焘共11人；升至巡抚者有益阳人胡林翼，湘阴人郭嵩焘，新宁人江忠源、江忠义，湘乡人刘蓉、刘锦棠、蒋益澧、李续宾、李续宜，宁乡人刘典，凤凰人田兴恕，桂阳人陈士杰，常宁人唐训方共13人；升至提督、总兵、布政使、按察使的多达143人，为知府、知县的更是不计其数。官僚队伍的扩大，使得告老还乡，因事削职，功成身退的官僚人数增多，他们返乡为绅，壮大了绅士队伍。以军功而获保荐虚衔者为数更多，仅据光绪十一年刊《湖南通志》所列名单，全省因军功保举武职游击以上人员即达6319人之多，其中提督478人，总兵1077人，副将1534人，参将1464人，游击1766人，这在全国各省是绝无仅有的。如此众多的武职人员退役还乡，凭着他们拥有的虚衔和威势，成为地方上望而生畏的军功绅士势力。湘军还因挽救清王朝覆亡的殊勋，获得了"封妻荫子"和增加学额的特别奖赏。据《湖南通志》记载，生前或死后被赐封侯、伯、子、男世爵者，有曾国藩、左宗棠等10人；被赐骑都尉、一云骑尉世职的，更多达2000余人。他们的子孙后代沾此恩典，得袭爵位的不计其数。这些人或为官，或为绅，都有祖先显赫功业的荫庇，必然成为地方上很有影响的社会势力。湖南还因捐输和功勋而获得了清政府增加学额的奖赏。从1852年至1864年因捐输而获得的永广学额就达276名。① 从咸丰七年至同治六年增加一次中额达46名，恩

---

① 岑生平：《咸丰同治时期湖南的财政政策》，《求索》1993年第2期。

诏广额15名。①湖南的科举录取比例有了较大的增加，加上捐纳官衔而成为绅士者，湖南绅士队伍得到了空前的壮大。太平天国前湖南的绅士总人数是63372人，太平天国后则达到了91899人。②

由于湖南绅权势力的膨胀从一开始就带有一定的血腥气味，因而这种绅权对社会政治的影响，就非其他各省所能相比。湖南绅士参政握权，由左宗棠首开其端。左宗棠先后担任湖南巡抚张亮基和骆秉章的幕僚，深得他们的重用，以一幕客，隐操湖南全省大政。其离湘后，另一绅士郭嵩焘又为历任巡抚所重用，擅权如故，长达20多年。湖南的捐输局、厘金局、火药制造局等等，也都由绅士主政。举凡一切政治、军事、经济政策，在绅士的干预下一经奏定，便奉行不逾，后来的督抚也不能改变它。湖南绅士以湘军为后盾，上下其手，干预地方政务，即便是巡抚，如果违拗他们，或者轻视他们，不是丢官，就是被挤走，如布政使李榕、巡抚毛鸿宾、王文韶等，都遭此情况，致有"湖南绅权大于官权"的说法。

从1865年太平天国被镇压到1895年中日甲午战争惨败，是湖南绅士阶层相对稳定时期，也是其政治上日趋保守的阶段。这一时期，一方面湘人继续享受着湘军血战沙场搏来的皇恩雨露，出任高官的人数继续上升，先后担任督抚的人增加到近40人，告老还乡的官吏也在不断攀升，绅士队伍继续扩大。因科举获得功名的人数也呈不断上升趋势。从同治元年迄光绪九年21年间（1862—1883），湖南共录取进士124人，举人861人（其中正榜759人，副榜102人），恩赐举人31人，恩赐副榜举人58人，贡生、生员为数更多。在科举制度下，通过科举考试取得某种功名，是下层社会成员向上层社会流动的主要途径。然而由于种种原因，并非所有取得功名的士子都能授职为官。以上述录取的861名举人为例，迄光绪九年（1883）止，除78人上升为进士外，获得各类官职的仅为159人，占总人数的18%左右。③至于为数更多的生员（秀才），能够进入官场的就更加屈指可数了，因而他们不断地充实着绅士队伍。军功绅士和功名绅士在这一时期都呈上升趋势。另一方面，随着战争硝烟的渐渐消退，军功绅士呈现出相对平稳的迹象。一部分人

---

① （清）《湖南通志》（三）卷一四一，光绪十一年重修，上海商务印书馆1935年影印，第2794页。
② 张仲礼著，李荣昌译：《中国绅士——关于其在19世纪中国社会中作用的研究》，上海社会科学出版社1991年版，第166页。
③ （清）《湖南通志》卷一三六《选举四·进士三》，卷一四三《选举一一·举人七》。上海商务印书馆1935年7月影印，第2728—2875页。

荣归故里，买田置地，成为地主新贵；一部分人因为文化程度不高，不善经营，又不屑农耕和经商，往往坐吃山空，一旦钱财挥霍干净，就陷入贫困的边缘，从而被抛出绅士行列，因而很多人又投入到哥老会之中。这样，军功绅士的影响在逐渐减弱，队伍不断缩小，而退职家居的官僚绅士和功名绅士的队伍在不断扩大，在地方的影响也不断增强，但整个绅士队伍则处在相对平稳的发展状态。从整体而言，这一时期不管是军功绅士或是功名绅士，他们都有一个共同的目标，那就是维护他们手中既得的权益不受侵犯，共同防止异端势力的介入。为达此目的，湖南绅士在这一时期普遍倾向保守，使湖南成了抵拒现代化的顽固堡垒，奏出了与清政府不和谐的反洋务基调。当洋务运动在中国其他省区展开时，湖南绅士却顽固地反对设立工厂、架设电线，开通轮船等一切有悖传统的新事物。正如台湾学者张朋园先生所言："自鸦片战争至英法联军之役，中国所发生的'三千年变局'，湖南人是无动于衷的。湖南人的守旧态度，有似一口古井，外在的激荡，没有引起些许涟漪。所以当自强运动在沿海地区进展的时候，湖南人仍在酣睡之中，三十余年的自强运动（1860—1894），于湖南人几乎完全是陌生的。"[1] 湖南人的保守表现为：一、抵制洋人的入湘。湖南成了洋人望而生畏的"铁门之城"，成为反洋教运动最激烈的省份。二、抵制引进任何形式的现代化运动。曾国藩想在常德、澧州设立工厂，制造火柴，因绅士反对而作罢；王文韶奉旨创办的湖南机器局，也因绅士的反对而关门停办。三、打击和排斥有先进思想的人士。郭嵩焘、曾纪泽等主张向西方学习的驻外公使，却被他们斥为"汉奸"、"贰臣"。因此，直到甲午战争前，湖南没有产生过一位早期维新思想家，没有创办过一所新式学堂、一份新式报纸，没有一个真正的近代企业家。就连郭嵩焘这样立志向西方学习的有识之士也逃不出有志不能伸，最后抑郁而终的历史命运。

从1895年甲午战争惨败到1912年中华民国成立，是湖南绅士分化、转型时期，政治倾向趋于多元化，但以政治激进为其主基调，成为封建王朝的主要掘墓人。这一时期，由于内外因素的强烈刺激，湖南绅士改变了昔日的保守观念，陡生了一股"救中国从湖南始"的强烈责任感，但是在挽救民族危亡的手段和方法

---

[1] 张朋园：《中国现代化区域研究 湖南省，1860—1916》，台北中央研究院近代史研究所1984年版，第131页。

上，湖南绅士内部却发生了严重的分歧，出现了不同的政治派别。大致而言，主要有以下三类：一是"中学为体，西学为用"的洋务派绅士。这派绅士主要以王先谦、叶德辉等旧派绅士为首，他们受甲午战争后民族危机的刺激，开始意识到学习西技的必要，因此他们积极投资兴办近代的新式工业，但是，他们是封建社会的既得利益者，他们拥护封建制度，因而只主张学习西方的技艺，而不主张学习西方的政治制度。二是立宪派绅士，前期以谭嗣同、唐才常为首，后期以谭延闿、龙璋、粟戡时等人为首。这些人既有传统的功名，又受过新思想的熏陶，有的还到国外留学，热衷于君主立宪并为此积极活动是他们的共同特征。湖南立宪派在当时是非常激进的，谭嗣同曾声言："各国变法，无不从流血而成，今中国未闻有因变法而流血者，此国之所以不昌也。有之，请自嗣同始。"为变法而死的血性何其鲜明，这是康有为、梁启超等力主变法的人士都难以望其项背的。梁启超曾评论谭嗣同说："其思想为吾人所不能达，其言论为吾人所不敢言。"清末湖南立宪派的壮举也是其他各省难以企及。他们断指血书，请求速开国会，要求民选议员。湖南咨议局甚至以"湖南公债案"而弹劾巡抚杨文鼎，并引发资政院弹劾军机大臣的重大事件。致使湘省公债案成为"中国人民向当轴者要求权利的一个空前行动"①。三是部分下层绅士愤于清政府的黑暗统治导致民穷国亡的严酷现实，而加入会党和革命组织，投入到反清的革命斗争中。如哥老会的首领马福益就曾当过清军的镇台（与师长相等的武官）。《警世钟》《猛回头》的作者陈天华留日前曾为廪生，《新湖南》的作者杨毓麟也是进士出身，他们都是著名的资产阶级革命宣传家，并且都自杀殉国来警醒国人反清到底。同盟会的重要革命骨干黄兴、宋教仁、谭人凤、刘揆一等都是清末秀才，后来任过湖南副都督的陈作新也曾捐过监生。由于这些人社会地位低，仕途受阻，加之留学国外，深受民主革命思想的熏陶，因而很快走上了反清道路。此外，还有一些绅士游离于这三派之外，政治倾向并不十分明显，如逍遥派绅士王闿运等。杨度、熊希龄则时而以政府的代言人自居，时而又借助民间立宪的名义来给清政府施压。因而，清末湖南绅士在急剧变革的时代浪潮中呈现出了多向错动的分化趋势。

总而言之，湖湘绅士在晚清以来达到鼎盛，不仅左右着湖南的局面，而且辐射全国，干预着中国历史的走向，无论保守还是变革都极具震撼力。我们可以感

---

① 张朋园：《立宪派与辛亥革命》，台湾商务印书馆1970年版，第86—99页。

受到霸蛮血性的涌动,也可感受到经世致用始终是他们的共同特征,近代湖湘政治精英群体,是和湖湘绅士连为一体的。

第四节 乾嘉苗民起义的社会影响

一、乾嘉苗民起义

清乾隆六十年至嘉庆二年(1795—1797),在湖南西部的湘黔交界边地,以原腊尔山"生苗"区为中心的苗族地区,发生了由石三保、石柳邓、吴八月等人领导的大规模的苗族人民武装反抗斗争,这场起义的余波持续了十年之久,直到嘉庆十年(1805),史称"乾嘉苗民起义"。

苗族是我国古老的少数民族,原生活于长江中下游和黄河下游一带,后被黄帝战败,南迁洞庭湖一带,成为湖南的原住民"三苗"。以后历代统治者都把苗民作为讨伐征剿的对象,苗族先民被迫由北向南,由东而西,逃避入了山高壑深、人烟稀少的西南山地之中。自明万历年间起,为防止苗汉冲突,在凤凰、保靖之间修筑了一条长三百六十余里的"边墙",将"生苗"和"熟苗"隔离开来,分而治之。边墙外的"生苗"地区,被作为"化外之民",禁止他们与汉人和其他兄弟民族交往,政府不进行直接治理,实行苗民自治。这样,以腊尔山为中心的凤凰、乾州、永绥和松桃等地区的苗族人民,基本上处于一种与世隔绝的状态,从而保持了较高程度的自主和自治。边墙内的"熟苗"地区,由于已经汉化,政府允许他们与汉民和其他兄弟民族杂处,实行土司代管制度。清初,基本沿袭了对苗民的管理制度。以腊尔山为中心的苗族地区,仍处于一种既无流官管束,又无土司治理的"有族属无君长"的社会状态中。他们既不纳粮当差,又不输赋供役。百姓"有贫富,无贵贱;有强弱,无贵贱;有众寡,无贵贱"①,宗族家长制和部落联盟是他们社会的基本组织形式。他们通过血缘关系组成"鼓社团体",由族中博古通今,众望所归的尊长来担任"合鼓"掌祀人,主持祭祀祖先

---

① 魏源著:《湖南苗防录叙》,见《魏源集》,中华书局1976年版,第495页。

和神灵活动，保留了"三苗"巫傩文化的传统，通过装神弄鬼来处理族中重大事务。与族外村寨的联系则通过"合款"的形式来进行，就是由地方头人出面邀请一寨几寨十几寨乃至几十几百寨的族人通过歃血为盟的方式结成氏族部落联盟。"合款"一经成立，就会推选出"款首"。款首并非是一个人，而是各宗系的首领、酋长共同担任。款首们共同担负起制定款规款约的任务，管理内部事务并协调保护本合款区域内的生命财产安全。

这种传统的管理制度使"生苗"地区游离于王政之外，国家法律鞭长莫及，使其成为"国中之国"。在熟苗地区施行的土司制度，也因土司肆行不法，贪暴虐苗，引得民怨沸腾。因此在雍正四年（1726）春，云贵总督鄂尔泰奏呈《改土归流疏》，正式提出"云贵大患，无如苗蛮，欲安民必先制夷，欲制夷必改土归流。"第二年，雍正皇帝采纳了他的建议，正式下谕在南方和西南各省实行"改土归流。"

改土归流就是将土官改成流官，打击地方豪强势力，加强清政府对化外之民的直接控制。清政府谴告土司仇杀、虐苗的劣迹，加以军事威胁，迫使土司屈服，交出世袭权力，离开故土，到外地做官，而改派由中央朝廷任命、可以随时更调、非世袭的地方官进行直接治理。雍正五年至八年间（1727—1730），湘西北永顺、保靖、桑植等土司被先后革除，在永顺灵溪开设府治。到雍正十三年（1735），湖南境内大小18个土司及添平、麻寮二所土官，尽行"改土归流"，原土司辖区均变成了由流官统一管理的经制府、县地。对于原来较为自由、自主、无管的"生苗"地区，则是通过"武力进剿"、"先剿后抚"的方式，将其纳入版籍，设置府县（厅），建立起全国统一的行政管理机构，消除"化外之民"的无政府状态。在军事进剿和武力"开辟"的基础上，清政府在以腊尔山为中心的"生苗"区相继建立了凤凰、乾州、永绥三厅，合称湘西"苗疆三厅"。后来又在黔东苗区设立松桃厅，在川东南苗区设立秀山县，使"化外之民"直接归入清政府的统治之下。

清政府的"改土归流"政策，消除了土司政权的地方割据性，加强了国家的统一，增强了当地少数民族同周围地区兄弟民族的联系，有利于当地的经济发展。苗汉通婚，开设学校，进行汉化教育，有利于民族团结，增强国家的认同意识。

但是改土归流后，清政府就把赋税、劳役直接加在苗族人民头上。当地官吏还在所谓法定的赋税之外，肆无忌惮地搜刮财物和役使劳力。大量满汉官弁和客民拥入苗区，他们侵吞贫穷苗民的土地，使苗民有限的土地日益集中到少数汉人地主手中，苗民的经济生活不断恶化。推行保甲制后，百户基本上由汉人担任，苗族上层人物一般只任副百户，大部分只能当寨长。这些百户及其手下"客民"、亲信，依仗官府，狐假虎威，直接骑在广大苗族百姓的头上作威作福，引发苗民的强烈不满，最终导致了乾嘉苗民大起义的爆发。

乾嘉苗民大起义是以"勾补事件"导其端。1787年，在凤凰厅城北面的勾补寨，发生了一桩盗牛事件。当地百户在办案过程中向该寨苗民大肆敲诈。全寨苗民忍无可忍，在石满宜率领下举行武装反抗，遭到了清政府的血腥镇压。石满宜被枭首示众，21人被处死，45人在抵抗清军时战死。人丁兴旺的勾补寨被肃杀杖流几尽，使官民关系与民族关系极为紧张的苗区人人自危，加快了武装起义的酝酿工作。

与勾补寨相距仅十余里的黄瓜寨寨长石三保是一个好打抱不平的苗族首领，勾补寨的不幸，他有着切肤之痛，两寨石姓居民同族同宗，他发誓要为死去的勾补苗民复仇，于是，在苗寨之间开始秘密联络活动。他首先与贵州松桃厅大寨营寨长石柳邓取得联络，密谋起事。接着乾州厅平陇寨的吴八月、凤凰厅苏麻寨的吴天半也加入进来。凤凰厅鸭堡寨苗副百户吴陇登、强虎哨汉百户杨国安等人迫于形势，也参与了起事的策划。石三保与石柳邓是同族的叔侄关系（也有说是姨表兄弟关系），与吴八月是姑表兄弟。妻子吴老妹又是吴陇登的堂侄女。吴八月与吴陇登为同一宗族，他称吴陇登为叔。这种血缘和姻亲关系将他们紧紧地捆在一起。他们借用苗文化中"登仙"的传言，假借神仙附体，公开宣称"苗家要做官"、"要杀客家，夺回田地"、"苗家里出了苗王"，苗王就是石三保。

1794年12月，石三保、石柳邓、吴八月、吴陇登、杨国安等几十名起义首领，在鸭堡寨秘密集会，歃血结盟，初步商量了起义的各项问题。

1795年农历正月初四，石三保邀集各路苗民首领近百人齐集黄瓜寨，正式召开合款大会，与会者议定，二月初六日正式起事，并由吴八月书写告贴，提出"逐客民，复故地"的口号，分头邀集各寨苗民，组织起义军。不料起义事泄，起义被迫提前发动。

二月二日，石柳邓的松桃大寨营突遭清军的围攻，被迫仓促应战，由于寡不敌众，只得拼死杀开一条血路，退往永绥黄瓜寨。二月八日，石三保在黄瓜寨自称"苗王",率众抵抗官军的包围。随后吴八月在平陇、吴半生在苏麻寨、吴陇登在鸭堡寨,起兵相应,规模巨大的乾嘉苗民起义在湘黔边四厅全面爆发。

起义军所向披靡,在鸭酉汛全歼清总兵明安图所率的清军一千四百多人,声威大振。接着挥师东进,在不到一个月的时间之内,以永绥、凤凰、乾州和贵州松桃、铜仁及四川秀水一部分地区为中心的大片苗区,除少数墙厚碉坚兵力相对集中的要塞外,清军的营汛据点基本上都已被义军荡平。由汉人担任的百户和办苗外委也被驱逐和杀毙。

苗民起义势力的迅猛发展,使清廷大为震惊。二月,乾隆皇帝先后命云贵总督福康安、四川总督和琳、湖广总督福宁带兵"会剿",命领侍卫内大臣额勒登保、德楞泰率大批巴图鲁章京离京开赴剿苗前线,并调集贵州、云南、湖南、湖北、四川、广西、广东七省兵力,分三路向湘黔边苗疆进攻。

三路清军,初期只有三万多人,与"苗倾巢为变,众数十万"①的强大声势相比,略显兵力不足。起义军虽然人数很多,但没有经过严格的训练,清军看出了起义军"势分力单"的弱点,于是集中优势兵力,采取各个击破的方针,先黔后湘,逐级推进。起义军勇敢顽强,也利用清军兵力不足,一再进行反击。在起义地区的西部,福康安、和琳督率清军,进攻石柳邓的义军,石柳邓节节败退,清军势力占了上风,石柳邓率起义军余部退出黔东,进入湖南与石三保义军会合。在中部,石三保、石柳邓坚守的黄瓜寨虽被清军重兵攻破,但吴天半的义军凭借乌巢河的天险,多次击退清军的进攻,为石三保的义军围攻永绥厅城争取了宝贵的时间,使双方处于战略相持阶段。在东部,吴八月率领的义军多次重创刘君辅、福宁的清军。苟爬岩一战,福宁所率6000清军全军覆灭,福宁藏身辎重中,只身逃回凤凰城。起义军乘胜东征,袭高村、克浦市,兵进麻阳、泸溪等县。

为了集中各路起义军力量,以对付清军的进攻,石三保、石柳邓、石代噶等起义军首领先后聚集平陇寨,同吴八月会合。八月,各路起义军共推吴八月为"吴王",封石柳邓为"开国将军",石三保为"护国将军",其他义军首领亦各有封号,以吴王为首的苗民政权正式建立。各路义军在吴八月的统一指挥下,协同作战,奋力抗击清军的围剿。

吴天半率义军在乌巢河以东顽强抵抗清军的进攻,有力地牵制了清军的主

---

① 南炳文:《清代苗民起义》,中华书局1979年版,第13页。

力。福康安、和琳集中优势兵力，全力对付吴天半，在清军的重兵进攻下，年仅23岁的青年将领吴天半被俘牺牲，极大地影响了义军的士气。

为了进一步地瓦解起义军，清政府改变了原有一味残酷镇压义军的铁血政策，开始实行剿抚兼施，离间义军队伍的新策略，用赏赐金钱财物和官爵的手段来收买意志薄弱的苗族上层分子。面对日益恶化的起义形势和金钱爵禄的诱惑，一批苗族上层分子纷纷叛变投敌。其中最为严重的叛变投降事件是占据鸭堡寨的吴陇登。在清军接连攻下大寨营、黄瓜寨后，他就极度动摇，当吴天半英勇牺牲以后，吴陇登就秘密派人向清营乞求投降以求活命。清军要他将"平垅一带紧要贼目石三保等人缚献大营"，就留给他一线生路。吴陇登得到承诺后，秘密与清军勾结，致吴八月被捕。吴陇登的叛变投敌和吴八月被俘，给起义军造成难以弥补的损失。

吴八月遇害后，石三保、石柳邓等人拥立八月长子吴廷礼为"吴王"，继续坚持战斗。

吴廷礼领导的平陇一带起义军，当时尚有几万人，他们依靠乾凤交界处的崇山峻岭，在粮弹日竭的困境中，做好了与清军拼死决战的准备。乾隆帝为鼓舞前线将领的士气，破格晋封福康安为忠锐嘉勇贝子，和琳为一等宣勇伯。福康安、和琳在前线更加卖力，率清军主力，全力进攻平陇、乾州，相继攻破地良坡、金岭冲、连云山、岩洞寨等重要军事关卡，进至平陇仅30里的地方。此时，吴廷礼不幸病故，石柳邓等人推举他的弟弟吴廷义继任"吴王"，继续坚持抗清斗争。

1796年5月，福康安病死于清军大营，和琳继任清军统帅。鉴于川、楚白莲教起义已经爆发，为防止两股起义军联合，清军加强了对苗民起义军的镇压。和琳还于7月向清政府提出了苗疆善后章程六条，建议"苗地归苗"，以此来和缓苗汉之间的矛盾，分化瓦解起义苗民。8月，和琳染病身亡，由清军悍将额勒登保代理军务，更加紧了对起义军的围剿。10月，起义军重要的军事据点平陇在五路清军的围攻下失守，石柳邓率起义军余部退守西面的石隆寨。12月，清军分四路围攻石隆，石柳邓率义军顽强抵抗，当场击毙清军守备、千总、把总四名。此后义军虽展开了一屋一墙的死战，但终以寡不敌众，石隆寨被敌攻陷，石柳邓及其绝大部分义军壮烈牺牲。

接着，由于起义军又有叛徒出卖，吴廷义和一批起义骨干分子，以及吴八月、石柳邓和石三保等起义领袖的许多家属，都死于清朝统治者的屠刀之下。但起义军的女首领石乜妹一直坚持战斗到1797年2月，她率领的永绥义军的失败，标志着大规模的苗民武装起义基本结束。此后数年，起义余波仍此起彼伏，苗族人民的武装起义又持续了十年之久，直到1805年石贵银、石宗四的起义被镇压，乾嘉苗民起义才最后平息。

二、中衰之战与乱世之兆

乾嘉苗民起义是康乾盛世余晖的送终曲，是大清乱世之兆的前哨战。虽然大规模的战争只有两年，但起义余波则长达10年，它大大消耗了清政府长期以来积聚的军力和财力，是清政府由盛到衰的转折点。对于我们探索近代湖湘政治精英群体形成的课题而言，更是具有特殊意味，没有乱世的社会环境，湖湘英杰的政治作为是受到严重抑制的，相反，正是乱世给湖湘精英们提供驰骋风云，施展身手的大舞台。

首先，乾嘉苗民起义是对清朝贵族亲信势力的强大冲击。由于乾隆后期在内重用大贪官和珅，在外重用骄奢淫逸的爱将福康安，导致了朝廷内外贪污成风，结党营私的严重后果。和珅在乾隆中晚年时，先后拥有大学士、军机大臣、兼管吏部、刑部、户部、理藩院、户部三库、太医院、御药房等职权，又兼有翰林院掌院学士、屡充殿试读卷官等头衔，基本上掌握了用人、理财、施刑、"抚夷"等方面的大权。他用人唯亲，"政以贿成"，从朝廷内部极大地腐蚀了清王朝的肌体。尤其是在乾隆在位的最后几年里，由于首辅大臣阿桂年老多病，朝中无人与其抗衡，和珅只手遮天，引用私人，在全国编织了上下贪腐的关系网。大小官吏，不管职位高低、操行好坏，大多都直接或间接地巴结讨好在和珅的门下。如参加征苗而死在湖北与白莲教作战战场上的署四川总督孙士毅，据说操行还不坏，但却"故善和珅"。先后担任湖广总督的福宁与毕沅，也是和珅多年的部下和心腹，两人都是贪得无厌的官吏。即使像福康安这样具有身份和特殊背景的人，以及像海兰察那样的猛将，也不敢不对和珅献媚调情。①

清军主帅福康安是大学士傅恒的儿子，也有传言说是乾隆的私生子，由于他特殊的身份，一直受到乾隆皇帝的重用，乾隆自称"十全武功"的十大辉煌的

---

① 盛天宁：《清代中衰之战 乾嘉苗民起义研究》，湖南人民出版社2007年版，第268页。

战役,其中"扫金川、定回部、靖台湾、降安南和受廓尔喀之降"都有福康安"同领兵"、"会剿",以及三为主帅的经历,可以这么说,在乾隆的中晚期,只要哪里有大的军事行动,哪里有大的危机,那里就有福康安。他先后担任过吉林将军、盛京将军、成都将军、四川总督、陕甘总督、云贵总督、闽浙总督、两广总督、武英殿大学士等要职,但他除在识人用将方面略有所长外,在战略战术和治军整纪方面,并无可道之处,而骄奢淫逸、贪财好贿不下他人。他征台湾、廓尔喀靠的是勇将海兰察。乾嘉苗民起义后,因为海兰察已死,他束手无策,屯兵不进,终日与川督和琳饮酒听戏。他先是否定了湖南提督刘君辅的四路进攻的方略,孤军冒进,使义军得以专心对付之。同时又独逞匹夫之勇,对苗民和义军单用残酷镇压的一手,导致反抗更加激烈。后来,当大军在乌巢河西岸和乾凤交界等处受到义军完全阻击时,虽被迫调整态度采取"剿抚兼施"的策略,但却未能及时另寻攻击之路,导致劳师旷日,损失惨重,只好频以"暴雨山潦涨阻"等欺骗朝廷。最后,当泸溪一路清军有所进展,开始逼近乾州时,他为了"欲专乾州功",竟下令阻止了该路清军的进攻,最终落了个殒死苗疆的悲惨结局,死时年仅42岁。继任统帅和琳,靠兄长和珅的提携,一路飙升,但在征苗战中劳而无功,忧惧成疾,不久也病死军前,年仅40岁。

刚刚继位的嘉庆皇帝,对朝中的贪腐行为,早就心存不满。嘉庆四年正月,当乾隆太上皇开始进入生命倒计时时,嘉庆就开始严厉批评和珅和福康安,说:"从前带兵大员,皆以和珅为可恃,只图迎合钻营,并不以军事为主,虚报功绩,坐冒空粮,其弊不一而足。"[①]乾隆死后,嘉庆立即处死和珅,没收了他所有的财产。并且公开点名批评福康安,说他屡次出兵,始开滥赏之端,任性花费,毫无节制,收受贿赂累万盈千,假公济私,养家肥己。嘉庆九年,嘉庆帝就以福康安的儿子德麟当年迎其父灵柩时,曾收受地方官四万一千余两白银之事,罚令其赔交八万两,"以示悖入悖出之天理"。后又以德麟值勤误班的小事,"饬部严议",免去其贝子的爵衔。结局与和珅之子丰绅殷德大体相同。和琳死后,也受到了嘉庆帝的指责,说他"于苗匪一案,有罪无功",并革去了乾隆帝赐给他的公爵爵位,将他的牌位撤出太庙,将他家中的专祠一并拆毁。其子丰绅宜绵革去公爵,斥退侍卫,不准在乾清门行走。朝中的贪腐势力受到了沉重一击,这或许

---

① 《清仁宗实录》,卷37,嘉庆四年正月。

在嘉庆帝看来，是对清王朝的一次拯救，可是，从另一面看，则是对满族亲信集团的一次断臂打击。致使嘉庆帝开始启用异族的汉臣，使满人统治集团的血缘根脉网络纲目紊乱，内功大衰。

其次，乾嘉苗民起义消耗了大量清军的有生力量。乾嘉苗民起义的参与人数最多不超过二三十万，由于起义军前期没有统一的领导中心，只是由各寨寨首通过歃血为盟的传统形式建立一个互援互助的松散联盟，因此基本上处在各自为战状态。义军所用的武器大多是刀、矛、鸟铳、滚木擂石等，最先进的也就是自制的土炮。但是，他们凭借着熟悉的地形，灵活机动的作战方式，勇敢顽强的拼搏精神，多次打退清军的围攻，迫使清廷从全国各地调集大量的精兵来镇压这场起义。乾隆皇帝除了调派福康安、和琳两员亲信爱将到前线坐镇指挥外，还从湖南、湖北、四川、广东、广西、云南、贵州等7省调派了六七万精锐部队。除两广以外，其余五个省的兵力基本上都是倾巢而出。加上当地的二三万地主武装，一二万投降清军参与镇压起义的降苗，总兵力达到了十二三万人，远远超过了乾隆四十八年（1781）马明心、苏四十三领导的陕甘回民起义和乾隆五十一年林爽文领导的台湾农民起义的总人数。在武器装备方面，清军远远优越于苗民起义军，不仅装备了火枪、火弹、火箭、火筒、火炮、地雷等，还装备了子母炮、威远炮等先进的武器。另外，还有数千名耐苦善战的屯练降番和许多死心投敌的降苗作前驱，有上百名武艺高强的巴图鲁章京作骨干。清军在长达两年多的时间里，损兵折将，付出了惨重代价，主帅福康安、和琳先后殒命苗疆，提督彭廷栋、总督孙士毅，以及明安图、伊萨纳、彭凤尧、护军参领常山、头等侍卫塞灵额、安笼镇总兵那丹珠、二品职衔令川弁硕克巴图鲁生根、花连布以下直至参将、游击、都司、守备等三十余名高中级军官战死或病死，大批千总、把总和近万士兵也葬身苗疆，但仍未能彻底镇压湘黔边区的苗民起义，让其一直延续到嘉庆十年前后，这在清代乃至中国历代少数民族斗争史上，可以说都是极其少见的。大量清军有生力量的消亡，表明清军已经腐败不堪，难以担负起保疆守土的重任。因此，在征苗过程中，清政府不得不开始大量招募像麻阳"高家军"及泸溪大、小章地区一类的民团乡勇，以弥补腐败不堪的八旗、绿营等清军主力部队战斗力的不足，以后镇压川楚白莲教起义和太平天国起义，清军都是借助"乡勇"的力量，这暴露了清军正规军事力量严重地丧失战斗力，从而构成清代中衰的显著特征。

其三，从君臣换代的过程看，乾嘉苗民起义也给"康乾盛世"画上了终止符。在乾隆晚期，朝中以阿桂、和珅为首的辅佐大臣为主，战场上以福康安、和琳、明亮、鄂辉、孙士毅、毕沅、勒保、额勒登保、德楞泰、冯光熊、福宁、姜晟等作为统帅和方面大员，以下是木塔尔、花连布、袁国璜、富志那、杨遇春、纶布春、马瑜、朱射斗、诸神保、达音泰、多尔济扎布、西津泰、清安泰、常明、塞灵额、傅鼐、严如煜、杨芳等一干战将、官员为先锋，可谓将星云集，人物济济。但是，这些大臣和人物中的一多半，随着乾隆的退位和病逝，或是中年夭折死了，或是年老退位、病死了，或以贪腐处死了，或以过分昏庸贪婪被淘汰掉了，正像印证了"一朝天子一朝臣"那句古语一样，他们也纷纷退出了历史舞台。代之而起的是新的力量和新的面孔。到嘉庆时，受和珅打压的董浩、朱珪等一批比较清廉的官吏重回朝堂，在镇压白莲教起义中，额勒登保、德楞泰、勒保等二流人物上升到了主帅的地位，傅鼐、严如煜等小人物也被提升为"捍边治乱"的封疆大吏，杨遇春、杨芳等小辈也逐渐崛起，成为嘉庆朝有名的战将。所以说，乾嘉苗民起义也成了乾隆和嘉庆两代盛衰交替的分水岭。

其四，战争中清军耗费了巨额粮饷，是清政府财政彻底崩溃的开始。这场战争中，清政府因滥赏士兵、招降苗民上层，加之福康安、毕沅等前线将领借机中饱私囊等，共花去高达2500万两左右的白银，这对国库本已十分空虚的清廷无异于雪上加霜，进一步扩大了全国性的财政危机。

其五，这次起义直接推动了川楚白莲教大起义的爆发，加速了中国乱世的形成，也为湖湘经世精英的崛起提供了政治舞台。乾嘉苗民起义的爆发，牵制了江南数省的清军有生力量，迫使清政府放松了对临近各省的控制，为川楚白莲教发动起义提供了活动的空间。川楚白莲教徒正是利用这一战争空隙，加紧宣传联络，打造器械，准备起事。清朝为镇压苗民起义，加紧了对邻近湘黔的鄂、蜀、豫等省的横征暴敛，而且驻防各地的军队已被抽调一空，终于给白莲教起义创造了更好的条件。因此，在乾嘉苗民起义一年以后，一场历时九年，纵横数省的白莲教大起义在中原大地正式爆发了。这场起义彻底地摧毁了清朝"康乾盛世"的大厦，最终把清朝推向了不可收拾的中衰之道。为拯救危局，嘉庆皇帝痛下决心惩治贪官污吏，一改乾隆晚年贪官污吏横行的庸人政治，开始清洗贪淫无能、坐享世袭特权的满族权贵，任用有治世之才、挽乱世之危的汉族士人为封疆大吏，帮其摆脱天下大乱的困境。而一向以经世致用为职志的湖南士人恰逢其会，在国家人才困乏的艰难时期，成了国家扶危济困的栋梁之才。因此，在嘉道时期，陶澍、贺长龄、贺熙龄、何凌汉、严如煜、汤鹏、李星沅、劳崇光等一批湘籍经世致用派的士人相继登上了治国理政的政治舞台，而魏源、唐鉴、邓显鹤等则成了理学经世派的著名学者，使湖南的近代人才群体初现光耀寰宇的美好曙光。总之，历史一步步把政治舞台推向湖湘英才群体的足下。

第三章：近代湖湘政治精英群体的思想资源

马克思说："人是能思想的存在物。"①恩格斯则更明确地指出："迅速前进的文明完全被归功于头脑，归功于脑的发展和活动；人们已经习惯于用他们的思维而不是用他们的需要来解释他们的行为。"②这些论断启示我们，近代湖湘政治精英的赫赫功业其实是某种思想的现实化结晶。要深刻地理解他们，就必须在思想的维度上投入足够的观照。那么，是哪些思想意志在抚育和激励着近代湖湘英杰，成就了他们个体的勋业，也成就了湖湘文化的辉煌，便成为我们不可或缺的考察内容。

第一节　宋代的湖湘文化大开化

一、一份湖湘英杰候选名单的启示

2015年，岳麓书院和凤凰网联合向全社会推出"千年湖湘文化十杰"评选活动。组织者请专家预选出了36位候选文化英杰。历史跨度从先秦至民国。名单如下：

---

①② 高哲等主编：《马克思、恩格斯要论精选》，中央编译出版社2000年版，第16页。

屈原　贾谊　蔡伦　张仲景　柳宗元　怀素　灵佑　欧阳询　周敦颐　胡安国　胡宏　张栻　欧阳玄　李东阳　王夫之　罗典　欧阳厚均　陶澍　贺长龄　魏源　曾国藩　郭嵩焘　左宗棠　邓显鹤　胡林翼　谭嗣同　王闿运　王先谦　黄兴　蔡锷　陈天华　杨度　宋教仁　熊希龄　杨昌济　蔡和森

不能说这个名单很完善，但可以说，先秦至民国千年湖湘文化的主要代表性人物，大都被挑选进来了。分析这个名单，或许最突出的感受就是，含宋代以前，被推崇为湖湘大地的代表性文化人物主要是流寓湖湘的外省籍文化人。这意味着宋代以前，湖湘文化的本根性思想资源并不丰厚。因此，名单中许多非湖湘籍文化人被推崇为湖湘文化先贤显得有些勉强。例如贾谊是洛阳人，谪居长沙仅三年，日夜思归宫阙，似乎无意在流放地的湖南有何作为，其仁政思想，无论形成和阐释似乎也和湖南无关。还有蔡伦，虽为湖南人，但16岁就入宫，一生基本在异乡度过，其造纸的伟大发明，实在与湖南关系不大。其他如张仲景、怀素、欧阳询等，也都不同程度上存在类似的尴尬。也许贡献较大的是柳宗元，贬官永州十年，不仅写了脍炙人口的《永州八记》，也对永贞革新进行了一些反思，还力所能及地给当地百姓做了些善事，在湖湘颇有口碑。但总体而言，还是如他的诗句所言："春风无限潇湘意，欲采苹花不自由。"毕竟，在湖湘生活过的文化英杰与湖湘文化英杰是两个概念。简单地把文化人物与地域联系起来，称之某地域的文化代表，难免会出现尴尬。我们认为，湖湘英杰不是仅指有湖湘籍贯的英杰，更关键要留下精神性的足迹，要对湖湘文化的发展有所作为，否则，只能是一个旁观的文化过客而已。总之，在宋代以前的这些人物之所以当选湖湘文化英杰，在很大程度上显示出宋代以前湖湘本土文化英杰的匮乏。

富有观察力的学者也注意到这种湖湘文化本土资源匮乏的历史处境。钱基博在《近百年湖南学风》中写道：

湖南之为省，北阻大江，南薄五岭，西接黔蜀，群苗所萃，盖四塞之国。其地水少而山多，重山叠岭，滩河峻激，而舟车不易为交通。顽石赭土，地质刚坚，而民性多流于绝强，以故风气锢塞，常不为中原人文所沾被。①

---

① 钱基博：《近百年湖南学风》，岳麓书社2010年版，第1页。

钱先生在《近百年湖南学风》中追溯湖湘文化的开化，提到两位人物，一为先秦的屈原，一为宋代的周敦颐："一为文学之鼻祖，一为理学之开山，万流景仰，人伦楷模，风声所树，岂徒一乡一邑之光哉！"其实，屈原作为楚人及楚文化代表与湖湘文化的关系，是个较为复杂的问题。按钱先生所言，屈原的文化影响偏于感性化的文学，与后来深刻影响湖湘精英们的来自中原的理学思维也有相当距离。这又涉及到浪漫激愤的楚地文化和理性冷静的中原文化在湖湘的融合问题，对此，我们在前面两章已有论述。我们认为，宋代以前湖湘文化是楚文化的一脉，但是自宋以后，楚文化褪为底色，大行其道的则是中原文化的理学体系。富有意味的是，在展开论述时，钱先生也撇开了屈原，而强调湘籍思想大师周敦颐和王夫之对湖湘学人的思想影响，连胡宏、张栻等硕儒都忽略不提，这显然是着眼于本土文化身份的考虑。如此一来，湖湘的文化开化，就更加应该聚焦于宋代。史料表明，一直到唐代，湖湘文化基本处于闭塞状态。作为中国文化的盛代，大唐300年间，湖南仅有25位进士，文化名人仅有欧阳询父子、怀素三位书法家以及几位二三流的诗人，更谈不上学术思想建树了。学界也普遍认为，湖南的文化大开化，是从宋代开始。《湖南教育史》写道："湖南古代的经济开发与中原和其他地区相比，并不太晚，而社会政治的稳定比中原和北方地区还好。但湖南的教育事业却长期落后，至西汉尚无民间学校，至隋唐、五代仍处于初兴状态，直到宋代，严格说来直到南宋，教育才开始兴盛。"①这种教育的兴盛，正是湖湘文化的开化先导。

　　湖湘文化的大开化与宋代的社会历史进程密切相关。宋代，中国的政治、经济、文化重心步步南移。于是，湖湘英杰的名单里，宋代的几位理学思想家，周敦颐、胡安国、胡宏和张栻便进入我们眼帘。而且我们同样要注意到这些理学家的外省籍贯，这意味湖湘文化的开化，是一批外来的大师进行文化植入的结果，具体言之，就是理学湖湘学派的建立和理学思想在湖湘的播扬。历史表明，随着理学湖湘学派的创立和发展，理学思想一直成为湖湘士人的主导性思想。因此，理学是我们考察近代湖湘政治精英群体的思想资源时，不可忽略的思想形态。

　　这份湖湘英杰名单还给我们另一个突出感受：湖湘本土的文化英杰大量涌现

---

① 冯象钦、刘欣森总编：《湖南教育史》第一卷，岳麓出版社2002年版，第14页。

是在清代以后，进入名单者达22人之多，在候选人中占了三分之二。这表明南宋以来，本土性湖湘文化英杰日渐成长壮大，至清代达到高峰，甚至可以说，没有清代的湖湘英杰群体及其勋业，我们未必会如此用心讨论湖湘文化。我们需要追问，为什么直到清代，湖湘文化英杰星汉灿烂的局面才出现呢？毫无疑问，其间必然关联思想的作用与碰撞。尤其是明清之际的著名思想家王夫之处于这个历史跨越的起跑线上，这是否意味着这位湖湘思想巨人在相当程度上推动清代湖湘政治精英群体的形成呢？显然，这都是我们要思考的问题。

二、宋代理学的湖湘植入

宋代，特别是南宋，一大批官员与学者双重身份，或者有着官宦资历背景的文化名人在湖南涌现。周敦颐、杨时、胡安国、胡宏、朱熹、张栻、真德秀、魏了翁等等，构成了一道绚丽的湖湘文化学人风景线。他们大多是外来硕儒，与此前以流放身份来湘，带着满腹牢骚和过客心态的文化先驱不同，很大程度上他们是来湘一展学养抱负，开拓一番青史留芳的功业。建校兴学，研经传道是他们的执着追求。不少人从此扎根湖南，成为湖湘文化家族和文化教育的开拓耕耘者，例如胡安国和胡宏父子就是主动迁湘兴办书院，授徒传道，"明体达用，济人利物"。胡门高足张栻同样是踌躇满志地执掌岳麓书院，以求开辟一番"传道济民"大业。《湖南教育史》注意到这种现象："湖南文化教育的发展主要得力于大量外来文化名人的推动。"岳麓书院尤其突出，"根据《宋元学案》的统计，立案的46名岳麓诸儒中，仅15人为湖南，其余为浙江、福建、江苏、四川、江西等省人"[1]。但是该书的作者似乎并没有明确意识到，这种现象暗示着宋代湖湘的文化开化具有某种殖民文化属性，也暗示湖湘本根性的文化思想资源并不雄厚。更重要的是，这种流寓文人的湖湘进入，还意味以理学为内涵的具有精英文化属性的中原文化和以民俗形态存在的本土湘楚文化的历史性碰撞。湖湘文化学者朱汉民敏锐地意识到这一点，但他的结论是，这种碰撞"充分体现出湖湘精英文化与民俗文化的融合"[2]。我们觉得，即使是"融合"也有个主导性的问题，我们认为，碰撞的结果是中原文化对本根性湖湘民俗文化进行了改造甚至招安，逐渐取

---

[1] 冯象钦、刘欣森总编：《湖南教育史》第一卷，岳麓出版社2002年版，第146页。
[2] 朱汉民总主编：《湖湘文化通史》第1册，岳麓书社2015年版，第13页。

得了主导性的胜利。

可能有人会对我们断定湖湘文化在宋代的兴盛缺乏本根性文化思想资源持有异议，会拿被尊为理学始祖的湖南人周敦颐来商榷。比如，传说王闿运便有"吾道南来，原是濂溪一脉，大江东去，无非湘水余波"的名联，宣示湖湘本根文化具有理学源头的自豪。其实，这作为一种诗情宣泄当无不可，但作为一种理性判断就未必确当。周敦颐虽是湖南道县人，13岁就随舅父郑向离开家乡，至30岁后才回到湖南郴州为县令，几年后又迁赴外省为官，后归隐庐山而终，一生中和湖南的关系并不密切。更重要的是，其为程颢、程颐师，"手以太极图授之"，是在回湘为官之前，也就是说，被称为"濂学"的学术思想已经初成。况且，周敦颐的祖籍并非湖南，曾祖辈为官才迁湘落户，教养周敦颐长大的舅父郑向，为龙图阁大学士，也是河南开封人。周敦颐的太极图感悟，又是受陈抟的影响。当然，周敦颐有着少年湖湘生活阅历，肯定对其思想的形成产生影响，但总体而言，周敦颐的思想是在中原文化养育下形成，很难把周敦颐的学说成就简单地归结为湖湘本根性的文化思想贡献。由此展开而论，有学者在讨论历史人物成就时，往往简单地依据籍贯判定其成就与特定地域有关，而不对人物和特定地域的依存关系进行深入分辨，这是不严谨的。试问，如果周敦颐不是湖南人，是否就不可能成为理学始祖呢？恐怕未必。况且，在周敦颐生前，其学术思想并不为世人重视，直到后来理学兴起，二程和朱熹等学者才发现濂学可以和理学体系建构有机地衔接——贡献了理学体系的基本框架，从而推崇周敦颐为理学始祖。没有程朱的发掘，周敦颐是否能有现在的地位也难说。更重要的是，周敦颐思想对湖湘文化的影响是在南宋理学的湖湘植入后才实际发生。从发生学路径看，是从湖湘之外传入湖湘，而不是从湖湘传向湖湘之外。总之，以周敦颐断言理学源头来自湖湘，是湖湘文化的一大思想贡献是值得商榷的。相反，湖湘文化的原初大开化，起于理学的湖湘植入应该更符合历史事实。

回到正题，我们认为，正是这种原初性文化开化的植入性，影响着湖湘文化自身建构中的某些特质。不难发现，这种文化植入是以理学为主体的，不过必须强调，理学的湖湘植入不是照本宣科式的，而是带着特定播扬者的理学感悟而具有个性特征，亦即理学湖湘派的特色。具体言之，就是经世致用。作为一种治学态度，"经世致用"就是要求治学必须有益于国事。有学者认为，作为一种明确的治学主张，经世致用是明清之际王夫之、黄宗羲、顾炎武等思想家提出。其实这种治学精神，是以入世为特征的儒学基本传统，应始于孔子。宋明之际，理学以新儒学姿态问世，经世致用依然是理学的功用诉求，只是不同的理学家强调的力度有轻重之别。有些理学家过于注重学理体系的建构，对理论的实用功能反而忽略，从而形成了理学家中重理论和重实践的派别差异。理学湖湘派就是格外注重实践的一派。

理学湖湘派的开拓者们胡安国、胡宏、张栻等在播扬理学时带着强烈的经世情怀。换言之，他们是求用而学，对于学理体系的精深建构是有所欠缺的。所以他们在宋代理学大师群体中并不是顶级地位，也似乎无心成为顶级宗师。不少权威性的中国思想通史著作，对湖湘学都缺少专述，吕思勉在《理学纲要》中以南轩之学论及湖湘学派，归于朱熹一脉，认为大同小异，创见不多，"南轩之学，盛于湖南，流衍于蜀，阅数传而渐微"①。张立文将宋明理学分为三大主流学派：程朱学派，陆王学派，张（载）王（夫之）学派，并解释说："湖湘学派追求内圣成德与外王事功的合一，但没有在这方面做出突出的理论贡献，没有建构两者合一的独特的理论体系"，而且，"湖湘弟子继承注重经世致用之传统，'多留心经济之学'而逐渐疏离学术领域，特别他们目睹南宋严重的政治危机，积极投身于经世济民的政治和抗金活动，为此而做出了重大牺牲和贡献"②。这是理学湖湘派在理论上没有突出的贡献的重要原因。张立文指出的这种情状，非常符合前王夫之时代的湖湘文化格局。自王夫之出现以后，湖湘文化和湖湘学派的理论建设出现了划时代的升华。对此我们后文再讲，在此要讨论的是，这种湖湘文化的经世致用特色，来自于湖湘文化宋代开化期的植入者，从而和理学的程朱主流学派构成了差异，应该引起我们足够关注。

今天，学界在谈论湖湘文化和湖湘学派时，强调最多的就是经世致用以及偏重政治文化的特色，可是这种特色从何而来却语焉不详。我们认为，这种特色的形成与湖湘文化开化初期的文化植入密切相关。一批具有强烈经世抱负的外籍学人带着具有强烈政治内涵的理学体系闯入湖湘大地，建构出具有浓郁政治色彩和经世色彩的文化形态是顺理成章的。湖湘学派的领袖人物胡安国、胡宏、张栻都有官宦履历，且都是主战派。某种意义上可说，主和派当道，使他们壮志难酬

---

① 吕思勉：《理学纲要》，岳麓出版社2010年版，第30页。
② 张立文：《宋明理学研究》，人民出版社2002年版，第22页。

而走向了学者生涯。一旦有机会经世报国,他们都果断告别书斋,包括他们的弟子们亦然。这也就决定了,即使为学,他们也不会作死学问。经世致用,是他们为学的特色。由此可见,理学湖湘派除了一般性的理学共性之外,还有着自身的个性。张立文认为,湖湘学派缺乏突出的理论贡献,其实经世致用也可以理解为一种理论态度。一般说来,湖湘学派并不斤斤计较于精微琐细的学理辨析,也不在学理体系的宏大架构上处心积虑,在学术论争中也比较通达宽容,门户意气较少。湖湘学人似乎没有程朱先贤那种立山头,开门派,唯我独尊的霸气。这些姿态都表明,湖湘学派在学术追求上自有主见。总之,理学对近代湖湘政治精英群体的思想影响,不能简单地归结为程朱理学正统思想体系的现实实现,而应更多考虑到这种湖湘学的个性特色。

三、周敦颐的思想贡献和影响

周敦颐(1017—1073),字茂叔,号濂溪,湖南道州人。13岁随舅父龙图阁学士郑向离湘赴丹徒,后居京师开封,在舅父呵护下成长,被荐为官,其间结识大理寺臣程珦,受程珦之托为其两个儿子程颢、程颐之师,向二程传授太极图的哲思感悟。后来二程及朱熹建立理学体系,尊周敦颐为理学始祖。由于周为湖南人,亦被人尊为理学湖湘派开山祖。宋代著名理学家真德秀说:"窃惟方今学术源流之盛,未有出湖湘之右者。盖前则有濂溪先生周元公生于舂陵,以其心悟独得之学,著为《通书》《太极图》,昭示来世,上承孔孟之统,下启河洛之传。"[①]显然,真德秀断定周敦颐既是理学之祖也是湖湘学之祖。

前文我们已经说过,周敦颐少小离开湖湘,其思想形成主要得益于中原文化抚育,不能完全算本根性的湖湘思想资源,但是,这并不等于我们否认周敦颐的理学思想贡献以及对湖湘文化的深刻影响。恰恰相反,就像我们承认理学对湖湘的强大思想影响一样,我们同样承认,周敦颐是深刻地影响湖湘文化的伟大思想家之一。周敦颐传世的文字不过万字,以简练扼要著称。他曾在其代表性的哲学著述《太极图说》以二百余字高度概括其主要学说:

[①] 真德秀:《劝学文》,见《湖湘文化名著读本》(教育卷),湖南大学出版社2012年版,第76页。

>无极而太极，太极动而生阳；动极而静，静而生阴。静极复动。一动一静，互为其根，分阴分阳，两仪立焉。阳变阴合，而生金木水火土，五气顺布，四时行焉。五行一阴阳也，阴阳一太极也，各一其性。无极之真，二五之精，妙合而凝。乾道成男，坤道成女，二气交感，化生万物，万物生生而变化无穷焉。惟人也得其秀而最灵，形既生矣，神发知矣，五行感动而善恶分，万事出矣。圣人定之以中正仁义而主静，立人极焉。①

这段话向我们描述了宇宙形成、社会演变、万物化生的世界图式，简而言之，濂学的世界图式主要有三点启示：其一，完成了世界图式（自然与社会）的框架性建构，体现了理论的完整性和体系性；其二，揭示了世界演化的机制在于动静交互作用，体现了辩证法思维的融入；其三，从无极（太极）始到人极终，体现了宇宙论、辩证法和伦理学的统一。其终极理论目的是建立以圣人人格为榜样的社会人伦秩序。此外，在《通说》中，周敦颐又对"立人极"进行了补充性的阐说，即达到"圣人"境界，以"诚"为本，做到中、正、仁、义等等，从而更加彰显其学说对人的终极关怀。可以说，其理论就是如何做人的理论。不过要指出，周敦颐所憧憬的圣人，是社会性的人，集体性的人，共性化的人，总之，是维护社会体制所需要的人。这正是儒学的人学主张，周敦颐和传统儒学的差异在于，他吸收了佛家和道家的思想资源，从宇宙论入手，将为人处事的"所当然"巧妙地与自然运行的"所以然"结合起来，使人道具有了不以主观意志为转移的天道必然性。这是儒学先贤们缺席的理论建构。张立文的概括很到位："周敦颐凸显了宇宙本体论在于伦理道德论的融合，建构了以'立无极'与'立人极'的和合为特征的道德形而上学逻辑结构。这是以往儒学所不及的。"②

一些学者对周敦颐提出从无极至人极的演化进程所蕴含的逻辑性和周盖性推崇不已，称道其思维缜密。这多少有些只见形式忽略本质。对巧智总是怀抱敬意，这也是学者难以摆脱的通病。但是我们更应该关注周敦颐的意志用心。李泽厚认为，理学体系中的宇宙论、辩证法、认识论等均是过渡到道德本体论的阶梯，只是加强道德本体论可信度的理论策略，"整个宋明理学都用宇宙论（不

---

① 周敦颐：《太极图说》，见《湖湘文化名著读本》（哲学卷），湖南大学出版社2012年版，第7页。
② 张立文：《宋明理学研究》，人民出版社2002年版，第156页。

管这宇宙论是唯物论的如张载还是唯心论的如二程,这一点并不十分重要)武装自己,是为了建立适合后期封建社会伦常秩序的人性论(这才是最主要的问题)"①。更直白一点说,所谓建立适合后期封建社会伦常秩序的人性论,就是为国家制度打造卫道士。

可见,周敦颐的体系非常符合理学家们的理论谋略,这"才是使周敦颐被尊为宋明理学开山祖的道理所在"②。黄宗羲在《宋儒学案》中说:"孔子以后,汉儒止有传经之学,性道微言之绝久矣。元公崛起,二程嗣之……若论阐发心性义理之精微,端数元公暗破也。"可以说,周敦颐启迪了后世理学家的灵感,提供了宋明理学的原始框架和一系列基本范畴。理学的宏伟大厦是建立在周敦颐开拓的地基之上。就理学湖湘学派而言,周敦颐的话语表述更加一目了然,没有程朱理学那么多曲折的概念过渡和遮蔽,同时也更有乡音的亲和力,显然更容易入耳进心,这也是湖湘派更少学究气,最接近经世致用的重要原因。对于周敦颐的湖湘思想影响,大可不必强调什么湖湘学始祖的虚荣,而应该更加注重其学说的实际影响,例如,其立人极的苦心,就深深地影响着后世湖湘英杰。事实表明,湖湘学和湖湘文化不是以学思的博大精深著称,而是以大量社会英杰的涌现,身体力行圣贤道义为主要风采。

不过,我们不能忽略湖湘士人对周敦颐的推崇。这其中包含很令人回味的湖湘士人心态。不可回避的事实是,湖湘古代顶级的思想家仅有周敦颐和王夫之两位。时至今日,似乎也没有超越此二者的大思想家。这是很尴尬的局面。不甘人下,好胜心极强的湖南人自然会对周敦颐怀抱异乎寻常的敬意,联想到清代湖湘士人不遗余力,近乎狂热地推崇王夫之,更能感受到湖湘士人的好胜之心,从而体会到湖湘文化有些缺乏从容、沉静的定性,或说湖湘文化颇有急躁之气。当然,从另一面说,也可理解为湖湘文化的锐意进取品性。

四、宋代湖湘学的基本风貌

学界一般认为,宋代湖湘学的思想先驱首推胡安国。胡安国(1074—1138),字康侯,号青山,福建崇安人。后入太学,拜程颐之友朱长文和颍川靳

---

① 李泽厚:《中国古代思想史论》,安徽文艺出版社1994年版,第223页。
② 李泽厚:《中国古代思想史论》,安徽文艺出版社1994年版,第221页。

裁之为师，师承二程理学。绍圣四年（1097）廷试第三名，授太学博士衔，提举湖南路学事。生性耿介，严管学政，不畏强权，犯颜敢谏，往往为官场不容。出仕40年，真正在任不足六载，于是绝意官场。绍兴元年（1130），他携家室离别湖北荆门，来湖南湘潭碧泉定居，后归隐南岳衡山，与三个儿子胡寅、胡宏、胡宁先后创办湘潭碧泉、南岳文定、宁乡道山等书院，潜心学术，授徒讲学，一同完成了自成特色的湖湘学。其代表作是《春秋传》。他把阐发《春秋》义理同两宋时期的民族文化复兴运动结合起来，将国家危亡上升到文明危亡的高度，特别强调封建纲常为"国政"和"人伦"之大本，同时又突出尊王攘夷之旨意，认为："春秋大义，见诸行事，垂训方来"，也就是说，《春秋》义理可以为现实服务。他所谓"本无二王"、"尊无二上"的大一统说，体现了对封建道统的强烈维护。在寻求义理的途径上，"一是主张穷理为要：'圣学之门，则以致致知为始，穷理为要，知至理得，不迷本心，如日方中，万象皆见，则不疑所行而内外合也。'二是强调知先行后：'以致知为穷理之门，以主敬为求养之道。'这些观点对后来理学思想的发展有着很大影响"[①]。"在办学中，胡安国始终坚持将道德修养放在首位，认为教育的目的在于修身，他主张以心性修养为根本，强调经世致用，体现了儒家'内圣外王'的传统思想。他认为，只有通过'修身'、'养性'的途径，方能达到成道求仁、治国安邦的功利目的。"[②]

胡宏（1105—1161），字仁忠，号五峰，胡安国第三子，湖湘学派的理论奠基者。20岁进京师，入太学。师从程门高徒杨时。25岁随父迁湘，在南岳衡山游学讲道二十余年，完成了湖湘学派代表性的理论著述《知言》六卷、《皇王大记》八十卷，并培养出一大批有名的理学家，如张栻、彪居正、吴翌、赵师孟、赵棠、方畴等。胡宏在理论上提出了"性为大体"的性本论，认为"性即天"、"性具万理"、"性体心用"。"在他看来，'性'是比'道'、'理'还要高一个层次的绝对的实体范畴。"这是和理学中的理本论、心本论、气本论宇宙自然观有区别的。此外，胡宏还提出"性为物本，性物不离"，"理欲同体，善恶一性"，"心知天地，学而识之"，"变法改良，仁为政本"等理论命题，都显示出富有独特性的理论见解。尤其值得关注的是，在理与欲的关系上，他更强调

---

① 冯象钦、刘欣森总编：《湖南教育史》，岳麓书社2002年版，第235页。
② 周柳燕：《湘学》，湖南科技出版社2009年版，第23页。

二者的融合性，反对离开人欲奢谈天理，与"存天理，灭人欲"的正宗理学命题大相径庭，因而更具有现实性。此外，在伦理思想上，胡宏提出了"仁心"论，认为仁心是自我的道德意识，主张在道德实践中进行自我的道德修养，反对正统儒家的那种内省功夫。可以说，胡宏在理学上最突出的成绩是创立了非正宗理学的湖湘学，表现出和程朱理学和陆王理学不同的特点，为湖湘学的形成打下坚实的基础。总体而言，胡宏的理论主张都具有较大的可行性，也凸显了湖湘学经世致用的理论特色。

张栻（1133—1180）字敬夫，号南轩。四川绵竹人，南宋宰相张浚之子，理学湖湘派的领军人物。自幼受父庭训，打下深厚儒学根基，在学林崭露头角。1137年，张浚贬官永州，他随父来到湖南，从此与湖南结下不解之缘。在湖南，他拜胡宏为师，成为理学程门著名弟子，南宋理学大师，与朱熹、吕祖谦合称为"东南三贤"。现有张栻遗文合编为《南轩全集》传世。据史料记载，其理论著述有《易说》《癸巳孟子说》《经世纪年》《洙泗言仁》《南轩先生问答》等多种，遗憾的是，大部分没有流传下来。加之张栻年仅48岁就英年早逝，其学术思想没能充分展开，全祖望叹道："向使南轩得永其年，所造更不知如何也！"

后世学人将张栻之学归纳为四个要点：一、"太极即性，性外无物"的宇宙自然观；二、"性善情恶"的人性论；三、"知先行随，知行互发"的认识论；四、义利之辨的伦理观。这些观点，既与朱熹正学有分歧，也和其师胡宏有差异，体现了张栻并不盲从权威的独立个性，也暗示了湖湘派学人脚踏实地，不尚空谈的学风。譬如张栻将太极、性、理、心这些最高本体范畴融为一体，而不是斤斤计较彼此之间的先后差异，对于理学和心学，他也是采取调和态度，既强调对客观之理的遵循，又主张发挥心的主体能动性，从而体现了一种圆融和现实的姿态，不在无谓的争辩中耗费精力。再如在义利之辨上，他也不是机械地区分义利，一味地认为谋私利就是不义，而主张出于天性使然的私利，应该属于"义"的范畴，无可指责。在知行关系上，他也是持辩证立场，主张知与行的相互作用。诸此种种，都体现了张栻治学，不是极端理想主义地去进行理论想象，更多考虑到理论的现实实现的可能性。其实这也正是经世致用之学必须具备的理论态度。经世致用讲究的是实践功效，必然要面对现实，过分钻理论的牛角尖，就会在实践上勋业难成。

以上简略介绍了几位代表性的湖湘派学者，没做精细辨析。这是因为，在我们看来，理学体系虽然宏大精微，派系林立，纷争激烈，似乎每一场论争都关乎大是大非，其实并没有那么严重。可以说，理学大部分学派论争，都是学者的思维方式，书生意气以及过于理想主义的情怀所造成的。比如世界的终极原因或者说形而上的最高哲学范畴究竟是理，是气，还是性之类，理学各派花了很多精力反复辨析乃至争执不休。其实这是一个无法实证只涉及思辨的逻辑合理性问题。也就是说，主要是个设定问题，这种设定是保证特定理论体系中的实效性命题能够有逻辑上的可接受性，能够取信于人，真假问题并不重要。亚里士多德就认为，真实性问题就是保证相信的问题。其实就理学而言，其庞大学理体系中最重要的不是其宇宙观，也不是认识论，宇宙观和认识论无非是个铺垫而已，为的是推出道德本体论，就是走内圣外王之路，通过道德圣人的建构，实现修身、齐家、治国、平天下的社会理想。就这个终极社会理想而言，理学各派都是高度一致的。元代理学家郑玉曾比较朱熹和陆九渊的异同说："陆子之质高明，故好简易；朱子之质笃实，故好邃密。盖各其质之所近而为学，故所入之途有不同尔。及其至也，三纲五常、仁义道德、岂有不同哉？况同是尧舜，同非桀纣，同遵周孔，同排佛老，同以天理为公，同以人欲为私，大本达道，无有不同者乎？"①郑玉之见，揭示了理学各派殊途同归的本质，也揭示了理学门派之争往往是因为当事人的个性原因所致，甚至可说是彼此间的话语误会而起。所以，对于理学各派，关键是把握其大走势，把握其终极目的，而不是卷入其细节纠葛。至少，这是本书对待理学的态度。

还有必要说明，我们讨论理学湖湘派的经世致用特色，并不意味其他理学派别是拒绝经世致用的。其实，理学整体而言，都是诉求经世致用的，绝不是炫智炫学的学术游戏，否则，我们就无法解释，理学体系何以会成为官方意识形态——这恰是理学最成功的经世致用成就。就两位具有对峙性的理学宗师朱熹和王阳明而言，都有官宦履历，而且功业赫然，也很难说他们只是空谈论道的学究腐儒。我们强调湖湘派的经世致用，是在相对意义上而言，是指湖湘学派更清醒地意识到理论的现实实现意义，更强烈地诉求于理论的经世致用效果，更多考虑理论的现实性而与现实保持妥协和张力。

宋代，尤其是南宋，理学湖湘学派在湖湘大地形成一道靓丽的文化风景线。

---

① 转自张立文：《宋明理学研究》，人民出版社 2002 年版，第 29 页。

不仅胡安国、胡宏、张栻这样一批湖湘学者高擎湖湘学大旗，以岳麓书院为基地，讲学授道，还有朱熹、真德秀、魏了翁、陈傅良等外籍理学大家走进湖湘，以学会友，交流切磋，推波助澜，成就了湖湘学的宋代繁荣。黄宗羲在《南轩学案》中说："湖湘一派，当时为最盛。"在此盛局下，一批具有政治作为的湖湘学派弟子脱颖而出，如彭龟年、游九言、游九功、吴璘、吴猎、赵方、陈琦等。宋代湖湘学已向世人显示，它更骄人的成就还在于经世致用人才的抚育。不妨进一步想象，正是这种理论态度，赓续到近代，激励着大批呼啸沙场、治平天下的湖湘政治精英群体井喷似的涌现。

第二节　王夫之的诞生

一、元明的思想沉寂

学界公认："元朝建立后，湘学处于沉寂状态，历元明两代，逐渐走向衰微。"①究其原因，有人提及宋末岳麓师生抗元集体阵亡，致使湖湘学无传。此说有些牵强。思想的传承和技艺的传承并不一样，技艺可以因为某些宗师的消亡而失传，而思想一旦流行开来，一般不会随着某些代表性学术群体的消广而失传，况且还有著述存在，很难失传。还有一种说法："宋末的抗元战役固然使岳麓诸生死者十九，导致学术无传，实际上湖湘学派在绍熙以后，已呈离析之势。……岳麓诸生从学其他学派即是明证。"②这种说法仅从学派的组织形态看，似可成立。但我们说的是，湖湘派经世致用的思想精神在元明两代缺乏作为。这种说法就缺乏说服力了。

我们认为，元明的思想沉寂主要是权力意志的结果。马克思和恩格斯说过："统治阶级的思想在每一个时代都是占统治地位的思想。"③这就是说，一个阶级是社会上占统治地位的物质力量，同时也是社会上占统治地位的精神力量。或许

---

① 周柳燕：《湘学》，湖南科技出版社2009年版，第46页。
② 冯象钦、刘欣森总编：《湖南教育史》，岳麓书社2002年版，第288页。
③ 《马克思恩格斯选集》第1卷，人民出版社1972年版，第296页。

傅科的话语霸权理论更明确地揭示了国家权力对社会的全面控制性。按傅科的理论，国家权力是学术思想兴亡的决定性力量。元明两代的湖湘思想沉寂，就是一个典范案例。

众所周知，元明两代，理学被荣耀地尊为官方意识形态话语，科举考试中理学条文既是考试的内容也是标准。可以说，理学家的思想探索，实现了最辉煌的经世致用效能。但问题也正在这里，如傅科所说："在任何社会里，话语一旦诞生，即刻就受到若干程序的控制、筛选、组织和再分配。"①于是，在统治者权力意志下，理学发生了异化，成为维护国家统治思想和行动规范，并且是僵硬的不可置疑的教条。简言之，理学死了。有学者强调，理学的道德理想中包含着对君权的制约和压抑，也并非绝对压抑人欲，只是克制人欲的过度化，等等，从而为理学后世的声名狼藉鸣冤叫屈。但这毫无力量。当话语解释权已经被统治权力操控，理学的原意如何已经无足轻重了。此外，理学家们在国家权力的影响下，也有意无意地改变理学走向，突出的表现就是"内圣"和"外王"统一体的分裂。李泽厚称之为"由离异走向对立"，即"使'内圣'成为可以脱离甚至必须脱离'外王'而具有独立自足的价值和意义"②。李泽厚继续分析："所以就它的现实政治和社会效用来说，这种'内圣'之学便日渐成了脱离实际事物的无益空论。到理学成了正宗之后的明清时代，'平时袖手谈心性，临危一死报君王'，更成了理学家的典型态度和理学的典型后果：由于鄙弃事功，脱离现实，高谈性理，满足于心灵修养的所谓境界，结果一遇危难（如外侮），便束手无策，只能以'一死'的牺牲以表达平日的修养。"③不言而喻，理学整体的这种异化，怎么能够再激励理学湖湘派的传人呢？

元明两代，也是专制主义包括文化专制极为严重的时代。元代的专制以种族隔离和歧视的形态表现出来，蒙古人和色目人享有统治特权，汉人尤其是南人受到严重歧视，就文化而言，是落后统治先进。元朝统治九十年，总共只进行了二十多次科举考试，科举入仕者总共一千二百余人，湖南入仕者仅86人。作为理学基地的岳麓书院尽管得以复办，却不再有南宋的气象。实际上，元代统治者对

---

① 傅科：《话语的秩序》，转自[英]阿兰·谢里登著，尚志英等译：《求真意志》，上海人民出版社1997年版，第14页。
② 李泽厚：《中国古代思想史论》，安徽文艺出版社1994年版，第267页。
③ 李泽厚：《中国古代思想史论》，安徽文艺出版社1994年版，第269页。

知识分子的最大要求是思想归顺，而不是思想突破。至明代，岳麓书院被停办达130年之久，后来岳麓书院复办，阳明学派兴起，张元忭、罗洪先、邹元标等阳明派学人讲学岳麓，也并没产生令人特别惊喜的思想碰撞。这都和明代的政治专制有关。在岳麓书院停办的130年里，湖南为科举而设的官学一派繁荣，洪武二年，明太祖诏曰："治国以教化为先，教化以学校为本。"次年又诏曰："使中外文臣皆由科举而进，非科举者毋得与官。"[1]统治者认为，思想意识形态建设已经完备，以官学按部就班地进行灌输并从中选拔优秀者进仕足矣，无须再倚重更多思想探索的书院了。于是书院就像一件烂衣服被脱而弃之。另一方面，明代政治以阉党专制、密探专制以及党争为特色，这都是极为黑暗的政治形态。在黑幕政治的高压下，人们都卷入性命攸关的勾心斗角之中，思想超越只能退隐。可见，在权力意志面前，思想往往不堪一击。

还有一点值得注意，就是思想巨人问题。在元明两代，中国思想界巨人缺席。尽管王阳明可谓风采独具，可是依然因为锋芒太露遭到权力的打压。明世宗朱厚熜怒斥王学："放言自肆，诋毁先儒。号召门徒，虚声附和。用诈任情，坏人心术。"[2]这似乎印证了时代造英雄的历史观，按照恩格斯的说法，当时代需要时，历史的巨人就会应运而生。照此推理，没有巨人也意味时代并无需要。所以，王阳明只是生不逢时。不过，机械地理解也会走向无所作为的宿命论。而且我们发现，恩格斯也决非漠视英雄的能动作用，例如他就认为，没有马克思，人类就只能在黑暗中徘徊。回到我们的主题，我们的观点是，在元明两代，湖湘大地的思想沉寂，也与思想巨人的缺席有关。这种尴尬的局面，一直延续到王夫之的出现。

二、时代对思想巨人的呼唤

恩格斯认为："恰巧某个伟大人物在一定时间出现于某一国家，这当然纯粹是一种偶然现象。但是，如果我们把这个人去掉，那时就会需要有另外一个人来代替他。并且这个代替者是会出现的，不论好一些或差一些，但是最终总是会出

---

[1] 朱汉民、邓洪波：《岳麓书院史》，湖南教育出版社2013年版，第170—171页。
[2] 转自张立文：《宋明理学研究》，人民出版社2002年版，第542页。

现的。"①这种说法使人想象冥冥之中的天意，因而多少将人类的生存归结为宿命。但不可否认，此说法依然是有强大影响力的历史观。据此，有必要考察一下王夫之诞生的时代背景。

王夫之是诞生于明清之际的思想巨人。大概受到经济基础决定上层建筑意识形态经典理论的影响，学界大都习惯性地关注明清之际的社会经济基础新变来解释王夫之的出场。比如萧萐父和许苏民的《王夫之评传》便认为，明清之际中国民间商品经济的新气象，呼唤具有启蒙主义新思想的诞生以适应时代进步的需求，王夫之就是这种时代呼唤的产物。这些判断也就在某种程度上意味着，王夫之在进行思想探索时，已经受到社会大转型的气象感召，甚至有意识地在回答社会大变革的时代课题。事实上，一些学者，比如侯外庐，就把王夫之视为时代课题的回应者，宣称王夫之是"具有近代新世界观萌芽的杰出的唯物主义哲学家"。对此，我们限于学识，难以发表意见。但依据经验，我们觉得王夫之要是仅凭其隐逸读书的阅历，恐怕还难以感受到商品经济的时代新变。因而其思想求索也很难解释成为某种时代新变的报春之声。坦率言之，我们觉得激励王夫之思想求索的时代背景是以下一些现象。

明清之际，是社会政治统治极为动荡的时期。一方面，异族统治者以军事和政治的铁血镇压竭力地巩固自身的政权，一方面，流亡的前明政治势力联合民间义军也在进行顽强的抵抗，一直延续到乾隆时代。在明清之际的大动荡中，人心激荡不言而喻，人们思绪万千是必然的局面。动荡和忧患是激发思想的动力，这是无数历史经验的结论。尽管有严酷的文字狱，可是动荡的时局也漏洞百出，缝隙重重，难以阻遏心灵思考，更何况王夫之的思考依托权力意志疏远的深山荒野、瑶洞苗寨。可以说，是大动荡的乱世之局，松懈了对思想的禁锢，给思想之花绽放提供了土壤。

明清之际，江山易主，这不是简单的改朝换代，更重要的变化是文化的崩溃。明朝的灭亡，使汉族知识分子的文化自信和自尊，遭受到了继元代以来又一次毁灭性的打击，何以充满蛮野之气的部落民族竟然摧枯拉朽地征服了幅员辽阔、文明璀璨的华夏民族？这必然会激发刻骨铭心的反思。王夫之的学说中，华夷之辨是重要内容。一些学者比较忌讳谈论王夫之的华夷之辨，即使谈起，也竭

---

① 《马克思恩格斯选集》第4卷，人民出版社1972年版，第733页。

力和狭隘的民族主义划清界限。比如说王夫之的华夷之辨是文明和野蛮之辨，并非种族之辨等等，其实大可不必这么敏感。首先，实事求是乃学者最基本的品质，没有什么可忌讳的。其次，王夫之的华夷之辨确乎是比较客观地探讨文明和野蛮之别，而且是坚持文化进化论的。其对华夏文明怀抱自信，也无可厚非。其三，华夷之辨关系到对民族文化传统的反思，只有在这个高度展开思考，才可能有高屋建瓴的大气象。我们认为，王夫之对中国传统思想的全面反思，正是由此刺激而起，否则，未必会有那么多尖锐的逆反之论，未必会有那么多创新的理论建树。可以说，亡国之痛，文化之难，只有到了这步极致的田地，才可能激发王夫之超越性的思考。

明朝之亡于清朝，本质上是文化的失败。就像中国近代百年国耻，本质上也是文化的失败一样。这就涉及对宋明理学的反思了。自宋以来，理学承担起了中国主流思想体系的建构，以儒学为核心，吸纳佛、老诸派思想资源，成功地实现了新儒学的打造，并取得了国家意识形态的显赫身份。必须承认，理学既是一个不可回避的历史存在，也在相当程度上显示其历史的生命力。张立文认为"宋明理学精神，亦是中华民族整体精神的整体体现"[1]，如求理精神、主体精神、忧患精神、力行精神、求实精神、道德精神、兼容精神。尤其是理学大大提升了中华民族的思辨能力，这都是不可忽略的，一味地谴责理学，将其妖魔化，并不是科学态度。但是，我们也要看到，随着理学国家话语地位的建立，它也逐渐发生异化，成为统治阶级利益的辩护，成为僵硬的教条，尤其是在异化中出现了"内圣"和"外王"的分裂。如李泽厚所说："宋以后道德要求压倒了一切，少问甚至不问行政才能和政绩如何，而多半以是否尽忠尽孝，廉洁奉公等品德操守作为官吏考核、升迁、评论的标准。也正是这个缘故，就使原来的封建官僚体制日趋闭塞、内向、因循、腐朽，日益丧失本来就不高的行政效能，而这是理学成为统治的意识形态之后果之一。"[2]总之，理学的生命力逐渐枯竭，以至于成为社会进步的禁锢。可以说，明朝沦亡于一个落后文化部落之手，很大程度上是因为自身文化生命力的颓萎，是因为思想武器的锈蚀。这也就呼唤着思想的突围与新变。王夫之的诞生便偶然与必然地回应了这种时代呼唤。

---

[1] 参见张立文：《宋明理学研究》，人民出版社2002年版。
[2] 李泽厚：《中国古代思想史论》，安徽文艺出版社1994年版，第269页。

当然，不能说天降大任于王夫之，同样回应时代呼唤的还有顾炎武、黄宗羲等等。其实，把人的主观意志看成是天赋使命或者替天行道，这是把大自然意志化了，这是一种人类的天道虚构。天道并不在乎人类应该向善还是向恶，并不在乎人类社会应该向何处去，但是王夫之们在乎。这就叫担当，这就叫"天下兴亡，匹夫有责"，也就是说，不逆自然之道而按人的意志积极追求人类福祉。此外，还要注意到王夫之的血性人格，种种迹象表明，王夫之及其家族，都是极有气节血性并达到相当固执的地步，放大一点说，这也是湖湘霸蛮人格的体现——不服软，不认输，不甘人下，宁可毁灭也要绽放人格的独立性，即王夫之最为推崇的豪杰人格。美国史学家裴士锋（Stephen R. Platt）对此感触尤为深切，我们下文再说。总之，个性倔强狂放的王夫之面对时代大变局宣称："六经责我开生面，七尺从天乞活埋"，从而在历史的苍穹留下浑厚的回响。

三、王夫之其人

王夫之（1619—1692），字而农，号姜斋，湖南衡阳人。晚年隐居衡阳石船山，人称"船山先生"。王夫之先祖王仲一为江苏高邮人，随明太祖朱元璋打天下，以武功显。其子王全任衡阳卫指挥，定居衡阳。至王夫之太祖王震，家风由习武转向修文。王夫之的父亲王朝聘、二叔王廷聘、三叔王家聘，还有兄长王介之等均为饱学之士。可以说，王夫之是在一个书香之家长大。不过，到王夫之一代，已经家道中落。

王夫之的父亲王朝聘也格外值得我们关注。他饱读诗书，执着功名，却七次乡试不中，至53岁，才中副榜得以进国子监就读。王朝聘为学"独根极理要，宗濂洛正学"，亦问道邹泗山，研读心学。不过他自有主见，并不盲从，"以真知实践为学"，博通"天文、地理、人官、物曲、农兵、水利之书，以淹贯为主"[①]。他特别拒斥佛、老，终生不向佛、老像揖拜，显示出耿介个性。京师游学十年，他终于获得进仕之机，却拒绝纳贿而愤然回归乡里。从此绝意仕举，息隐家山，授徒课子。王朝聘一生坚持气节操守和民族大义，晚年经历明清易代，临终时遗言王夫之兄弟：誓不得降清，遗体归葬也不得过清兵占据的城市，沾染腥

---

① 转见萧萐父、许书民：《王夫之评传》，南京大学出版社2002年版，第44页。

膻气。王朝聘的为学和为人深深影响王夫之,事实表明,王夫之的治学特点、政治立场和为人个性与其父如出一辙。

在父兄指引下,天资聪颖的王夫之四岁开始读书,七岁读完了十三经,14岁考中秀才,入读衡阳州学,连年考试名列前茅。不过乡试却名落孙山。20岁,王夫之求学岳麓书院,还加入了同学组织的"行社",显然是推崇力行之意。后来又和好友组织了"匡社",指点江山,显示出强烈报国情怀。23岁那年,湖广提学佥事高世泰试衡郡,王夫之的文章被列为一等,文评有云:"忠肝义胆,情见乎辞。"高世泰是东林派领袖高攀龙的从子,东林派第二代宗师,王夫之与高相交,以师礼尊之,终身不忘。24岁,王夫之应乡试中第五名经魁,准备向进士冲刺,这意味先祖的荣耀有望在王夫之身上复兴光大。这时李自成农民军已经席卷中原,清兵也完成了对东北的占领。王夫之写下这样的诗句:"虔兵入卫气骄横,归路庐陵屡夜惊。取次渚宫成贼垒,萧条淮北尽空城。"他似乎预感到,金榜题名的梦已经缥缈。次年十月,农民军张献忠部陷衡州,慕王夫之名,挟持其父,迫王夫之归顺。王视农民军为国贼,坚决不从,自伤手脸,竭力推托,在友人斡旋下,农民军放王夫之父子回家。他随即逃亡并终身与农民军保持距离,显示出强烈的正统姿态。1644年,李自成攻入北京,崇祯自尽景山,随之清兵入关,明朝江山易代,王夫之悲痛欲绝,写《悲愤诗》一百韵,毅然投入抗清复明的血火斗争。与此同时,其老师,岳麓书院山长吴道行也绝食以殉大明。当更加激励王夫之的抗清斗志。

在广东,王夫之与流亡的南明永历政权取得联系,一度在流亡政权为官,颠沛流离,出生入死,长达十年之久。此期间,他目睹南明政权的腐朽、黑暗、无能与内斗,对官场政治有了深刻认知,亦深深体验到底层百姓疾苦。后来的著述中,他对一家之私的君权正统有了重大反思。然而,其纲常正统的思想并没有根本改变,尤其是对清王朝的民族主义文化敌视耿耿于怀。他终身蓄发以示大明遗臣身份,其人生最著名的格言就是:"六经责我开生面,七尺从天乞活埋。"诸此种种,既显示了他的宁折不弯的血性,也透露出性格中的某些偏执。王夫之是个浑身傲骨,充满行动感的人,这也决定了其学说不仅诉求解释世界,更重要的是诉求改造世界。

大约从35岁开始,王夫之明白大明气数已尽,遂由行动转入思想,怀抱"六经责我开生面"的使命感,求索天人大本之道,天下兴亡之理。四十年光阴岁月，他隐匿深山，漂泊流亡，苦心求索，潜心著说，完成著述近100种，400多卷，计800余万字，涉及哲学、政治、历史、伦理、经济、宗教、美学等方方面面，以一系列独到的思想见解开创了船山之学的宏大体系。但是，他也意识到，自己富有开创性并且充满政治锋芒的学说不能见容于当世，叮嘱家人必须将其著说藏匿200年后方可播扬于世。清康熙三十一年（1692），73岁的王夫之孤独地病逝于石船山下湘西草堂，葬于大罗山，墓碑写着自题的碑文："有明遗臣行人王夫之字而农，葬于此。"

裴士锋认为："王夫之比其他任何人或历史事件更有资格作为现代湖南人的原型。"[①]揭示了王夫之的人格意义。王夫之被后世湖湘英杰尊为精神教父，其地位超过了周敦颐，王夫之比周敦颐更能够激发不甘平庸者的创业雄心并提供行动规范。细细体会，不难发现，后世绝大多数湖湘英杰身上都有王夫之的精神气质。

四、王夫之的思想张力

大约沉寂了140年后，王夫之的遗作才被广泛刻印传播，其思想如春雷震撼华夏，各种褒扬之辞不绝于书。王夫之被公认为中国古代思想史上的巨人之一，船山之学是中国古代思想史界的一门显学。一系列考人的问题随之而来，例如，他是否突破了理学，还是依然在理学樊篱之内坚守？换言之，王夫之究竟是在拆天还是在补天？再如，王夫之是否如同但丁，既是旧时代的最后一位思想家，又是新时代最初的一位思想家？诸此种种，学界至今争论不休。更富有意味的是，对船山学的索解和评判和政治有着不解之缘。自王夫之本人开始，他就已经清醒地意识到这种宿命，遗嘱亲人将其著述藏之深山，以避书毁人亡。果然，他去世后不久，朝廷的封杀便至，奇怪的是，竟然也有像潘宗洛、董思凝等一些高至学政级别的朝官为王夫之作传序书，竭力辩护。至道光年间，湖湘士绅又掀起了搜集刻行船山遗书之热潮，湘军得势之时，更是由曾国藩挂帅，全力推崇船山之学，几经曲折，以至于清王朝也转念认同，允许"大明遗臣"王夫之从祀孔庙。王夫之俨然成为"本朱子而诎异端"的理学宗师。王夫之同样是维新派的思想旗帜，

---

① [美]裴士锋：《湖南人和现代化》，社会科学文献出版社2015年版，第4页。

谭嗣同认为："三代以下无可读之书，更以论国初三大儒，惟船山先生纯是兴民权之微旨。"并诗赞："万物昭苏天地曙，要凭南越一声雷。"对于更激进的革命派，王夫之依然提供思想的激励，其华夷之辨说成为辛亥革命"驱逐鞑虏"的理论支撑。章太炎说："当清之季，卓然能兴起顽懦，以成光复之绩者，独赖而农一家言而已矣。"①学者们还发现："'五四'运动前后的杨昌济和青年时代的毛泽东、蔡和森、刘少奇等亦因之得以接触到船山学并或多或少地从中吸取某些思想营养。"②裴士锋在《湖南人与现代中国》中详细地描述了各种角度解读的王夫之，尤其对湖南人而言，王夫之不仅是精神教父，而且姿采万千，即使是政治敌手，也共尊王夫之。这充分说明，船山之学是个极富理论张力的思想体系。

这首先要归结为王夫之作为思想巨人，视野宏阔，学识渊博，见识深邃，给我们提供了丰富的解读可能。此外一个重要原因就是解读者和对象之间的视域融合效应。这是阐释学给我们的重要启迪，亦即任何理解都是理解者和理解对象间的对话。理解者总是带着自己的"前见"，即文化背景、社会立场、知识积累包括理解时的特殊语境等等进行理解的，从而必然会出现"横看成岭侧成峰"的认知效果。如伽达默尔说："真正的历史对象根本就不是对象，而是自己和他者的统一体，在这种关系中同时存在着历史的实在以及历史理解的实在。一种名副其实的解释学表现在理解本身中显示历史的实在性。因此我就把所需要的这样一种东西称之为'效果历史'。"③明白这个道理，就不会孜孜以求对王夫之的唯一性判断，而应考虑我们需要在什么视角去解读王夫之，以及在特定的视域融合中实现富有说服力的认知。

本章的主题，是探讨湖湘近代政治精英群体形成的思想资源。这也就意味，我们不是单纯地讨论王夫之，而关注的是王夫之和湖湘近代政治精英群体形成的思想接受关系，关注的是湖湘文化视野中的王夫之。就湖湘英杰而言，船山学说也确乎具有特殊重大的意义。自同治中兴而成为帝国重臣且执掌中国命脉的湖湘英杰群体，迫切地需要思想的旗帜来一统意志，构筑起更辉煌久远的湖南人命运共同体，以按照湖南人的意志塑造帝国未来——这是裴士锋教授的重要发现，我们与裴士锋先生所见略同。因此，作为湘籍大思想家的王夫之就具有了选择的唯

---

① 《船山全书》第16册，岳麓书社1988—1996年版，第441页。
② 刘春建：《王夫之学行系年》，中州古籍出版社1989年版，第316页。
③ 伽达默尔：《真理与方法》上卷，上海译文出版社1999年版，第355页。

一性。中国的王夫之也就悄然转化为湖南的王夫之。在王夫之的思想体系中究竟哪些思想观点深刻地影响了近代湖湘政治精英，以及船山之学和近代湖湘政治精英群体的互动关系，包括船山对湖湘学和湖湘文化的建构，这才是我们需着重认知的问题。下节对王夫之的思想述要，并非全面讨论王夫之，而是仅就王夫之可能影响了近代湖湘政治精英们的那些思想展开论述。

第三节 王夫之思想述要

一、气物本体观

气物本体观是我们做出的概括，意在强调王夫之的宇宙本体认知师承于张载的气本体论，具有唯物主义的哲学属性。这也是王夫之苦求企及张横渠之正学并实现了超越的重要表现。有学者如是概括："王夫之哲学的本体论，是以'气'为本、'寓理于气'、'絪缊化生'的'实有'论。就其正确地解决了物质与其运行规律，客体实有与主体精神之间的关系而言，它是一种朴素唯物辩证法的本体论。以'气—实有'为本体，籍以说明自然史和人类史的一切现象，推本至末，由虚返实，是王夫之哲学的本体论论证的固有特色。"[①]

气为宇宙万物之本体，这还只是延续而没有超越张载。王夫之的超越处在于他提出"气—诚—实有"的一体关系，即"气"就是"实有"，就是"诚"。所谓"实有"，就是不以我们的主观意志左右而客观存在，宇宙人世一切现象，无论是否能直观感知都最终归结于气。就"气"而论，无论是"生物以息相吹"的物理学性质的气体，还是空荡无物的"太虚"形态，都是"气"的存在形态，都是"有"而不是"无"。王夫之说：

> 阴阳二气充满太虚，此外更无他物，亦无间隙，天之象、地之形，皆其所范围也。[②]

[①] 萧萐父、许苏民：《王夫之评传》，南京大学出版社2002年版，第88页。
[②] 《船山全书》第16册，岳麓书社1988—1996年版，第441页。

> 人之所见为太虚者，气也，非虚也。虚涵气，气充虚，无有所谓无者。①

而气的本质规定就是"实有"，就是存在于我们的意识之外又为我们意识所反映的客观真实。换言之，也就是"诚"。王夫之说：

> 诚也者实也，实有之，固有之也；无有弗然，而非他有耀也。②
> 夫诚者实有者也。前有所始、后有所终也；实有者，天下之公有也，有目所共见，有耳所共闻也。③

王夫之用"实有"和"诚"的最高抽象，对"气"进行了规定，将世界万物建立在"有"的基础之上，建立在物质性的基础之上，无论世间万物的直观性如何，总归都是"气"亦即物质性的存在形态，都是"有"，从而排除了绝对的非物质性的"无"。这是对张载的重大超越，也是对唯物论的有力坚守。恩格斯认为，物质就是对世界万物总和的抽象。列宁认为，物质就是客观实在。可见，王夫之的"实有"以及"诚"的规定，与马克思主义的经典阐述十分接近。

主张气本体的同时，王夫之还对"气"与"理"，"道"与"器"的关系进行了阐述。所谓"理"和"道"是程朱理学的核心范畴，指的是世间万物所以然和所当然的规律及必然性。在程朱理学中处于世界本体地位，换言之，程朱理学是坚持理道本体论的，故又被称为"道学"。程朱理学认为，"理"或"道"是居于物质性的"气"和现象性的"器"之先并决定"气"和"器"的形而上存在，而"气"和"器"只是承载"理"和"道"并被决定的形而下存在。但是王夫之反对这种"理"、"道"至上的判断。他认为：

> 理即是气之理，气当得如此便是理，理不先而气不后。④

---

① 《船山全书》第 16 册，岳麓书社 1988–1996 年版，第 30 页。
② 《船山全书》第 2 册，岳麓书社 1988–1996 年版，第 353 页。
③ 《船山全书》第 2 册，岳麓书社 1988–1996 年版，第 306 页。
④ 《船山全书》第 6 册，岳麓书社 1988–1996 年版，第 1052 页。

  气者，理之依也。气盛则理达。①
  天下惟器而已矣。②
  形而上者，非无形之谓。既有形矣，有形而后有形而上。无形之上，亘古今，通万变，穷天穷地，穷人穷物，皆所未有者也。③
  器而后有形，形而后有上。④
  道者器之道，器者不可谓之道之器也。⑤

  可见，王夫之不仅坚持"理"和"气"，"道"和"器"的统一性，还坚持了"气"和"器"的第一性。换言之，王夫之坚持了物质第一性的原则。更体现了其唯物论的立场。

  王夫之的气物本体观，会产生哪些实效性思想影响呢？首先，从气物本体观出发，必然会导致思想和行动的务实性，必然会在实际的事物中去求索规律的存在和体现，而不是脱离实际事物去空谈抽象的"理"或"道"。其次，在实际事物和事物规律的关系上，会更注重二者的统一而不是割裂。最后，会在践行"理"或"道"的进程中追求变革现实的实际效果。显而易见，这些态度正是湖湘学经世致用传统的内蕴意识，区别在于，王夫之进行了哲学本体论的学理建构。这也就意味，王夫之的气物本体观，给经世致用的湖湘学传统提供了哲学本体论的学理支撑和学理充实。不难想象，近代湖湘政治精英群体，在这样的哲学本体论激励下，会在诉诸行动时更加理直气壮、意气风发地建功立业。

二、动变斗争观

  运动是事物的根本属性，世间万物的发展是一个永恒的运动过程，包括静止，也是一种特殊的运动。因此，动是绝对的，静是相对的。这是王夫之"对二千多年来与'不动的'社会基本结构相对应的'主静'论的哲学思想的根本否

---

① 《船山全书》第12册，岳麓书社1988-1996年版，第419页。
② 《船山全书》第1册，岳麓书社1988-1996年版，第1027页。
③ 《船山全书》第1册，岳麓书社1988-1996年版，第1028页。
④ 《船山全书》第1册，岳麓书社1988-1996年版，第1029页。
⑤ 《船山全书》第1册，岳麓书社1988-1996年版，第1027页。

定"①，从而构成他超越前人的主动论思想或说发展观。

> 太虚者，本动者也。动以入动，不息不滞。②
> 天地之气恒于动而不生于静。③
> 止而行之，动动也；行而止之，静亦动也；一也。④
> 静者静动，非不动也。⑤

更值得关注的是，王夫之认为，世间万事万物的运动来自于阴阳二气的相互作用。任继愈主编的《中国哲学史》用现代语言进行了比较完整的表述：

> 因为太虚本体有固有的阴阳对立面，因此，太虚元气永远处于运动之中。他说："太虚者，本动者也。"（《周易外传·系辞下传》）"虚空即气，气则动者也。"（《正蒙注卷一·参两篇》）动的源泉就在于它所孕育（絪缊）的阴阳两个对立面，他说："而阴阳一太极之实体，唯其富有充满虚空，故变化日新……阴阳之消长隐见不可测，而天地人物屈伸往来之故尽于此。"（同上，《太和篇》）阴阳二气充满宇宙，无处不包含有阴阳的对立，因而引起整个世界的运动变化，天地人物的运动变化根源都在这里面。⑥

细加分析，王夫之的发展观内蕴三大要点。其一，世界万事万物是永恒运动的。运动是绝对的，静止是相对的。其次，因为事物的永恒运动，变化也是绝对的，这就是"变化日新"。其三，运动和变化的内在原因就是事物的矛盾的对立统一。可见，这些观点基本与唯物辩证法的发展观相一致。如果接受这种发展观，必然就会在社会现实中出现以下实践态度。

其一，更加注重直观性的变革现实的行动，而不是诉诸内省的静观生命姿态。王夫之说："且夫欲禁天下之动，则亦恶从而禁之？天地所贞者可观，而明

---

① 萧萐父、许苏民：《王夫之评传》，南京大学出版社2002年版，第129页。
② 《船山全书》第1册，岳麓书社1988-1996年版，第1044页。
③ 《船山全书》第6册，岳麓书社1988-1996年版，第1074页。
④ 《船山全书》第12册，岳麓书社1988-1996年版，第36页。
⑤ 《船山全书》第12册，岳麓书社1988-1996年版，第411页。
⑥ 任继愈主编：《中国哲学史》第四册，人民出版社1964年版，第45页。

晦荣凋弗能禁也。日月所贞者可明，而阴霾晕珥弗能禁也。天下所可贞者君子之一，而得失忧虞弗能禁也。"①也就是说，以为静守内心的纯洁，就能避免邪恶的滋生，不过是自欺欺人的幻想。因为动是绝对的。根据这个逻辑不难推论，只有在经世致用的行动中，而不是修身养性中，才能现实地实现社会性的善的诉求。

其二，强调运动也就是强调变化，强调推陈出新，而不是守成。王夫之说："是以知其富有，惟其日新，斯日月贞明而寒暑贞盛也。"②推及到社会历史就更表现为进化论的历史观，这方面，王夫之提出了一系列重要命题，如"今胜于古"、"更新而趋时"、"依人建极"、"夷夏之防"、"道因时而万殊"、"于势之必然处见理"等等。涉及各种社会历史变化的规律和条件，总归起来就是与时俱进，与势俱进，与人俱进，不能在一个社会历史水平上。毫无疑问，这就为不断变革现实，不断建立新的历史功业，推动社会不断进步提供了理论支撑和方法论启迪。

其三，强调运动和变化，是源于事物的内在阴阳矛盾的相互作用。王夫之说："误解《太极图》者，谓太极本未有阴阳，因而始动生阳，静而始生阴，不知动静所生之阴阳，为寒暑、润燥、男女之情质，乃固有之蕴，其絪缊充满动静之先。动静者即此阴阳之动静。"③他反对程朱理学把阴阳矛盾割裂开来，也反对程朱理学认为动生阳、静生阴的判断，而认为阴阳是一对不可分割的矛盾且与事物是共生关系，只要事物存在，阴阳就自然蕴含其中，动静就是由阴阳的相互作用所起（这也非常接近辩证唯物论的矛盾对立统一观）。王夫之对阴阳的相互依存、相互转化的不可割裂性作了富有思辨的阐述，而最引人关注的还是对二者斗争性的阐述。王夫之认为，"有阴阳斯有同异，有同异斯有攻取"，"阴阳相薄而战"，"争有不可两存之势"④，"是以君子善其交而不畏其争"⑤。可见，王夫之对矛盾的斗争性充分肯定。这是很重要的实践态度，即以斗争解决矛盾，推动事物发展，达到事物的再平衡，我们称之为斗争哲学。诚然，王夫之也强调斗

---

① 《周易外传·系辞下传》，见任继愈主编：《中国哲学史》第四册，人民出版社1964年版，第50页。
② 任继愈主编：《中国哲学史》第四册，人民出版社1964年版，第51页。
③ 任继愈主编：《中国哲学史》第四册，人民出版社1964年版，第49页。
④ 见王夫之：《周易内传》卷一上、卷六上、卷四上。
⑤ 见王夫之：《周易外传》卷四。

争必须达到和解，达到平衡，"仇必和而解"，"相互以成，无终相敌之理"。有学者认为，王夫之更强调的是和解，这是其斗争理论不彻底的表现。我们不这么认为。我们认为他说的和解，是指斗争的阶段性结果，不是说一旦和解就不再有斗争。王夫之的哲学强调运动变化的绝对性，静止的相对性，因此斗争也是绝对的，和解只是相对的，是永恒运动（斗争）的一个阶段。这是非常意味深长的。近代湖湘政治精英直至现代湖湘英杰的毛泽东，普遍持这种斗争态度来解决社会问题。而且所有的斗争哲学者都没有否定和解和平衡的必然性和必要性，只是强调通过斗争来实现和解与平衡。如毛泽东便说过，通过天下大乱达到天下大治。我们不能不考虑湖湘政治精英们普遍的斗争精神与王夫之的影响密切相关。

三、理欲义利观

程朱理学包括其所依托的儒学传统，最受人诟病的就是理欲义利观。自孔子开始就有"君子喻于义，小人喻于利"之说，主张"舍生取义"、"克己复礼"，发展到程朱理学更是倡导"存天理灭人欲"。总之，张扬理义，贬抑利欲，是千年不绝的社会主流姿态，而实质上，"理"和"义"名义之后却是统治者的欲望和利益。因此程朱理学被斥为"以理杀人"的伪道学。尽管有学者冷静地辨析说，程朱理学主张灭的人欲，相当程度是直指权贵者的贪婪和利益，是指过于放纵的私欲膨胀而丧失社会大义，因而正确的解读应该是限制人欲而非灭绝人欲。但是，由于权力意志的作用，事实上生存利益受到最大损害与剥夺的是被统治的广大民众。于是，程朱理学对理欲义利的分裂以及对人欲利益的压抑就难以推托地负起了责任。正是在这样的背景下看待王夫之的理欲义利观，我们才能感到划时代的理论突破。

我们先看王夫之对理欲关系的辨析。王夫之认为，气是万物本体，而作为万事万物规律的理是依存于气中的，气表现于人事，就有了人之性。或者说，人性是理的人事表现。他说："理，行乎气之中，而与气主持分剂者也，故质以涵气，而气以涵理。质以涵气，故一人有一人之生；气以涵理，一人有一人之性也。"[①]这样一来，王夫之就建立了自己的"气—理—性"合一论。王夫之进一步

---

① 《船山全书》第6册，岳麓书社1988-1996年版，第857—858页。

认为，人性中包含着"欲"与"理"两大要素。二者有机结合就是人性。

> 盖性者，生之理也。均是人也，则此与生俱有之理，未尝或异；故仁义礼智之理，下愚不能灭，而声色臭味之欲，上智所不能废，俱可谓之为性。①

如此一来，王夫之就把人之必然具备的欲求，看成合理性的。这其中既包含与生俱来的生物性欲求，如饮食男女，也包含超越性的道德欲求，如仁义礼智。值得辨析的是，人的动物性欲求比较好理解，何以人会有超越性的道德欲求呢？这就涉及王夫之的人性进化观了。王夫之认为，人既具有动物的自然属性，也具有区别和超越于动物的独立人性。这种独立的人性就是道德意识。这种属性是随着人的进化而日渐强化的。他说："人之甘食悦色，非自陷于禽兽者，则必不下齐欲禽兽。"②王夫之认为，人的进化就是不断超越动物性而实现人道，这个人道也就是人必然如此的天道：

> "立人之道，曰仁与义"，在人之天道也。"由仁义行"，以人道率天道也。"行仁义"，则待天机之动而后行，非能尽夫人之所以异于禽兽矣。天道不遗于禽兽，而人道则为人所独，由仁行义，大舜存人道圣学也，自然云乎哉！③

可见，王夫之的人性论，妥善地解决了人的理欲冲突问题。他将理欲统一起来，承认了人的欲望的必然性与合理性。"饮食男女，皆性也，理皆行乎其中也。"④"私欲之中，天理所寓。"富有意味的是，王夫之还提出了"理欲皆善"的观点：

> 天命之性无不善，吾形色之性无不善。⑤

---

① 《船山全书》第12册，岳麓书社1988-1996年版，第128页。
② 《船山全书》第6册，岳麓书社1988-1996年版，第1025页。
③ 《船山全书》第12册，岳麓书社1988-1996年版，第407页。
④ 《船山全书》第12册，岳麓书社1988-1996年版，第362页。
⑤ 《船山全书》第6册，岳麓书社1988-1996年版，第963页。

> 圣人有欲，其欲即天之理。天无欲，其理即人之欲。学者有理有欲，理尽则合人之欲，欲推则合天之理。于此可见，人欲之各得，即天理之大同；天理之大同，无人欲之或异。①

这样一来，王夫之就把人欲与天理更加紧密地联系起来，赋予人欲以某种神圣性，与宋明理学大相径庭。其实践意义有两点：其一，在理和欲的价值判定上给"欲"提供了极大的价值空间，承认其必然性、必要性、合法性。使人理直气壮地去纵欲所为。其二，对"理"的实现途径上，主张从"欲"着手，即"理"的实现必须借助于"欲"的实现。例如实现爱人之理（仁），必须以人之间的爱欲的张扬为实现前提。施仁者要有爱人之欲，被施仁者也要有对爱的欲求。如此一来，"欲"就成为"理"的落脚点，成为"理"的现实形态而无所不在。这对主张"存天理，灭人欲"的理学家们而言，是瞠目结舌之事。毫无疑问，对于功利勋业的追求者而言，则打开了绿色通道，让功利的欲望喷涌而出。

但是，王夫之毕竟要面对人类欲望中的负面现象，不能无条件地认可一切欲望。否则就没有必要谈道德超越，谈人和禽兽的差异了。对此，王夫之又推出了"公欲"的概念。他说：

> 天下之公欲，即理也，人人之独得，即公也。②
> 以我自爱之心，而为爱人之理，我与人同乎其情也，则亦同乎其道也。人欲之大公，即天理之至正也。③

可见，王夫之是在基本人欲的基础上进一步进行道德超越，让个别的私欲上升为集体的私欲——也就是公欲了。其实，理欲的关系，也就是义利的关系。从王夫之的理欲合一观，我们也就可以比较容易把握其义利观了。所谓"义"其实就是一种特殊的人欲，或说公欲，或说公利、正利，而不是与利无关之物。以下我们简单地介绍一下王夫之的义利观。

首先，王夫之同样不割裂义利的关系。他说："义者，正以利所行者也。事

---

① 《船山全书》第6册，岳麓书社1988-1996年版，第639页。
② 《船山全书》第12册，岳麓书社1988-1996年版，第191页。
③ 《船山全书》第7册，岳麓书社1988-1996年版，第137页。

得其宜，则推之天下而可行，何不利之有哉？"①还说："义者天地利物之理，而人得以宜。"②其次，王夫之也并不认为任何意义的利都是合乎义的。他说："凡言'利'者，皆益物和义之谓，非小人以利为利之谓。"③也就是说，王夫之把利分为正当和非正当两种，正当的利，他认为是合义的，也是可以接受的，反之，他就要舍利而取义。其三，什么样的利才是正当的合乎义的利呢？根据王夫之的表述，大约有三种。一是"物各安其本然之性情以自利"。通俗地说，就是出于本能不可避免的自私自利，如爱美食，爱美色，保护自我等。二是"人人之独得"的公欲之利。通俗地说，就是集体之利，群体之利，大家之利，但是这种利不是与个体无关，而必须为个体所共享。三是超越一般功利的道德命令。这是王夫之认为的最高大义，是可以舍弃利益，牺牲自我而殉献的。他说：

> 将贵其生，生非不可贵也；将舍其生，生非不可舍也。将远其名，名固不可辱也；将全其名，名固不可沽也。生以载义，生可贵；义以立生，生可舍。名以成实，名不可辱；实以主名，名不可沽。④

值得特别关注的是，当进入王夫之第三层的"义"，个人的利益甚至集体的利益就要做出牺牲了。这是一种为了信念而涉及"义"和"利"的分裂。于是，王夫之的义利分裂就和传统儒学包括程朱理学的义利观同构了。传统儒学也是强调"舍生取义"，"存天理灭人欲"。那么，怎样看待王夫之最终又回归了儒学的义利观呢？我们认为，第一，这正体现了王夫之思想和儒学传统的内在传承关系，而且，这种传承不仅是必然的也是富有积极意义的。为了崇高的信念而献身，这不仅是我们的优秀文化传统，也是人类的优秀文化传统，这就是马克思和恩格斯都盛赞的普罗米修士精神，恰恰应该发扬光大。值得认真辨析的是，信念之义也有两种情况，一种是信念实际也包含功利，只不过是大功利，比如在民族主义的信念下，为了民族的利益而献身，这依然是具有功利性的。还有一种纯粹是一种人格姿态的信念，比如决不向对手低头而死，比如宁可站着死，不可跪着生等

---

① 《船山全书》第7册，岳麓书社1988—1996年版，第382页。
② 《船山全书》第6册，岳麓书社1988—1996年版，第508页。
③ 《船山全书》第1册，岳麓书社1988—1996年版，第75页。
④ 《船山全书》第2册，岳麓书社1988—1996年版，第363页。

等。第二,王夫之是在极大限度地承认功利人欲合理性的前提下,才提出舍生取义的义利牺牲观的,王夫之给人欲和利益留下了很大的空间,这和一般儒学包括程朱理学有着很大的区别。第三,在实践中,还存在一个面对具体情况来判断何为义的问题,比如王夫之并不认为一味忠君就是义,尤其是对于昏庸君主,王夫之并不主张愚忠,这就和程朱理学的愚忠很不一样了。总之,只要认真辨析就不难看到王夫之的义利观既有优秀传统的坚守,也有与时俱进的突破。还值得关注的是,我们看到,王夫之对理欲义利观的阐释内蕴着一个由一般人欲义利向道德人欲义利的梯度升华进程,说明王夫之对人的道德超越是怀抱信心的,他不是采取剿灭或者压抑人欲功利而是采取不断提升人欲功利的方法,来解决理欲义利的冲突问题。这也就张扬了人的道德主体性和人的尊严性。故有学者说:"如果说宋明以来的中国哲学家中有谁从哲学形而上学的高度确立了人的道德主体性,并对此作了最为鲜明有力的论证的话,那么,我们可以说,这个人就是王夫之。"[1]

毫无疑问,王夫之的理欲义利统一观不仅使人性论的建构获得了更具说服力的学理性,更重要的是为经世致用的实践提供了现实可行的依据。避免了道德的偏执和空论,以及对人性和利益的道德暴力扼杀。其人性论也就更多人道主义光芒。某种意义上可说,王夫之是儒学阵营中少见的个人主义者。而湖湘英杰群体的个人英雄主义情结也就有了理性的栖居之地。

四、救世豪杰观

救世豪杰观亦属于王夫之人性论范畴,不过是针对精英人群而论。王夫之的学说中不乏对社会民间疾苦的同情,对广大民众吁求的代言,包括对君权、专制制度的强烈抨击。但不可否认,他是以替天行道的裁判者姿态进入论说的,也就是说,他有意无意地把自己当作真理或者智者的化身,居高临下地审视着包括君王在内的世间众生。这是一种由儒学传统赓续而来的士大夫身份优越感,即《论语》所言:"士不可以不弘毅,任重而道远。仁以为己任,不亦重乎?死而后已,不亦远乎?"王夫之并不认为,所有的人都具有这样的资格和发言权。所以他声称:"庶民者,流俗也,流俗者,禽兽也。"[2]即使是士大夫阶层,也有"小

---

[1] 萧萐父,许苏民:《王夫之评传》,南京大学出版社2002年版,第305页。
[2] 《船山全书》第12册,岳麓书社1988-1996年版,第478页。

人"、"陋儒"、"奸佞",都不足以担当天下。于是,王夫之的"豪杰"论就出场了。在王夫之看来,只有"豪杰"才是担当天下的不二人选。他说:

> 能兴即谓之豪杰。兴者,性之生乎气者也。拖沓委顺当世然而然,不然而不然,终日劳而不能度越于禄位田宅妻子之中,数米计薪,日以挫其志气,仰视天而不知其高,俯视地而不知其厚,虽觉如梦,虽视如盲,虽勤动其四体而心不灵,惟不兴故也。圣人以《诗》教以荡涤其浊心,震其暮气,纳之于豪杰而后期之以圣贤,此救人道于乱世之大权也。①

显而易见,王夫之称道的豪杰,不仅和随波逐流,无所用心,安于日常生活的平民百姓无关,也与循规蹈矩,明哲保身,无所作为的陋儒庸吏无关。豪杰乃是大智大勇,挺身而出"救人道于乱世"的中兴之士,或者更通俗地说,是拯救天下的救星。可以说,救星人格,是王夫之最为憧憬的人格。其本人的履历就是这种人格的注脚,而且通过其学说的播扬,深深地烙印于近代湘湖政治精英群体,甚至可以说孕育了一种充满豪杰气的湖湘人格,这是我们要格外注意的。对于这种豪杰人格,王夫之又归结为"狂士",认为是孔子"深取其狂简"精神的赓续。他进行了史学的追溯:

> 春秋之季,与晚宋略同。士大夫渐染于功利之私者已深,特以先王之名教犹有存者,姑相与拟议以为道。其贤智子资,既行此以有余,则虽日闻圣教而不能洗涤其习气。此夫子所以有"不行,不明"之叹。迨其后,鲁之小子,自幼学而受圣人之熏陶,则习气不能为之污染,是以夫子深取其狂简。狂则拔于流俗,而进取夫精义穷神之德,不拘于闻见所得之道,坦然信之而遽谓可已。简则择善于所独得之真以专致其功,而不逐物求理,随事察义,以自矜所得之富。故知子游、樊迟之所至,非子张所得问其津涘也。②

王夫之借孔子的典故标举豪杰具有担当天下、不拘一格、卓然独立、拔流俗

---

① 《船山全书》第12册,岳麓书社1988-1996年版,第479页。
② 《船山全书》第6册,岳麓书社1988-1996年版,第881页。

而直击要害的狂士风范，将豪杰与循规蹈矩、修身养性的迂儒区别开来，实际也是对儒学"内圣外王"精神的一种修正。王夫之更强调的不是独善其身，标榜人格操守的内圣人格，而是救亡治平天下的外王人格。所以他说："未有圣贤不豪杰者也。"也就是说，真圣贤，就必然要有担当天下的豪杰气，不能"平时袖手谈心性，临危一死报君王"。可见其傲视天下的气度，在很大程度上也是王夫之自身人格的投射。这也正是程朱理学的流弊，只知道修身养性，小心翼翼侍奉君王，搏一个圣人名号。这也正是制度的流弊，只知道压抑人的创造力，使天下豪气尽灭，导致山河沦亡。如果我们再联系王夫之对君权人格的种种抨击和奚落，就更能体会到他对这种豪杰人格的推崇。

在中国悠悠千年的君王体制中，君王人格无疑是最完美的人格等次，是天命的人间体现，是无可置疑的神化人格，从而凝固为一种神圣不可侵犯的制度符号，与专制制度相辅相成地主宰着历史命运。但是，王夫之却冒天下之大不韪，对君王的神圣性提出了一系列质疑。例如，王夫之认为，建立在胜者王侯败者贼的逻辑之上的正统观是荒谬的邪说。此外，王夫之还认为，天下乃天下人的天下，君王专制是"一姓之兴亡，私也，而生民之生死，公也"，如果将天下生民之公以殉一姓王朝之私，也是缺乏正当性的。王夫之这些对君王专制的批判，不仅在理论上动摇了君权专制制度的合理性，还在君王人格上动摇了其道德的完美性和神圣性。可以说，王夫之是从制度出发，揭示了一种由制度决定的君王人格。

例如，将君臣关系等同于父子关系，就具有很大的欺骗性。王夫之辨析说，父子关系是一种天性之爱，不管父亲有何过错，都不可抛弃，而君臣关系却建立在志同道合的基础之上，"道合则从，不合则去，美则将顺，恶则匡救。君之是与不是，丝毫也不可带过"。可是制度却把君臣关系等同于父子关系，要求臣子以事父的孝道无条件地效忠君王，这就是欺骗。具有道德虚伪性。还有，由于专制，君王要求臣民包括生死的绝对服从，这就导致"必恃一人之耳目以弱天下而听其麾哉"，这就是以私意和私利剥夺公意和公利。王夫之还认为，由于维护帝王的统治地位，君王必然会嫉贤妒能，从而导致天下腐败危亡。他说：

呜呼！为人君者，唯恐人之修洁自好，竭才以用，择其不肖而后任之，则生民之荼毒，尚忍言乎？……故天下之恶，莫有其甚于恶天下之贤而喜其不肖者也。天子以之不保天下，士庶人以之不保其身，斩宗灭祀，鬼祸不解者，皆此念为之也，可不畏哉！①

王夫之认为，不举贤能而误国是最大的罪恶，亦是人君才能为之的罪恶。这是非常深刻的见地，远远超过凡夫俗子对恶的理解。而且王夫之是从制度推及人格，更是入木三分。实际上，王夫之将专制制度及其人格符号的君王，一起推向了斩首台，其逻辑前景就是法治取代人治。遗憾的是，王夫之在其另外的言论里，又表现出对专制制度、君王人格以及人治的维护，导致其思想的矛盾和纠结。有学者归结为王夫之的时代局限和思想局限。我们认为，王夫之这些显得矛盾的思想既有历史局限的原因，也有特定历史下的现实性考虑，也就是说，也有其合理性，比如他针对专制制度对贤能的压抑，提出了虚君分权的设想，并非完全是脱离现实的思考。下面，就谈谈这个问题。

萧萐父和许苏民的《王夫之评传》认为，王夫之在政治制度的变革路径上，提出了比较初步的虚君分权构想，并作了详细论证。我们认同萧、苏的观点，不再重复。我们想讨论的是，为什么王夫之会提出虚君分权？综合王夫之的其他言论，我们推测性地认为，王夫之可能是基于以下考虑。其一，在当时的历史条件下，以激烈的方式取代专制君权是不可能的，尤其在清代，面对异族统治的专制政权难度就更大。因此，虚君分权的选择就更具现实性。王夫之晚年对清王朝的敌视有所缓和，他做出这种具有策略性的选择也是可能的。其二，王夫之对于民意之见，其实是十分鄙视的，至少是很不信赖的。如对民众议政的所谓"民岩"现象，他虽然说："民本非岩，上使之岩"，归结为统治者所迫，却并不认为民众议政有积极意义。他说："贪暴之吏，何代蔑有？一榜违其情，而遽起逐之，上且无如之何，天下恶得不亡！夫民既如此矣，欲执民而治其逐上之罪，是不矜其穷迫而激之乱也！"②王夫之还认为民告官是奸民行径："吏民得告守令之制乱纲纪，坏人心"，"逆大伦，裂大分，奖浇薄而导悖乱"。可见，要王夫之选择民主之路是不可能的。其三，既然王夫之上不信赖专制之君，下不信赖广大之民，就必然会考虑中间之路——虚君分权，由他最推崇的豪杰群体来担当救世责任。无可讳言，王夫之主张虚君分权是有小算盘的——为豪杰之士登上政治舞台

---

① 《船山全书》第10册，岳麓书社1988-1996年版，第725页。
② 《船山全书》第10册，岳麓书社1988-1996年版，第1026页。

铺路。这当然无可厚非，还可以理解为对天下的担当。值得讨论的是，王夫之把希望寄托在豪杰身上，寄托在虚君分权的路径上是否可行？这只能和民主共和之路相比较才好回答。显然，在王夫之所处的特定历史条件下，虚君分权之路相对更具可行性。

再回到豪杰的话题上来。我们认为，王夫之是在中国向何处去的追问下，推出了豪杰的概念，他憧憬豪杰挺身而出救世济民。具体的方式就是通过虚君分权，让豪杰来施展作为。因此，他并不主张从根本上改变君权制度。甚至在相当程度上还维护君权制度。富有意味的是，既然豪杰可以救世，何不干脆取君王而代之？这就是王夫之的历史局限了。我们觉得王夫之有两道坎过不去。第一，若是豪杰取代君王，又实行怎样的制度呢？如果只是豪杰变君王，岂不又是专制？又是历史循环么？王夫之不相信民众，他就看不到制度的出路。第二，如果豪杰取代君王，又会面临道德的拷问。豪杰是以天下为己任的道德英雄，变为君王，就进入了家天下的道德死胡同，其道德声誉就会被玷污，这是王夫之难以承受的。王夫之的豪杰可以救天下，殉天下，却不会占有天下，这就是王夫之的道德承诺，也是中国士大夫的人格之梦。无论怎样奔突求索，王夫之还是无法突破儒学道德至上之樊篱。他在《楚辞通释》评价屈原人格时，充满敬仰地说："忠爱之性，植根深固，超然于生死之外"，"既达生死之理，则益不会昧其忠孝之心"，"不屑与小人驰骛争胜者，已之秉忠贞而树贤于国"。种种言论，实际也是对自我人格的表白，其一生坚守遗臣身份就是最好的证明。我们不能把这种忠贞简单地归附于对某个帝王的私忠或愚忠，而应该理解为信念的忠贞。我们往往把忠臣看成是爱国主义者，以为是出于对国家和君王的爱才殉献自己，其实未必。许多义士对国家的殉献与其说是爱国还不如说是爱自己的名誉和气节。将忠臣义士说成是爱国主义者在很大程度上是意识形态阴谋。对王夫之而言，国家已经是一个信念符号，执一而忠。只有忠贞不贰，才区别于软骨头的小人，才显得出心底无私，才能称得上真正的救世济民的豪贤。其实近代湖湘英杰也一样，他们对帝国制度的维护，很少是出于对帝国的认同与爱恋，更多是出于对某种人格的坚守。例如湘军做大后，许多湘军将领说服曾国藩夺帝位，显然是对皇权毫无忠诚的叛逆之举，而曾国藩拒绝篡位，同样不能理解为对大清帝国的忠，而应该理解为他对忠诚道德信念的坚守，否则他就该收拾那些有反骨的同事，而他却没有这样做。后来曾国藩不遗余力地推崇死不降清的大明遗臣王夫之也说明这一点。总之，把湖湘英杰理解为忠臣或爱国主义者，这是很大的误会。他们最大的人生理想是成为道德完美、功业斐然的豪杰。也正是因此，后来湖湘英杰中叛逆者同样层出不穷，他们在豪杰的信念上一脉相承而共为王夫之传人。

不过豪杰崇拜也是中国文化传统的死穴之一：天下兴亡、天下大同的最终希望还是要寄托于道德圣人亦即救星的出场。于是，也就不难理解，崇拜王夫之的近代湖湘政治精英为什么会有那么多救星的冲动和自警。从曾国藩拒绝称帝之劝，自裁湘军，谭嗣同临危拒绝逃亡，主动赴死以及陈天华蹈海自尽等行为都可见一斑。

五、力行致用观

宋代以来，认识论的问题日渐为人关注。在宋明理学中，知行关系成为讨论的焦点之一。程朱学派主张"知先行后"，陆王学派主张"知行合一"，王夫之则主张"行可兼知"，细加分析，可以有很多启迪。

先看王夫之对程朱陆王的批评。总的说来他两派都不赞成，但是对程朱的"先知后行"是全面否定，对陆王的"知行合一"却是有保留的否定。他否定程朱说："'知先后行'，立一划然之次序，以困学者于知见之中，且将荡然以失据，则已异于圣人之道矣。"①由于知是无穷尽的，其结果就是："以销其行以归知。"王夫之认为"先知后行"第一是割裂了知行的互动关系，成为"先在家闭门格物，再出门应事"，这是很可笑的。第二，因为知是无穷尽的，如果要等完成了知再行，最终的结果是只有知，没有行。可见王夫之是全面否定"先知后行"说的。对于"知行合一"观，王夫之说："其所谓知者非知，而行者非行也。知者非知，然犹而有其知也，亦惝然若有所见也。行者非行，则确乎其非行，而以其所知为行也。以知为行，则以不行为行，而人之伦、物之理、若或见之，不以身心尝试焉。"②分析一下，王夫之主要不满陆王把知与行的区别有些含糊化了，而且把心理活动的求知行为，也混同于行，会导致忽略身体力行。对陆王强调知与行的合一关系，他并没质疑。也就是说，王夫之的态度相当温和。王夫之还认为陆王之学："虽不深切著名，显道之藏，立学之准，而固未尝尽非

---

① 《船山全书》第2册，岳麓书社1988—1996年版，第311页。
② 《船山全书》第2册，岳麓书社1988—1996年版，第312页。

也。"①甚至说："知非先，行非后，行有余力而求知，圣言决矣。"②又赞同了陆王的观点，可见，王夫之在知行关系上更接近陆王。从史料看，程朱理学最为人诟病就是繁琐、机械、僵硬，将人陷入无休无止的求知问道环节中，灵动性和行动性严重不足。相比之下，陆王心学更强调人的主观能动性，更具灵动性，和王夫之对人的主观能动性强调有着内在契合。所以，侯外庐认为，王夫之对程朱是"否定式的修正"，对陆王是"肯定式的扬弃"③，这是很有见地的。

那么，王夫之主张"行可兼知"意味着什么呢？

王夫之"行可兼知"观的要害就在于确立了"行"在知行关系中的统摄地位。首先是倡导知为行而立。他说："离行以为知，其卑者，则训诂之末流，无异于词章之玩物而加陋焉。瞑目据梧，消心而绝物，得者或正，而失者遂叛道以流于恍惚之中。异学之贼道也，正在于此。"④可见，王夫之认为，如果不为行而知，其知就是词章玩物之陋知，就是贼道之知。这种说法有些偏激，却张扬了求知的终极价值所在。马克思说过："哲学家们只是用不同的方式解释世界，问题在于改变世界。"⑤但是有些学人却将求知看作终极目的，为学仅仅是为了求知，满足解释世界，至于是否有助于改造世界，他们是不关心的。于是，大量只是满足好奇之心却无关于人类福祉的知识充斥于世，并且形成了虚浮空谈的恶劣学风。可以说，这是从古到今相当一部分学人的通病，王夫之对这种学风持鄙视态度，故出语偏激。在我们看来，有些学人只凭个人兴趣为学，只为求知为学，只要不侵犯社会利益，作为个人选择并无不可，但作为社会求知风气，的确应该把有助于行作为价值准则。在这个意义上，王夫之倡导知为行而立，是要充分肯定的。

其次，行的统摄地位，还表现在行是知之源，是知的必要手段。王夫之说："行而后知有道。道犹路也。"⑥也就是说，只有行动中，你才会知道行动是有其规律的，不能盲目而行。也因为行动的需要，才会产生求知的冲动。王夫之还举

---

① 《船山全书》第2册，岳麓书社1988—1996年版，第311页。
② 《船山全书》第2册，岳麓书社1988—1996年版，第311页。
③ 侯外庐：《中国思想通史》第5卷，人民出版社1956年版，第43页。
④ 《船山全书》第2册，岳麓书社1988—1996年版，第314页。
⑤ 《关于费尔巴哈的提纲》，见《马克思恩格斯选集》第1卷，人民出版社1972年版，第57页。
⑥ 《船山全书》第12册，岳麓书社1988—1996年版，第402页。

例说："饮之食之，而味乃知。"①这是说，行动本身也是知的手段，比如饮食的行动就是知道滋味的手段。他还举下棋为例说，许多棋理，只有在下棋的过程中才能领悟，光看棋谱，纸上谈兵是不可能致知的，这就是"以行为功"的道理。

再次，行是检验知的标准。他说："知者非真知也，力行而后知之真。"②也就是说，知必须转化为行而得以确定，才完成了知。这就和我们今天所说"实践是检验真理的标准"非常吻合了。由此可见，"行"在知行关系中是贯穿性的，行是知的目的，行是知的动因，行是知的手段，行是检验知的标准。所以王夫之说："行可兼知，而知不可以兼行。下学而上达，岂达焉而始学乎？君子之学，未尝离行以为知必矣。"③王夫之的认识论中，"行可兼知"是最富创见性的思想。体现了知以致用的认知观，和只是满足于一孔之见，把玩知识以自恋的酸儒，和坐而论道、空谈误国的腐儒泾渭分明，完全是两种人格境界。他如是写道：

  史之为书，见诸行事之微也。则必推之可行，战而克，守而固，行法而民以为便，进谏而君听以从，无取于似仁似义之浮谈。衹以致悔吝而无成者也。则智有所尚，谋有所详，人情有所必迁，时势有所必因，以成与得为期，而败与失为戒，所固然矣。④

王夫之强调力行，强调致用，对于近代湖湘政治精英的影响是非常明显的。所以，清代湖湘精英一旦有施展作为的条件，便高举经世致用大旗，陶澍、贺长龄为代表的清代湖湘第一代英杰便被世人称之为经世派。此后，几代湖湘精英继续发扬光大，一直赓续到现代，经世致用始终是湖湘精英最突出的思想和实践风范。可以说，王夫之是湖湘精英当之无愧的精神教父。

---

① 《船山全书》第7册，岳麓书社1988—1996年版，第114页。
② 《船山全书》第7册，岳麓书社1988—1996年版，第575页。
③ 《船山全书》第2册，岳麓书社1988—1996年版，第314页。
④ 《船山全书》第10册，岳麓书社1988—1996年版，第1178页。

第四节　王夫之的湖湘文化影响

一、船山学的整理和播扬

王夫之去世后，其亲友门人并没严格遵照其遗嘱而隐匿其遗著，将少部分不犯时禁的著述付梓于世，却依然引起清廷警觉，派兵查封焚毁。不过也有一些朝官如湖广学政潘宗洛等为王夫之作传或序其著，竭力辩护，使王夫之在世间享有一定声名。但总体而言，大约140年间，船山学说处于无闻状态。

学界一般认为，船山学广泛传播是从道光年间船山遗书的大规模刊行开始。主持者就是时任宁乡训导的湖湘文史学家邓显鹤（1778—1851）。史料记载，邓显鹤热心收集湖湘地方历史文献，早就得闻王夫之声名，一直想搜集其遗文予以刊刻传播于世。终于在王夫之后人王世全、王承佺处寻得一批船山遗稿，喜出望外，于是广泛联系友人相助，还特意请时任两江总督的湖湘大吏陶澍为刊刻船山遗书题词。陶澍欣然题匾"衡岳仰止"，又书联："天下士非一乡之士；人伦师亦百世之师。"此外贺长龄、贺熙龄等湖湘政界名流亦纷纷解囊捐资，刊刻了《船山遗书》共计18种，150卷，还编撰了《船山遗书目录》，列目的船山著述52种，322卷。自此，船山之学随着《船山遗书》为世人所广泛研习。邓显鹤兴奋地说："船山先生生于胜国（按：指明朝）为遗老，于本朝为大儒。其志行之超洁，体用之明备，著述之精卓宏富，当与顾亭林、黄藜洲、李二曲诸先生相并列。……重为审校开雕，嘉惠后学，使湖湘之士共知敬仰，岂非羽翼吾道、表扬前哲一大功乎？"①

不无遗憾的是，咸丰四年（1854），太平军席卷华夏，攻陷湘潭，《船山遗书》尽毁无余，此时邓显鹤已去世三年。曾国藩建湘军，发《讨粤匪檄》，"赫然愤怒，以卫吾道"，全力抗击太平军，救清王室于危亡。在与太平军的生死搏杀中，曾国藩大力搜罗散失于民间的船山遗著，在战火纷飞中手不释卷地研习，还在湘军中推广，并和其弟曾国荃谋划再刻《船山遗书》。同治三年，湘军攻克

---

① 周柳燕、易慧霞：《湘学》，湖南科技出版社2009年版，第72页。

南京，立即着手重印更全面的《船山遗书》达56种288卷。船山之学在湘军的大力推广下，更加深入人心。有学者认为，曾国藩刊刻《船山遗书》是受王夫之的"华夷之辨"影响，对自己维护清王朝，剿灭汉族同胞的太平军心有内疚所致。亦有学者推测，曾国藩是看中王夫之学说中对帝王权术、清流议政的攻击，想借王夫之口来解除清帝王和朝中清流对自己的提防及诽谤。这些说法又一次显现出视域融合效应，我们不想卷入，只想正面陈述一下曾国藩本人的表白。曾的表白大约有两点。其一，因为船山之学继承了孔孟真传："昔仲尼好语求仁，而雅言执礼；孟子亦仁、义并称。……横渠张氏乃作《正蒙》以讨论为仁之方。船山先生注《正蒙》数万言，注《礼记》数十万言，幽以究民物之同原，显以纲维万事，弭世乱于未形。其于古昔明体达用，盈科后进之旨，往往近之。"[1]既如此，作为孔孟之道的忠实信徒，曾国藩当然有义务推广船山之学。其二，曾国藩敬仰王夫之刚正而富有担当的人格，他认为王夫之"秉刚直之性，寸衷之所执，万夫非之而不可动，三光晦，五岳震而不可夺"。这种人格当然也是值得推广的。联系曾国藩自己的人格行状以及湖湘精英的普遍人格行状，我们认为，曾国藩的表白大体是可信的。

紧随曾国藩之后，郭嵩焘也对船山学的推广立有殊功。他认为船山之学远胜前代，"发明先圣微旨，多诸儒所不逮"，"先生之学非元明以后诸儒所能及也"[2]。他还高度赞扬王夫之的人格："先生生明之季，下逮国朝，抗节不仕。躬涉乱离，易简而知险阻，通德达情，既诚以明，而其学出于刚严，闳深肃括，纪纲秩然。"[3]还有许多褒扬之词，就不一一引述了。郭嵩焘推崇王夫之最独到的贡献在于，他创办思贤讲舍，内设船山祠，专门研习船山之学，并多次上奏朝廷请求将王夫之祀于文庙。根据裴士锋的研究，在推崇王夫之的进程中，郭嵩焘的力度最大，而且不屈不挠，后来在赵启霖的继续努力下（他对郭嵩焘极为崇拜，可视为郭之学生），郭嵩焘逝世十七年后，王夫之这位对清朝抱着民族敌视态度的异端思想家最终为统治者接受而祀文庙，完成了异端到正统的转变，这简直可谓奇迹。自此，船山之学可以正大光明的播扬于世。此外，还有谭嗣同等湖湘精英也推波助澜，不遗余力地推崇王夫之，并得到全国性的响应，船山之学赫然而成

---

[1] 《船山全书》第16册，岳麓书社1988—1996年版，第418页。
[2] 《船山全书》第16册，岳麓书社1988—1996年版，第584—585页。
[3] 《船山全书》第16册，岳麓书社1988—1996年版，第598页。

世之显学。

船山学的播扬历程一方面显现了王夫之思想的生命张力，另一方面则显现了湖湘有识之士或说湖湘精英们推广船山学之功。史料显示，在推广船山学的过程中，几乎所有的湖湘代表人物都卷入其中，俨然形成了一个船山学的抢救运动。可以说，缺乏湖湘士人群体的努力，船山学是否能有今日之显要恐怕是很难说的。于是一个疑问就出场了：为什么湖湘士人如此齐心协力地追捧王夫之？尤其发展到现代，即使彼此有政治立场的对立，都对王夫之一致性地给予高度评价。例如共产党人的毛泽东与国民党人的何健，虽为敌手，但对王夫之的崇拜却高度一致。可见，仅仅归结为被王夫之的思想感召，未免有些简单化了。有学者直言不讳地回答，这是南宋之后，随着湖湘学派的衰落而复兴湖湘学，建构湖湘文化的需要。于是，这就涉及下文我们要讨论的话题了。

二、王夫之与湖湘学复兴

当下学界已有学者站在湖湘学复兴和湖湘文化划时代建构的视角去评估王夫之的思想和文化意义了。这无疑是个很有启迪性的认知，论据上也有许多有力的支撑。但也无可讳言，这种认知要得到广泛认同还有很多问题要解决。要建立这种认知要回答：第一，作为思想创立者主体的王夫之本人是否有复兴湖湘学、建构湖湘文化的自觉？第二，作为船山学的接受主体是否也有同样的自觉？

我们认为，就王夫之本人而言，其思想探索还不能说具有了复兴湖湘学或者建构湖湘文化的自觉。他明确地声称，自己要弘扬的是张载的横渠正学，也就是说，他立志当的是关学传人，而不是湖湘学传人。他还说"六经责我开生面"，更是立足于儒学，甚至可说立足于中华文化传统而为学，更不能局限于湖湘学。尽管王夫之对许多湖湘学先贤都有褒扬之词，也确实吸收了许多湖湘学的思想营养，但对思想资源的广泛吸纳，是思想家的天然权利，并不能决定学说的学派归属，正如理学对佛学和道学的吸纳并不等于是复兴佛学或道学一样。总之，我们认为，王夫之并没有复兴湖湘学或者建构湖湘文化的自觉意志。换言之，如果从王夫之的主观意志来立论，很难说船山学是湖湘学复兴和湖湘文化建构的标志。然而，这并不意味，他的学说，不能够为湖湘学的复兴，为湖湘文化的建构提供思想支撑。这又要回到视域融合的理论了，如果接受者（阐释者）在湖湘学复兴和湖湘文化建构的视域中去接受王夫之,那么,我们同样可以认为,王夫之的思想推动了湖湘学的复兴以及湖湘文化的建构。不妨拿理学来类比,佛学和道学虽然和理学是两回事,但是它们却给理学的建构提供了思想资源,从而推动了理学的学理升华。再举一个类比例子,锄头作为农具和武器是两回事,但是,在陈胜吴广的义军手里被当作武器使用,因而也就具有了武器的属性。所以,更关键的是我们怎么去接受和阐释王夫之。

从接受和阐释角度看,将船山学看作对湖湘学的复兴和对湖湘文化的重大建构是有充分依据的。那些把船山学看作湖湘学复兴和湖湘文化重大建构的学者,也正是从这个视角立论的。例如,有学者分析说,湖湘学派和湖湘文化在宋代就不是全国顶级水平,元、明以来更加走下坡路,"这令向来心高气傲的湖南士大夫深感遗憾"。道光以来,湘军主宰了全国军政大局,更迫切感到文化崛起的心理需要。"所以,当他们发现在清初的湖湘之地还有这样一位传承孔孟、总结理学的学术大师、思想巨人时,他们几乎是欢喜若狂地将其作为重振湖湘文化、传承湖湘学统的重要资源。"[①]这就是说,并不是王夫之而是发现并接受王夫之的那些湖湘士大夫们,想把王夫之的思想资源加以改造,支撑起湖湘学的复兴并建构起享誉全国的湖湘文化。我们认为,这样的判断是比较接近史实的。以下,谈谈具体理由。

南宋是湖湘学派的黄金时代,但代表人物胡安国、胡宏、张栻等都不是地道的湖湘人,这当然无损于湖湘派的成立,可心理上毕竟有点隔膜,而且会留下疑问,地道的本土湖湘人能否成为思想巨人?因而王夫之的出现就具有特殊意义。虽然王夫之远祖籍贯江苏高邮,但迁湘已经九代。况且王夫之一生基本在湖南乡间度过,因为抗清,大约有十年处于流亡状态,在深山瑶洞藏匿,远比一般人更深地进入了湖湘底层社会生活,这些履历,无疑使他烙印着更深的湖湘民性。因此,他对湖湘士大夫来说,有着更深一层的乡贤亲和力。郭嵩焘说:"盖濂溪周子与吾夫子,相去七百载,屹立相望,揽道学之始终,亘湖湘而有光。"[②]请注意,郭嵩焘提及为湖南争光的周敦颐和王夫之,中间并没有插入胡安国、胡宏和张栻,显然是从地道的湖南人考虑的。钱基博在论湖南学风时,提及两位湘学先

---

① 朱汉民、刘觅知:《湖湘知识群体的船山诠释与文化建构》,《中国哲学史》2012年3期,第103页。
② 《船山全书》第16册,岳麓书社1988-1996年版,第585页。

贤，也是周敦颐和王夫之，同样没提胡安国、胡宏和张栻，这不是偶然的。这说明，以地道的湖南人作为文化旗帜，具有普遍性的心理期盼。因而湖湘士人格外推崇王夫之毫不奇怪。其实，这种以著名乡贤为荣的心态，是长期宗法制社会的文化心理传承，也是地域文化建构的重要依托。悠悠千年的宗法社会，氏族首领、族长、家长以道德人格以及过人的处事经验带领着具有血缘关系的族人世代延续，亦养成了族人对血缘性领袖的依赖。儒学就是这种社会基础的思想体现，于是圣人或者救世主就出现了，可以说，儒学文化就是救星文化。这个意义上理解湖湘士大夫们对王夫之的崇敬，格外意味深长。

此外，王夫之桀骜不驯的个性，也与湖湘民性有着内在的契合。只要和湖湘人亲密接触，就不难感受到这一点。这种个性再融入家国情怀，更具道德魅力。中国是个有着道德崇拜传统的国度，无论其中有多少虚伪性，日常生活中仁义道德却不绝于耳，成为人物评判的首选尺度。于是不难想象，王夫之对湖湘士大夫的巨大感召力。曾国藩便说，王夫之"秉刚直之性，寸衷之所执，万夫非之而不可动，三光晦，五岳震而不可夺"。郭嵩焘亦言："先生生明之季，下逮国朝，抗节不仕。躬涉乱离，易简而知险阻，通德达情，既诚以明，而其学出于刚严，闳深肃括，纪纲秩然。"郭嵩焘的学生易翰鼎也说郭嵩焘"因仰见船山气质刚毅，勇于造道，精思力践，历劫不磨。……是以一生于船山最为倾心，非徒桑梓之恭而以矣"①。此外，还有谭嗣同对王夫之的人格敬仰也是众所周知，及至现代的毛泽东也把王夫之"未有圣贤不豪杰"的教诲铭记于心，等等。故有学者认为："在湖湘文化史上，王船山作为生于斯，长于斯，终老于斯的湖湘学人，他的精神气质更加具有湖湘地域文化的根基，特别能够激发湖湘人士的乡梓之情，故而王船山对湖湘士人的人格精神建构产生了很大的影响。"②

当然，最重要的还是王夫之的思想魅力。湖湘文化的开化就显现出经世致用的特色，而王夫之思想体系最强大的实践力量就是激发人们担当天下，救亡天下，治平天下，王夫之最推崇的人格，就是拯救天下的豪杰。这点前文已经论及。值得强调的是，正是船山学经世致用的基本精神，与湖湘学及湖湘文化传统惊人地契合，湖湘士人高举船山思想旗帜开辟湖湘学复兴和湖湘文化的新纪元，

---

① 《船山全书》第16册，岳麓书社1988-1996年版，第419页。
② 朱汉民：《船山人格精神与近代湖湘士人》，《船山学刊》2013第4期。

也就顺理成章了。所以有学者立论，湖湘知识群体对王夫之的推崇，"一方面强调船山学是宋代道学的正宗传人，另一方面有希望湖湘之士传承道统，显然是出于建构湖湘文化，重振湖湘道学学统的需要"①。于是，将王夫之看作湖湘学复兴的标志和湖湘文化的新建构也就并非牵强之论。

如果我们在考虑到美国学者裴士锋的观点，就更有意味了。裴士锋的《湖南人和现代中国》有一半篇幅探讨湖南人为什么如此推崇王夫之。他认为，邓显鹤热心收集王夫之的遗著予以刻印播扬，带有强烈的乡土情结。湖南历史上英杰人才极度缺乏，科举业绩也在各省中敬陪末座。"他省人喜称湖南人为'骡子'，借以形容他们吃苦耐劳且固执的个性，但这种个性的人里面几乎出不了一流的学者或领导人。"②邓显鹤咽不下这口气，总想在湖南人中找到荣耀乡土的人物，并终身以此为追求，对王夫之的挖掘就是一例。裴士锋还认为，这是湖南人的普遍心结，之后曾国藩、郭嵩焘等推波助澜地推崇王夫之也含有浓郁的乡土情结，并上升到这是湖南人独立性和湖南民族主义的表现，不甘人下的湖南人憧憬建立一个以湖南为本位的思想体系甚至国家体系，故而寻求精神旗帜，王夫之就成为黄袍加身的思想皇帝。裴士锋还认为，湖湘人有极强的乡土自尊心，湘军崛起更加膨胀了湖南人的乡土身份优越感。于是，湖湘学的建构与复兴，便成为湖湘英杰迫切而自觉的文化尊严建设，以弥补湖湘文化中原创性学理资源缺乏的短板。王夫之和湖湘学也因此而联姻。

行文至此，并不等于所有问题都解决了。值得追问的是，从发生学意义看，船山学并不是为复兴湖湘学和建构湖湘文化而起，学界公认，船山学是中国古典思想的集大成形态。这意味，王夫之已经超越湖湘地域，成为中国文化的符号。那么，怎样平衡船山学的普遍思想价值和地域文化形态的关系？是否可以说，因为船山学的充实，湖湘学派或者湖湘文化实际就是中国古代文化最完美形态了吗？是否可以说，我们谈论湖湘学派和湖湘文化就是谈论中国文化？这是一个很值得探讨的问题。有学者认为："湖湘文化发展到晚清达到极盛，居于这个时期中华文化的核心地位。"③按照这种论断，似乎可以得出肯定性的回答。亦即在晚清，是湖湘文化在拯救儒学，如果我们认同儒学是中华文化的符号，那么，谈论

---

① 朱汉民：《湖湘知识群体的船山诠释与文化建构》，《中国哲学史》2013年3期，第103页。
② [美] 裴士锋：《湖南人和现代中国》，社科文献出版社2015年版，第6页。
③ 朱汉民：《湖湘文化通史》第1册，岳麓书社2015年版，第115页。

晚清的湖湘文化，就是在谈论近代中华文化。也许有学人对于我们将一个区域性的湖湘文化提升到如此高度，会感觉夸张乃至狂妄。那么我们不妨进行相似的类比，中国现代史上的延安文化，就有"红星照耀中国"之说，就是一种区域性的文化形态引领中国进程。后来的历史表明，延安文化果然成为中国的体制文化。这表明，至少在逻辑上，区域文化代表中华文化的可能性是存在的。当然，仅仅依据逻辑还不行。而且我们认为，在晚清，尽管湖湘文化以湖湘英杰的勋业，显示了强大的生命力，因而在某种意义上代表了儒学的时代形态，但是在学理的建构方面，还缺乏与儒学的有机融汇。也就是说，船山学和湖湘学之间，还存在断裂，我们很难把船山学简单地看成湖湘学派的复兴形态，这其中还要经由一系列梳理和转换，才能将湖湘学打造成以王船山为品牌的新体系，从而融汇到儒学的更大体制之中。这就有点类似程朱对周敦颐的吸纳消化构成理学体系。湖湘学并没有完成类似程朱的工作。也许是时代的动乱干扰了这种工作，也许是王船山之后，湖湘学界缺乏像王船山那样的思想大家，这实在是湖湘学的一大遗憾。因此，我们谨慎地认为，晚清湖湘士人确乎有以船山学推动湖湘学复兴的梦想，船山学也确乎给湖湘学的复兴提供了丰厚的思想资源和历史机遇，且在比较粗糙的意义上充实和提升了湖湘学。但是由于种种原因，湖湘学并没有完成对船山学的有机融汇，刻薄一点说，湖湘学的复兴有点像没有完成的烂尾楼。因而在完成的意义上，还不能奢谈湖湘学复兴。更值得思考的是，时至今日，有学者还憧憬湖湘学的当代复兴。我们对此不抱乐观态度，理由是，时移世易，今日之世界，是一个走向普世思维的世界，实在难以想象，某种地域逻辑的思维，能够推动全社会的进步。我们已经超越了王夫之，走出了湖湘，为何还要回头呢？

三、王夫之的湖湘文化贡献

尽管就湖湘学而言，王夫之未必是大宗师地位，但可以肯定，在心理层面，他是近代湖湘政治精英群体的精神教父。近代湖湘政治精英们近水楼台地得到王夫之的思想滋养，从而拥有了锐利思想武器，建立了赫赫经世功业，也赢得了湖湘文化的近代骄傲。那么，王夫之的思想，究竟在哪些方面潜移默化地滋养了近代湖湘精英呢？本章第四节，我们述要地论及了王夫之的思想，就是着眼于船山学中影响湖湘精英和湖湘文化的方面展开的，下文，再谈谈补充看法。

应该特别重视船山学和儒学的关系。我们认为,无论王夫之是否走出了宋明理学,它依然属于儒学体系。因而具有儒学的主要文化特征。简言之,儒学有三个基本学理姿态:其一,强调入世,不是出世,其视野限于俗世生活。只讲此岸世界,不讲彼岸世界。如孔子说,"未能事人,焉能事鬼","未知生,焉知死"。对此,马克斯·韦伯也看到了,他认为儒学的本质就是摆脱形而上学而具有入世性,"儒教仅仅是人间的俗人伦理","儒教关心只是世间的东西,关心世界过去怎么样"①。其二,以社会和集体为本位,强调维护社会和集体秩序和利益,强调个人对社会和集体负责,强调私利服从公利。如孔孟说,"克己复礼"、"杀身以成仁"、"舍身而取义"。其三,在维护社会和集体的方式上,着眼于人际关系处理,即制订一系列伦理规范进行人的治理。相信道德力量,强调圣人、君子的担当、表率和导控作用。如孔孟说,"仁者爱人","人而不仁、如礼何?人而不仁,如乐何","君使臣以礼,臣事君以忠","君子喻于义,小人喻于利","穷则独善其身,达则兼济天下",等等。对照船山学,以上儒学基本传统全部具备,并构成船山学的基本立场。虽有差异和超越,却并不违背儒学根本。例如王夫之的理欲之辨、义利之辨,相当程度上承认了"欲"和"利"的合理性,但只是在理欲、义利不发生冲突的前提下言之,一旦彼此冲突,他依然坚持的是舍利取义。换言之,王夫之依然在儒学框架内立论。如果我们承认船山学是儒学的赓续和发展形态,也就意味,船山学在学科性质上,属于政治哲学或者政治伦理学范畴。由此推理,王夫之带来的湖湘学复兴和湖湘文化的建构,依然是儒学传统的赓续和发扬,就文化学科属性而言,也就是政治文化形态。亦即,湖湘学和湖湘文化,是围绕着政治主题展开的,在这种文化形态抚育下,成长的是热心政治的群体。近代湖湘政治精英群体的涌现,就是雄辩证明。学界普遍承认,经世致用是湖湘学和湖湘文化的传统,可是经世致用是个张力很大的概念,人们却缺乏具体限定。其实,农、工、商、医、艺都是经世致用,但这显然不是湖湘学和湖湘文化的传统指向。湖湘学和湖湘文化的经世致用是直指政治功业的。谈论湖湘学和湖湘文化,一定不能忽略其政治特质。

王夫之亦有对儒学传统的超越,但是这种超越不是颠覆儒学,而是光大儒学,使儒学更有张力,更有灵活性,更有解释力,更有现实可行性。湖湘学的复

---

① 马克斯·韦伯:《儒教与道教》,商务印书馆1995年版,第203、206页。

兴和湖湘文化的建构依托于王夫之这种超越，因而也具有了新气象。第四节，我们对王夫之的思想述要，所谓"要"，就是指王夫之学说中和湖湘学以及湖湘文化密切关联的观点。其中值得特别关注的有以下几个方面。

其一，求变斗争意识的建构。王夫之对传统儒学包括理学的重大超越是建立了动变斗争观，改变了传统儒学的主静观，强调了动的绝对性，社会发展的"日新不息"性，还强调矛盾斗争是推动事物变化和社会发展的动力，极大地拓展了儒学的解释力。也对经世致用的湖湘学传统进行了学理充实和建构。就湖湘精英的实践而言，王夫之的动变斗争观给湖湘精英积极入世，变革现实的行动提供了理论的有力支撑，极大地激发出湖湘精英经世致用、建功立业的热情。尤其是对斗争精神的张扬，成为湖湘精英改天换地的实践中最突出的行动品质之一。曾国藩兴湘军，和太平军拼死搏斗，谭嗣同变法维新，血溅菜市口，还有黄兴、蔡锷乃至毛泽东等等湖湘英杰，无一不是斗士姿态。我们在总结王夫之的湖湘文化贡献时，这是应该高度关注的方面。

其二，救世豪杰意识的建构。无论从儒学原典还湖湘学的经世致用传统中，其实都具有担当天下的圣人意识。孟子云："天降大任于斯人也，必先苦其心志，劳其筋骨，饿其体肤，空乏其身，行拂乱其所为，所以动心忍性，曾益其所不能。"这种对担当天下圣贤的描述，可谓人人皆知，成为儒学推崇的最高人格典范。王夫之的豪杰观是儒学的一脉传承，可是其超越在于，更张扬豪杰的狂傲之气和建功立业的雄心，甚至有藐视帝王的道德优越感。豪杰人格和君王人格的主要差异在于，君王平天下也占有天下，豪杰平天下而不占有天下，因此更具道德的崇高性。毛泽东的《咏梅》词写道："俏也不争春，只把春来报，待到山花烂漫时，她在丛中笑"，就是对这种人格的诗化写照。细细辨析，对豪杰人格的推崇，无疑更加释放了人的主观能动性，激发人的殉献冲动。从近代湖湘精英们的行迹看，担当天下，救世济民，舍我其谁，百折不挠，桀骜不驯，几乎是普遍的人格风范。左宗棠、谭嗣同乃至后来的毛泽东都是典型代表。这种救世豪杰意识，从学理来说，是一种主张，从实践表现看，是重要的湖湘文化风采。亦当重视。

其三，力行致用意识的建构。经世致用本来就是湖湘学的传统，但学理方面还有失笼统，王夫之倡导力行致用为其提供了更精细的学理支撑。他在知行关系上以"行"为统摄，尤其是主张知为行而立，认知世界是为了改造世界，将实践的功用效果视为行的终极目的。大大超越孔子所说"朝闻道夕死可矣",是对知识分子空谈理论的有力匡正。湖湘学以力行致用观武装起来,其学理特色更加鲜明,湖湘文化以力行致用观武装起来,其文化特色亦更加鲜明。王夫之虽以思想家名世,其生命姿态却是一手握笔,一手持戈,近代湖湘政治精英群体也是一样,上马能御敌千里,下马能写锦绣文章,在中国士大夫群体中,可谓风景这边独好。富有意味的是,写进中国思想史的思想家,有数百人之多,湖南人不过数位(而且集中在近代,还都有官宦身份,并非纯粹书生)。可是要论起政治豪杰,则是遍地英雄下夕烟。这实在不是偶然。

诚然,王夫之对湖湘学和湖湘文化的思想影响是多方面的。但我们认为,最主要的方面大抵如上所述。因此,湖湘学可认为是儒学体系中的一支政治学派,湖湘文化也可认为是具有浓郁政治情结的地域文化。经世致用是政治情结的必然表现,换言之,湖湘学派和湖湘文化中的经世致用是直指政治的。不难想象,种种生存处境使湖湘人建立了这样的信念,只有政治才是最有效改善世界的方式,也是改善个人命运的最佳途径。这种政治决定论的信念又和儒学作为中国主流思想形态密切相关。儒学主要旨趣就是社会制度稳定,对社会成员的要求就是个人殉献社会,所谓"克己复礼",这就要诉诸于政治权力的约束。政治也就无限膨胀化了。在中国思想史中,不是没有出世的思想家,不是没有关注个人存在的思想家,也不是没有追问宇宙本源,纯思辨的思想家,如庄子、老子,阴阳家,佛家等等。但是先秦时代激烈的社会大动荡把社会稳定提升到思想的第一主题,于是,如李泽厚所说:"先秦各家为寻求当时社会大变动的前景出路而授徒立说,使得从商周巫史文化中解放出来的理性,没有走向闲暇从容的抽象思辨之路(如希腊),也没有沉入厌弃人世的追求解脱之途(如印度),而是执着人间世道的实用探求。"[①]所以,儒学就成为中国思想史上具有独尊地位的思想体系。在这样的思想史背景下理解湖湘学和湖湘文化的政治痴迷,或许更有无穷的回味。

---

① 李泽厚:《古代思想史论》,安徽文艺出版社1994年版,第301页。

第四章：近代湖湘政治精英群体的教育摇篮
——岳麓书院

对于中国近代群雄竞起的社会局面，世人有"中兴将相，什九湖湘"之说，查阅这些湖湘英杰的学历和师承，又不难得出"湖湘英杰，什九岳麓"的结论。岳麓书院悠悠千年，号称中国"四大书院"之首。其培育英才最辉煌的时代就是清代，这也正是湖湘政治精英群体群星灿烂，功业斐然的时代。可以毫不夸张地说，它是近代湖湘政治精英群体的教育摇篮。那么，岳麓书院究竟怎样发挥其摇篮作用，就成为我们必须研讨和解答的课题。

第一节 湖湘学基地与岳麓学统

一、准官学的岳麓书院

岳麓书院诞生于宋代湖南教育的大兴盛期。北宋开宝九年（976），在潭州太守朱洞的积极推动下，岳麓书院创办。咸平二年（999），李允则任潭州太守，又重新扩建书院，王禹偁《潭州岳麓山书院记》赞曰："谁谓潇湘，兹为洙泗，谁谓荆蛮？兹为邹鲁。"耐人寻味的是，岳麓书院呱呱坠地的接生产婆，是两位外籍来湘的太守。史料还显示，岳麓书院每次复建扩修均有地方主官的支持，可以说，岳麓书院的千年历程中，始终得到官府的眷顾，没有官府的扶植，岳麓书院很难走到今天。

岳麓书院显赫还托福于皇家。粗略统计，岳麓书院曾七次受到皇帝的御赐奖掖。第一次为北宋咸平四年（1001），宋真宗御赐典籍，赐建湘西书院。第二次是祥符八年（1015），宋真宗召见山长周式，御赐"岳麓书院"匾额。第三次是南宋淳佑六年（1246），宋理宗赐书"岳麓书院"四字。第四次是明嘉靖九年（1530）明世宗的赐书。第五次是康熙二十六年（1687），康熙皇帝御书"学达性天"四字赐岳麓书院，并赐经书。第六次是雍正十一年（1733）得御赐千金奖励书院。第七次是乾隆八年（1743）给书院御书"道南正脉"匾。这些隆重的皇家褒奖，大大地提升了岳麓书院的品牌地位。不仅使学林士子对岳麓书院投以仰慕，也使全社会对岳麓书院怀抱崇敬。

再从掌教书院的山长和教师包括客座讲学者看，他们绝大多数都有官身资历。特别是清代乾隆以来，岳麓书院山长全都是进士出身，不乏朝中达官转业，他们与官方大吏有着极为密切的师友之谊，受到极高尊敬。如乾嘉时期的山长罗典与当时的湖广总督毕沅、湖南巡抚姜晟、湖南学政钱沣都曾为同事密友，关系十分密切。罗典七十大寿，钱沣以弟子礼给罗典祝寿。嘉庆年间，湖南发生科场舞弊大案，罗典主持正义，为学生彭莪讨说法，闹到巡抚姜晟那里，姜晟作为地方主官，怕受牵连，想捂盖子私了，可是面对罗典执意坚持，也无可奈何，最后受到撤职处分。要是罗典没有相当的朝中背景，此案在权力面前，未必能大白于天下。总之，岳麓书院与官方（人士）有着悠悠千年的不解之缘。

北宋有三次著名的兴学运动，分别在庆历三年（1043）由范仲淹发起，熙宁二年（1069）由王安石发起，崇宁元年（1102）由蔡京发起。大大推动了官学的兴办，湖南的州、府、军、监、县大多设立了官学机构，县学的普及率达到92%。在此期间，有着私学背景的书院受到强大冲击。士子求科举仕，纷纷就读与科举更为接轨的官学，书院萎缩冷清乃至停办，或者转型改为官学。岳麓书院也不可避免受到冲击，显现萧条之状，曾有朝廷使臣主张将岳麓书院改为冶炼之地，但遭到潭州属县湘阴尉朱辂的坚决反对。《湖南通志》卷一百六十四载云："辂抗言乡校不可毁。使者困之，辂不为惧。"可见冲突之尖锐。大概岳麓书院为历届潭州地方官府所器重，亦由于宋真宗对书院的褒表背景起了重要作用，最后岳麓书院竟以潭州三学的模式得以保全。所谓潭州三学的模式就是将潭州的三所学府，潭州州学、湘西书院、岳麓书院串联成一个梯度晋升的教育体制："州学生月试积分高等，升湘西书院生；又分高等，升岳麓书院生。潭人号为三学生。"①如此一来，岳麓书院便在官学的州学之上，堂而皇之地成为官府认定的湖南最高学府，也因此具有了很浓厚的官学属性。

诚然，岳麓书院也有相当的独立性，并非亦步亦趋地跟着官方的旨意走，例如它更强调求学问道，并不一味把科举应试作为自己的办学旨趣。就功利性而言，它比官方更致力于长远，而且鄙弃急功近利，这往往是学人和官方的差异所在。反之，官方对岳麓书院的管理，也不像一般的官学那样设置专职人员全方位控制。官方对岳麓书院的经济资助也不像一般官学那般全额由财政负担。尤其是朝廷的兴趣专注于官学的年代，官方对书院的命运是漠然冷淡的。如明代，岳麓书院被官方冷落，停办竟达一百三十余年之久。诸此种种，都说明岳麓书院和官学也是有区别的，不确切地说，它有些像后娘之子的地位。也正是这种后娘之子的地位，又说明岳麓书院的沉浮命运是掌控在官府手中的。所谓兴也官府，亡也官府，特别是就兴而言，一定是官府的眷顾。

据此，我们认为岳麓书院具有准官学的性质。学界对岳麓书院的研究中，在对岳麓书院与官方的关系判断方面，显得比较忽略，表述也比较模糊，有关阐释一会儿强调岳麓书院具有官学地位，一会儿又强调岳麓书院的独立性，显得有些随意，缺乏稳定性的判断，似乎并没有意识到这个问题的重要性。其实这是把握岳麓书院的一个很重要的判断。正是因为岳麓书院的准官学性，岳麓学子的作为大都显现出对政权体制的依附和维护。尤其是晚清岳麓英才群体，以政治家为主体，以"中兴将相"名世，与岳麓书院的准官学性质密切相关。有人戏说，岳麓书院是晚清政权的"党校"和"军校"，不无道理。

二、岳麓书院与湖湘学

"湖南古代的经济开发与中原和其他地区相比，并不太晚，而社会政治的稳定比中原和北方地区还好。但湖南的教育事业却长期落后，至西汉尚无民间学校，至隋唐、五代仍处于初兴状态，直到宋代，严格说来直到南宋，教育才开始

---

① （明）吴道行、（清）赵宁等修撰：《岳麓书院志》，岳麓书社2012年版，第134页。

兴盛。"①其落后原因，与湖南自身地理环境处于"四塞之国"，与当时王朝政治统治在湖南的边缘化，以及闭塞造成的民智未开，民性倔固等因素相关。长期以来，湖南被视为疠獐蛮夷之域，流放罪臣贬官之所。那些满怀委屈流放于此的文化名流，很难有心把开化湖湘作为担当。屈原、贾谊、柳宗元、刘禹锡等在湖湘留下的大都是忧愤的文墨篇章，尽管字里行间闪现出湖湘地域风情与民俗风姿，他们流寓湖湘的行迹也被后世湘人缅怀，但是他们行色匆匆，心不在焉，以及过多的忧愤和清高，显然与土著居民的生活有隔膜，因而对文化的开化也迟缓且缺乏自觉。"以故风气蔽塞，常不为中原文化所泽被。"②如此，湖南教育落后也就合理合情。唐代是中国历史上文化教育的盛代，300年间，湖南仅有25位进士，文化名人仅有欧阳询父子、怀素三位书法家以及几位二三流的诗人。这是教育的落后，也是文化的落后。

宋代，湖南文化教育才出现大发展的兴盛局面。这和宋代面对北方强敌侵略，统治中心逐渐南移密切相关，也和宋代统治者以文教立国的国策密切相关。文教立国的国策中，教育具有极其重要的地位。宋真宗亲撰《劝学诗》云：

> 富家不用买良田，书中自有千钟粟。
> 安房不用架高梁，书中自有黄金屋。
> 娶妻莫恨无良媒，书中有女颜如玉。
> 出门莫恨无随人，书中车马多如簇。
> 男儿欲遂平生志，六经勤向窗前读。

于是，一系列完善科举制的举措出台，勉励士子读书举业。北宋三次兴学运动大大推动了学校教育的普及和发展。具有儒学重建与复兴意义的理学思想体系的求索与打造，也与教育相辅相成。在此国势下，具有文化启蒙、人才培育、学术建树和举业出路多重意义的教育，在湖南取得突进式发展，闭塞的湖湘有些超常态地跟上了中华文明的步伐。数据显示：宋代全国县学平均普及率为42%，湖南县学普及率达92%，高于全国平均水平2倍以上。宋代湖南书院达66所之多，

---

① 冯象钦、刘欣森总编：《湖南教育史》第1册，岳麓书社2002年版，第14页。
② 钱基博：《近百年湖南学风》，岳麓书社2010年版，第1页。

仅次于江西、浙江，为全国三甲之列。宋代湖南书院遍及全省三十余县，其中岳麓书院和石鼓书院在全国四大书院中占据两席，其分布之广，规模之大，名气之响，为全国一流。两宋湖南进士者908名，为唐代的近40倍，其中南宋湖南进士又为北宋时期的两倍，数量上在全国居中等水平。就质量而论，《湖南通志·人物志》列宋代名人390人，其中进士179人。《宋元学案》收录了宋元著名学者988人，其中湖南141人，约占总数的15%，也可以窥见湖南教育质量的显著提升。可以说，湖湘文化的开化繁盛以教育为先导。

岳麓书院创建和南宋辉煌就是教育大兴盛的重要标志。而岳麓书院的南宋辉煌一个十分重要表现，就是成为湖湘学的基地。湖湘学既是岳麓书院的教学内容，也是岳麓书院的学术成就和教育特色，构成岳麓书院的重要传统。我们探讨近代湖湘政治精英的形成，这是不可忽略的研究课题。

湖湘学是理学的学派之一。理学兴起于宋代，作为对孔孟之道的救亡与复兴，成功地吸纳了释道思想资源，构建了完整的儒家学理体系，成为宋元明清历朝国家意识形态的理论支撑及行为规范，深入骨髓地控制了中华民族的思维与行动（无论是精华还是糟粕）。尽管理学自元代起正式享有国家话语的显要身份，其建构历程中却并非一直与国家意志包括民意保持高度共鸣，由于理学家立足于更深远的规划以及书生气地崇"义"贬"利"的道德高调，往往忽略了统治者与民众更立竿见影的功利诉求，从而造成曲高和寡的尴尬处境。面对这种尴尬，清高自诩的理学家知识人是很难屈尊妥协的。"当时，儒学最主要的传播机构从中央到地方的学校系统，仍是'文具胜而利禄之意多'。'所谓太学者，但为声利之场'，极少讲学，'间相与言，亦未尝开以德行道艺之实，而月季考者，又只以促其嗜利苟得，冒昧无耻之心。'……因此，要想传播新的理论，就必须另辟新的途径。"[①]理学集大成者朱熹也在《石鼓书院记》中感慨写道："今郡县之学官，置博士弟子员，皆未尝考德行道义之素，其授受又皆世俗之书，进取之业，使人见利而不见义，士之有志为己者，盖羞言之，是以尝欲别求燕闲清旷之地，以共讲其所闻。"不难想见，书院必然成为清高自负的理学家们之布道佳选。尽管书院在根本上难以摆脱官府控制，但是其求学论道而不是急功近利于科举仕进的学风，以及官府对大儒主持的书院往往怀抱宽容尊敬的传统，的确给理学的悉

---

① 冯象钦、刘欣森总编：《湖南教育史》第1册，岳麓书社2002年版，第185页。

心建构与播扬提供了较为理想的生态环境。

就理学与湖南书院的因缘而言，还与南宋的偏安与战乱，导致诸多门派的理学家宦游或寄寓湖湘有关。其中最著名的就是理学创立者程颢、程颐的二传弟子胡安国、胡宏父子，举家迁湘创办碧泉书院等书院，播扬理学，开创了理学湖湘一派。关于胡氏父子创立湖湘学派的要义，第三章已有专述，在此强调的是一个细节，由于传播理学需要，胡宏看中了岳麓书院这块文化高地，南宋绍兴十七年，曾向朝相秦桧致信，提出以岳麓书院为湖湘学派的中心基地，并自荐为山长，可惜没有得到秦桧答复而壮志未酬。此愿是在胡宏弟子张栻主持岳麓书院时才得以实现。因此张栻主持岳麓书院便具有了十分重要的意义。

张栻（1133—1180），绵竹人（今属四川），其父张浚曾为南宋宰相，抗金名将。张栻少年便"脱然可与语圣人之道"，后秉父命，师拜胡宏，深得胡宏器重。胡宏惊呼："河南之门有人继起，幸甚！幸甚！"于是悉传二程之学。张栻得道，志在光大。南宋乾道元年，刘珙任湖南安抚使，重修毁于战火的岳麓书院，力荐张栻主持院务。张栻受命，将理学思想和已经初步形成的理学湖湘学派的独特感悟植入书院，自此，湖湘学就在岳麓书院深深植根。书院有了沉实的学理积淀，学风大变，迅速勃兴。乾道三年，朱熹受邀前来岳麓书院，与张栻同坛会讲，切磋经理，辩论学术，听众云集，轰动士林，复现了百家争鸣的学术氛围，被谓之"开千年立坛讲学之先河"。更重要的是，张朱会讲加强了岳麓书院在学统上与朱熹一脉的亲缘关系，奠定了朱张之学为湖湘学术正宗的传统。张栻之后，朱熹又以安抚使知潭州，支持书院建设，亲自讲学，之后又有学崇朱熹的理学大儒真德秀、魏了翁等宦游潭州有年，继续支持岳麓书院建设并讲学布道，使岳麓书院的朱张正学传统更加巩固。岳麓弟子中也涌现了彭龟年、吴猎、游九言、游九功、胡大时等诸多英才，创造了"道林三百众，书院一千徒"的盛况，显示出学术和育人并峙称雄的斐然业绩。

关于湖湘学的沿革，学者有五阶段的发展说。一、肇始期，即北宋周敦颐的"濂学"之源；二、奠基期，即南宋胡安国、胡宏、张栻的书院创办期；三、蛰伏期，即元明两朝的沉寂期，以及明末清初王夫之的潜心著述期；四、复兴期，即邓显鹤、魏源等对船山遗著的整理和播扬期；五、繁盛期，即清代道光以后近代湖湘政治精英群体并喷式涌现期。这种说法有几点值得商榷。其一，将濂学直接作为湖湘学源头，给人印象是，湖湘学是直接传承濂学而来。这是不确切的。

在第三章我们已经作了分析，周敦颐的濂学，是在湖湘之外形成并传播，被理学吸纳后，随着理学尤其是随着二程的洛学播扬影响到湖湘学的。湖湘学是理学分化出来的一个分支，不能简单地视为濂学的直接延续。其二，邓显鹤以及后来的曾国藩、郭嵩焘等近代湖湘政治精英群体对船山学的整理与传播是一个完整的过程，不能分割。至于近代湖湘精英群体的涌现，只能说是湖湘学哺育的结果，而不能视为湖湘学自身学术发展的状态。我们认为，湖湘学的发展，主要是四大阶段，第一阶段，胡安国、胡宏、张栻的创始奠基以及南宋岳麓书院的辉煌期，第二阶段，元明两朝，伴随着岳麓书院的沉寂而沉寂期。第三阶段，明清之际王夫之的著述期，第四阶段，岳麓弟子对船山学的整理播扬期。按照这种分期表述，湖湘学的时间跨度是从南宋至晚清。这就意味，湖湘学是中国古代思想史上的一个学派，在很大程度上是依附着岳麓书院的消长沉浮而起落的中国古代思想学派。（这也意味着，进入现代以后，岳麓书院作为一个独立的教育实体也不复存在。至于今人将湖南大学看作是岳麓书院的赓续，称之为千年学府，这完全是另一个问题，在此不予讨论。）

亦有学者提出一个与湖湘学有区别的概念：湘学。认为湖湘学主要指南宋的一种理学学派，是湘学一种阶段性形态，到了明清之后，以王夫之为代表，即为比较本土化、正宗化的湘学形态（见方克立《湘学史》）。我们不主张进行这样的区别，我们认为湖湘学和湘学是基本同义的概念，自南宋到晚清一直贯穿。在南宋，它作为理学体系中的一个学派，具有相当学术地位。南宋理学家真得秀在其《劝学文》中说："窃惟方今学术之盛，未有出湖湘之盛者。"明代黄宗羲也在《宋元学案》中说："湖南一派，当时为最盛。"[①]但是，湖湘学的具体学理体系和基本面貌如何，其独树一帜的学理风采如何，似乎学界还梳理得不很清晰。一些学者认为，南宋湖湘学的理论贡献并不突出，并认为这与湖湘学派比较注重经世致用，在学理建设上并没有下大功夫有关。知名学者张立文在讨论湖湘学派时有这样一段论述：

> 其一，由于遵循"体用合一，未尝偏也"的原则，湖湘学派追求内圣成德与外王事功的合一，但没有在这方面做出突出的理论贡献。没有建构两者

[①] 周柳燕、易惠霞：《湘学》，湖南科技出版社2009年版，第2、14页。

合一的理论体系。在朱熹集理学之大成前，张栻又在其思想未臻完善之时早逝，而后显然后继无人，在后继者中亦未形成足以凝聚本学派的核心人物。其二，基于此，湖湘弟子纷纷改换门庭，另投名师，如胡宏之子，张栻的高弟胡大时，先后从学永嘉学派的陈博良、闽学朱熹及心学陆九渊，沈有开从学吕祖谦、薛季宣、陈博良，游九言、张巽等从学朱熹等。这样湖湘学统未能保持和发扬其"天理人欲同体而异用，同行而异情"的独有的学术特色和风格。其三，湖湘弟子继承注重经世致用之传统，"多留心经济之学"，而逐渐疏离学术领域。特别他们目睹南宋严重的政治危机，积极投身于经世济民的政治和抗金活动，为此做出了重大牺牲和贡献。①

也许正是基于这种判断，中国思想通史性的专著，大都没有南宋湖湘学派的专述。我们认为，南宋湖湘学派的社会声望，主要是和岳麓书院在南宋出现了"书院一千徒"的兴旺局面有关，就学理建树而言还有些薄弱。但是话又说回来，南宋湖湘学原创性的学理建树也许不够丰饶，但并不等于没有学派立场和特色。这种学派立场和特色就是经世致用。关于湖湘学派的经世致用特点，也有必要作一些辨析。就为学诉求而言，逻辑地包含两种取向，用马克思的话，就是认识世界与变革世界之别。如西方古希腊时期学风以"爱智慧"为标榜，学人痴迷于探索种种知识之谜，大抵侧重认识世界，侧重于比较纯粹的求知问道。还有一种取向就是在认识世界的基础上学以致用，进行变革世界的实践。中国学风大抵倾向于后者，即强调经世致用。比如中国统治者推行科举制，就是将求学与仕进密切结合，主张学有所成者走进官场参与经世致用的实践，所谓"学而优则仕"。这就意味，经世致用是中国教育和学人的普遍诉求，而不仅仅是湖湘学派一枝独秀的特色，于是问题就来了，学界认为经世致用是湖湘学区别于其他学派的特色该怎样理解呢？

我们认为，这与中国学人求学问道实际进程中的异化相关。其一，求学问道以求知为前提，很容易使学人陷入一味求知而忽略求用，从而产生皓首穷经，死读圣贤书的学究腐儒。反而忘记了经世致用，理学程朱派就多少有这种弊象。其二，中国教育体制与科举仕进密切关联，功利性太直接，也很容易将学人陷入

---

① 张立文：《宋明理学研究》，人民出版社2002年版，第22页。

求官逐名，牟取个人显赫的泥潭，而忘记社会担当，使求学成为个人出人头地的敲门砖而已。其三，统治者讲求的经世致用是围绕着体制而展开，具有很大的局限性，与惠及天下苍生的经世致用是有距离的。诸此种种，就构成了真经世致用还是假经世致用，大经世致用还是小经世致用的区别。也正是在这种区别的比较中，我们认为湖湘学派具有经世致用的特色。也就是说，湖湘学派在求学问道的进程中，能够自觉而清醒地坚持经世致用的求学宗旨，能够不陷入种种误区，从而区别于它者。

自南宋起，作为湖湘学基地的岳麓书院，就表现出行动优先，注重经世功业的鲜明特色。以张栻而论，主持岳麓书院仅五年，就弃教投入官场，从事报国大业，其后官场受贬，又回书院执教两年，之后又投入官场，直至去世。张栻的弟子彭龟年、游九言、游九功、吴儆、吴猎、赵方等都是以报国抗金的功业而名世。这些人生行状显然都与湖湘派的经世致用理念密切相关。还值得一提的是，就湖湘学的学科属性而言，应该归为政治学或说政治哲学范畴。这也是目前学界比较忽略的。换言之，湖湘学是以政治人才培养为宗旨的，这也是湖湘英杰为什么主要是政治人物的原因。在这个意义上，岳麓书院是一所政治学校。其奠基就在南宋的张栻书院时代。

三、岳麓学风的形成

岳麓书院创建于北宋，而且有四大书院之首的显赫声名，但是直到南宋的张栻书院时代，岳麓书院成为湖湘学基地，才有了核心竞争力。湖湘学当然是支撑核心竞争力的重要思想形态。对于湖湘学的基本风貌，我们在第三章有总结，在上文也作了阐述。这里要强调的是，如果仅仅局限于湖湘学来把握岳麓书院对岳麓弟子的影响是不够的。

朱汉民、邓洪波合著的《岳麓书院史》如是总结："张栻复兴并改造了这所闻名一时的大书院，使它由一所传习科举之学的学校转变为一所传习理学的学校，由一所单一化教学方法的学校转变为一所多样化教学方法的学校，由一所仅仅具有教学功能的学校转变为一所具有教学和学术研究双重功能的学校，由一所官学替代者的学校转变为一所真正独立于官学之外的闻名全国的学术基地。"该总结是从教学和学术研究两方面概括张栻对岳麓书院的主要贡献。就学术研究的成果而言，就是湖湘学基地的形成。然而，湖湘学仅仅是一个方面，另一个方面，就是在教学过程中形成的岳麓学风。

学风，对学校而言，就是教师与学生的求学问道的基本态度、基本方法、基本风范，并作为传统而世代传承的学校风气、学校精神。就学术知识和学风的关系而言，学风体现出对学术知识的驾驭能力和驾驭方式。学术知识是死的，学风则是活的，是具有主观能动性的，有良好的学风，死知识才能变成活知识，才能富有生机活力，才有源头活水来。所谓知识就是力量，必须在良好学风的驾驭下才能成为现实。因此，较之学术建构，学风更体现一个学校的灵魂。无数事实证明，但凡有作为的学校，都与良好的学风密切相关。那么，岳麓书院的学风又是什么呢？

朱汉民、邓洪波的《岳麓书院史》认为，南宋岳麓书院的张栻时代一个重要贡献，就是岳麓学风的建树。并总结为三条：其一，传道求仁，践履务实；其二，不尚空谈，经世致用；其三，不囿成见，兼收并蓄。其实，这三条重新梳理可能会更加明晰也更富逻辑性：其一，以养成舍利取义的道德人格塑造为根本；其二，以经世致用的人格实践功业为方向；其三，为了实现道德人格和经世功业，不囿成见，兼收并蓄。具体言之，就是把舍利取义的道德人格培养作为教育的宗旨，所谓传道、授业、解惑最终要完成一种道德卫士的塑造，而不是简单的求知仕进。因此，岳麓学风中有着坚定的伦理学指向，体现了儒学的精神理念。如果仅此止步，岳麓学风还不能说具有了自身特色。岳麓学风的特色在于，它主张以经世致用的功业建树作为伦理人格实现的主要标志。岳麓学子不是超然于世外、袖手于道德空谈或者独善其身的道德圣人，而是注重行动，要实实在在地参与改造世界的实践，也就是说，岳麓学风把儒学的外王诉求极大地予以张扬，这与理学一般比较注重内圣的特点有较大区别。比较之下，"朱熹的白鹿洞及福建诸书院具有重视理气思辨、格物致知的学风特点，陆九渊的象山精舍有以心为体，发明本心的学风特点，吕祖谦的丽泽书院有重视中原文献之学的学风特点，张栻的岳麓书院则有践履务实的学风特点。"[①]由于注重实践，注重行动，不囿成见，兼收并蓄的学风也就自然形成，岳麓学子并不死守门户之见，并不纠缠沉溺于学究气的论辩之中，而是广泛吸纳各派学说，以充实自己。仔细分析，湖湘学

---

① 朱汉民、邓洪波：《岳麓书院史》，湖南教育出版社2013年版，第109页。

中对程朱陆王的学说都有吸纳。在岳麓弟子看来，只要推动经世致用，学派和山头并非不可逾越。由于这种姿态，岳麓弟子或许不是学术宗师，却是能经营天下的豪杰。

我们认为，从南宋起，岳麓书院形成了自己的学术特色，一是湖湘学，一是岳麓学风。理学湖湘派的学理体系是一种植入性的政治学形态，是为政治服务的，在基本学理体系建树方面，至少在王夫之以前，并没有特别突出的贡献。湖湘学派的学术贡献更侧重于学风方面，亦即湖湘学派更注重的是怎样富有张力地解读理学基本理念，怎样把理学原理和改造世界包括进行人格完善的实践相结合。后来的史实表明，岳麓学风也是湖湘学派的学风，乃至湖湘文化的基本特色。这些问题，我们还将在其他篇幅涉及。回到张栻，我们还要特别强调，由于张栻的开拓，岳麓书院吸纳了比较厚实且具有哲学高度的思想学术滋养，并创建了富有湖湘学派特色的岳麓学风和学统。岳麓书院有了内功，有了核心竞争力，所以能抗击种种劫难，包括后世统治者在对书院施以杀手之时也手下留情，网开一面。后世有远大抱负的学子在求学问道的选择中，也总是把目光投向岳麓书院，从而在内在精神的感召力上维护了岳麓书院的千年赓续。

至此，可以做一个归纳：第一，富有生命力的理学兴起，选择了岳麓书院作为基地，反之也给岳麓书院注入雄厚的学理资源，二者相辅相成是岳麓书院雄起的一个因素；第二，以杰出的理学家张栻领衔，开辟了岳麓书院为学经世致用的崭新学风，也奠定了岳麓书院的朱张学统，这是岳麓书院雄起的又一个因素；第三，金兵进犯，天下危亡，人心浮动的社会局面，给岳麓诸儒的求学问道和建功立业都提供了充足的理由与行动舞台，这也是岳麓书院雄起的一个重要因素。联想清代岳麓书院的第二个黄金时代，我们不难发现，这些因素也以不同形态再次出现，推动着岳麓弟子意气风发地驰骋于历史舞台。

四、元明时期的历史沉寂

恰恰因为南宋以来的岳麓学统强调的不是坐而论道，不是学理的精密建构，而是经世致用，也就对时代环境产生了特别的依赖。换言之，如果时代环境没有提供经世致用的舞台和机遇，岳麓学统的实践效果就要打折扣。元明时期岳麓书院的沉寂与此相关。

元代，蒙古统治者为了缓和民族矛盾，巩固异族统治，对书院实行了保护政策，并且给予大力的官方扶植，导致了元代书院比较兴盛的局面。包括岳麓书院，也在毁于兵火后10年重建且取得了相当规模的发展。表面看，岳麓书院应该取得斐然业绩。可富有意味的是，元代书院"以学术创新而论，也就没有多大成就可言了"①。有关元代岳麓书院的史料记载也相当简略，其原因除了保存不善外，恐怕也与业绩乏善可陈有关。细细分析，这种书院兴盛而成就平平的局面应该与官方操控有关。元代统治者兴办书院，只是给富有思想和知识的汉族士人群体找到一个消磨日子的处所，以缓解民族反抗情绪。元代的社会阶层排序中，有"七匠八娼九儒十丐"之说，汉族读书人的地位实际是很尴尬的，你可以有一方舞文弄墨，自得其慰的小天地，却不可能有上下求索，建言立说的大作为。尤其值得回味的是，程朱理学在元代取得了官学的统治地位，作为程朱学一脉的岳麓书院依然在学术上没有大风光。这一方面说明理学在发展的进程中颓萎已现，一方面也是官方阉割的孽象。总归元代的理学已非南宋理学，已经很难激发学人的思想灵光了。

元末至正年间（1368），岳麓书院再次毁于战火。一直到明弘治七年（1494）后，长沙通判陈钢，知府同知杨茂元等相继修复，岳麓书院才真正复兴，其间荒芜达130年。而这130年里，正是明代官学一派兴旺之时。也就是说，明代开国之后一百多年间，对教育的关注集中于官学。"湖南各府、州、县无不设学。"②这与明代"治国以教化为先，教化以学校为本"的国策有关，也与学校和科举的紧密联系有关。洪武三年明皇诏曰："非科举者毋得为官"，又规定："科举必由学校。"③不难想见，在这样的国情下，岳麓书院的荒芜势在必然。给我们的启示则是：中国教育不可能脱离官方意志。具有某种学术独立性的书院亦无例外——尤其当官方拿捏住了人们的现实功利趋求，不计功利的求知求真诉求和国家机器的政治功利诉求比起来，是相当脆弱的，千万不可书生气地高估文化人的独立意志和社会能量。

资料显示，自陈钢等修复岳麓书院后的一百二十余年里，岳麓书院又进入了平稳且兴盛的发展时期。与此同时，湖南的书院乃至全国的书院也出现了复兴局

---

① 朱汉民、邓洪波：《岳麓书院史》，湖南教育出版社2013年版，第156页。
② 冯象欣、刘欣森总编：《湖南教育史》，岳麓书社2002年版，第338页。
③ 朱汉民、邓洪波：《岳麓书院史》，湖南教育出版社2013年版，第171页。

面。其实这也不难理解，由于科举和学校的紧密捆绑关系，功名利禄的追求压倒了真才实学的追求，官学教育也就走进了死胡同，这实际上也违背了官方以科举求人才的初衷。于是，面对一味死记硬背义理条文，津津乐道文辞章句，钻营求仕的学校教育，官方又把期待的目光转向了更多有向学之心的书院。湖南全省56个县，有53个县设立了书院，一片兴盛之势，其中约70%是官办。但是我们同样可以发现，这在很大程度是官方态度改变的结果，再一次显现出官方意志对书院的控制性。

明代岳麓书院的重生也并没有给我们带来多少惊喜。尽管书院依然坚守着程朱理学的道统，而且这个道统早已被奉为官方哲学——科举考试必备的条文就是程朱的理学阐释，但是此时理学已经在意识形态化的官方改造中成为僵硬而繁琐的教条，扼杀着人性，窒息着精神，遭到了诸多世人诟病。这是很有反讽意味的。按理说，理学的发生是给儒家"内圣外王"之道提供学理支撑，其本性该是经世致用，可是在研习播扬中却出现了"内圣"与"外王"的背离，"使'内圣'成为可以脱离甚至必须脱离'外王'而具有独立自足的价值和意义"，"只要翻开《朱子语类》《近思录》《传习录》等等，可以十分清楚地看出他们所讲的'学'，所授的'业'，主要甚至全部都是内省修身，而极少经世致用的研究探讨"[①]。这种理学的自我悖谬意味着，即使岳麓有着朱张理学积淀包括官方护驾，也很难开花结果。源自宋代陆九渊的阳明心学就是针对朱学流弊而崛起，力图在修正朱熹理学的路径上振兴理学。阳明学派在学理阐释上似乎与朱学有诸多分歧和对立，其实最终目的都是强调道德本体论，将道德人格的塑造看作根本。阳明心学只是觉得朱熹的路径太繁琐，太曲折，不如直接诉诸心灵感悟更直截了当。富有意味的是，双方辩论的过程中，心学也同样陷于繁琐、偏执，使学术之争变成门户之争，同样无关经世之大业。还值得一提的是，阳明派学人如季本、罗洪先、王乔龄、张元忭等也频频光顾岳麓书院，登坛开讲。显然，这又是一次会讲契机。阳明心学体系中蕴涵着许多具有未来生命力的思想元素，如果产生积极的思想碰撞，也是岳麓之学可能产生新突破的机遇。但事实上这种突破没有发生。不能不说，此时的岳麓书院已经亮不出张栻级别的大师了，而大师的缺席，是很难想象学术的大气象的。

---

① 李泽厚：《古代思想史论》，安徽文艺出版社1994年版，第166、267页。

有学者认为，阳明派学人岳麓讲学，给岳麓之学带来很大影响甚至改观，但似乎论据不足。更多的资料表明，这些学人大概顾及到岳麓书院是张朱学派的学统传承，言辞颇为收敛，反而表现出对岳麓书院学统的尊敬，讲学间更强调的是同而非异。另一方面，岳麓书院对阳明学派开放，也是书院兼容的学风使然，其对学统的坚守并没放弃。朱汉民、邓洪波在《岳麓书院史》中承认："由于岳麓的朱张传统根深蒂固，王阳明及其弟子在此讲学时，也不能不受此传统的制约。"①所以朱、邓不无惋惜地指出："岳麓书院在明代没有像宋那样成为全国知名的学术基地，与此是有一定关系的。"②不过话又说回来，和程朱理学在自身演进中包括官方改造中逐渐丧失了生命力，走向僵硬繁琐乃至反动一样，阳明心学也在自身演进中包括在世俗解读中，陷入空谈心性、虚疏不实的泥潭。这也显示出理学的两大主要派别都走向了末路，理学家们的思想智慧已经干枯。岳麓书院在这种情况下没有表现出学术作为，应该也可理解。况且，明代是个高度集权，文化专制主义十分严重的时代，尤其是万历以后，官僚贪腐，宦官专权，密探横行，党争迭起，动辄禁毁书院，自诩"事事关心"的读书人卷入乱局，不是头晕目眩就是提心吊胆，要有划时代的思想建树也的确困难。

在元明两朝岳麓书院的沉寂状况面前，我们该有怎样的启示？也许我们首先要想到学者作为所依凭的社会制度条件。在元代，始终有个民族隔阂问题，这种民族隔阂导致的文化隔阂、思想隔阂、学术隔阂始终没有解决。元代倚重的一批对接汉文化，进行国家意识形态建构的重臣，直到元兵打到了湖北，才从俘虏的文人赵复口里听说理学的名词。可见文化隔膜之深。元代将理学尊为官学，未必是一种深思熟虑反而可能是一知半解的选择。元代仅有九十年国运，蒙古统治者不可能和汉族知识人达成融洽的文化共同体，这恐怕是岳麓书院没有作为的重要社会原因。在明代，倒是出现了阳明心学力图推陈出新，但是遗憾，一则专制的统治者不允许动摇已经官学化的程朱理学，二则理学家们也陷入门户之争，把百家争鸣变成了私家意气之争。总之，从社会体制而言，元明两朝似乎与学术的建树格格不入。

其次，我们还要看到，中国的思想史走到明代要出现突破，是需要思想巨人

---

① 朱汉民、邓洪波：《岳麓书院史》，湖南教育出版社2013年版，第223页。
② 朱汉民、邓洪波：《岳麓书院史》，湖南教育出版社2013年版，第225页。

才能承担的使命。元明两代的思想家群体中，的确缺乏在理论能够进行划时代超越的思想巨人，这是一个不可否认的事实。那么，中国思想界包括岳麓书院出现的沉寂也就是一种历史宿命。于是，王夫之的出场，也就有了极其重要的意义。是的，我们认为，中国思想僵局突破的使命，落在了王夫之身上，或者说，落在了类似王夫之这样的思想巨人身上。

第二节　王夫之和岳麓书院

一、吴道行和王夫之

吴道行（1560—1644），湖南善化人，与明代万历年间任长沙知府的山东滨州人吴道行同名。他是张栻高足、南宋学者吴猎之后，有着厚实的湖湘家学渊源，本人亦为岳麓子弟。万历十年，阳明学派传人张元忭讲学岳麓，22岁的吴道行从游，相与"大畅良知孝悌之旨，一时遂相引重"①，深得张器重，也体现了吴并不拘泥门户的胸怀。后来吴受聘长沙惜阴学院山长，崇祯年间又受聘为岳麓书院山长，直至明亡。就仕途履历而言，吴道行很不幸，屡试不中，一生未举，以秀才身份教书为业，是岳麓山长中学历最低者，不过却可推见其学养深厚，否则是难以被推为山长之位的。

崇祯十一年（1638），王夫之肄业岳麓，从学吴道行，在岳麓书院留下了骄傲的一笔。十五年（1642），东林学派传人高世泰讲学岳麓，与吴道行相交，留下这样的记载："先生讲习于斯，其道以朱张为宗，与文端、宗宪撰固一也，可不谓衡湘之贤哉！"可见在高的心目中，吴道行是值得仰望的。崇祯十七年（1644）崇祯皇帝自缢京都，清兵铁骑入关，大明江山土崩瓦解之际，吴道行绝食以殉，成为大明烈士，吴道行的儿子亦承父教，一子吴愉投身抗击张献忠的血战，被俘不屈而死，一子吴愁躬耕乡里，终身不为清仕。如此父子行状，对于包括王夫之在内的后代岳麓学子影响都不可低估。后世学者普遍断定："在山长吴

---

① （明）堵允锡《吴嵝山墓碑》。

道行的教育下，王夫之深受湖湘学统、湖湘学风的影响。"①

不无遗憾的是，无论是在吴道行还是王夫之的遗文中，我们都很难找到山长吴道行与王夫之交集的记载。如果说吴道行作为山长，生徒甚众，加之王夫之当时还是19岁的青葱学子，因而忽略，倒也说得过去，可是王夫之遗文中也不见对忠烈恩师的记忆就有点奇怪了。更费解的是，罗正均的《船山师友记》、邓显鹤的《沅湘耆旧集》，包括王之春编的《船山公年谱》等相关史料甚丰的文献中也不见纪录。目前，我们看到王夫之肄业岳麓的记载是他为岳麓同窗邝鹏陞写的碑文："戊寅（按，崇祯十一年），夫之等肄业岳麓，与君订行社，聚首论文，相得甚欢。"②亦未提及师长。总之，王夫之和吴道行之间似乎出现了缺环。看来是史料遗毁造成的尴尬，却毕竟是王夫之研究中的一个薄弱点。不过，尽管直接史料缺乏，王夫之肄业岳麓还是可以确信，岳麓书院包括吴道行对王夫之有重要思想影响也是可以成立的。

这就和东林学派传人高世泰的湖湘形迹密切相关。崇祯十四年，高任湖广学政，讲学岳麓，东林之学亦为程朱理学一脉，高在岳麓讲贯朱张之学，力纠王学流弊，和山长吴道行惺惺相惜，结为至交。同年高世泰岁试衡郡，得阅王夫之考卷，高度评价："忠肝义胆，情见乎词"，列为一等，遂结下师生之谊。罗正均在《船山师友记》中如是说："先生渊源家学，其以文受知者，《行状》所述数公，自欧阳方然外，均未尝著之言论，惟汇旃先生，《轶文》自序及《莲峰志》皆称为师。《南窗漫记》系晚年之作，犹拳拳追忆。"可见高世泰对王夫影响之深。于是我们不难想见，高世泰与王夫之交往中不可能不言及王夫之的老师吴道行。况且吴道行父子最后的义举声震三湘，王夫之岂可无闻？联系王夫之在明亡后十年的抗清行径与吴道行更是如出一辙。后世学人判定王夫之受到吴道行的深刻影响，应该是可以成立的。

二、王夫之与岳麓书院的互动

学界普遍承认，不尚空谈，践履务实，经世致用是岳麓学统中的精华特色。我们不难发现，岳麓诸儒有着行动优先的痴迷，甚至可说，穷则求学问道，达则

---

① 朱汉民：《湖湘学派与湖湘文化》，湖南大学出版社2014年版，第464页。
② 《南岳邝氏族谱》，见朱汉民、邓洪波：《岳麓书院史》，湖南教育出版社2013年版，第249页。

经营天下，这是岳麓学人的风范。比较王夫之亦可见，他也是一个行动优先的人。其潜心学术是在35岁之后，此前有整整10年投入到抗清复明的浴血拼杀，与岳麓学人如出一辙。

对于理学湖湘派诸贤，王夫之留下了许多充满敬意的文字。如对胡安国的《春秋传》："是书也，著攘夷尊周之大义，入告高宗，出传天下，以正人心。而血靖康之耻，起建炎之衰，诚当时之龟鉴矣！"①如对胡宏："五峰曰，天理人欲同行异情，韪哉！能合颜、孟之学而一原者，其斯言哉！"②对张栻："岂非旷代不易见之大贤哉！"③显然，王夫之的思想心路上有着岳麓学统的明显烙印。以至于梁启超在《儒家哲学》中把王夫之明确地归为湖湘学派，认为湖湘学派在北宋时为周濂溪，在南宋时为张南轩，中间很消沉，至船山而复盛。

我们探讨王夫之和岳麓书院的关系，还是为了探究近代湖湘政治精英群体的形成原因。我们认为，船山之学——岳麓之学——近代湖湘政治精英群体之间具有某种内在的逻辑关系。也许我们不能简单地说，由于船山之学和岳麓之学的合流，使清代岳麓书院拥有了强大的精神能量，从而井喷似地孵化出令世人瞠目结舌的精英人才群体，但是我们可以说，王夫之和岳麓书院互动构成的某种合力，是星汉灿烂的湖湘精英星座布满晚清苍穹的重要原因。

尽管王夫之先祖王全是外湖湘人，但到王夫之已经九代定居湖南，成为地道的湖南人了。王夫之一生基本在湖南度过，而且长期生活在社会底层，经历漂泊坎坷，追杀逃匿，包括在苗瑶寨落流浪。他的思维和行动深受湖湘本根文化浸润，其人生履历和张栻一代湖湘学人大不一样。就学养而言，湖湘学派在其思想心路上留有深深烙印。岳麓弟子的身份，更加强了他对岳麓学统的认同，这在他行动和文墨中均有印证。因此可以说，王夫之的成长离不开湖湘文化包括岳麓学统的抚育，因而他对湖湘政治精英群体的感召力中亦具有岳麓学统的支撑。

王夫之最显赫的贡献是思想体系。作为岳麓学子，他成功地超越了岳麓先贤，填补了岳麓之学理论建树缺乏的短板，给岳麓之学注入了一笔丰饶的精神财富，显示了湖湘学者的成熟，也证明了湖湘学者同样能够攀达思想高峰。因此，船山之学，不能够简单地理解为对岳麓之学、湖湘之学、湖湘文化的超越，而应

---

① 《船山全书》第11册，岳麓书社2011年版，第234页。
② 《船山全书》第6册，岳麓书社2011年版，第913页。
③ 《船山全书》第11册，岳麓书社2011年版，第265页。

该理解为对岳麓之学、湖湘之学、湖湘文化的推升。如果这样的认知能够成立，船山之学也就构成了岳麓书院拥有的精神财富，近水楼台先得月地哺育了岳麓弟子，从而构成了晚清湖湘政治精英群体大都为岳麓弟子的局面。

事实上，晚清岳麓弟子们也确乎表现出对王夫之近乎痴迷的敬意。道光以来，湖湘文献学家邓显鹤及大批岳麓弟子如陶澍、贺长龄、贺熙龄、曾国藩、曾国荃、郭嵩焘、赵启霖等相继整理、刊刻、传播、研习、推崇船山遗书，世人称之为湘学复兴运动，邓显鹤因之被称为"湘学复兴导师"，其意义就是认同船山之学对自身的精神指引，也意在建构湖湘学的新辉煌。郭嵩焘说："盖濂溪周子与吾夫子，相去七百载，屹立相望，揽道学之始终，亘湖湘而有光。"①后世学者说得更明确，邓显鹤等人对王夫之的推崇，"一方面强调船山学是宋代道学的正宗传人，另一方面有希望湖湘之士传承道统，显然是出于建构湖湘文化，重振湖湘道学学统的需要"②。对于晚清岳麓学子们的这场标举王夫之，旨在重振湘学乃至湖湘文化的现象，我们已经在第三章作了阐述，在此要强调的是，推崇王夫之，恰恰是以认同王夫之的精神抚育为前提的。恰恰是以认同船山之学给晚清以来湖湘政治精英群体施展作为提供了最为锐利的思想武器为前提的。也就印证了我们的结论：王夫之和岳麓书院互动构成的某种合力，是星汉灿烂的湖湘精英星座布满晚清苍穹的重要原因。

第三节　清代岳麓书院的辉煌

一、乾嘉时代与岳麓书院

悠悠千年，岳麓书院最为辉煌的教育和文化业绩是在清代，发轫于乾隆年间。此前百年间清朝统治者一直处于对汉民族包括汉文化进行反抗的复杂斗争中。直到乾隆盛世，清朝统治者才有了足够的实力和心理自信，明确了以对汉文化的投诚换取汉民族尤其是文化人对清朝政权认同的国策。岳麓书院的命运才出

---

① 《船山全书》第16册，岳麓书社2011年版，第585页。
② 朱汉民：《湖湘知识群体的船山诠释与文化建构》，《中国哲学史》，2013年3期，第103页。

现了划时代的转机。

朱汉民、邓洪波的《岳麓书院史》如是写道：

> 清政权建立之初，唯恐明末民族主义思想及自由讲学、清议朝政，裁量人物之风复活，更怕书院聚众成势，举旗反抗，因而百般抑制……对于已经恢复的书院，则又颁发"卧碑"加以钳制。岳麓应之。题作《书院条规》，令诸生遵守。"卧碑"规定："军民一切利病，不许生员上书陈言，如有一言建白，以违制论，黜革治罪。"

> 康熙放宽书院政策，也是在南明王朝覆灭，农民起义军早已被血腥镇压，社会趋于安定的时候。……乾隆年间（1736—1795），清政府的书院政策不再动摇，寓控制于支持。……积极鼓励而又不任其自由发展，而是以各种办法加以管束，约制，是乾隆书院政策的特点。①

在此背景下，乾隆九年（1744），乾隆皇帝给岳麓书院题匾"道南正脉"。一方面体现了最高皇权对岳麓书院的扶掖恩泽，一方面也暗示了岳麓书院维护理学正统的办学宗旨。在某种意义上，这是岳麓书院和皇权的一种交换。研究者认为，清代的岳麓书院已经基本官学化了，这种官学化"使书院得到了稳定的经费和各级官府的支持，上自皇帝下至地方大小官吏的支持，使得岳麓书院成为湖南的最高学府，全国很有影响的教育学术中心。其规模之宏大，规制之完备，培养人才之众多，在其发展史上是空前的，在全国也居于前列"②。清代岳麓书院的人才培养特色一是注重科举进仕，一是注重政治领域的作为。某种意义上说，清代岳麓书院是一所培养皇朝所需政治官僚的高级职业学校。

还必须看到，乾隆盛世已经蕴含深刻的政治危机，至嘉庆年间凸显出来，这便是以和珅集团为代表的贪腐懈怠的吏治局面。嘉庆亲政后的第一件事就是罢黜和珅。但已尾大不掉，法难治众，勤勉而懦弱的嘉庆也只能制裁和珅的贪腐而已，对于懈怠懒政，玩忽职守的官僚系统采取的则是启用汉臣以弥补。费正清主

---

① 朱汉民、邓洪波：《岳麓书院史》，湖南教育出版社2013年版，第267页。
② 朱汉民、邓洪波：《岳麓书院史》，湖南教育出版社2013年版，第297页。

编的《剑桥中国晚清史》写道:"根据最近的考察,嘉庆时代开始了汉族官员在清朝省一级政务中占支配地位的局面……1814年至1820年标志着汉人在省级官职中逐渐占上风的转折点。"① 被人们称之湖湘近代政治精英第一代的代表人物亦为岳麓弟子的陶澍、贺长龄就是这个年代脱颖而出,此后湖湘政治精英井喷而出。给我们的启示则是,至嘉庆年间,以满人为主体的官僚体制已经在很大程度上丧失了执政能力,从而给汉族官僚走上政治舞台提供了空间。岳麓书院旨在培养政治人才的抱负,具有了现实实现的可能性。

二、思想和学术资源的新变

岳麓书院一直坚守着朱张正学传统,这是毫无疑义的,亦为学界公认。但还要看到,发展至清代,岳麓书院的思想学理体系中又出现了时代性的新气象,从而赋予岳麓书院新的文化生命力。

首先,湖湘学者王夫之卓越的思想探索形成的理论体系构成了儒学思想体系的集大成总结,不仅成为中国古代思想史的高峰,也成为湖湘学的宝贵财富。作为湖湘学思想基地的岳麓书院也在杰出学生王夫之的思想反哺中空前地获得了学理升华和充实。如果说,南宋时代岳麓书院引以为傲的湖湘学品牌还具有某种植入性或者说还缺乏原创性学术贡献的话,那么自王夫之以后,岳麓书院的文化理念体系中已经具有了丰厚的本根性文化支撑,船山之学大大地丰富了岳麓之学。

其次,乾嘉汉学的注入亦为岳麓书院的重大新变。对于乾嘉汉学范式,有学者强调其勃兴源于清初以来统治者的政治高压,视为文人政治自保与自我逃避而陷于书斋中繁琐考据以孤芳自赏的治学现象。其实,这仅是汉学勃兴一个并不重要的社会背景。更重要的是,汉学勃兴来自学术发展的自身需要。宋明理学发展到清代,其学理感召力上已经大大颓靡,其核心理念及治学与修习路径已成为极度偏执且不可逾越的僵硬教条,扼杀社会发展的生机,也扼杀学人的思想生机。因此,必然要出现学术的异变。

李泽厚认为,宋明理学繁复精密的体系以及诸多学派的激烈纷争都可简洁地归结为道德本体论。"三十年来许多哲学史论喜欢把宋明理学公式化地分割为宇

---

① [美]费正清编:《剑桥中国晚清史》,中国社会科学出版社1993年版,第125—126页。

宙论、认识论、社会政治思想几大块论述，反而掩盖了上述基本特点。"①李泽厚之论撇开了学究气地辨析宋明理学的具体理论结构与学派差异，一针见血地揭示了宋明理学的实质，也在不经意间揭示了宋明理学繁琐僵硬的经院学理体系弊象。

  细加分析，宋明理学的要害主要有三点。其一，在个人与社会，私利与公利的关系上强调"天理"的至高无上，主张以"存天理，灭人欲"，即社会压倒一切，公利压倒一切。实际上是维护皇权的绝对权利和绝对存在。正因为如此，理学被官方接受，成为国家意识形态严酷地统治着国民。不难想象，在这种极端压抑个体的社会态势下，是很难有社会进步之勃勃生机的。其二，由于推崇"天理"的绝对神圣性，践行"天理"成为道德圣人也就成为人们社会存在的唯一理由和人格归宿。换言之，活着，也就是为了修身成圣。这显然也是常人难以企及的实践目标。于是在道德舆论的高压和高调之下，势必出现理论和实践脱节，空谈心性，坐而论道、沽名钓誉乃至荒腔走板，伪君子、伪道学泛滥的种种世象，也就造成了理学自身的种种虚伪性，而被世人诟病。其三，为了推广这种以道德本体论为核心的学说，理学家们一方面标举孔孟先贤及儒学经典为宗源正统，一方面又越俎代庖，兼收释道之长，熔铸个人心得，通过所谓"义理"阐释其实是"六经注我"的方式，炮制了一整套儒学原典所未周及的学理体系，自以为理论构架更加完整，理论逻辑上更加贯通，并以儒学正解和正宗的名义进行播扬，不容世人质疑商榷。实际上，却出现了阐释中的臆断附会，与儒学原典的断裂以及学说阐释繁琐、累赘、空疏等等弊端。面对如此情态，有学养见地之学人自然也难以信服。

  于是，主张回归儒学原典，效法汉儒，以考据之实求证经典原旨以信服天下的汉学就应运而生，并和注重义理阐释的宋学（宋明理学）构成治学方式和治学兴趣的差异。皮锡均在《经学历史》中言："乾隆以后，许郑之学大明，治宋学者已鲜，说经皆主实证，不空谈义理，是为专门汉学。"这种重原典、重证据、重事实、重论证，求真、求实而又朴实无华的汉学又被称之为朴学或实学。由于考据经典需要广博知识，亦扩大了汉学广泛的研究领域。语言、文字、天文、地理、掌故、民俗、风物等等知识，既是汉学家的学养基础，也是汉学家周涉的研

---

① 李泽厚：《中国古代思想史论》，安徽文艺出版社1994年版，第219页。

究领域，从而构成了汉学百科全书式的知识学特色。较之于理学重点关注人的主观世界，孜孜以求为人处事之道理，汉学更关注客观世界，讲求知识名物之真确。尽管不少汉学者在考据求实的进程中也走火入魔，陷入技术主义和门户之争的泥潭，但正如吕思勉所说，汉学"非不求是，乃以求真为求是"①。细细回味，求是只有建立在求真的基础之上才有坚实根基，否则，难免陷入空谈——这种空疏正是宋学之弊。在这个意义上，汉学是对宋学的矫正。

表现于岳麓书院史迹，我们不难发现，自乾隆十三年（1748）一代汉学硕儒王文清出任岳麓书院山长，掀开了汉学融入岳麓之学的新时代。随后主持岳麓书院的山长大都为学养深厚的汉学大家，绵延一百五十余年。尤其是道光年间岳麓书院增设湘水校经堂，不课时文，专习经史，开辟了汉学的研习基地，更显示汉学对岳麓书院的深刻影响。岳麓书院最为辉煌的教育业绩正是在此期间呈现于世。某种意义上可以说，汉学比船山之学更直接深刻地影响了岳麓书院，也影响了清代岳麓书院的人才培养。

三、王文清与岳麓新变

王文清（1688—1779），字廷鉴，号九溪，宁乡人。雍正二年（1724）进士，曾任内阁中书舍人、经史馆校勘官、御史等职。以汉学名世，后人以王夫之、王文清、王闿运、王先谦并尊为"湘学四王"。王文清五十九岁辞官归里，乾隆十三年（1748）和二十九年（1764）两任岳麓书院山长，共计九年。后人评价说："王先生九溪，独治朴学，淹贯群籍，卓然为一代鸿儒，晚年主讲岳麓书院，以群经教授诸子，阐发先儒性道心传，梯航后进不少，吾湘学蔀为之一开。"②王文清诂经考古，著述宏富，计五十种近千卷。成就学生达数百人，开辟了清代岳麓书院的中兴之局。

王文清主持岳麓书院最突出的建树就是使岳麓教育由独尊理学趋向经学。其制订学规："日讲经书三起，日看《纲目》数页，通晓时务物理，参读古文诗赋"，与此前以《四书集注》等理学经典为教本的风气大有区别。他提出："日月不灭，万古六经。囊括万有，韬孕经纶。史书廿二，《纲目》星陈。如何不

---

① 吕思勉：《吕思勉中国文化史》，海潮出版社2008年版，第272页。
② 朱汉民，邓洪波：《岳麓书院史》，湖南教育出版社2013年版，第431页。

学,长夜迷津。人求多闻,时惟建事。治事有斋,苏湖之制。礼乐兵农,经天纬地。错节盘根,用无不利。"①可见他不仅强调回到六经原典,而且知识视野已经拓宽到礼乐兵农等更具实用性的门类,向着现代教育的知识架构迈进。在学习方法上,他集七十年为学心得,制定了《读经六法》:"一、正义、二、通义。三、余义。四、疑义。五、异义。六、辩义。"还有《读史六法》:"一、记事实。二、玩书法。三、原治乱。四、考时势。五、论心术。六、取议论。"这些为学之法强调以实证的正确知识为基础,综合各种相关背景因素的考辨,体会经典结论提出的背景缘由和思想实质,融会自己的思辨与质疑,得出独立判断,已经不是一味地泥古信古的保守态度,显现出学术自由的风气了。不难想象,在这样的学风激励下,岳麓学子必然焕发生气与创造力,化学究而为秀才。

不过,王文清给岳麓书院带来的学风新变,并不意味岳麓朱张正学传统的消弭和替代。恰恰相反,王文清对朱张先贤表现出相当的尊敬和坚守。王文清主持岳麓书院期间,书院刊印《朱子性理吟》《宋理学先儒考略》二书,以表彰理学先贤之功,激励后学发扬光大。王文清作《引言》道:"自周子、两程子,张子、邵子,并纂其大略,汇为一集。盖以心志朱张者,并志诸先儒……呜乎,吾道如日中天,诸大儒功在万世矣,佩服勿谖者,岂独岳麓肆业中人乎哉!"还有诗云:"晦翁性理旧行吟,一读遗书一整襟。薄暮已难添尽漏,残阳犹及补分阴。穷通只合安天命,理义由来悦我心。山顶六朝松不死,哦哦还和古时音。"②可见,王文清对朱张之学倡导的人格超越境界,即所谓担当天下,修身成圣,满心敬仰,区别只是求学的路径差异——他觉得汉学之途更能切实地实现朱张的圣人之梦。所以,汉学融入岳麓书院,应该理解为对岳麓学统的一种补充和完善而非颠覆。朱汉民、邓洪波的《岳麓书院史》总结说,清代汉学的融入带来清代岳麓书院的变化是复杂而微妙的,一方面,坚守朱张之学的传统依然坚固,朱张之学依然旗帜高扬。另一方面,坚守中又有变化,这就是汉学风尚的融入,显现出岳麓书院向新式教育方向的演变。有人总结说,清代岳麓书院的治学特色是汉宋皆采,融通并蓄。应该是中肯之论。还必须注意到,王文清虽然掀开了岳麓书院汉宋皆采,融通并蓄的扉页,但他毕竟只有九年执教履历,要形成英才辈出,硕

---

① 朱汉民,邓洪波:《岳麓书院史》,湖南教育出版社2013年版,第433页。
② 朱汉民,邓洪波:《岳麓书院史》,湖南教育出版社2013年版,第428页。

果累累的教育局面，还需要后继者继往开来，一番辛勤耕耘时日。于是，我们就必须高度关注清代岳麓书院最辉煌的岁月——罗典开辟的书院时代。

第四节　罗典书院时代

一、罗典其人及罗典书院时代

罗典（1718—1808），字徽五，号慎斋，湖南湘潭（今为株洲）人。其族为湖湘鼓磉洲罗氏。始祖应隆于明代洪武年间自江西迁湘，至第五代，家族出了一位富豪叫罗瑶。当时湘潭城有一半为其产业。罗瑶乐善好施，尤热心教育，资助茶陵乞儿张治读书高中进士，位拜尚书大学士的故事至今流传。罗瑶去世，张治回报恩公，买下鼓磉洲以葬，明皇敕崇义坊以彰。从罗瑶起，鼓磉洲罗氏成为湖湘望族，族中文武英杰迭出，见于史志记载数十人，绵延不绝500年。罗玑（斗寰）、罗熙、罗升、罗云皋、罗修源、罗汝怀、罗德煌、罗逢元、罗萱、罗立德、罗经德、罗启勇、罗永泰、罗正均、罗正纬等均为湖湘名士或湘军骁将，还有罗学瓒、罗哲等现代革命烈士。罗典就出身在这样一个显望的湖湘家族并成为家族的骄傲。

罗典自幼聪慧好学，才思敏捷，7岁入私塾，乾隆十二年乡试第一名，十六年殿试一甲第四名进士。其为学以汉学见称，文章神采飞扬，受到阮裴园、陈兆仑等文章巨匠盛赞。罗典进仕后授编修，江南道监察御史，历任吏部、工部给事中，鸿胪寺少卿，乾隆二十一年为顺天乡试主考官，二十七年为河南乡试主考官，二十八年为会试同考官，三十年为四川学政。罗典为朝官时，执掌过朝廷文书草拟、官吏监督、工程管理、礼宾接待之类事务，与皇帝达官交往甚频。其性格刚介廉直，绝不徇私迎奉，主持皇家工程，部属冒领肥私，被罗觉察，属下以3000银贿赂，罗典严加拒斥，痛加惩治不贷，朝野震惊。其时乾隆帝宠爱和珅，罗典多次上奏乾隆帝远和珅，乾隆置之不理，罗典深为失望，以母病为由辞官归里，受聘主持岳麓书院，为山长27年，成就了他一生最为辉煌的教育事业。

罗典高足严如煜为罗典所作传记如是说：

先生立朝二十余年，清耿无所阿，居言路不搏击沽，直言通达，治体平心，持法奏论，必本忠诚。大学士刘文正公，座主也，遇大措置暨事有疑，辄相咨。尝曰：罗君益我，不但为吾老友，精衡鉴，校士优劣，锱铢不差。然性详慎，中州试卷六千余。手亲评点。两次操文柄，知名士甄拔无遗。视学四川，则以学政职不专衡文，汲汲造士育人才。按试诸郡，至则诣明伦堂，集师生讲经书，声响如钟。所讲明白晓畅，近里切己，针顽贬愚，听者悚然心动。试毕，进诸生，规诲之娓娓，无倦容，即未列高等生，以疑义叩，训示无所吝。乐易恳勤，朗如霁日而和如惠风。蜀中士习文风烝烝上。暨今五十余年，数举使贤，必首举先生。乙未扈跸热河，纯皇帝召见奏对，称旨嘉奖者再。①

这段传文概括了罗典为官二十余年的大略行状，性情、才华、业绩毕现。可见罗典生平最为人称道处还是教育。他求贤若渴、唯恐遗珠、循循善诱、有教无类、有的放矢、深入浅出的种种教学风采，刚直不阿、不畏权贵、一身正气的人格风范以及汉宋皆采、博取众长、严谨扎实、富有创见的学问体系，成为他后来开辟清代岳麓书院最辉煌业绩的师表基础和教育风采。

史料记载，罗典在川为学政时，一生童被官府冤屈抓捕，引起众生童不满，找官府交涉。官府称生童咋变，抓捕百余人。罗典得知，挺身制止，要求官府悉数释放学生，自己承担全部责任。终于平定事端并给被捕学生昭雪冤屈，保护了大批学子。嘉庆三年乡试，岳麓生员彭莪学业优异，罗典断言有取乡试第一名实力。哪知乡试后彭莪不仅名落孙山，连试卷也不翼而飞。彭莪孤立无助，罗典立即进行追查，发现彭莪考卷竟然偷换上了湘潭大盐商之子傅进贤之名，而且果然高中榜首。罗典随即向湖南巡抚姜晟告发。在清朝科举舞弊是杀头的重罪，考地主官也要受查办。姜晟意识到事态严重，想掩盖此事，许以彭莪捐道员，傅家也出银万两及良田摆平此事。可是罗典不畏权势，毫不退让，终于使受贿考官和作弊者傅进贤等三人处斩，彭莪得以正名，巡抚姜晟被革职留用。此案为清代震惊朝野的科考大案，可以想见，罗典主持正义面对权贵的种种风险压力，尤其是巡

---

① 严如煜：《清故鸿胪寺少卿罗慎斋先生传》，见《凝园读易管见》附页，岳麓书社2013年版。

抚姜晟与罗典私交甚好，数次延聘罗典山长之职均由姜晟奏报朝廷，罗典依然不徇私情，不仅体现了罗典刚直正气的人格操守，也体现了他护生如子的情怀，勇于担当的精神。

罗典刚正不阿也得罪了不少达官显贵，嘉庆年间，有巡抚上奏嘉庆皇帝，弹劾罗典狂傲，却拿罗典教学方法说事，称罗典讲学不庄重，手舞足蹈，不堪师表。嘉庆批驳："罗典文艺优长，非尔所能及，手舞足蹈，正是其读书有得，宁可议耶！"①巡抚只得悻然而退。这个案例表明，罗典的学识声望广受认同，乃至皇帝也坚信不疑。这种学养地位，无疑构成极大的感召力，吸引"九郡四州人士向慕从游"，其盛况达到"数千里外担簦蹑屩者接踵而至，齐舍桓不能容，多于庭阶檐宇编苇席，仅容膝，亦乐安焉"②。其实，罗典主持岳麓书院，已是人生晚年，乾隆四十一年（1776），罗典辞官归里，先在武陵主持朗江书院五年，后受聘主持岳麓书院，时年已经六十三岁，如果不是学问功底和社会声望出类拔萃，很难有此机遇。执掌书院后罗典五次被延聘山长，主持岳麓书院长达27年，至九十高龄以"考终命"之福无疾而终于任上，成为岳麓书院历史上任期最长的两位山长之一，也是岳麓书院历史上唯一一位九十高龄依然执掌书院的山长。

罗典的教育业绩一是作为国家科举考试的考官或主管教育的学政官发现、选拔、举荐的人才，这就非常广泛了，而且多少和职位相关，无妨略过。二是作为山长身体力行培养了大批英杰学子。史料记载，罗典培养的学子三倍于朝廷定额，英才辈出，故五次连任山长，期间提奏四次，经吏部记录八次，两赴鹿鸣宴，身后朝廷敕命祀于乡贤，奉旨入祀湖南乡贤祠，在清代教育家和学人中是罕见的荣耀。统计显示，罗典直系弟子达数千人，载入史志显通者达数百人。乾嘉年间，朝廷分配给湖南每届乡试中举名额只有45人，这意味罗典执教27年间，湖南中举名额总数只有四百余人，而罗典培养出来的举人187人，会试成进士者36人，选拔及举优行贡成均者112人，亦即罗典执教期间，湖南举人将近一半出自罗门。按罗典后人、民国学者罗正纬的说法，罗典最著名的学子有"魏默深、汤海秋、贺藕耕、贺庶农、唐镜海、彭宝臣、胡云阁、邓湘皋、严乐园、袁道南、欧阳坦斋、何文安、罗文僖、陶文毅、先族祖侍读公（罗修源）皆是"③。其中鼎

---

① 朱汉民、邓洪波：《岳麓书院史》，湖南教育出版社2013年版，第284页。
② 绍祁：《先子慎斋府军行述》，见《湖湘鼓磜州罗氏族谱》。
③ 罗正纬：《申论"近百年湖南学风"》，见《罗正纬著作汇编》，第300页。

甲弟子按罗汝怀的说法达到四人之多，即状元彭浚、探花何凌汉、胡达源、石承藻（学界普遍认定的是彭浚和胡达源），更是历代山长所不及。无怪严如煜感慨万千地写道："三十年来，大湖以南，人才辈出，登甲第，内外蒙擢用暨孝廉明经，以品行才猷文学著名者数百人，门墙之盛为从来所未有！"①

罗典的影响不止于他执掌岳麓书院的27年。他去世后，接任他执掌岳麓书院山长的序次有王坦修、袁名曜、欧阳厚均。亦说贺长龄也在袁名曜后任过山长，但一般认为是前三位。王山长掌书院半年病故，忽略不计，袁名曜掌书院6年，欧阳厚均掌书院与罗典同样长达27年。这两位山长都是罗典的直传高足（即使算上贺长龄，同样是罗典的直传高足）。于是便构成了罗门师徒执掌岳麓60余年的局面。在中国学统惯例上就是师门共同体。我们甚至可以想象，正是罗典的斐然业绩，使后来的山长选择聚焦于两位罗典高足，以期辉煌赓续。而袁名曜和欧阳厚均对恩师的尊重更是溢于言表。他们曾深情地写道：

> 惟我先生之主讲岳麓书院也，斗山望重，圭璧瞻同，树楷模于坛席，尽人愿见先生。收杞梓于名山，不问知为弟子。大匠成材、讵惟雕我、洪炉冶物、岂止铸回。且其作人则为人杰，长养如化雨春风；培地则地灵，气象壮文津道岸。饰以成之局，增未造之规；启景行之退思，广息游之胜趣。桃李尽在公门，书声忘倦；桑梓莫逾斯土，人至如归。拥皋比者二十七年，亲绛帐者六十三县，先生之泽长矣！先生之教大矣！②

> 讲习开名麓，生徒遍里闾。岳峰青窈窕，湘水碧澄泓。禹碣摩挲古，唐碑拂拭莹。深心豪素托，余事椠铅精。书传删梅赜，诗笺胜卫宏。麟经词炳炳，羲卦说铿铿。著有周易今文尚书诗经管见共若干卷行世未学尊圭臬，从游奉准程。灵枢疗众痼，神筬刮群盲。剑锷咸资砥，弓材悉受檠。琢成廊庙器，蔚作国家桢。③

这等仰望泰山般的尊师之情，决定了袁名曜和欧阳厚均对罗典的秉承。从学

---

① 严如煜：《清故鸿胪寺少卿罗慎斋先生传》，见《凝园读易管见》附页，岳麓书社2013版。
② 袁名曜：《祭罗慎斋先生文》，见《湖南文征》，岳麓书社2008年版，第3583页。
③ 欧阳厚均：《长律百韵恭祝罗慎斋夫子九龄望秩并贺重赴鹿鸣之喜》，见《欧阳厚均集》，岳麓书社2013年版，第33页。

脉来看，罗山长和两位高足都是汉学体制，经学大师，有着共同的学养积淀。师徒相继执掌岳麓，更有知识体系的共同处。事实上，在教育理念上，罗典师徒的确一脉相通，薪火相传。袁名曜上任即祭罗典，称私淑而步其后尘，尤为礼敬。欧阳厚均亦明确写道："余昔负笈麓山，从罗慎斋夫子游。……幸得步吾夫子后尘，凡今日之所以教，皆昔日之所以学，亦步亦趋，未敢逾越。"①例如，他们都以罗典所说的"坚定德行"为教育宗旨，亦袁名曜所求"德性深纯"，欧阳厚均所求"忠孝廉洁，敦品励行"，都以"明习时务"为知识支撑，亦即欧阳厚均所说"有体有用"，袁名曜所说"士先器识"。在教学方法上都主张"务令学者陶泳其天趣"，不拘成规束缚学生的自由创造，罗典"晨起讲经义，暇则率生徒看山花、听田歌，徜徉亭台池坞之间，隐鸟皮几，生徒藉草茵花，先生随所触为指示"②。而欧阳厚均也鼓励学生"各抒所长，或以理胜，或以气胜，或以才胜，平奇浓淡，不拘一格"③。在对制艺的态度上，罗典师徒都主张"不徒区区为文之末"。再进一步体察，包括全力建设校园，编制教材，乃至倒贴薪水资助教育等行径都如出一辙。诸此种种，均显示出师徒间心心相印，同声共气。

继罗典之后，两学生萧规曹随，发扬光大，续写了恩师开辟的书院辉煌。以袁名曜论，其主持岳麓书院六年，培养学生过千人，通显者过百，其著名弟子有魏源、罗绕典、陈本钦、郑东亮、黄本骥、严正基等。并重修文庙、文昌阁、御书楼等，更加完善了岳麓书院的校园建设。以欧阳厚均论，同样主持岳麓书院27年，重修爱晚亭、抱黄阁、东亭、讲堂、改六君子堂为岳神庙等，使校园建设达到了更新阶段，其育人效果更是斐然。弟子著录3000人，发名成业者数百，获准记录八次，得旨叙议三次，成为和罗典齐名的杰出山长，弟子著名者有曾国藩、左宗棠、胡林翼、郭嵩焘、江忠源、刘长佑、李元度、唐训方等。如此一来，罗典亲传弟子和再传弟子阵容极为壮观。初步估算，此时期岳麓弟子至少有七千人以上，史志记载显通弟子近千人。就人才培育而言，是岳麓书院千年历史上最为辉煌的时代，在中国教育史上亦可谓罕见奇观。初步梳理，以罗典为师祖，罗典书院时代著名弟子名录可见下表。

---

① 欧阳厚均：《岳麓书院同门齿谱序》，见《欧阳厚均集》，岳麓书社2013年版，第183页。
② 严如煜：《清故鸿胪寺少卿罗慎斋先生传》，见《凝园读易管见》附页，岳麓书社2013版。
③ 欧阳厚均：《岳麓书院课艺初集序》，见朱汉民、邓洪波：《岳麓书院史》，湖南教育出版社2013年版，第367页。

罗典英杰弟子群表

罗典亲传英杰弟子群	彭浚	嘉庆十年状元进士。道光皇帝之师，内阁大学士、太仆寺少卿。		
	何凌汉	嘉庆十年探花进士。书法家，翰林院编修、工部尚书、吏部尚书、户部尚书等。（何为罗典门生，从罗正纬说）		
	石承藻	嘉庆十三年探花进士。翰林院编修，迁御史。（石为罗典门生，从罗汝怀说）		
	胡达源	嘉庆二十四年探花进士。胡林翼之父，翰林院编修，少詹事。		
	贺长龄	嘉庆十二年乡试第一名，次年中进士。主编经世派经典《皇朝经世文编》，官至云贵总督。		
	陶澍	嘉庆七年进士。官至两江总督。为湖湘经世派领袖人物。少年随父陶必铨就读岳麓书院，陶父师从罗典。世人多认同陶澍亦为罗典门生。		
	贺熙龄 嘉庆十九年进士。贺长龄之弟。历任湖北学政等职。退休后主持城南书院八年。	罗典再传英杰弟子群	左宗棠	举人出身。湘军主帅。晚清重臣，与曾国藩齐名。近代湖湘第二代政治精英群体领袖人物。任闽浙总督、陕甘总督、总理衙门大臣等。
			罗泽南	著名学者、理学家。湘军重要统帅。授按察使衔。
			罗汝怀	拨贡出身。著名文史学家。曾国藩、左宗棠密友。因子罗萱封通议大夫内阁中书衔。
	贺桂龄	道光二十七年进士，贺长龄八弟。官至潮州知府同知。（或说罗典再传弟子）		
	袁名曜 嘉庆六年进士。任翰林院编修。回湘后继罗典后主持岳麓书院五年。	罗典再传英杰弟子群	魏源	道光二十五年进士。官高邮知州，清代著名思想家，政治家。
			罗绕典	道光九年进士。任云贵总督等职。传闻他本名罗兰阶，因慕罗典之名改名罗绕典。
			陈本钦	道光十二年进士。湘中名士，主讲过城南书院。
			郑东亮	
			黄本骥	道光元年举人。著名学者。
			严正基	严如煜子，副贡生，官郑州知州等。
			张中阶	

罗典亲传英杰弟子群	欧阳厚均 嘉庆四年进士。任浙江道监察御史等职。回湘后继罗典、袁名耀之后主持岳麓书院27年。	罗典再传英杰弟子群	曾国藩	道光十八年进士。湘军创立者和统帅。晚清四大名臣之一。近代湖湘政治精英群体第二代领袖人物。官至两江总督、直隶总督等。
			郭嵩焘	道光二十七年进士。湘军创建者之一。外交家。曾任广东巡抚。
			李元度	举人出身。湘军重要主帅。任贵州布政使等职。
			江忠源	举人出身。湘军重要主帅。官至安徽巡抚,追赠总督。
			刘长佑	拔贡出身。湘军著名统帅。任直隶总督等。
			唐训方	举人出身。湘军名将。授安徽巡抚。
			周玉麒	进士出身。著名教育家。督理浙江学政。岳麓书院山长。
			胡林翼	道光十六年进士。湘军主帅。晚清中兴名臣。任湖北巡抚等职。
			刘 蓉	晚清著名学者,湘军重要幕僚。授陕西巡抚。
	严如煜			乾隆五十四年举优贡。军事地理学家。曾为贵州按察使,以军功赠陕西布政使。
	周 锷			乾隆五十二年进士。官贵州学政、苏州知府等。
	魏辅邦			魏源的伯父,也是魏源的启蒙之师。后拜罗典为师,交情极厚。
	唐 鉴			嘉庆十四年进士。理学大师,曾任江宁布政使等职。(从罗正纬说)
	汤 鹏			道光二年进士。著名理学家,曾任山东监察御史。(从罗正纬说)
	向曾贤			乾隆六十年进士。国子监学录。嘉庆帝师。杨昌济高外公。
	罗麓西			嘉庆元年进士,镇江太守,苏州知府。
	秦敬衡			生平不详,见《岳麓书院史》。
	李白桥			生平不详,见《岳麓书院史》。
	吴桃溪			生平不详,见《岳麓书院史》。
	邓显鹤			文献学家。编撰刻印王夫之著述等湖湘文献名世,被梁启超誉为"湘学复兴导师"。(邓为罗典门生,从罗正纬说)
	罗修源			乾隆三十七年进士。职任少詹事,《四库全书》提调。罗典后人。(从罗正纬说)

总之,罗典不仅以自己出色的教育业绩跻身中国一流教育家之列,而且以开辟罗典书院时代彪炳史册。就岳麓书院的研究而言,如果忽略罗典书院时代,岳麓书院千年历史上最值得称道的清代辉煌只能是泛泛而论。

二、罗典书院时代的文化启迪

2015年，岳麓书院和凤凰网联合向全社会推出"千年湖湘文化十杰"评选活动。专家预选出了36位候选人。大体概括了先秦至民国最著名的湖湘英杰。其中近70%是清代生人。可见湖湘英杰主要涌现于清代，主要集中于晚清。学界一般将晚清以来湖湘政治精英群体分四个梯队。其一是以嘉道年间陶澍、贺长龄、贺熙龄、魏源等构成的梯队，亦称经世派群体；其二是以咸同年间曾国藩、左宗棠、彭玉麟、胡林翼等构成的梯队，亦称湘军群体；其三是光宣年间谭嗣同、唐才常等构成的梯队，亦称维新派群体；其四是黄兴、宋教仁、毛泽东、蔡和森等构成的梯队，亦称革命党群体。细加辨析，第一梯队和第二梯队乃至第三梯队都持保皇政治态度，从而构成了和第四梯队较明显的政治立场和文化姿态区别。就社会影响力而言，第一梯队和第二梯队又更紧密地联系为一个文化群体。因为发展到第三梯队，不仅在政治态度上有了分化甚至对峙，而且中国维新派领袖群体是广东康、梁一党，湖湘维新派力量显然不可比拟。反之，从湖湘经世派到湘军群体则构成了当时主导中国大局的政治势力，即所谓"中兴将相什九湖湘"。罗典书院时代培养的弟子便主要集中在经世派和湘军群体之中，亦即湖湘英杰最盛期。上述36位候选人中，竟有九位是罗门弟子，占了四分之一，要是排除第四个湖湘英杰梯队，有百分之七十是罗门弟子。

晚清湖湘精英群体，尤其是第一和第二梯队群体，是一个有着密切师脉传承的师兄弟集团。这体现了中国宗法社会的特点。宗法社会是个熟人社会，血缘、学缘、乡缘等是联系人际关系的重要纽带。人们以这些纽带构成了利益共同体，互相提携，互相依赖，同舟共济，共同发达，形成强大的势力集团。晚清湖湘精英集团的壮大，很重要的原因即在于此。学界研究晚清湖湘精英群星灿烂的景象，更多关注这些英杰自身的雄才大略，这当然无可厚非，也必须给予足够的关注，问题在于，我们还要注意到其他方面的因素。例如，晚清湖湘英杰的宗法组织关系，就是推动湖湘英杰集团壮大的一个重要因素，而对于此，学界似乎比较忽略。值得指出的是，晚清湖湘精英集团还在同学的关系基础之上进一步构成很密切的姻亲集团。例如贺长龄，和陶澍、曾国藩、左宗棠、胡林翼、何凌汉、唐鉴不仅同为罗门弟子，而且是姻亲关系。如此一来，就更加构成同声共气的亲戚同盟。这些湖湘精英不是没有矛盾，但由于学缘、乡缘、姻亲关系，其矛盾冲突的激烈程度就大大降低，湖湘精英集团大体上比较团结，这也是不可否认的。学缘、乡缘、姻亲是近代湖湘英杰群体做大的重要因素，时至今日，依然是中国社会的重要组织动员力量。宗法性的人身依附关系，依然渗透在社会肌体中，这是很发人深省的。

晚清湖湘精英群体基本上都是政治英杰，可谓官僚集团。也正因为权力的占有，湖湘英杰的作为大都显赫。这和岳麓书院经世致用的学统以及准官学的属性密切相关。可以说，岳麓书院是一个培养王朝卫道士的政治学校，罗典书院时代更是秉承传统，发扬光大。罗典有副对联："地接衡湘，深山大泽龙虎气；学宗邹鲁，礼门义路圣贤心。"这是罗典的教育理想，其弟子群体政治英才云集，可视为理想之实现。湖湘英杰以政治作为著称于世，也是湖湘文化的鲜明特色，与湖湘英杰的教育背景有深刻内在的思想关联。

从罗典子弟群表看，罗门著名弟子基本都是举人以上出身，说明科举仕进是他们获取人生辉煌的主要途径。这就更直接显示罗典书院时代的教育特色。科举制是封建中国选才的制度设计，科举高中者高分低能，迂腐空疏是饱受世人诟病的科举弊端。但是罗典时代的岳麓书院却打破了这种弊象，不仅在科举业绩上在湖南各类学校中首屈一指，成为科场英雄的摇篮，而且高中进仕者既高分又高能，大都有显赫作为。这就更加意味，罗典书院时代在培养人才方面的确有其过人处和独特处，值得我们认真研究。

罗典和弟子袁名曜、欧阳厚均共同开创了岳麓书院长达六十余年人才辈出的书院时代，书写了千年岳麓书院最辉煌的教育奇迹。我们以罗典来命名这个时代，不仅因为罗典是这个时代的开创者，其本人的教育业绩不逊于两位弟子，作为恩师，按照传统惯例当仁不让地应该居于尊长之位，还因为这个时代的教育理念，为罗典所奠定，如上所述，两位弟子均是步罗典后尘，"亦步亦趋，未敢逾越"。此外还值得一提的是，罗典的社会声望也明显高于两位弟子，从而具有领军人物的旗帜性地位。

罗典为官二十余年，久居京都，与皇家显贵多有接触，人脉广泛。尤其是多次主持国家科举考试，以座师或房师身份广受天下士子拜谒，有很高的社会声望。史料记载，乾隆的股肱之臣，内阁大学士刘统勋对罗典十分器重，言必称罗典为老友，每有疑难，必找罗典咨询。此外号称清代士人泰山北斗，官至吏部尚书的钱南园先生更是以弟子礼尊罗典。罗典七十大寿时，钱南园撰写寿辞云："弟子寿先生，莫过于善学先生，非徒心悦诚服之谓，谓其步亦步，趋亦趋也。知先生为光风霁月，则勉求其所以藹如者；知先生为秋霜冬雪，则勉求共所以凛若者。知先生为巨川广泽、青天白日，则勉求其渊若，皓若者。夫而后，及则大贤，次则端人，下亦不至于流俗之暗昧焉！先生寿且无穷矣！沨不及在弟子之列，然厕后尘已十有八年，私心向往，窃亦有所得力。故愿以为诸生仰质先生，庶岁有当万一焉。"①嘉庆十六年，湖南各府士绅名流九十三人联名具呈朝廷请祀罗典入乡贤祠的奏报称，罗典"育才报国"之勋业"自有岳麓以来，朱张而后，未有如此盛者"。湖南廉察使曾宾谷作楹联评价罗典："壮已登朝，南国声华齐屈宋；耄犹好学，麓山教泽继朱张。"②按察使清安泰亦有诗赞罗典云："柏悦松坚道貌尊，水云深处老乾坤。名山宰相无官守，陆地神仙有子孙。喜见函秦来紫气，适当风雪满程门。延平誉望东南重，晚节黄花沐湛恩。"③这些文字虽有溢美，但是断言罗典开辟了清代岳麓书院最辉煌的时代毫不夸张。再从民间口碑看，罗山长的传说佳话也是最多的，时至今日，岳麓书院成为湖南名胜，游览讲解中，罗典的故事是必说的内容，远远超过历代任何山长。诸此种种均表明，罗典在岳麓书院史上是个具有符号意义的教育家。

三、罗典的治学特色

探讨罗典书院时代，不能不探讨罗典的学养。但十分遗憾，目前学界对罗典的研究还十分肤浅，尤其是对罗典学术成就的研究更薄弱。罗典的著述为今所知的有《凝园读易管见》（十卷）、《凝园读诗管见》（十四卷）、《凝园读书管见》（十卷）、《凝园读春秋管见》（十四卷）、《罗鸿胪集》（二卷）、《凝园诗草》等。也就是说，罗典对儒学的原典有全面研究，学界也普遍承认他是学养深厚的经学家，可是具体的研究论述极为稀缺。显然和史料整理没跟上有关。目前似乎只有岳麓书社整理出版了《凝园读易管见》。这种状况，势必影响到对罗典文化思想价值的认知。因此，我们讨论罗典的治学也囿于史料掌握不够以

---

① 钱南园：《慎斋先生寿序》，见《湖湘鼓磉罗氏族谱》。
② 见《湖湘鼓磉罗氏族谱》。
③ 清安泰：《谒岳麓山长罗慎斋》，见湖湘文库本《岳麓书院志》，第605页。

及学识疏浅，只能抛砖引玉。

罗典治学当以经学家或汉学家见称。但这并不意味他对岳麓朱张学统的背离或疏离。和王文清一样（有学者说罗典师承经学大师王文清，待考），罗典对岳麓书院的朱张正学传统显现出了高度尊敬和推崇，他在《朱子年谱纲目序》中写道：

> 余自乾隆乙未岁以归养里居，得掌教岳麓经十余年，极念吾楚为朱子过化之地，而岳麓、城南两书院，隔江相望，朱子又尝就访南轩张子，往来唱酬于其间，流风余韵至今未泯。每当秋月春华，携同人息游，以寻名教之乐。情景所触，辜然志远，憾不得从朱子游于数百载之前。今读先生所编辑《年谱纲目》，景仰先哲，力崇正学，殆奉其身以为朱子之徒而及门矣，而余犹瞠乎后也。①

可见，就义理追求而言，罗典和朱张正学一脉相承。汉学或经学不过是求道的路径选择。梁启超说，清代学术，只是方法的运动，不是主义的运动，可谓中肯。民国学者罗正纬认为，罗典治学的特点在于"汉宋兼采，以汉学求真实，以宋学求放心。既不放纵疏狂，道浮嚣之士习，复不陈旧迂拘，牿活泼之天机"②。这也意味着罗典对岳麓治学方式与时俱进的变革，即不再一味拘泥于《集注》《章句》等理学文本，空谈义理命题，而是将"道"与"学"结合为一体，用今天的话就是思想和知识结合为一体，通过掌握知识而实现义理张扬，即严如熤说："坚定其德性，而明习于时务。"这种治学特色在继罗典执掌岳麓的山长袁名曜身上体现得更为直观。袁名曜作为汉学家以博学著称："未及冠，博极群书，经史之外，如周、邵理数，诸子百家、无不研究精微，复旁天文、地理、五行家言。"③他治学主张兼收并蓄，博采众长，以实在真确的知识为基础，养成对实际事物的见闻学养，才能实现义理的价值追求。袁名曜的嫡传弟子魏源就是深受老师影响，重视史地实学的学习，器识的养成，而成为经世派的杰出代表。还有欧阳厚均，也主张"为有体有用之学"，"通晓时务物理"，都是理论和实际

---

① 罗典：《朱子年谱纲目序》，见罗汝怀编撰：《湖南文征》，岳麓书社2008年版，第2485页。
② 罗正纬：《申论"近百年湖南学风"》，见《罗正纬著作汇编》，第300页。
③ 见湖湘文库本《湖湘学案》，湖南人民出版社2013年版，第639页。

相结合的治学风范，从而和罗典的治学特色浑然一体。可见罗典不是为学而学，而是为用而学，即义理和知识都要归结到经世致用。这种用不是指成为独善其身，孤芳自赏的圣人，而是兼善天下地创造经世功业，即"内圣"与"外王"的统一。这就与宋学死求义理之高，汉学往往落于考据碎片之实的迂腐学究区别开来，也正是岳麓书院最基本的精神。可以说，罗典治学更富有张力地体现了岳麓书院经世致用风采。

　　基于这种治学态度，罗典在制艺与治经之间寻求平衡。也就是说，他并不拒绝研习科举的门道乃至在相当程度上给予授教传喻，故人称其"以制艺名一世"。大学士刘统勋也说："罗君经注，即以作时文法行之，有功后学。"所谓注重时文，就是适应科举作文的需要。这一点往往被研究者忽略，而是放大罗典"不专衡文"的一面，认为罗典对科举八股之道不屑一顾。这恰恰掩盖了罗典治学的通达处。

　　自开科举以来，中国教育就绕不过应试这道坎。其实官方与校方一直强调教育以德性成才为主，应试之道为末，从来就没有含糊过。问题是实际上应试教育喧宾夺主控制了教育，直至当代亦然，素质教育的锣鼓敲得震天响，实际上却是应试教育在唱戏。岳麓书院也不例外，科考制艺之教一直是重要内容。"每月六课、三课，时见于学规条约，八股为教学的主要内容之一。"①人们表彰岳麓书院，科举进士业绩几乎是首要指标，包括我们今天评价岳麓书院，不也是津津乐道其科举成就吗？既如此，罗典治学研习科举时文之道，就是必然的选择，刻意回避不过是掩耳盗铃。谈及科举时文之道，说罗典是考神都不为过。其本人就是乡试第一名，用今天的话就是湖南状元。殿试考中二甲第一名，也就是传胪，名副其实的巍科士子，用今天的话就是考霸。其门人彭浚为清代岳麓书院第一个也是唯一的状元，自彭浚之后，罗典弟子还有三位探花，这种业绩历代山长无人能及。其为考官学政时，"精衡鉴，校士优劣，锱铢不差……两次操文柄，知名士甄拔无遗。"史料还有这样一段记载：

　　　　癸未充会试同考官，得一卷极佳，荐之且白总裁曰："此确似某前已卯顺天乡试所拔苏去疾文。"总裁曰："但得佳文，何嫌于门下。"比阅之，

---

① 朱汉民、邓洪波：《岳麓书院史》，湖南教育出版社2013年版，第421页。

亟赞赏。会众总裁议,皆拟置元。秦文嘉公终以同籍江南引嫌,临进呈而易之。列榜,果苏君也。内外咸称府君于文有神鉴,故三次承命监试总裁。①

我们强调罗典治学的时文科考功夫,并非意味罗典为学趋世媚俗,恰恰相反,而是强调他通达超脱。他并不像某些迂腐学人那样,不屑时文,故作清高以标榜脱俗,而是从容地接受现实,因势利导,将义理德性的坚守恰到好处地融入世俗和制度的风习之中。马克思说过:"什么东西你们认为是公道和公平的,这与问题毫无关系。问题在于在一定的生产制度下什么东西是必要的和不可避免的。"②据此,我们不难判定,在特定的历史条件下,科举制是相对公平的官员选拔制度,因此罗典的态度恰恰是现实而通达的。对于科举制,我们今天是一片谴责之声,可是不妨反问,在那个特定的历史制度下,有比科举制更好的选拔人才途径吗?时至今日,我们不仍然在很大程度上沿用科举制吗?余秋雨倒是说了公道话:"科举制度在中国整整实行了一千三百年之久,选拔出了十万名以上的进士,百万名以上的举人。这个庞大的群落,当然也会混杂不少无聊或卑劣的人,但就整体而言,却是中国历代官员的基本队伍,其中包括着一大批极为出色的,具有高度文化素养的行政管理专家。"③诚然,科举进仕依然可以是庸人,不一定有作为,但是,一旦雄杰进仕,对于施展胸襟抱负可谓如虎添翼,这也是显而易见的。时下学人过分贬低科举时文的修习,认为科举之途是毁人的陷阱,其实科举可以是毁人的陷阱,也可以是成就人才的高台,罗典那些优秀学生就是证明。其重要原因,和罗典治学不避科举时文之道大有干系。这个意义上,罗典治学内蕴着一种境界,也内蕴着常人难及的学养。

再进一步追问,就涉及一个很有意味的问题,作为人文学者,怎样平衡理论与现实的关系?具体言之,是以绝对完美的理想为本,还是以人的天性可能为本?可以说,千百年来,从事人文研究的学人并没有好好思考这个问题。便出现了许多人文学说,一味追求理想的完美而不顾及实现的可能性,导致理论和实践脱节。在很大程度上,宋明理学就有这种弊端。比如"存天理灭人欲"的命题,就是一个极端理想主义的社会想象。实际上,即使所谓"天理"完美无缺也不可

---

① 绍祁:《先子慎斋府军行述》,见《湖湘鼓磙州罗氏族谱》。
② 《马克思恩格斯全集》第16卷,人民出版社2006年版,第146页。
③ 余秋雨:《中国文脉》,长江文艺出版社2013年版,第370页。

能为世人普遍接受。这也就意味着，坚执于这样的学理体系，无异于画饼充饥，坚执于这样的治学思维，无异于纸上谈兵。回到罗典，我们就发现，他对理想的追求是和现实的可能结合在一起考量的。比如对于理学家们所鄙薄的人欲，他抱着很大的宽容："夫人之既生，饥欲食，寒欲衣，长则欲娶妇有子，虽圣人莫能外之。独以节而不为过为主。……故不必高言无欲。"①他的学生问他，当官不贪就是好官吗？罗典说，难说。要是仅说物质上的不贪，可能做得到，要是连名也不贪，君子也未必做得到。关键就是要向善，贪善名是无可厚非的。要是当官只是一味清廉，没有功业作为，国计民生怎么办？②可见，罗典为学，反对高谈空论，他把理论实现的可能性作为治学尺度。所以，有所为有所不为地以学施教，才能取得那么骄人的育才硕果。

当然，罗典也有自己的价值坚守和治学追求。严如煜写道：

先生以制艺名一世，而精神专注则在经。其治经也，以古人简质，文字无闲腆，即经诂经，字枇而句梳之。既皆有确切注脚，则通之一章，又通之全篇。全经有所窒，则废寝忘食，夜以继日，必得融贯而后安。注《易》始京，寓之凝园，名曰《管见》。壬寅，《诗管见》成，戊午，《今文尚书管见》成。《春秋管见》成于甲子，年八十六矣。摄心志，观义理，加之阅世之深，洞澈于天人之微，事物之变，周情孔思，立说时出新意。要其精者，实阐古人不传之秘。③

严如煜精炼地向我们描绘了罗典作为汉学家的治学共性：回归经学原典，讲究考据功夫，务求经典本义，不做空疏发挥，执着、勤奋、严谨；亦有罗典的治学个性，那就是务求全篇的融贯，不做断章取义的臆断，结合人生之丰富阅历，事物之常情常理，重在阐发独到的心灵感悟与发现，以揭示"古人不传之秘"。严如煜系罗典高足之一，师从罗典达六年之久，是个非常独立不羁的学生，他无心走科考制艺之路，潜心实用经世之学，尤精舆图、兵法、天文，后来以优贡生入仕途，以剿苗疆边乱及白莲教建立显赫军功勋业，官至陕西按察使。就为学门

---

① 罗典：《广养生说示儿绍祁》，见罗汝怀编撰：《湖南文征》，岳麓书社2008年版，第1571页。
② 严如煜：《清故鸿胪寺少卿罗慎斋先生传》，见《凝园读易管见》附页，岳麓书社2013年版。
③ 严如煜：《清故鸿胪寺少卿罗慎斋先生传》，见《凝园读易管见》附页，岳麓书社2013年版。

径,他和老师罗典是有距离的。可是字里行间,却对罗典治学极为推崇。他还著文回忆自己从学罗典受到的教益,真挚感人。亦可窥见罗典为学不是为了建立门户开宗派,也不是为了炫耀智慧而标新立异,乃是希望自己做出的学问真正给人以有益启迪。正如后世学者说:"罗典的经学是其教导学生,是为教育学生培养国家人才服务的。因此,他的经学研究不仅仅是学问,更重要的是如何利用经学来培养人才,他更重视经学的社会功能和经学的实践教育。"[1]这种把学说用作施教文本的做法,也是罗典治学的特色之一。

但是,我们依然缺乏对罗典学术体系及学术建树全面而具体的把握。只是笼统地知道,罗典为学"洞澈于天人之微,事物之变,周情孔思,立说时出新意。要其精者,实阐古人不传之秘",可谓独树一帜的大家。目前所见,似乎只有罗典《凝园读易管见》的校点者,易学者兰甲云对罗典的易学成就有过较深入的研读。兰甲云认为,罗典对儒学六经有着全覆盖的研究,达到了一流学术水准,最大的特点就是将经解与教育相结合,深入浅出。对于《凝园读易管见》,学者兰甲云有以下判断:

> 在中国易学史上,罗典的许多见解和观点,值得后人研究,应该引起足够的重视。
> 罗典解释《周易》卦爻辞,追求字字句句落实,合乎义理易理,学风平实踏实。
> 罗典阐释卦爻辞,注重义理,侧重人情物理,往往从人事实践角度来结合卦爻相互之间关系尤其是阴阳关系来讨论卦爻辞义旨意蕴。很显然,罗典的《周易》阐释属于义理学派这一系统,他的解释没有繁琐的象数分析。[2]

必须承认,我们目前对罗典治学的研究十分不够。因此也可以预期,经过认真挖掘和研究,罗典的学术成就和文化贡献会有更新的发现和评价。

---

[1] 兰甲云:《凝园读易管见》之《前言》,岳麓书社2013年版。
[2] 兰甲云:《凝园读易管见》之《前言》,岳麓书社2013年版。

四、罗典的教育风范

罗典为教的第一大风范就是以身作则，以人格魅力感召学子。其在四川为学政时挺身保护学生，还有彭莪一案，不畏权贵，不徇私情，主持正义都是朝野震惊的事迹，其刚正不阿的品质，赢得了世人敬重。这是比任何道德说教都具有感召力的榜样，其"坚定德行"，培养学生"礼门义路圣贤心"的教育诉求便润物无声地传导给了学子。不过这还仅是罗典人格风采的一面，另一面则是豁达开放的人格魅力。在学生们的回忆中，罗典是个具有老顽童形象的可亲师长。学生周锷在其《岳麓八景诗序》中生动地写道：

> 锷待夫子三年于此，追随杖履，时不同而景亦异，心有得而乐无穷。师又宽以礼教，或罗坐花间，或侍立月下，或随行涧沼、墩径间，谈经道古，内而心性，外而身世之故，凡所欲闻者无不闻，而皆有以洽其意而餍其心。夫人役役于尘秩中，得则喜，失则忧，愈劳愈不能遂，愈苦愈不得休。视我辈，得良师兼益友，游息暇豫耳目之前，人所苦于束缚而不易有此乐者，皆得因师之所有而共有之，其相去顾何如也。故地有显与不显，犹人之有遇之不遇也。①

这幅师生同乐，亲密无间的图景和罗典主持正义、怒发冲冠的形象构成鲜明对比，也构成其人格丰富多彩的和谐而更富魅力。周锷认为，他能从师于罗典，是一份幸运。这是发自心灵的感慨。可以说，在很大程度上，罗夫子是以人格襟怀感召学子。他讲学全情投入，"集师生讲经书，声响如钟。所讲明白晓畅，近里切己，针顽贬愚，听者悚然心动。试毕，进诸生，规诲之娓娓，无倦容，即未列高等生，以疑义叩，训示无所吝。乐易恳勤，朗如霁日而和如惠风"。性情之所至，手舞足蹈，一副真性情流露，这样的师尊风采，怎不令学子由衷敬仰？在岳麓书院的历史上，关于罗典的民间故事，更是历代山长中最多者，而且在故事中的形象都是一幅豁达开放，富有幽默感的长者风范。从教育学角度看，这是一

---

① 周锷：《岳麓八景诗序》，见《湖南文征》，岳麓书社2008年版，第2562页。

种十分难得的教育效果。所谓言教不如身教，罗典是最好的诠释。

罗典的教育理想是："地接衡湘，深山大泽龙虎气，学宗邹鲁，礼门义路圣贤心。"即把学生培养成有龙虎气，圣贤心的大写之人。其实这也是所有山长的心愿。问题是，怎样才能实现呢？罗典的途径就是着力于学生天性的陶咏与开发。严如煜写道："先生立教，务令学者陶泳其天趣。……晨起讲经义，暇则率生徒看山花、听田歌，徜徉亭台池坞之间，隐凭皮几，生徒藉草茵花，先生随所触为指示。"细细体会，罗典的教育风范又凸显出来，他不是照本宣科满堂灌地传授知识义理，而是通过大自然的山水气象，民情风俗激发学生的心灵共鸣与感悟，再画龙点睛地给以提点。这就叫唤醒式教育或说启发式教育，显然不是学究式的教育者所能胜任，只有那些真正悟透了自然人生真谛的高人才能得心应手。其教育的结果是学生刻骨铭心地得到升华。

周锷终身都不会忘记这样一个细节：

> 犹记夏日晚凉，花墩陪憩，同人侍坐已满，锷后来挽入其中，致两端者仅及半股。夫子曰："与挨挤不宁，曷若多移坐具。"众起移运。锷乃就现成坐之。夫子大笑曰："甚矣，恕道不知也！"心知责己，翟然起坐故处。夫子又曰："多此一动"。当时如闻棒喝，终身不敢忘。嗟嗟，一侍坐之顷而三愆迭形，夫子皆就其所失以警之。其循循善诱，此固知夫子之教有本，而不徒沾沾文艺之末也！①

这个细节极富意味。屋内凳子不够，大家都去搬凳子，周锷坐享其成坐上同伴搬来的凳子，受到罗典指责，说周锷不知恕道——应该去搬凳子。周锷不好意思，坐回原来的坐处，又被罗典指责多此一举。因为这并没有改变什么，不坐搬来的凳子，坐回原来的座位不过是个形式而已。罗典要求学生是心灵的实质改变，不是表象的形式改变。这个细节，生动地说明了罗典育人的细致入微，注重心灵的启发和触动，也说明他十分注重实质，不拘泥形式。在罗典看来，教育并不局限在高堂课室之中，而是遍布于日常人生的方方面面，应该全面调动学生的心灵触动，从而自觉地升华自己，具备大气象的圣贤心。所以他带着学生走出课

---

① 周锷：《岳麓书院课艺序》，见《湖南文征》，岳麓书社2008年版，第2561页。

堂，走向自然，走进社会去领悟生存的奥义。其陶咏学生天性的意蕴也就在于此。联想今日之教育，特别强调素质培养，却依然是在课业设置上做文章，连篇累牍的课堂说教，在封闭的环境下被动地谈素质、谈德行，而缺乏自觉的拥抱，结果收效甚微。对比罗典，实在该深深反思。还值得指出的是，这种陶咏学生天性，激发学生的创造力，自觉地拥抱博大人格的教育方式，在袁名曜和欧阳厚均的教学方式中同样得以赓续。袁名曜主张"士先器识而后文艺"，为学鼓励学生各抒己见，"每日暮出行讲院前，诸生环绕，名耀一一指论瑕瑜"，欧阳厚均教学也是强调以鼓励为主，"主张诸生各依天质性情自由发展"。可以说，陶咏学生天性，激发学生创造力的教学方式，是罗典书院时代几位山长一致的教学风范。其英才辈出的结果就是回报。

罗典书院时代还有一个突出的特色，就是校园建设。罗典主持书院后，岳麓书院的校园建设进入了大发展时期，他先后修建了西亭、东亭、修讲堂、魁星楼、红叶亭等校园景观，开辟了著名的岳麓八景，使岳麓山成为游人如织的一处名胜，不仅留下了美轮美奂的风景，还留下了许多美丽动人的传说佳话。岳麓书院的园林化建设成为罗典的一大教育功绩。罗典之后，袁名曜又继往开来修建了濂溪祠，重修六君子堂，改建自卑亭，捐修朱张渡，再后欧阳厚均又主持完成了二十三项建筑工程，这些校园建设给书院提供了幽美的教育环境，也大大张扬了岳麓书院的社会影响力。时至今日，岳麓书院成为湖湘文化的符号性名胜景观，深深地烙印着罗典书院时代的姿采风韵。但是我们更应该看到校园建设背后的教学风范。其实，这依然和罗典主张陶咏学生天性的教育理念相关。岳麓学子留下了许多游览校园的诗文，谈论的不仅是美不胜收的景观享受，更多是心性的陶冶。

> 煜侍慎斋夫子讲席前后六载，夫子当谈经之暇，辄率同人相羊于桃坞、花墩、柳塘、荷泽之间，以共畅其天机。[①]
>
> ——严如煜《和秦竹浯岳麓众芳诗小引》

意中花事眼中山，我列诸人侍从班。七百年来无此乐，晦翁风范在

[①] 朱汉民、邓洪波：《岳麓书院史》，湖南教育出版社2013年版，第284页。

人间。①

————周锷《朱野云鹤年为我作南寺随罗慎斋先生典看花图因题》

暇日携筇屐，闲心课雨晴。种花明月证，傍水白鸥盟。……直教香作国，讶是锦为城，辛苦当年地，栽培此日情，从头思往事，屈指念居平。②

————欧阳厚均《长律百韵恭祝罗慎斋夫子九龄望秩并贺重赴鹿鸣之喜》

这些感受，都直指人生的境界，都意味着人格的升华。罗典的校园建设实际是进行美育、德育的独特路径。这也是和一般理学说教不同处。罗典认为，义理在赏心悦目的大自然中，在可知可感的日常生活之中。无须喋喋不休的说教，释放自我天性，就会悠然意会。如果联想罗典建设岳麓书院，是捐出自己薪水并四处募捐而苦心经营，就更有兴味：

计先时以闲息游，知傍院隙地多芜，佣人辟之，令深劚草荄，瓦砾务尽。洼则潴水载荷，稍高及堆阜种竹，取其根多继增不息也。其陂池岸旁近湿，插柳或木芙蓉，取其易生也……凡余幸得与诸君子共周旋，此物此志，即将凭以自明，力不逮而心逮之。③

在这些略显絮叨的文字中，我们可以强烈地感受到罗典对大自然的热爱，对日常生活的亲和。校园建设寄托着他的人生理想。这种理想已经超越了一般化的经世致用、建功立业的诉求，无关穷达，也无关贵贱，而有关于对生命深沉的挚爱，并上升到天人合一的哲学大境界。罗典正是循此而教书育人，丰收了桃李芬芳。

---

① 朱汉民、邓洪波：《岳麓书院史》，湖南教育出版社2013年版，第284页。
② 《欧阳厚均集》，岳麓书社2013年版，第33页。
③ 罗典：《癸卯同门齿录序》，见《湖南文征》，岳麓书社2008年版，第2482页。

第五节　湖湘英杰与岳麓书院

一、后罗典书院时代的岳麓书院

罗典书院时代之后至王先谦任山长，清代岳麓书院走完了全部历程。这个时期也大约有六十余年，岳麓书院的山长丁善庆、周玉麟、徐棻、王先谦，都是经学大儒，尤其是王先谦，号称"学界泰斗，清季巨儒"，就育才业绩而论，亦不乏英才涌现，如曾国荃、刘坤一、唐才常、沈荩、熊希龄等，但和罗典时代显然不可同日而语。此期间湖湘英才依然星汉灿烂，只是岳麓书院不再能包揽了。

同治中兴之后，清王朝的政治统治在内忧外患的夹击下，已经在根本上动摇而走向末路，民族危亡成为时代主旋律。西学东渐之风日益强劲，东西学，新旧学的文化冲突日益尖锐，中国的士人群体也出现了大分化，尤其是甲午战争中湘军的全军覆灭更昭示着儒学传统文化的危机。维新思潮从广东北伐，一大批湖湘文化精英群起响应，创办新学成为时尚。湘水校经堂从岳麓书院迁出，还有时务学堂的创办，都动摇着岳麓书院一枝独秀的传统地位，尽管岳麓书院山长王先谦也在相当程度上跟随维新大潮，发动岳麓书院改制，以求与时俱进，一时间也形成了校经书堂、时务学堂、岳麓书院三校并进的教育新政格局。但是终因守旧的思想根基难以根除，导致了时务学堂与岳麓书院的激烈新旧文化冲突，迫使梁启超为代表的维新势力退出了湖南。王先谦因此成为守旧势力的文化旗帜，从而使岳麓书院在很大程度上边缘化于时代的进步潮流之外。不言而喻，岳麓书院对学子的感召力和人才孵化力必然受到限制。

其次，从历史看，岳麓书院的学统传承是理学思想体系，更宽泛一点说属于儒学思想体系。其教育传统是培养维护统治制度的政治官僚，在时代进步面前，旧制度及其意识形态的儒学已经生命力枯竭，历史的呼唤是推陈出新，是大破大立，岳麓书院恪守的教育思想资源和教育体制都和时代要求格格不入。要想有作为，实在勉为其难。如光绪年间，六十五岁的山长徐棻主持书院，虽然学养沉厚，学生亦有杰出者，可是研究者却认为，他"毕竟年事已高，虽可称'经师人师'，'国老庶老'，其治下的岳麓书院实则归于平淡，守成而已。尤其是与同时期的校经学堂相比，可谓稍逊风骚，略逊一筹"①。其实年事已高未必中肯，罗典主持书院年事更高，却业绩斐然。更关键的还是历史面临大转型，社会动荡，人心浮动，学子分流，岳麓书院无论在精神滋养还是教育举措上都难以为继。特别是守旧的王先谦主持书院后，以守旧的姿态对抗时代潮流，导致学潮屡发，纷争不断。这种形势下，岳麓书院不仅难有沉静的向学之风，也难有顺应时代的教育作为。

其三，自维新到革命的社会大变局中，中国遍地英雄下夕烟，已经不是湖湘英杰风景这边独好。尽管在这种英雄遍地的时代大变局中，湖湘英杰依然层出不穷并显现出类拔萃的姿采，不过，我们已经不能用岳麓书院作为英杰摇篮来解释这种局面。甚至可说，此时湖湘英杰问世，很大程度上须以叛逆岳麓书院为前提。如王先谦的学生杨昌济便是维新变法的积极参加者，后来更是毛泽东、蔡和森等湖南激进革命派的精神导师，和其师王先谦可谓背道而驰。富有意味的是，杨昌济的高外公向曾贤则是罗典的高足，乾隆六十年进士，后来成为嘉庆之帝师，对罗典则是崇敬有加，亦步亦趋。比较之下，可见时代潮流的变迁，对老师的尊与逆也大不相同。总之，到晚清末年，岳麓书院已经完成了自己的历史使命。

二、湖湘英杰，什九岳麓

近代湖湘政治精英群体形成的原因是多方面的，其中重要的原因就是岳麓书院的摇篮作用。在古代中国，书院是文化学术积淀最为沉厚的教育机构。"天下四大书院，二在北，二在南，在北者，嵩阳、睢阳也。在南者，岳麓、白鹿洞也。其初，聚徒授业，不仰给于公养。然嵩阳、睢阳、白鹿洞皆民间所为，惟岳麓乃宋开宝之季，潭守朱洞所建。"②悠悠千年，岳麓书院一直由官家保驾护航。上至帝王，下至地方主官，荣誉上，思想上，学制学规上，师资配备上，经费支持上，可谓全方位地呵护。岳麓书院甚至比一般官学更受官方器重，成为湖湘官学机构中的宠儿，湖湘教育的旗舰和官学的最高学府。这一切给近代湖湘政治精英群体的形成提供了得天独厚的环境，也成为感召湖湘优秀学子求学岳麓的原

---

① 朱汉民、邓洪波：《岳麓书院史》，湖南教育出版社2013年版，第529页。
② 吴草庐：《元岳麓书院重建记》。见《岳麓书院志》，岳麓书社2012年版，第99页。

因。资料显示，岳麓书院的招生范围，招生数量，师资配备，师生待遇在湖南学府中都是名列前茅的，这也意味，其生源也是最优秀的，其成才率无疑得到了保障。名校与英才的契合，这是近代湖湘政治精英群体大都出身岳麓的重要原因。

湖湘精英最显著的特点就是政治豪杰云集。这也与岳麓书院密切关联。岳麓书院坚守的是朱张正学，亦即国家话语体系，用罗典的概括就是"礼门义路圣贤心"。这种学脉一直赓续到晚清。就历代山长而言，也是朱张正学的传人，而且大多数都有朝官履历，尤其是清代，几乎全有进士功名，无论是政治立场还学术修养上，都可谓朝廷的忠臣卫士。岳麓学子在这种教育氛围中成长，自然也是鞠躬尽瘁、舍生取义的报国者。南宋的著名岳麓弟子彭龟年、游九言、吴猎、游九功、赵芳、陈琦等皆是。元代蒙古铁骑进犯长沙，岳麓弟子在老师尹谷的率领下投入护城的血战，数百学子殉难，以至于导致湖湘学派的消亡。清代太平天国之乱，以曾国藩为代表的岳麓弟子组建湘军浴血奋战，誓死捍卫大清江山，硬是将土崩瓦解的大清王朝起死回生，延续寿命半个世纪。这也是岳麓学子最辉煌的历史勋业。后人将这种岳麓学子功业概括为爱国主义传统。其实大可商榷。更确切地说，维护皇权礼义秩序，建功立业更能解释岳麓弟子的行为动机。岳麓弟子是在践行"礼门义路圣贤心"的岳麓之教，再抽象一点说，"忠诚"，这是岳麓书院灌输给学子们最重要的人格品质。岳麓弟子是岳麓学统的人化形态。

岳麓书院并非一所充满着经院和学究气息的学术殿堂。如果仅从学理和学派建树角度看，岳麓书院的文化贡献你甚至会感到有些失望。比喻性地说，如果理论是一匹马，湖湘学人只想当骑手，骑马经营天下，并不想当马夫，精心伺候理论。湖湘学人不是痴迷学问的纯理论家，是有理论涵养的实践家。经世致用才是湖湘学人更终极性的追求，也是湖湘文化更本质性的特色。由于追求立竿见影的经世成就，在学理上就不会太固执，太一根筋，太门户化，于是兼收并蓄的学术态度就出来了。建立这样的认识，我们就比较好理解，湖湘学人为什么能够比较轻易地改换门庭，为什么能够坦然地接受非朱张系统的学人来开坛讲学，为什么能够汉宋学兼采并用，而且无论汉学还是宋学都不琐碎。岳麓学人也没有卷入狭隘门户之见的学派纷争中。因为经世致用不是在嘴巴上论是非，而是最终看事功的现实成就。于是，学生的出息和成就就成为岳麓书院的关注所在。而且，一旦强调经世致用，政治作为无疑是首选。悠悠千年，岳麓英杰弟子基本都是投身政治,岳麓书院成为培养政治人才的大学校,和经世致用的学风分不开。

也许我们感到岳麓学风中的功利性或者说实用主义色彩颇浓。但正如李泽厚所言:"实用理性便是中国传统思想在自身性格上所具有的特色。先秦各家为寻求当时社会大变动的前景出路而授徒立说,使得从商周巫史文化中解放出的理性,没有走向闲暇从容的抽象思辨之路(如希腊),也没有沉入厌弃人世的追求脱险之途(如印度),而是执着于人间世道的实用探求。"①况且,岳麓书院是伴随着理学起步的,而理学最本质的诉求也不是建立对世界的知识,而是建立社会意识形态,亦即建立俗世行为准则和路径,具体言之就是内圣外王之路,或者更精细一点:格物、致知、诚意、正心、修身、齐家、治国、平天下之路。可见,理学本质上也是追求经世致用的。在这个意义上可以说,岳麓学风最得理学机心,而岳麓学子们的平天下勋业表现就是最好的诠释。

当然,我们谈论经世致用的岳麓学风时,还要注意到,岳麓书院并非全然漠视理论建树。例如对船山之学的整理和播扬,例如历代山长的学术著述,都体现了岳麓书院一直努力进行学术的研习和积累。只是岳麓学人始终清醒地认识到,认识世界是为了改造世界,学问是为人的福祉而存在的。所以,岳麓书院更鼓励自己的学子,以经世的功业来回报母校的抚育。事实也证明,岳麓学子没有辜负母校的期盼。

三、政治时势与岳麓辉煌

悠悠千年,岳麓书院真正的辉煌只有两个时期,一是南宋的张栻书院时代,一是清代的罗典书院时代。何以如此?这就涉及时势造英雄的问题了。马克思说过:"人民创造自己的历史,但他们并不是随心所欲地创造,并不是在他们自己所选定的条件下创造,而是在直接碰到的、既定的、从过去继承下来的条件下创造。"②事实正是如此,岳麓书院也不能随心所欲地创造自己的历史,其种种特色其实是在各种社会力量交织的合力下形成,它并不能独立地主宰自己的命运。它的消长沉浮、辉煌与平庸在很大程度上取决于作为社会合力的时势或者说环境,其中政治制度是具有很大决定性的支配力。余秋雨深有感触地说:"学术界在研

---

① 李泽厚:《中国古代思想史论》,安徽文艺出版社1994年版,第301页。
② 《马克思、恩格斯论艺术》(一),人民文学出版社1960年版,第187页。

究文化传承的时候,总是习惯于把目光集中投向学说、学派、潮流、人物。其实,比这一切更重要的是制度。制度一旦被确立并被有效地执行,那么,一个大国的行政力量就会转化成空间力量、时间力量和社会心理力量,使文化传承成为铁的事实。"[1]遗憾的是,并非所有学人都认识到这一点。中国读书人自古以来就有一种担当意识,所谓"士不可以不弘毅,任重道远",这其中也包含着某种自信,以为只要自己上下求索,辛勤耕耘,就一定满园春色。其实不然,统治权力是裁判性的力量,如果不同统治话语达成妥协,读书人是很难有作为的。所以,岳麓书院的辉煌在很大程度上是与权力意志取得了共鸣。

岳麓书院南宋的辉煌,就社会政治的时势而言,是政治权力对文化建构的倡导,尤其是对意识形态建构成为突出的需求,理学诞生就担负着这样的政治使命,要改变唐代缺乏主导性的社会意识形态局面,以复兴儒学道统建立国家的意识形态专制。于是理学建构就符合统治者的需要显现出时代生机。可见,岳麓书院成为理学重镇绝非偶然。此外,岳麓书院自呱呱坠地就笼罩着官学光环,一直赓续千年,这也就决定了其对国家意志的依附。与此同时,这又是一个遍地狼烟,国家危亡的时代,国家呼唤经世致用的雄杰。在这样的社会情势下,以张栻为领袖的理学大儒执掌岳麓书院,一大批身怀报国之志的学子簇拥旗下,不难想见,岳麓书院的南宋辉煌具有某种历史必然。

反之,元明两朝,统治权力推行高度专制的国策,就意识形态建设而言,理学的官方招安,且成为科举的标准答案,使统治者有了足够的文化自信和制度自信,不再需要读书人指手画脚、狗尾续貂地指点江山,也不需要读书人舍身就义拯救什么国家危亡。总之,元明两朝,读书人被悄然边缘化了。统治者也给读书人一片吟咏风月的空间,任读书人聊以自慰。可是,一旦读书人得寸进尺地逾越雷池,想"家事、国事、事事关心"的话,屠刀就会挥举,留下血洗学门的斑斑残红。另一方面,在元明两朝,读书人中也确实匮乏思想巨人,王阳明也只能在理学的旧框架内标新立异,其张扬独立个性的种种论说,虽然给学界强烈震撼,却并不为已深陷门户之见的学人普遍领会和接纳,更触怒了统治者。明世宗朱厚熜怒斥王学:"方言自肆,诋毁先儒。号召门徒,虚声附和。用诈任情,坏人心

---

[1] 余秋雨:《中国文脉》,长江文艺出版社2013年版,第367页。

术。"①在如此政治高压之下，岳麓书院要标新立异，引领风骚，建立英才辈出的勋业，实在是一种奢望。

　　至清代乾嘉年间起，清帝国统治发生了由盛而衰的转型。皇族的执政力明显退化，对汉臣的启用，成为嘉庆以来日益明显的制度趋势。这就给汉族士子提供了施展抱负的舞台。陶澍、贺长龄、魏源、严如熤等岳麓弟子的出道便得益于此。道光咸同年间，列强入侵，太平天国起义推波助澜，横扫大半个中国，大清帝国岌岌可危。这种乱世之局，呼唤民众性地动员拯救帝国危亡，曾国藩、左宗棠、胡林翼、曾国荃、刘长佑等等一大批岳麓弟子便顺应时势，组建湘军，脱颖而出，创造了湘军救大清的奇迹。在相当程度上可以说，正是乱世成就了岳麓英杰。当然，另一方面也要看到，岳麓书院也为英杰弟子的涌现作出了卓有成效的准备，储备了成千上万的英才。这就是罗典书院时代的历史作为了。总之，我们不能孤立地考察岳麓书院的教育成就，而应结合社会时势尤其政治背景来进行考察，才能更深刻地洞悉岳麓书院和近代湖湘政治精英群体形成的有机关联。

---

① 张立文：《宋明理学研究》，人民出版社2002年版，第542页。

第五章：嘉道年间湖湘政治精英集团的形成

由盛转衰的乾、嘉时代，以陶澍、贺长龄、魏源为核心的湖南经世主变派群体脱颖而出，成为嘉、道政治舞台上最为耀眼的明星群体，从此改变了湖南人罕见于史传的落后境况，书写了近代湖南政治精英群体的辉煌开篇。

第一节 嘉道年间的湖湘政治精英群体

一、"盛世余晖"与湖湘政治精英群体的崛起

19世纪后，"康乾盛世"的余晖渐渐暗淡，呈现出山雨欲来风满楼的乱世景象。歌舞升平的谎言被严酷的现实击穿，华丽的外衣遮蔽不了大清王朝腐败的躯体。当自封为"十全老人"的乾隆皇帝寿终正寝于紫禁城内，盛世的光环也随之散去。当乾隆时代走向老人政治的时候，英国发生了工业革命，美国建立了宪政国家，法国发生了资产阶级大革命，这三大事件改变了世界的格局。乾隆皇帝仍旧以天朝上国自居，在对外交往中采取限制贸易和减少接触的关门主义，使中国丧失了向西方学习先进科学技术的良机，使明代中期萌芽的资本主义走上了夭折之路。

嘉庆即位，铲除了大贪官和珅，但并没有动摇清朝贪污腐化的根基。有学者

认为，清朝乾隆皇帝留下来的是一个烂摊子，主要表现在四个方面：吏治腐败、社会动荡、国库空虚、思想禁锢。这四个方面既是政治危机的表现又是政治危机的原因，它从总体上反映出清王朝在政治体制及治国方略等方面的困境，这种困境覆盖了嘉道五十余年的历史。①由于政治经济危机的加深，清政府已无力再继续保持清初那种思想文化上的高压专制政策，嘉庆下令广开言路，征求治国之策，社会环境出现了宽松的局面。正如梁启超所言："嘉道以还，积威日弛，人心已渐获解放"，士人可以"相与指天画地，规天下大计"。这就为以陶澍、贺长龄、魏源为代表的湘籍经世文化派群体的崛起提供了良好的政治舞台。

嘉道时期湖南人才群体的崛起是多种因素交相作用的结果。一是经济重心的南移，为湖南人才群体的崛起，提供了重要的物质条件。自宋代以后，随着北方人因战乱南迁，带来了先进的生产技术，经济重心开始由北向南转移，在向南转移过程中，又经历了由江浙向江西、向湖广逐渐转移的过程，湖南直到元末明初，江西人大量西迁湖南，经济上才开始有了大的起色。加之湖南地处中部交通要道，临近于对外开放通商口岸的广东省，使湖南成为内外商品交流的必经通道，出现了长沙、岳阳、湘潭、郴州、常德、津市等重要商品中心，各类货物云集，牙行铺栈林立，各地客商往来其间，大大促进了湖南社会经济的发展。二是人才的兴起。源远流长的岳麓书院，成为湖南培养杰出人才的摇篮，到清代中期仍旧保持着经世致用的学风不变。岳麓书院的山长王文清、罗典、袁名曜等虽然在学术上各有特色，但在不死守书本、关心与通晓社会实际事务这一点上却是一致的。他们或要士生"通晓时务物理，参读古文诗赋"，或不徒以制艺教授，要将学生培养成经国济世的实际人才。因此，当乾嘉考据学兴起于吴皖、风行于天下，独湖南受其影响最小，在举世酣睡、远离政治，不关心现实，沉醉于繁琐考据、训诂以避祸的学术氛围中，独湖南士人发出了扶危济困的经世呼声。后来学者指出："清儒考据之学，盛起于吴皖而流衍于全国，独湖湘之间被其风最稀。"②嘉道时期湖湘经世主变派政治群体，邓显鹤以编《王船山遗书》，直接受王夫之思想影响自不必说，陶澍、贺长龄、贺熙龄、魏源、汤鹏等都是岳麓书院的学生，经世致用的思想都在他们的身上有着明显的体现，支撑着他们在嘉

---

① 张国骥：《清嘉庆道光时期政治危机研究》，岳麓书社2012年版，第72页。
② 钱穆：《中国近三百年学术史》，中华书局1986年版，第575页。

道政治舞台上的伟大作为。三是湖广科举分闱，扩大了湖南的士人队伍，为湖南政治人才的兴起奠定了基础。经过康乾盛世一百多年的安定局面，湖南的知识分子在清政府软硬兼施政策的双重压力之下，逐渐放弃了对清政府的敌对情绪，开始埋首书斋，穷毕生精力，投入到科举入仕的行列之中。原来湖南的科举考试是湖广合闱，考点放在湖北省会武汉，湖南士人要参加乡试必须前往武汉，湖南到武汉不仅路途遥远，来往不便，又有洞庭湖和长江风波之险，士人往往把赴考视为畏途，花销和风险局限了他们参考的热情，加之录取名额为两省统一计算，湖北士子当然是近水楼台先得月，这样就局限了湖南举人的数量，自然也影响了湖南进士的人数，使湖南的政治人才受到了严重的影响。直到雍正元年，在各方的努力之下，湖南、湖北实行分闱考试，湖南才取得了独立设考的机会，有了固定的录取名额，从而大大促进了士人参加科举考试的激情，学校教育也随之兴旺发达起来。学校和科举培养了大批人才，自顺治九年至道光二十年，湖南中进士四百四十余人，中举的达数千人，其中官至总督、尚书、大学士的有14人，为巡抚、侍郎、布政使、按察使、学政的十余人。陶澍等嘉道经世主变派政治群体就是通过科举考试而走上仕途，建功立业，形成社会影响的。

嘉、道时期，湖南经世致用文风的兴起，还与王夫之的著作影响有重大关系。"从中国封建社会发展的历史过程来考察，文化的繁荣往往不是出现在王朝的盛世，相反倒是出现在衰世。这是因为王朝稳固，文化控制也严密，无声的社会只能产生类似《四库全书》和考据学（这里不存在否定它们本身的贡献）这种无声的文化；而在王朝走向衰落时，文化控制也相对松弛，思想比较自由、活跃，流派风格，争鸣齐放。"① 禁锢了近百年的王船山著作，在道光年间，始由新化学者邓显鹤等先后汇刻了24种，共157卷，称《船山遗书》，使它得以重见天日。其时，湖南经世派正处在脱颖之际，得读《船山遗书》无疑会受到王夫之的朴素唯物主义和辩证法思想以及历史进化论的观点和经世致用主张的很大启示。具有强烈忧患意识的湖南士人想一挽颓风，打出了"经世致用"的旗帜，他们倡导实学，讥切时弊，研究大政，力图通过改革整顿，革除弊端，改变社会现状，以挽救清王朝的灭亡。湘籍士人中有著名的实干家、政治家、改革家陶澍；有积

---

① 龚书铎：《社会变革与文化趋向》，北京师范大学出版社2005年版，2006年11月第2次印刷，第178页。

极倡导经世之学，编辑《皇朝经世文编》的贺长龄；有意气凌厉，勇于言事，明习吏事，慨然有肩荷一世之志的汤鹏；有参与编写《皇朝经世文编》，撰写《圣武记》《海国图志》等书，一生鼓吹和从事改革的魏源等，从而形成了近代湘系经世派群体。陶澍与贺长龄则成为这一人才群体的两大核心人物。近人孟森说："嘉、道以后，留心时政之士大夫，以湖南为最盛，政治学说亦倡导于湖南。所谓首倡《经世文编》之贺长龄，亦善化人，而澍以学问为实行，尤为当时湖南政治家之巨擘。"①

二、嘉道时期湖南政治精英群体的人际网络

陶贺为中心的湘学经世主变派群体以志趣高洁相吸引，以学术交流为手段，以姻亲关系为纽带，惺惺相惜，在治国平天下的政治抱负中，聚合在一起，通过切磋学问、治国理政等活动，建立了广泛的人际交往网络。安化人陶澍是嘉道时期权位最高、最受朝廷倚重的湘籍名臣，在湖南政治精英群体人际交往网络中起着旗帜性的作用。学界论及嘉道时期湖南政治精英群体及其人际交往，大都以陶澍为核心。但是，著名的曾国藩研究专家唐浩明却认为贺长龄当属那个年代湘中士人集团的领袖。这个问题我们后文再论。在此要说的是，嘉道年间的湖湘士人圈子，应该是陶澍与贺长龄共同成为核心。陶澍以官声地位为感召，贺长龄则以主编《皇朝经世文编》的传世经典以及更为雄厚的家族势力背景为支撑，凝聚了整整一代湖湘精英士子。他们还与湖南的后起之秀曾国藩、左宗棠、胡林翼、郭嵩焘等人有很深的交往，为近代湖南二个人才群体的形成作出了重大的贡献。为方便叙述，我们且以陶澍为轴心，就其与嘉道年间湘籍政治精英人物的交往情况，简要介绍。

贺长龄（1785—1850），湖南善化人，进士，官至云贵总督。陶澍、贺长龄分别在官场40多年，两人一直保持着深厚的友谊，就师承关系而言，贺长龄与陶澍的父亲陶必铨同为岳麓书院罗典的弟子，在学辈上还大陶澍一辈。此外贺长龄的侄儿娶了陶澍之女，孙女又嫁给陶澍的孙子，后代又继续联姻，构成了五代以上的亲家关系。足见关系密切。嘉庆十四年（1809），贺长龄考中进士的第二

---

① 孟森：《明清史讲义》（下），中华书局1981年版，第618页。

年，就参加了陶澍在北京发起的消寒诗社，两人诗酒唱和，议论国政，探讨学问，交往甚殷。嘉庆十五年（1810），两人以京官外放乡试主考，陶澍去四川，贺长龄去广西。陶在参观四川栈道时，特意写诗给好友贺长龄，倾诉离别之情。陶澍任江苏巡抚时，贺长龄为江苏布政使，两人数年共事。在漕粮海运、发展农业、重视文教方面，进行了密切的合作，取得了很大成效。贺长龄还聘同乡好友魏源编辑《皇朝经世文编》，得到了陶澍的大力支持。贺长龄离开江苏后，又将魏源推荐给陶澍。后来任官虽天各一方，但两人往来书信不断，陶澍给贺长龄的信中有如是真诚表白："四月二十一日花太守携来一书，情真意挚，语语脚踏实地，可见施行。三年作别，而亲家所诣遂已至此，虽有名贤无以过。自莅任以来，所得友信，惟亲家与乐园、南雅之书，大有资于身心、政事，时悬座阳，以当箴铭也。"可见陶澍对贺长龄的推崇和敬重。

严如煜（1759—1826），湖南溆浦人，官至陕西按察使。他与陶澍的父亲陶必诠为岳麓书院的同窗好友，同为岳麓书院山长罗典的学生，比陶澍大20岁，他非常欣赏随父就读，聪明好学的陶澍，两人由此成为忘年之交。在就读期间亲到陶澍家中作客，做官后，又与陶澍时有书信往来，共同探讨安民治乱之策。1810年，陶澍与时任汉中知府的严如煜在沔水相遇，陶澍欣喜异常，曾作诗曰："茱萸江上竹篱居，记得儿时迓客车。夜雨共寻园内韭，春风曾读别来书。五丁峡逼新探险，二酉山深旧结庐。犹有同舟佳咏在，剪灯重乞付抄胥。"[1]两人在勤政恤民、为民做事方面都做出了自己各自的贡献。

唐仲冕（1753—1827），湖南善化人，进士，官至护理陕西巡抚陕西按察使，"学本庭训，以通经为致用"，著有《五礼六联表》《仪礼蒙求》《经学录》等著作。仲冕为官"务大体，不喜操切，而察吏惩奸无稍姑息"，"勤恳练于世"，当时大吏如黎世序、岳公起对他"皆深加倚重"。唐仲冕长陶澍25岁，两人有很深的交往，时有书信往来，诗词唱和，如"十年乡国耳才人，秋水江南入梦频。作宦一时推古直，论诗隔世有前身。地当湖海难为客，胸贮周秦不是贫。遥羡鲤庭春最早，梅花添放几枝新"[2]。唐去世后，陶澍为之作墓志铭。

唐鉴（1778—1840），唐仲冕之子，进士。陶澍和唐鉴同为官翰林院、国史

---

[1] 《陶澍集》（下册），长沙：岳麓书社1998年版，第510页。
[2] 《陶澍集》（下册），岳麓书社1998年版，第502页。

馆，两人曾是邻居，住在北京椿树胡同，经常往来，亲如一家。陶澍为两江总督时，唐鉴为江宁布政使，陶澍生病其间，委其代行院事，可见陶澍对其信任之深。平时，两人常有诗歌唱和，书信来往，论学论政。嘉庆三十三年，陶澍《印心石屋诗抄》成，唐鉴等人为之作序跋。道光十二年（1832），唐鉴任职广西，陶澍有诗相送："唐子家传一枝笔，风雨纵横书满室。平生雅抱致君心，读破万卷不读律。""此行仍作粤江行，却载图书过湘麓。湘中磊落多奇士，黄、邓联翩共张、李。停舟一讯故乡情，应喜披襟谈宛委。独怜二贺弃官归，风雪倚庐方读礼。四海人推楚宝贤，难得君家名父子。"①委托唐鉴代为问候家乡朋友，更体现了陶澍对唐鉴的倚重。诗中"黄、邓、张、李、二贺"即黄虎痴、邓显鹤、张蓉裳、李星沅、贺长龄兄弟。

贺熙龄（1788—1846），贺长龄之弟，进士，官至学政，主张"读书所以经世"。贺熙龄是陶澍挚友，后来成为儿女亲家。陶澍与贺熙龄很早就有交往，二人同为官京师。贺"寓居京邸，与文毅篝灯旅馆"②，陶澍出任川东兵备道，贺熙龄作《送陶云汀观察之任川东序》，贺后来又为陶澍的《漕河祈冰图诗录》作序，为陶澍《御制印心石屋》作记，贺对陶称颂有加。贺归乡后，长期执教长沙城南书院，左宗棠就是其城南书院的学生，罗泽南、刘蓉也都受惠于贺氏兄弟，他们与陶澍一样，都属开湘省风气的人物，对近代湖南产生了很大影响。

邓显鹤（1778—1851），湖南新化县人，举人，官至宁乡训导。清代著名经世致用学者，被称为"湘学复兴导师"。他留心文献，以整理湖湘先贤著作为志，希望以此弘扬湖湘精神，为经世济民之资。陶澍"与湘皋交十余年矣"，关系密切。陶对邓诗称颂有加，说"湘皋之诗，导源于魏晋，而驰骋于唐宋诸老之间，情深而文明，气疏而节古"，"在沅湘间独为一派"③。道光五年（1825），任安徽巡抚的陶澍邀请邓显鹤主修《安徽通志》中的《艺文志》。道光十六年（1836），陶澍回安化省墓，以封疆大吏之尊，到宁乡学署造访训导邓显鹤，并留宿一夜与老友话旧。道光十八年（1838），邓因征集湖湘先贤典籍到南京拜访陶澍，征求陶澍意见，陶澍积极支持邓的工作。邓著成《资江耆旧集》，陶澍对其一一校注并为其作序。陶澍还准备与邓合力编著《沅湘耆旧集》，整理湖湘先

---

① 《陶澍集》（下册），岳麓书社1998年版，第432页。
② 《沅湘耆旧集序》，雷树德校点：《贺长龄集 贺熙龄集》之寒香馆文抄，岳麓书社2010年版，第30页。
③ 《陶文毅公全集》卷36，《〈南村草堂诗抄〉序》。

贤遗著，事未成而陶去世，书成后，贺熙龄为其作序。道光二十年（1840），邓显鹤将从王船山六世孙王承佺家中搜集到的王船山遗著，在长沙开雕刊印，请同乡好友邹汉勋任总编校，1842年，该书刊印完成，共150卷，称为《船山遗书》，是最早的《船山遗书》版本，为船山思想的广泛传播起了重大作用，对咸同时期曾国藩理学经世群体的崛起起了巨大的作用。邓显鹤的"足迹遍天下，所交际多一时贤人大君子"。除陶澍外，湘籍名人何凌汉、何绍基、唐仲冕、唐鉴、贺长龄、贺熙龄、欧阳兆熊等都与他有很深的交往。他们或为学术上的好友，或为《船山遗书》的刊刻出资助力。为《沅湘耆旧集》出资刊印的就有贺长龄、贺熙龄、李星沅、罗绕典、劳崇光、陈本钦、严正基及陶澍的儿子陶恍等20多人，集湖南一时之俊杰。登门问学、以师长事之的青年学者更多，其中著名的有郭嵩焘、左宗棠、邹汉勋、罗汝怀、何绍基等人，就连后来成为湘军总统领的曾国藩，虽与邓显鹤只有一面之缘，但因仰慕其人品、学问，自称其为邓的"私淑弟子"。

何凌汉（1772—1840），湖南道州人，嘉庆十年进士一甲第三名（探花），官至户部尚书。何凌汉与陶澍同为国史馆编修，二人来往密切。陶澍34、35岁生日时，何与友人向陶澍作诗道贺。

汤鹏（1800—1844），湖南益阳人，进士，官至户部员外郎。汤与陶澍同是长沙府老乡，汤在经世之学上很有造诣，著有《浮丘子》一书，"大抵言军国利病，人事情伪，开张形势，要极道德"。陶澍很佩服汤鹏的才华和骨气，两人交往深厚，陶澍对汤的才华称颂有加，称汤为肩荷一世之志，"陵轹百代之才"。

李星沅（1797—1851），湖南湘阴人，进士，官至两江总督。比陶澍小34岁，少年时即博学多才。嘉庆二十四年（1819），陶澍授川东兵备道，就任前，陶回湖南老家，听说湘阴秀才李星沅才高识远，特请蔡用锡聘请李星沅到川东道署，帮办文案。李星沅遂"客陶澍幕中，为掌奏章"。在陶澍多方关怀下，李星沅才学大有长进，后来成为云贵总督、陕甘总督、两江总督。李星沅对陶澍的知遇之恩铭刻于心，并始终对陶澍"执弟子礼"。

魏源（1794—1857），湖南邵阳人，进士，官至知州。魏源和陶澍可称世交。青年时期的陶澍曾溯资江而上，拜访当地的名门望族魏家，接待陶澍的是魏源的祖父魏志顺。陶澍发达后，曾派人携金到邵阳表示感谢，魏志顺不受金，只寄望于陶澍为老百姓多办好事。陶澍任江苏巡抚时，魏源父亲魏邦鲁为属下县令,陶澍以礼相待。嘉庆十九年(1814),陶澍任江南道御史,魏源第一次来到北京,"从胡承珙问汉儒家法"。胡承珙和陶澍都是宣南诗社成员,魏源亦参加过诗社的活动,得以直接与陶澍交往。魏源在京期间,与陶澍来往密切,陶澍曾多次荐举,虽未获重用,但名声大震。道光五年(1825),陶澍任江苏巡抚,魏源则在江苏布政使贺长龄幕府,二人同处一地,关系十分密切。道光七年(1827),贺长龄调任山东布政使,将魏源转荐到陶澍幕府。直到陶澍逝世的道光十九年(1839),两人在两江共事长达十余年。作为陶澍最得力的参谋,魏源参与了陶澍的吏治行政和漕粮海运、盐政和货币改革等各项活动,共同创造了震惊朝野、有利当时、流芳后世的伟大业绩。

再看陶澍与后辈的交往。他慧眼识珠,尽力培养,倾心相交,以人格魅力和辉煌业绩感化和影响他们,他与湘军"三杰"曾国藩、左宗棠、胡林翼的交往就在于精神的引导,思想的感化,情感的熏陶。

胡林翼是陶澍的女婿,比陶澍小33岁,是湘军"三杰"中最早见到陶澍的。嘉庆二十四年(1819),陶澍以给事中提拔为川东兵备道,南下途经益阳,会见了当地名士胡律臣,年方七岁的胡林翼随同祖父胡律臣在座,陶澍一见,"惊为伟器,曰'我已得一快婿!'"当即决定将贺夫人所生的女儿嫁给他。从此,胡林翼得到了陶澍无微不至的关心。道光十年(1830),胡林翼18岁时,"就婚于桃花江陶氏别墅",娶两江总督陶澍之女陶静娟为妻。胡林翼因为少年得志,又是总督的乘龙快婿,沾染了不少公子哥儿们的劣习,一度纵情声色,流连秦淮。陶澍女儿对此很不满意,陶澍开导女儿说:"此子功名盖世,穷苦到头,亦应让其尽兴三两年,过此恐终身无憩息时矣。"又过了一年,一天,陶澍整治了一桌丰盛的宴席,请胡林翼坐了上位,以古今豪杰的故事,劝诫胡林翼收心读书。胡林翼恍如大梦初醒,由此折节读书,终成一代名臣,被誉为"天下巡抚"。

左宗棠是陶澍的儿女亲家,比陶澍小33岁。少年时虽满腹经纶,但仕途不畅。道光十七年(1837),左宗棠主讲醴陵书院,恰逢极负盛名的两江总督陶澍回乡省亲,路过醴陵,醴陵知县为欢迎陶澍,特请在本县教书的名举人左宗棠为陶澍馆舍书写了一副对联:"春殿语从容,廿载家山印心石在;大江流日夜,八州子弟翘首公归。"陶澍见对联意境高雅,书法壮美,于是邀约相见,视为奇才,两人纵论古今,通宵达旦,竟订为忘年之交。左宗棠对大名鼎鼎的陶澍本来就仰慕已久,当亲身感受到其礼贤下士的风范以后,敬佩之情油然而生。他在给夫人的信中写道，陶澍"督部勋望为近日疆臣第一，而虚心下士至于如此，尤有古大臣之风度"①。道光十八年（1838），左宗棠第三次会试落第，取道金陵，专程拜访陶澍。陶澍以上宾之礼待之，多次议论商讨学问道德、国计民生，左宗棠受益匪浅。又结儿女亲家，陶澍为其子陶恍向左宗棠之女求婚。当时，卿相布衣之交，传为佳话。陶澍去世后，左宗棠到安化小淹陶澍家中理家课子，长达8年之久，在这里阅读了陶澍大量的藏书，学问大进。左宗棠后来为官，处处以陶澍为楷模。升任两江总督后，他在南京建立陶澍、林则徐两公合祠，以陶澍事业的继承者自许。

曾国藩比陶澍小32岁，他是湘军三杰中唯一没有与陶澍直接见面的人。因此，与胡、左两人相比，曾国藩与陶澍的关系要疏远一些，但是，受其影响仍旧很多。首先，道光十六年（1836），曾国藩在北京会试落第，特转道金陵，专程拜访陶澍，虽为门客李子木所阻，但仰慕陶澍之情是显而易见的。其次，曾国藩在成长的关键时期，曾得到三个人的特别帮助和支持。一是曾国藩赴京应考，得到了贺长龄的资助。以后，又时与通信，论学论政，后来更结成儿女亲家。二是曾国藩在北京期间，师从唐鉴，从而学问见识俱进。而唐鉴为陶澍好友，二人共过事，唐对陶称颂有加，一定向曾国藩介绍过陶澍的情况。三是曾国藩在赴四川途中，曾得到李星沅的帮助，得以战胜病魔。对此，曾国藩曾表示"寸草心头春日永"，是永远不会忘记的。而贺、唐、李三人，则是以陶澍为首的"湘系经世派"的核心成员。因此，曾国藩从三人中间接受到陶澍的影响，也是不言而喻的。再次，胡林翼与曾国藩同学同寅，又是同乡好友，曾赠送曾国藩《陶文毅公全集》两套，此书成为曾国藩的案头书，在曾国藩日记中时有阅读《陶文毅公全集》的记载。第四，曾国藩任两江总督时，继承和发展了陶澍的改革政策，亦采用陶澍的票法行盐。

总之，在陶、贺的感召下，湖南士人紧密团结在一起，相互讨论经世之学，合力进行除弊改革，成为当时中国匡时济世的重要力量。

---

① 《左宗棠全集》第15卷，岳麓书社1996年版，第245、986页。

第二节　陶澍的历史地位和文化贡献

一、陶澍的经世务实与改革创新

陶澍（1778—1839），字子霖，号云汀，湖南省安化县小淹乡人。是嘉、道时期著名的经世致用学者和改革创新的风云人物。陶家的先祖虽有过辉煌的历史，东晋的陶侃曾累官之太尉，手握重兵，都督八州军事，封长沙郡王，改写了"上品无寒门，下品无士族"的历史。陶侃的曾孙陶渊明更是"不为五斗米折腰"的著名田园诗人。唐朝后期，陶侃的后代一个叫陶升的人为躲避战乱，由江西吉州（今吉安），迁居到了人迹罕至的安化小淹，这就是安化陶氏的始祖。

从陶升迁入安化到陶澍的曾祖文衡公数代，家境时起时落，但都以务农为本，偶而也出外贩卖安化黑茶贴补家用。到祖父陶寅亮时，家道开始中落，但仍过着耕读传家、乐善好施的生活。陶澍的父亲陶必铨是科班出身的读书人，但中了秀才后，多次参加乡试均名落孙山，于是，绝意仕途，终身以设馆授徒为业，将家庭的全部希望寄托在培养儿子陶澍身上。

影响陶澍一生最重要的人物是他的父亲。父亲是陶澍从幼年求学直到进入仕途前唯一的老师。他在儿子身上倾注了一生的心血，甚至可以说，他是将自己的生命融进了儿子的生命里。1790年，陶母黄翠兰因病去世，打乱了陶家安宁的生活，四处游历设馆的陶必铨没有时间和精力来抚育家中幼子，只好忍痛将自己的次子陶溍托付给兄长代为照顾，女儿陶姗英送往湘潭周光炯家做童养媳，只把自己的长子陶澍带在身边跟随读书。陶澍六七岁的时候，就跟着到岳麓书院求学的父亲来到了这里。陶必铨家境贫寒，但嗜书如命，为了争取书院的月课奖励，陶必铨几乎没有哪天不是读书到半夜，无论是蚊虫叮咬、炎热难耐的夏日，还是冰天冷冻的冬天，都是如此。如此勤奋的读书，换来了学业的优秀，深得书院山长罗典的喜爱。陶必铨在课余之后，又将自己在岳麓书院所学，毫无保留地教给自己的儿子，陶澍虽不是岳麓书院的在册学生，但因和父亲同居书院，旁听受教，学界也将其列为岳麓弟子，视为罗典门生。

陶澍自小生活于社会底层，随父漂泊于城乡各地，目睹了社会积弊丛生、人民生计艰难的悲惨现状，母亲、妹妹夭亡的悲惨情景时时浮现在他的眼前，因此，在发愤读书的同时，他经常研究社会问题的解决办法，立志要改变命运，做一个对国家和社会有益的人，实现读书人"修身、齐家、治国、平天下"的伟大抱负。他18岁时，成为县学生员，23岁时，考中举人，25岁时成为进士，步入官场。历任翰林院编修、监察御史、川东兵备道、山西按察使、安徽布政使、安徽、江苏巡抚、两江总督等职，为政清廉、政绩卓著，成为嘉、道时期，经世务实、改革创新的典型代表。

陶澍的经世致用思想是以理学经世为重要内容，主张通经致用，挖掘经书的微言大义，为现实政治服务。第一，以经为本，重视义理之学。一是经中含有致治之理，故人人应当尊经。陶澍认为，"经者，致治之理"，经中有"纲纪人道"、"纲常名教之理"，所以人人应该尊经。二是为文、为学宜先宗经。陶澍认为："惟天下之至诚，能经纶天下之大经。而凡为天下国家，借不外九经之目。若典籍，则所以发明此理者也，名之曰经。"①"经者，常也。圣贤之言，如天地之常道，范围而不过，曲成而不遗，约之为四子，散之为《易》《诗》《书》《礼》《春秋》。"②他说，实学来源于宗经，广泛地阅读经书，就能够从中了解古代圣贤所想说的话。他认为："为文宜先宗经，制义代圣贤立言，必须义理融孰，始能言之有物。"他对当时一些士人"涉猎说部数册，杂史几本，即自诩称名士"提出批评，他认为，这种做法"舍本务末，苟以炫俗，毋怪乎其文之不佳也"③。三是"文章之盛"，"其要在于宗经"。陶澍指出："自古文章之盛，视乎上之所以教，下之所以学，而其要在于宗经。经者，恒久之致道也，不刊之洪教也。经术明则人才蔚起。其深者，渐摩浸润，密移于性命之际，发为文词，必充实光辉，粹然一衷于道。"他认为，四川历史上之所以出现司马相如、苏轼等著名文人是因为宗经的结果。四是士人必须通经。陶澍认为，士人首先要通经，"不贯通乎《易》《诗》《书》《礼》《春秋》，而能阐发四子，而能代四子立言，吾尤不信也"④。因此，通经是士子立言，做学问的先决条件。第二，鄙弃空谈，主张实用。他认为学术上今不如古的原因，主要是空谈性命、沽名钓

---

① 《陶文毅公全集》卷33，《沅江县尊经阁记》。
② 《陶文毅公全集》卷37，《尊经书院课艺序》。
③ 《陶文毅公全集》卷50，《苏州紫阳正谊两书院告示》。
④ 《陶文毅公全集》卷37，《尊经书院课艺序》。

誉，指出："后世高谈性命，逃之于空虚，议论日多而无当于实用，学术之所以不能如古，盖在是矣"，"捃摭训诂，泛滥词章，以为弋钩科名之句，于风俗人心之本，毫无与也"①，强调"以实不以华"、"学以致用"的学风。一是读经要有心得。陶澍强调，不仅要读经，而且读经还应当有得。即读经必须了解经的要义，掌握经的实质。他说："即末可以知本，有得于经，则根茂实遂，言中体要，皆经之精液也。无得于经，虽猎取浮华，譬彼行潦之水，朝盈而夕涸耳。"②二是通经的目的在于致用。陶澍认为，读经本身并不是目的，目的还是为了致用。他告诫士人，"国家人文化成，因明制立书院，岁选高材之士，肄业其中"的目的是"储他日通经学古之用"③的人才。科举取士的目的也是培养通经致用的人才，"夫国家造就人才，自三年大比，岁科两试之外，又以书院课试辅贡举之不逮，其所望于诸生，岂惟是能为制举之文，遂诩然自足哉！亦将厉之以通经学古而致诸用也"④。

由此可见，陶澍读书注重本源，务求实效。他不仅广泛的阅读儒家的经典著作，还要想方设法地弄懂其中的微言大义，绝不满足于一知半解的投机行为。他读经、说史、论政的目的都是为了经世。他研究经学，提倡读经、尊经、通经，目的是"以期言为有物，学为有用"。他研究地理，探讨山川形胜、河流源流、古今战守，其目的是使"守土者，易知所绸缪"。他研究史志，目的是从历史中吸收治乱兴衰的道理，"举一方利弊而剔除之"。他探讨漕运、水利、风俗，是为了"安不忘危"。陶澍经世务实治学之道的形成，是多种合力交相作用的结果。湖湘文化的经世学风是其经世务实之本，家学熏陶是其经世务实之源，志向高远是其经世务实之基，低层生活阅历和乱世困境是其经世务实的外在动力。他没有显赫的家世背景，长期生活于社会底层，常常为温饱而担忧，最能感受到社会不稳带来的威胁，最能体会社会不公带来的种种弊端，改变命运、改变社会的欲望十分强烈，促使他拼命读书，学会治国理政的真实本领，以达到"学好文武艺，卖于帝王家"的目的，以实现自己"治国、平天下"的伟大政治抱负。

正是这种经世务实思想的指导，使陶澍在获取功名，步上政坛，尤其是成为

---

① 《陶澍集》下册，岳麓书社1998年版，第275页。
② 《陶文毅公全集》卷37，《尊经书院课艺序》。
③ 《陶文毅公全集》卷37，《钟山书院课艺序》。
④ 《陶文毅公全集》卷37，《尊经书院课艺序》。

主政一方的封疆大吏之后，他就有条件来实现自己经世治国的伟大理想，从而成为嘉道时期一位扶危救世、改革创新的杰出政治家。

一是吏治改革。陶澍对当时官场上"因循者尚复因循，怠玩者依然怠玩"，"十人而聚，无语田桑者焉；百人而聚，无语教化者焉"的积习提出了严厉的批评。对选举过程中"贿托营求"之风深恶痛绝，提出了"公选法，杜弊端"；除积习、汰冗员；选贤任能等吏治改革措施。他反对吏部选官中的"重签之法"，认为抽签候选既为补官定制，就没有必要签定之后，再搞一次抽签，依次将后抽的一、二、三名等分别附在前面抽签的一、二、三名之后，这样容易出现贿赂请托现象，开投机取巧之门，导致选人不公，暗箱操作，因此，这种选人方式必须废止，以保证用人的公正。陶澍认为州县作为基层政权，既是积弊最多的地方，又是国家吏治的基础，必须要高度重视官员的素质。他指出："州县之锢弊日深，州县之疲玩有自"，"今之州县，疲精于奔走承应之中，救过于纸札、文书之上"。他认为，造成州县积弊日深的原因"固由州县官之昧良"，更为主要的责任在"督抚藩臬各上司也"。正是督抚藩臬的勒索供应，名目繁多的任务下移，使州县官吏穷于应付，弄虚作假，虚应故事，玩公文中的文字游戏，实事不干，民惠不施，冗员充斥，效率低下。为此，陶澍在两江裁撤了一批无专管事务，及所管事情很少、很小的官位，也裁汰了一些无所事事及老弱病不能理事的冗员。在州县官员的选拔上坚持按正规的官员条例办理，反对州、县官员进阶太杂，坚守"人地相宜"的选官原则，使吏治环境有了很大的改善。陶澍始终坚持选贤任能的吏治改革原则，主张区别贤否，提贤、用贤，以"得人"为第一原则。他在安徽清查钱粮亏空，实质上也就是区别官员的贤否。当纠结了30年的库款查清，有关的官员是否贪污、挪用，为政是否清廉、勤政，亏空是否偿还、抵赖，也就一清二楚，因此，立即作出了"应参、应补、应豁"的处理。陶澍赈灾，一再强调"总以得人为第一要义。印委各员得人，虽诸弊丛积，不难扫除。否则，或先存染指，或畏葸无能，本身已不可靠，遑论其他"①。正是这种选贤任能的用人原则，使得他的手下积聚了一大批治国理政的有用人才，如贺长龄、梁章钜、程祖洛、林则徐、邓廷桢、陈銮、关天培、王凤生、俞德渊、姚莹、黄冕、魏源等人。

---

① 《陶澍集》上册，岳麓书社1998年版，第133页。

二是漕务改革。漕运是清政府的四大政之一。漕粮运输，是清王朝的生命线。清政府每年要从南方运送约400万石漕粮供应京师。由于路途遥远，上有漕运、河运总督衙门的各级官吏，中有押送、盘查的旗丁、兵役，下有粮头、伍长、书吏、劣生的层层勒索，使得漕粮河运，成本迭加，"盖河运有剥浅费、过闸费、过淮费、屯官费、催趱费、仓胥费，故上既出百余万漕项以治其公，下复出百余万帮费以治其私"①。使得百姓苦不堪言，朝廷也难承其重。陶澍面对漕粮弊端，在道光皇帝的大力支持下，大力推行漕务改革。首先是废除陋规恶习。删浮费，禁勒索，裁陋规，严制度，清除各种不合理的收费和摊派，节约运输成本，减轻百姓负担。其次疏浚漕运河道。把镇江地区的徒阳运河挑切宽深，恢复练湖，建闸蓄水，保证大运河粮道的畅通。再次，创办海运，"利国、利民、利官、利商"。在洪泽湖决口、漕运梗阻的情况下，陶澍积极支持漕粮海运，奏请将苏、松、常、镇、太仓四府一州漕粮一百六十余万担改归海运。为此，他"他亲赴上海，筹雇商船，体恤商艰"②，先后雇船至1562艘之多。商船运粮抵天津后，掉头南归时，又满载北方豆麦等货，两次得值。所以，商情踊跃，极大地促进了南北货物的流通和经济的交流发展，减少了官吏利用漕运勒索贪污的机会，节省了大量的物力、人力和财力。为此，魏源总结概括了陶澍实施海运的四大好处，曰："利国、利民、利官、利商"。

三是盐政改革。盐是人民生活的必需品，也是国家财政收入的重要来源。历朝历代都对盐务实行专卖制度。清代承袭了明代食盐运销的纲盐引岸制度，商人凭盐引交税纳课，买取食盐，到指定地点销售。但是，随着吏治的败坏，各级官员视盐运为肥肉，都想从中大捞一把，他们凭借手中的权力，向盐商层层勒索，使得盐价飞涨，私盐泛滥，官盐卖不出去，盐商倒闭严重，盐引积压滞销，严重影响国家的财政收入和人民的正常生活。针对盐政弊端带来的严重后果，道光皇帝决定起用"为人爽直、任事勇敢"的陶澍为两江总督兼管两淮盐务，对两淮盐政进行大力改革，以清除两淮盐务的积弊。陶澍在调查研究的基础上，根据淮南、淮北的不同情况采取不同的改革办法。对淮南盐务改革的基本思路是完善制度、兴利除害。通过删减浮费，减少成本；加斤减价，增强官盐竞争力；施惠盐

---

① 魏源：《道光丙戌海运记》，见《魏源集》上，中华书局1983年版，第416页。
② 《清史稿·陶澍传》第38册，中华书局1977年版，第11605—11608页。

商,加速运销;严厉缉查,打击私盐泛滥;简化盐运手续,裁选总商等办法,扭转了"淮盐败坏,商困课绌"的严重局面。在淮北则实行票盐法,改革原来窝商垄断食盐收购运销并世袭经营的"纲盐"制度,首先于海州所属中正、板浦、临兴三场择要隘设局给票,注明斤数运地,规定无论何人,只要照章纳税,就可领票运销食盐,废除窝商世袭制度,只认票不认人。这一举措不仅大大激发了商人运销食盐的热情,而且使原来陷入滞销而走私盛行的淮盐得以重新畅销。"越半年,溢销逾额,复推广于江运、湖运各岸,减价裁费,商贩争趋。"商民收入增加,国课也因之大增,"两淮共完正杂银二千六百四十余万两,库贮实存三百余万两"①。两淮盐场由"商疲、丁困、引积、课悬"的危困局面,转变为"盐销、课裕、商利、民便"的兴盛形势。

四是改革河工水利。陶澍主政的江南地区,河湖众多,河工水利关系紧要。他在河工水利改革方面,既继承前人有益的治水方法,又突破陈规,勇于创新。他承袭了古人筑堤束水、蓄水敌黄、以水攻沙、疏浚河道等治水方法,变水患为水利。又因地制宜,巧用地势、水势治河;在吴淞江撤闸通海,解决了内外阻隔问题;引进商人资本进行治水、治河,开创了重商、用商的河务建设新模式,取得了巨大的实效。他在两江任职的十多年里,主持治理了吴淞江、孟渎河、澡港河、浏河、白茆河以及得胜、徒阳、雕鹗、京口、黄蒲等河及练湖。这些河道工程广及15个州县,共挑挖166万多土方,整修河道长达593里。②裕国安民,通商除害,泽被三江。

陶澍不愧是清代杰出的改革家,清代的"四大政"赋税、漕粮、盐政、河工,他主持了三大政的改革,都取得了不斐的成绩。所以《清史稿·陶澍传》总评说:"陶澍治水利、漕政、盐政,垂百年之利。为屏为翰,庶无愧焉。"③

二、陶澍的湖湘文化贡献

有学者指出:"陶澍最大的贡献是把经世思想付诸实践,把经世思想与经世业绩统一起来。这使他成为当时经世派的领袖,也使他成为古代经世派发展的里

---

① 《清史稿·陶澍传》第38册,中华书局1977年版,第11605—11608页。
② 薛其林著:《陶澍的经世思想与实践》,湖南大学出版社2011年版,第292页。
③ 《清史稿·陶澍传》,第38册,中华书局1977年版,第11605—11608页。

程碑式的人物。"①清代清流派官员和学者张佩纶曾与张之洞谈论过道光以来的人才情况,他们认为:"论道光末人才,当以陶文毅(澍)为第一。其源约分三派:讲求吏事,考丁掌故,得之者在上则贺藕庚(长龄),在下则魏默深(源)诸子,而曾文正(国藩)集其成;综核名实,坚卓不回,得之者林文忠(则徐)、蒋砺堂(攸铦)相国,而琦善窃其续以自矜;以天下为己任,包罗万象,则胡(林翼)、曾(国藩)、左(宗棠)直凑单微。而陶实黄河之昆仑,大江之岷也……"②可见,陶澍是嘉道时期湖南人才群体的核心,不容置疑。

嘉道年间是经世致用思潮盛行的年代。陶澍为代表的湖湘精英群体成为此思潮具有实力和实绩的倡行者,形成了影响全国的湖湘经世派群体,对经世致用的湖湘文化而言,则增添了斐然的时代业绩和思想财富,使流于思想形态的经世致用观念与实实在在的经世成就相结合,更有文化感召力。湖湘文化真正具有全国影响力,并在相当程度上主导着中国的文化走向,是以近代湖湘英杰的浩大阵容以及经世勋业为支撑的。离开近代湖湘英杰群体,仅从观念上谈湖湘文化,不仅不得要领,也没有说服力,某种程度上可以说,近代湖湘英杰人才群体是湖湘文化最亮丽的风景。而陶、贺湖湘经世派的崛起,掀开了近代湖湘英杰喷涌而出的序幕,具有里程碑的文化意义。陶澍则因为领袖地位而成为炫目的文化符号,并因其政治地位,而将湖湘文化观念播扬全国。

陶澍的文化贡献还表现在他对近代湖南人才,不仅有发现和培养之功,而且有荐举提拔之德。近代湖南人才大多团结在陶澍周围,在思想上深受陶澍的影响,并多在陶澍所主政的江南地区活动,事业上的成功,也都得到了陶澍的支持和帮助。陶澍与贺长龄相识最早,两人发科甚早,1802年,年仅25岁的陶澍考中进士。1806年,24岁的贺长龄也中进士。两人同为京官,又为湖南老乡,在湖南人才困乏的京城,自然惺惺相惜,交往频繁,又都同为消寒诗社的成员,诗酒交往习以为常,感情十分深厚。后又同在江苏为官,陶澍为巡抚,贺长龄为布政使,两人通力合作,开创了漕粮海运,取得了巨大成效,贺长龄也因此受到陶澍的举荐,两人在仕途上相得益彰,陶澍后为两江总督,贺长龄也做到了云贵总督,都成了主政一方的封疆大吏。长沙人黄冕为陶澍所重用,初行海运时,

---

① 陈蒲清:《陶澍传》,岳麓书社2011年版,第92页。
② 张佩纶:《涧于日记》,涧于草堂石印本,己卯下,第32—33页。

曾派其到上海与沙船商人协议运漕粮之事，办得很成功，并任命为江都知县，后又提拔为知府，参与盐政、漕务、赈灾等各种事务，都取得了满意的效果。邵阳人魏源先为贺长龄幕僚，贺调山东后，转任陶澍幕僚，共事长达14年之久，相知甚深，陶澍曾数次举荐魏源，虽未能如愿，但他深得陶澍的信任和培养，成为名倾一时的改革家和影响深远的名学者。对于湖南后起之秀，陶澍总是倾心相交，鼓励培养。陶澍在益阳初见七岁的胡林翼，即目为伟器，视为可造之才，并将其选为乘龙快婿，极力培养和教育，终成湘军"三巨头"之一。陶澍初见左宗棠，左尚是执教禄江书院的一名举人，陶已是名震天下的两江总督，但读其所写对联后，主动邀左相见，竟做彻夜之谈，并定为儿女亲家，后又托孤教子，成为可托重任的忘年之交。左宗棠在其鼓励下，后成中兴名臣。湘阴秀才李星沅在陶澍手下为幕客多年，在陶的教导和指点、提携之下，不仅中了进士，还官至总督，他终身对陶执弟子之礼。此外，嘉道年间，湖南的有名人才，如汤鹏、刘蓉、李在青、谢振定、严如煜、何凌汉、周系英、李杭、唐仲冕、邓显鹤、何绍基、何绍业、唐鉴、曾国藩、李续宾、李续宜、江忠源等人，都与陶澍有交往，在不同程度上得到陶澍的帮助，或受到陶澍的影响。总之，陶澍对两代湖南英杰的培养，居功至伟，是重要的文化贡献。

陶澍对嘉道年间湖湘文化的复兴也贡献了文化智慧。他使湖湘文化的特色更加鲜明，内涵更加丰富。陶澍继承了湖湘文化理学经世的传统，但与湖湘先贤相比，其理学经世思想更为丰富。他以程朱为宗，但不排斥其他学问合理的一面，他肯定汉学求实求真的精神，承认辞章之学在传载义理上的价值，对各门各派的有益成分也予以吸纳。另外，他抛弃理学空谈心性、天理的一面，充分阐扬理学的经世精神，主张学习一切有利于治学的学问。他以史地为经世之具。为官者要兴利除弊，对于"山川、风土、人物、官师、学校、财赋各大端，皆不可不周知其故"。他认为，方志中关于山川形胜、沿革变迁、风土民情的记载，对于治理一方十分有用，地方大吏若熟悉方志，则"不下堂阶而抚绥之宜，控驭之道可按籍而布"[①]。陶澍十分强调舆地学的经世功能，他说："为国者可不知地利哉！"其地理学著作《蜀輶日记》是一部极富经世精神的著作，此书一再刊刻，是湖湘学者对史地学研究的重要贡献。陶澍对史地学的重视为后来的湖湘学人所

---

① 陶澍：《〈安徽通志〉序》，见《陶文毅公全集》卷35。

承袭,成为近代湖湘文化的一大特点。陶澍不仅继承了湖湘文化力行践履的优秀传统,而且在实行方面所做的工作远远超过湖湘先贤。他说:"仅从纸上谈兵终隔一尘",书本所叙"与身临其境终隔一尘"。他一生中踏遍了千山万水,开展了无数的实地调查。在湖南历史上,陶澍是将经世之学运用于实际并取得较大成就的第一人。此前,包括王夫之在内的湖湘先贤虽然思想富有创造性,但都无法将经世主张付诸实践,而陶澍能够将自己的经世思想运用于改革实践,在整肃吏治、清理钱粮、整顿盐务、改革漕运、兴修水利等方面卓有成效,其许多改革方略"后世有志经世者,必取镜焉"。陶澍在事业上的成功,超过以前湖湘地区的任何人,后世湖湘士人以陶澍为楷模,力求将学术与事业成功结合起来,这发展成为近代湖湘文化的一大特点。另外,湖湘文化复兴中,船山学的挖掘整理也是重要事件。邓显鹤最早搜集到船山遗书时,是道光十九年(1839),这年三月,陶澍病退归湘调养,邓显鹤看望陶澍,要求为船山遗书题词。尽管此时王夫之还是敏感文人,陶澍依然抱病题匾:"衡岳仰止",并作联云:"天下士非一乡之士,人伦师亦百世之师。"对于后来播扬船山学,有着非同寻常的推动作用。这年六月,陶澍病逝,推崇王夫之,是其人生中最后一桩文化功绩。

第三节　贺长龄的历史地位和文化贡献

一、嘉庆湖湘士人集团的领袖之一

贺长龄(1785—1848),字藕耕,号西涯,晚号耐庵。湖南善化(今长沙)人。祖籍浙江镇海县(今宁波镇海区),家谱显示,唐代武则天证圣元年乙未科状元,官任礼部尚书、秘书监等职的大诗人贺知章是其先祖,贺知章论诗名与李白、李适之等号称"醉八仙",与陈子昂、孟浩然、王维等并称"仙宗十友",论书法则与张旭、怀素并称"唐草三杰",这些都是贺长龄深潜心底的祖上荣耀。清雍正年间,贺长龄高祖贺宏声任湖南按察司司狱,于是定居湖南善化,开湖湘善化贺氏一脉。父亲贺启曾也习刑家言,担任州郡幕僚。兄弟八人,贺长龄排行第五,他与弟弟熙龄、桂龄都是进士出身,一门同胞三进士,为当时湖湘所仅见，至今传为美谈。贺家由此成为声震湖湘的名门望族。

贺长龄自小聪慧好学，16岁时应童子试，夺魁成官学弟子。1806年，21岁时进入岳麓书院学习，师从著名教育家罗典，在罗典的教育下，贺长龄学问大进，第二年即在湖南乡试中摘取了第一名解元。1808年，24岁时成进士，选翰林院庶吉士，授编修。历官南昌知府、山东兖沂漕济道、山东按察使、广西按察使、江苏按察使、江苏布政使、山东布政使、贵州巡抚、云贵总督等职。任官长达40年，宦迹遍布南北，政绩突出，在近代湖湘英杰群体中很有声望。

在嘉道年间湖湘政治精英中，人们往往把陶澍作为旗帜，研究较深入，对贺长龄的研究则比较薄弱。这可能和史料相对缺乏有关，也可能因为在政治地位和政绩上陶澍名气更大。但也有一些学者认为，贺长龄的历史地位被低估。其实贺长龄的经世思想"对当时和后世都产生了深远影响，特别是对近代湖湘经世人才群体中的唐鉴、陶澍、贺熙龄、魏源等人和湘军人才群体中的杰出首领曾国藩、左宗棠及重要人物罗泽南、刘蓉、郭嵩焘等都产生了巨大影响"[1]。唐浩明也认为，贺长龄当时是和陶澍双峰并峙的士人领袖，他写道：

> 在曾、左大显之前，湖南先后出现过四个著名督抚。他们是陶澍、贺长龄、李星沅、劳崇光，均为湘中士人集团所敬重的人物。这四个人中，名气最大的是陶澍，影响最大的则是贺长龄，甚至可以说，贺是早期湘中士人集团的领袖。这是因为，一则贺是《皇朝经世文编》的主编，对于以经世致用为价值追求的湖湘士人来说，这部书乃是他们的必读之书，且贺人品端方，为官有政绩，于是自然成为他们的精神领袖。二则贺氏家族势力强大，人脉广泛。他的弟弟熙龄、丹麓等或为朝中御史，或为社会名士，都有相当高的时望。贺家还在长沙城里办学经商，财力雄厚。湘中士人里的头面人物如左宗棠兄弟，罗泽南师生、江忠源、刘蓉、欧阳兆熊以及湘阴郭家（郭嵩焘兄弟）、善化孙家（孙鼎臣兄弟）、茶陵陈家（陈源兖兄弟）等都与贺家关系密切，有的还在贺家做过西席。所有这些，使得贺长龄在当时三湘士林中有极高的声望。[2]

---

[1] 刘鹤：《论贺长龄的经世思想对近代湖南人才群体的影响》，《长沙大学学报》2008年第3期，第16页。

[2] 《唐浩明评点、梁启超辑曾国藩嘉言钞》上册，岳麓书社2007年版，第1页。

唐浩明对贺长龄的评判，一是注重贺的经典文化成就，即《皇朝经世文编》。而这部经典往往被视为魏源的功劳，所以贺长龄的文化贡献就被低估。二是注重贺长龄拥有的宗法势力背景。中国是一个宗法社会，宗法话语权的大小很大程度上决定人的社会影响力。中国社会中的官权力，往往敌不过具有地方性的宗法势力。为什么规模并不大的乾嘉苗民起义，能够成为动摇大清的中衰之战？为什么中国很容易形成军阀割据？为什么北洋时期能达近二十年，一直到中华人民共和国成立，军阀豪强控制中国的局面才真正结束？都可以归结为中国宗法势力的雄强。贺长龄家族势力显赫。贺家八兄弟，或为封疆大吏的显官，或为执掌省城文教的山长，或外放南粤主持海关事务的要员，或为地主，或为富商，或为官府幕僚，姻亲亲家中勾连了十几个督抚级别的达官显贵，湘军大帅曾、左、彭、胡尽在其中，又寓省城这块政治、经济、文化的中心地而居，可谓当时首屈湖湘的豪强家族。结交贺家的人络绎不绝。这一点，家境寒微、人丁凋零的陶澍是难以比拟的。从陶澍留下的诗文看，他对贺长龄是极为敬重的，说要把贺长龄的话作为座右铭，不无自谦，但也绝不是虚伪。每次贺母大寿，陶澍都要亲撰贺词以敬。陶、贺两家还有五代姻亲关系，可见关系非同一般地亲密。在精神交流层面，他与贺长龄是互相敬重、惺惺相惜的关系。仅仅从官位资历的世俗角度来揣测二人关系，往往是不得要领的。

贺长龄、贺熙龄、贺桂龄兄弟三人都是进士，这是湖湘科举的盛事。贺长龄六弟贺熙龄小贺长龄三岁，与贺长龄并称为"二贺"，嘉庆十九年（1814）进士，历任河南道监察御史、提督湖北学政、山东道监察御史。他力主经世致用，反对不良学风，自小深受其兄贺长龄思想的影响。他曾经说："余与令兄藕耕近究心于朱子《近思录》及薛文清《读书录》，以治其身心求寡过而已，余于是始知先生（唐鉴）用功之深，而余之知有切己之学也亦自是始。"贺熙龄正是在其兄的引见下，得以结识陶澍，并最终成为亲情相依的儿女亲家。后又主持不逊于岳麓书院的城南书院，为山长八年之久。八弟贺桂龄是道光年进士，与李鸿章、沈葆桢、张之万等同榜，历任广东潮阳知县、潮州通判、同知等职，主持过粤海关事务，贺长龄无子嗣，是贺桂龄的儿子过继，这层关系上，贺长龄与贺桂龄的关系更亲密。不难想见，贺家三兄弟的同年、学生、同事，构成了很大的人际交往圈。许多湘籍经世派名人都是通过贺氏兄弟与陶澍搭上关系的。陶、贺人才群体最重要的学术骨干魏源也是先与贺长龄结识,又两度任其幕僚,协助贺长龄编《皇朝经世文编》,最终由贺长龄推荐给陶澍,成为陶澍身边的重要谋士和经世致用集团的核心成员。著名理学家唐鉴与贺氏兄弟为善化老乡和亲家,且是四代姻亲,胜过了与陶澍的交情。唐鉴自己也承认,贺长龄"才高望重,交游遍天下,而与同邑唐鉴最亲且信"①。贺长龄在仕途上虽不如陶澍顺利,但是,作为"嘉道两朝名臣,学术之纯正,心地之光明,一时仅见"②。

贺长龄还对湖南第二代人才群体的曾国藩、左宗棠等人都产生过重要影响。曾国藩还在翰林院任职时,曾向远在千里之外的贵州巡抚贺长龄请教,"自陈所学所志"。曾国藩赴京赶考,还得到过贺长龄经济上的帮助,"今年(道光二十二)冬间,贺藕耕先生寄三十金"③。以后两人常有书信往来,论治论学,相互启发。曾国藩曾在一封回信中向贺长龄汇报了自己克己内省、觉今是而昨非的体会,感谢贺长龄"扶掖之盛心"。后来,曾国藩之子曾纪泽娶贺长龄之女为妻,两人结为儿女亲家。曾国藩认为:"藕翁家教向好,贤而无子,或者其女子必贤","细思吾邑读书积德之家如贺氏者,亦实无之"④。曾国藩对贺长龄的学问、人品、家风都是非常钦佩的。尤其是贺长龄主持编撰的《皇朝经世文编》对曾国藩影响极大,它成了曾国藩必备的案头之书。曾国藩曾经说过:"经济之学,吾之从师者二书焉,曰《会典》、曰《皇朝经世文编》。"在他的日记中,就有"夜,阅《经世文编》十页","阅《经世文编·原学门》三十页"⑤等多处记录。曾国藩日后之所以能成为扭乾转坤的"中兴名臣"和洋务运动的先驱,与《皇朝经世文编》对他的影响有着密不可分的关系。左宗棠更是直接得到了贺长龄兄弟的培养与教育。道光十年(1830),任江苏布政使的贺长龄因丁忧返回长沙,年轻时颇好读书的左宗棠亲自登门求教,贺长龄见他不落凡俗,志向高远,于是将家中藏书任其借阅。每次左宗棠上门,贺长龄必亲自登楼帮其取书,频繁上下,不以为烦。还书时必问其所得,互相考订,孜孜教诲,毫无厌倦之态。通过共同探讨学问,二人成了忘年之交。左宗棠和刘长佑都是贺熙龄主讲

---

① 唐鉴:《皇清诰授荣禄大夫前兵部尚书兼都察院右都御史云贵总督藕庚贺公墓志铭》,(清)贺长龄、贺熙龄撰,雷树德校点:《贺长龄集 贺熙龄集》,岳麓书社2010年版,第20页。
② 左宗棠:《与谭文卿》,见《左宗棠全集·书信三》,岳麓书社1996年版,第460页。
③ 《曾国藩全集·家书一》,岳麓书社1985年版,第48页。
④ 《曾国藩全集·家书一》,岳麓书社1985年版,第219页。
⑤ 《曾国藩全集·日记一》,岳麓书社1987年版,第90—94页。

的长沙城南书院的学生，深受其经世致用思想的影响。贺熙龄非常喜爱左宗棠，称其"卓然能自立，叩其学则确然有所得"，后来师生俩还结成了儿女亲家。贺长龄的《皇朝经世文编》也是左宗棠的案头书。此外还有胡林翼、彭玉麟、何凌汉、劳崇光等十几位督抚级达官显贵与贺家兄弟有姻亲关系。对这种姻亲关系，我们后文还要专述。可见，贺长龄在湖湘第一人才群体中的重要作用并不亚于陶澍。

综上所述，我们认为，第一，陶澍的主要贡献在政绩，在思想贡献上未必比贺长龄更大。贺长龄的《皇朝经世文编》是划时代的经典文本，似乎陶还拿不出这样有影响力的经典。第二，贺长龄的家族势力比陶澍显赫，贺是官吏家庭出身，可说是官二代，陶出身寒微。到贺长龄这一代贺家势力跨官、商、教育三界，为湖湘名门望族，也是陶澍不可比的。这意味着贺长龄的实际号召力要大于陶澍。第三，陶澍和贺长龄关系密切，而且是五代姻亲，交往中，陶澍初和贺长龄是同僚，对贺长龄很是恭敬，多有请教之态。两江共事有上下级关系，贺长龄对陶澍很是支持，包括陶澍最辉煌的漕运政绩，还是贺长龄"首创海运之议，原任抚臣林则徐、督臣陶澍以入告，奉旨允行"①。实际是互相商量的协力合作关系。第四，贺长龄兄弟的姻亲关系勾连十几个尚书总督，尤其是勾连了陶澍、曾国藩、左宗棠三大巨头。陶、曾、左、贺的关系圈是以贺为中心的，贺长龄和陶澍的父亲是师兄弟关系，在学辈上还要长一辈，对曾国藩和左宗棠更是具有师尊地位（曾国藩与陶澍没有见过面）。可见贺在豪杰圈中有着更大的影响力。只是陶澍成名早，仕途顺，长期任官于清政府财赋所在的两江地区，改革创新多，政绩显赫，因而其政治影响力盖过了贺氏兄弟，成为湘籍经世主变群体的领袖，但当时仍有陶、贺并称之说法。因此，我们认为，贺长龄应该与陶澍并称为嘉道湘籍经世派群体的领袖人物。

二、贺长龄的经世致用思想

贺长龄一生最大的功绩，是积极倡导经世致用思想。但是学界在研究贺长龄经世思想的形成时，多强调他对理学的传承，殊不知贺长龄思想传承中还有强大

---

① 转见刘鹤：《论贺长龄的经世思想对近代湖南人才群体的影响》，《长沙大学学报》2008第3期，第16页。

的法家学脉。就家世而论，贺家有绍兴师爷的背景，是幕府世家。罗汝怀给贺长龄作家传特别指出，贺长龄"祖、父两世皆习法家言，佐郡邑治"。家谱显示，贺家族中为幕者达上百人。贺长龄父亲贺启曾就多年为辰州知府陈廷庆的高级幕僚，对法家言研习精深，断事精准务实。这种家世背景，养成了贺长龄不尚空谈，重调研、重实效，善谋划，敏判断的行事风格。在贺长龄的官宦生涯中，他是个救火队长的角色，哪里出乱子，哪里社情复杂，朝廷就把他往哪里派。罗汝怀在《家传》中记载，他任江苏布政使一年，又被调往他曾任官的山东，皇帝对他说："汝名声甚好，今调山东，非因汝曾任山东，实因地方难治也。"后来他又被派到极端贫困，民族矛盾频发的云贵任主官，长达十年，是清代任期最长的云贵主官。足见他处理实际事物的能力是很强的。其业绩中，以清理狱讼司法案件为所长，这都是家学家风传承的支撑。这也决定了，他对经世思想有着根基性的拥抱，为常人所不及。

贺长龄是带着务实姿态接受理学的，所以他谈理学往往很技术化。如人称其"平生笃宗理学，以导养身性为主"，就是把理学落实身性的养成之上。用今天的话说，就是把理学融会在血液中，形成意志本能和思维模式，他在致其同年黄宅中（惺斋）的信中说："文郎读书聪慧，五经曾否毕功，小学、《近思录》及《性理大全》等书断不可不读，幸勿视为迂谈。逖观曩哲从程朱入门者，文章不期佳而自佳，所谓有源之水，有本之木，一得则无不得也。此理易明，而俗士每执迷不悟，坐令人材日坏，殊可叹耳。"又在给他的另一信中言道："并闻义郎卒业诸经，令读儒先说理之书，此安溪先生（李光地）教法也。必如是方为真人才、真人品、真学问、真经济。"①可见，都是经验之谈。黄楷盛在为贺长龄的《耐庵存稿》所写的序中也说："夫先生之政，本诸学，先生之学，本诸心，以学之所得于心者达之于政，而精神才力又足以扩大之，故其政之行也，如风霆之鼓荡而不见其迹，如雨露之滋润而不有其功。"②这段话比较具体地说明了贺氏明体达用的经世致用思想以及特色。

贺长龄治学，往往要言不烦，一语中的，使人茅塞顿开。曾国藩是个理学信徒，读书非常勤奋且丰富。贺长龄点拨他一个"诚"字，亦即要真信，真行，融

---
① （清）贺长龄、贺熙龄撰，雷树德校点：《贺长龄集 贺熙龄集》，岳麓书社2010年版，第560、561页。
② 黄楷盛：《耐庵存稿续》，转引自陈书良主编：《湘学史略》，中华书局2015年版，第168页。

会于心而见之于行，形成坚定之意志。曾国藩豁然开朗。叹服道："旨在其黯然君子之言乎！果诚而不欺，则圣学王道又有他哉。"①又如贺长龄论格物，一言蔽之："格物即是知性"，亦即认识的目的是要把握具体事物的本性特质和变化规律，以驾驭之，这比笼统说"格物致知"更实在，更有操作性。无怪乎陶澍感叹说，贺长龄"语语脚踏实地，可见施行。三年作别，亲家所诣遂已至此，虽古名贤无以过"。

贺长龄主张研究学问贵在实用。他在谈学习儒家经典的心得时说："习其器以求其义，循乎物以协乎责，即学即事，德业兼焉，学者始基莫善于此。"由于贺长龄的幕僚世家背景，由于他有四十年的为官主政经验，贺长龄具有谋略家的素养，其经世致用思想的贡献重在方法论，重在道路性的开创。有学者总结说："长龄究心理学，其立身五行也，治事设政，一以宋儒之学为本。"②他强调治学重在修身养性，品行优良的人才能在治学过程中不断地提高自己、完善自己，形成理想的人格。他确信在治学过程中，心定则气聚，气聚则精凝，精凝则神充，这样就能实现"修身"、"养德"的目的。通过"心"考察"经"中之"事"，探讨"事"中之"理"，期望达到"万物皆备于我"的境界，从而入世经邦济民。贺长龄正是在精通诸经的义理的基础上，由重视义理的考究转向重视解决社会实际问题的。

三、贺长龄与《皇朝经世文编》

贺长龄经世致用思想的典型代表作是他在江苏布政使任内，主持编纂的《皇朝经世文编》。该书精选清初至道光三年间的官方文书、论著、奏疏、书信、笔记文章2236篇，作者654人，按学术、治体、吏政、户政、礼政、兵政、刑政、工政等八大门类，辑为120卷，共计300余万字，于道光七年（1827）第一次刊行。"凡文字足备经济，有关治世者无不搜集，洵称大观。后贤复踵而续之。"③《皇朝经世文编》，是近代经世学的划时代文献，是嘉、道年间经世思潮形成的标志。

---

① 《曾国藩全集·书信》（一），岳麓书社1995年版，第3页。
② 李柏荣：《魏源师友记》，岳麓书社1983年版，第24页。
③ 林增平：《近代湖湘文化试探》，《历史研究》1988年第4期，第13页。

贺长龄为《皇朝经世文编》所写的叙中，集中阐发了他的经世致用的基本思想，不啻为晚清经世思想复兴的一份公开宣言，其目的就是要通过此书改变乾嘉以来学者群趋考据一途的纯学术研究的学风，让经学为解决日趋激化的政治社会实际问题服务。叙中明确提出"善言心者，必有验于事"、"善言人者，必有资于法"、"善言古者，必有验于今"、"善言我者，必有乘于物"的命题，鲜明地表现了重视实践标准，重视为现实服务的经世精神。他说："君、公、卿、士、庶人，推本今世、前世道器之污隆所由然，以自治外治，知违从、知伍参变化之谓学。学为师长，学为臣，学为士庶者也。格其心、身、家、国、天下之物，知奚以正，奚以修，奚以齐且治平者也。"①这就是说，无论是君、公、卿，还是读书人和平民百姓，都要学习。学什么呢？就是学习历史的经验，通过对历史上各种典章制度（器）的学习与研究，找出其中变化污隆的规律（道）。这就是格物致知，通过格物使内心真正把握和了解事物的本性，从而弄懂如何正心，如何修身，如何治国平天下的道理。由此可见，他主持编辑《皇朝经世文编》的用意就在于开辟一条理论联系实际的道路，为官员经邦济世提供历史借鉴。所选文章具有很强的现实针对性，因而深受士子、官员的喜爱，也促使了同类文编的相继问世。"自贺氏之书问世，海内风行，颇有洛阳纸贵之概。而续编踵作，尤见一代盛况。有清一代各家经世策论，能面世者，多被收载。相类之文编巨制，层出迭见，前后不下二十余种之多，每每推重贺氏为创始前徽，而于贺氏编例，尤其多所因袭。"②贺长龄也是把《皇朝经世文编》的理论运用到漕粮海运实践的第一人，虽然漕粮海运由陶澍主其事，但由长龄具体负其责，成其功。《文编》是想为漕粮海运找到理论依据，以回击朝中对海运的质疑之声。他认为，要做到经世致用，就不仅要通当代之典章，还必须考察历朝之方策。不同的社会生活领域，有不同的典章制度，只有熟悉历朝的这些典章制度，才能针对当时的社会现实，制定出相应的方策。③

《皇朝经世文编》是体现贺长龄经世致用思想的代表作。但是，长期以来，贺长龄对《皇朝经世文编》的主导性贡献，却因为晚年的落职和魏源后来在学术研究上的突出表现而被一些史学家所忽视，贺长龄对其的主导性贡献反而被魏源

---

① 贺长龄：《皇朝经世文编叙》，《魏源全集》第十三册，岳麓书社2005年版，第1—2页。
② 王尔敏：《中国近代思想史论续集》，社会科学文献出版社2005年版，第35页。
③ 陈书良主编：《湘学史略》，中华书局2015年版，第169页。

所掩盖，这在客观事实上有失公允。

首先，从《皇朝经世文编》编写的动机来看，贺长龄比魏源意愿更主动，现实需要性更大。由于运河的阻塞，给事关国家命脉的漕粮河运带来了重大困难，为此，朝廷内部就漕粮河运、海运问题产生了激烈交锋。户部尚书英和等人主张漕粮海运，得到山东巡抚琦善、安徽巡抚陶澍、江苏布政使贺长龄等地方大员的支持，但遭到了两江总督魏元煜、江苏巡抚张师诚等地方大员的反对，他们怕担海运风险。道光皇帝为推行海运，于是，调琦善为两江总督，陶澍为江苏巡抚，筹办海运工作。作为布政使的贺长龄负责漕粮海运具体事务。为了证明海运的可行性，贺长龄希望从先圣时贤的议论中找到理论依据为自己的主张助威，为漕粮海运扩张声势，因此，他才延聘魏源等人帮其撰写《皇朝经世文编》。贺长龄是1826年漕粮海运的积极实践者。正如魏源代他所做的《〈江苏海运全案〉序》中所说："维时辅臣（英和）力赞，大府（琦善）佥同，而臣长龄适藩南服，绾海国漕贡，乃襄议、乃筹费、乃遴员、乃召舟。"他同时也是重要的谋划者，"说具复魏制军书，复为图说，上之大吏，于是江督某公苏抚安化陶公协力行之，公乃择谙悉洋面商人，使派雇沙船。"[①]魏源作为他的幕僚虽有参赞之功，但完全是为贺长龄海运需要的现实动机服务的。

其次，从生活阅历和思想基础而言，贺长龄要比魏源成熟得多，因此，贺长龄对《皇朝经世文编》的贡献要比魏源大。《皇朝经世文编》是一部卷帙浩繁的经世著作，涉及的内容十分广泛。要编纂这样一部事关国计民生的巨著，需要编者具备较为成熟的经世思想。而这一思想的形成，有两个条件是必不可少的：一是对民生问题的深入接触，二是对有关民生问题的文章的大量阅读。而在这两个方面，此时的魏源远不如贺长龄。[②]从生活阅历而言，贺长龄成名较早，1808年，24岁时就成了进士，选为翰林院庶吉士，授编修。翰林院是国家级研究机构和政府官员养成所，在这里，可以大量接触到国家珍贵的档案资料和各种珍本图书，参与编纂国家组织的图书。1816年，贺长龄就以参与纂校国史告成而受加级奖励。多年翰林院京官的生活，以及纂校国史的经历，使贺长龄较早地接触到了不少魏源无法看到的资料，而这些资料对贺长龄经世思想的形成和《皇朝经世文

---

① 贺长龄：《耐庵奏议存稿》，台北文海出版社1996年版。
② 刘鹤：《贺长龄、魏源与〈皇朝经世文编〉》，《长沙大学学报》2008年第6期，第11页。

编》的编辑都是不可或缺的。贺长龄在编《皇朝经世文编》之前，已在外历官多年，做过南昌知府、山东衮沂漕济道、山东按察使、江苏按察使，1825年又任江苏布政使，在治国理政的实践中，积累了丰富的经验，对经世之术的理解更为透彻。在这些方面，魏源远远不如贺长龄。魏源小贺长龄九岁，1825年时才31岁。他虽然少负壮志，聪慧过人，同样在岳麓书院接受过经世致用的教育，但晚于贺长龄七年。1814年，他21岁时，才随父亲第一次入京，这比贺长龄1808年首次入京晚了六年。他虽然15岁时考中秀才，但到29岁才中举人，51岁才中进士，这比科场的幸运儿贺长龄要晚得多。他在1828年才由举人任内阁中书舍人，才有机会得看皇家典藏著作，这比贺长龄晚了二十余年，而且已是编写《皇朝经世文编》以后的事了。在此期间，他更没有任官的经历，只是先后做过杨芳和贺长龄等人的幕僚，稍稍具有经世致用的实践经验。由此可见，魏源在编辑《皇朝经世文编》之前没有大量阅读民生问题的文章，应该是事实。因此，不管是对国计民生的思考或是实践经验而言，此时的贺长龄都比魏源成熟，这是不可否认的事实。另外，贺长龄经世思想的形成也早于魏源。贺长龄的经世思想大致形成于1820年前后，正如罗汝怀所言："当是时，公以文学侍从之臣，回翔禁近，殆将一纪，而特达之知从此始矣。"[①]这里的"特达之知"就是指有深厚底蕴的经世之学。而魏源经世思想的正式形成，则是在编辑《皇朝经世文编》的时候，正是贺长龄延聘魏源编辑《皇朝经世文编》，才使得魏源的目光从狭义的学术领域转移到影响国计民生的"大政"，"如果说，魏源的经世思想早年居乡期间业已萌发，那么其正式形成的标志则是在江苏为贺长龄编辑《皇朝经世文编》，并且在为陶澍等督府大臣的幕僚时予以实践"[②]。魏源的许多经世代表性著作如《筹漕篇》《筹河篇》《淮北票盐志叙》《畿辅河渠议》等，除《〈筹漕篇〉上》作于1825年夏之外，其他的都成于1827年之后，甚至是19世纪三四十年代。

再次，从编辑《皇朝经世文编》所需的物质条件和人力资源来看，贺长龄对该书的贡献要比魏源大得多。编辑《皇朝经世文编》这样的鸿篇巨著，需要大量的人力、物力和财力资源作保障。贺长龄作为江苏布政使，主管一省的财政经

---

① 罗汝怀：《皇清故兵部尚书云贵总督善化贺公家传》，（清）贺长龄、贺熙龄撰，雷树德校点：《贺长龄集 贺熙龄集》，岳麓书社2010年，第7页。
② 李细珠：《略论魏源思想的文化背景》，见刘泱泱等编：《魏源与中国近代改革开放》，湖南师范大学出版社1995年版。

济，拥有大量的公共资源，只有他有能力，调动政府资源来从事这项伟大的工程，而作为幕僚的魏源只能秉承其意图来助其完成这项工程。因此，在编辑《皇朝经世文编》中，贺长龄是指挥员、决策者，魏源是战斗员、实干者。贺长龄不仅在经济上、人力资源上提供了强有力的保障，而且还充分利用布政使衙门的有利条件，调集丰富的官方文件和私家著述以供选择。同时，调派各类人才进行选材、整理、分类、制板、雕刻、印刷等具体工作。这些都是魏源所无法做到的，离开贺长龄，魏源绝对是有心无力。而且，编撰这样一部巨著的想法，也是贺长龄先有的，魏源只是因才学出众、文笔流畅而被贺长龄选中而共同成就这一经世伟业。

对于贺长龄在编辑《皇朝经世文编》中的贡献，时人也做过评述。俞越说："自贺藕耕先生用前明陈卧子之例辑《皇朝经世文编》，数十年来风行海内。凡讲求经济者，无不奉此书为榘镬，几于家有其书。"①盛康认为："道光初，善化贺藕耕中丞因华亭陈氏有《明经文》一篇，复踵陆氏《切问斋文钞》之例，辑开国以来诸家奏议文集，成《皇朝经世文编》百二十卷。巨典宏规，于斯焉萃，言经济者宗之。"②张之洞说："善化贺氏，武进盛氏《文编》，于经济、掌故、交涉、政要，最称明备。"③邓邦叙说："自善化贺氏本吴江陆氏切问斋文钞之旨，辑皇朝经世文编一百二十卷以行于世，于是，东乡饶氏、上海葛氏、武进盛氏皆有续编。"④孟森也认为："嘉道以后，留心时政之士大夫，以湖南最盛，政治学说亦倡导于湖南。所谓首倡《经世文编》之贺长龄，亦善化人。"⑤他们都不约而同地承认贺长龄在编辑《皇朝经世文编》中的主要作用。

以上我们就贺长龄在《皇朝经世文编》编撰中的主导性贡献作了辨析，并不等于我们认为魏源只不过是一个无足轻重的事务员或说枪手，魏源的贡献同样是很重要的，对此，我们将在论及魏源的篇幅中涉及。

---

① 俞越：《〈皇朝经世文续编〉序》，见葛世濬：《清朝经世文编续编》卷首，台北文海出版社。
② 盛康：《〈皇朝经世文续编〉序》，见盛康辑：《清朝经世文编续编》卷首，台北文海出版社。
③ 张之洞：《〈皇朝蓄艾文编〉序》，见于宝轩辑：《皇朝蓄艾文编》卷首，光绪二十九年上海官书局本。
④ 邓邦叙：《经世文新编续集叙》，见甘韩编：《清朝经世文新编续集》，台北文海出版社。
⑤ 孟森：《明清史讲义》，中华书局1981年版，第618页。

四、贺长龄的民本思想

贺长龄的经世致用思想中还有一个鲜明的特征,就是民本主义的倾向。也就是说,他的经世致用思想,特别注重对社会下层民众的关怀,特别注重民生建设。他的政绩尤其体现了这一点。

将贺长龄的政绩与陶澍比较会更有启发。陶澍和贺长龄是嘉道时期经世致用派的两颗政治明星,两人都聪慧好学、志向高远,有经世之才。在科举考试中一帆风顺,陶澍25岁时成为进士,贺长龄24岁时成为进士,陶澍比贺长龄年长六岁,早六年中进士入京城,陶澍在京为官的时间15年,贺长龄为12年,两人都在翰林院工作过,得以大量阅读治国理政的官、私珍贵图书,接受过为官处事的系统训练。两人同在京城为官,又为湖南老乡,又都是岳麓山长罗典的弟子,其感情就自然不同一般,成为亲密的朋友和亲家。1819年,陶澍开始外放为官,至1823年44岁时做了安徽巡抚,开始主政一方。两年后为江苏巡抚,1830年51岁时出任两江总督,成了权倾一方的封疆大吏。其执政地基本上都在中国最富庶的江南地区。贺长龄1821年外放南昌知府为地方官,约1826年为江苏布政使,成为陶澍的拍档副手。辅佐陶澍建立了漕运等显赫政绩,《皇朝经世文编》也在此期间完成。但不久贺长龄就因母丧和自己生病回湘休养约五年之久,仕途步伐慢了下来。1835年50岁时才正式担任贵州巡抚,主政一方,长达九年多,1845年60岁时升任云贵总督。主政地区不仅极度贫穷封闭,而且民族矛盾非常尖锐,贺长龄的政绩和陶澍相比显得不够眩目是非常自然的。但这并不等于贺长龄没有作为。陶澍主政于清政府经济命脉所在的两江地区,担负推进经济体制改革的历史重任,而贺长龄坐镇于民族矛盾尖锐的云贵地区,担负着缓和民族矛盾,稳定边疆安宁的历史重任。他们凭借着经世致用之才,都在自己任内做出了风格相异的成绩。主要差异在于,陶澍的政绩表现为推动社会致富,贺长龄的政绩则是如何使民脱贫。陶澍更像锦上添花,贺长龄更像雪中送炭。或者说,陶澍的政绩倾向于惠及国家朝廷,贺长龄的政绩倾向于惠及民众民生。

陶、贺两人政绩差异固然与朝廷的安排有关,不是主观选择。但细细分析,还是可以看到思想上的微妙差异。例如,两人作为朝廷的忠臣,都秉承忠君爱民的一般信念,但程度不一,重点也有差异。陶澍的忠君思想比贺长龄更强烈、更执着。这可能与他们的人生经历有一定关系,陶澍出身贫寒,个人天赋和勤奋成就了他的功名,但他仕途的一帆风顺与皇帝的知遇之恩直接相关,比如道光皇帝两次给陶澍题写"印心石屋"匾额。其实这未必不是道光皇帝笼络人心之策,但对于一个没有任何社会背景的贫寒士子而言,是莫大的荣幸。因而陶澍替"君父分忧"的思想十分强烈,忠君观念更为执着。加之他长期生活于社会底层,对社会的种种积弊有更深刻的体会,又主政于事关清政府经济命脉的两江地区,担负着为国家兴利除弊的历史重任。正是这种"食君之禄,担君之忧"的强烈忠君意识,使陶澍在两江地区大刀阔斧地开展了吏治、漕粮、盐政、河工的改革创新运动,取得了不同凡响的成效,使他成为道光一朝政绩显赫的能吏,奠定了他在湘籍经世主变派群体中的领袖地位。相比之下贺长龄出身背景较好,生活地位的起落感受没有陶澍那么强烈,而且他出身幕僚世家,对世事纷纭、人情冷暖的体验更老道,又是科举宠儿,自信心更强,对皇帝的仰视较少。况且仕途又遭到降职处分,因此忠君报恩的心理不如陶澍那样强烈。意味深长的是,贺长龄还提出,事君要用"冷肠",声称:"圣门论事君,以患得患失为鄙夫。至孟子直抉其隐曰'热中'……至论君事,则致戒于患得患失。……盖冷其所当冷,而后热其所当热也。"①也就是说,对待君上,不必患得患失,察言观色,战战兢兢,只要问心无愧即可。所以,他对官场迎奉奢靡,进贡送礼那一套十分冷淡。"生平取与一准于义,陋规多所屏却,其与朝中权贵,亦无所馈献。"②不难想见,如此不识官场时务,即使有政绩,也未必受到褒奖。后来贺长龄因平定云贵地区回民动乱不力而被处分,落职归里,一是代人受过,二是朝中没有人为其辩解。这和他事君之冷肠分不开,但是又可见其人格诚直磊落,具内在的傲气。

与事君之冷肠相反,贺长龄对百姓却是一副古道热肠。他特别推崇陈文恭所说,为官要耐劳烦:"州县之于民犹父母也,几见父母之为其子,而有不耐烦劳者哉?无他,心诚求之耳!"③这就是爱民之心。比之陶澍,贺长龄的爱民之心更富有深切的感情色彩,这似乎与他比较正统严谨的士大夫气质有些不合,从而更显出其外冷内热的性格特征。再细分析就是更内在的道德信仰。从爱民角度言,陶澍的主要事功体现在兴利除弊,减轻百姓负担,赈济灾民等方面。因为他长期置身于经济发达的江南地区,对商品经济有比较深刻的认识,所以,他主导的改

---

① (清)贺熙龄撰、雷树德点校:《贺长龄集 贺熙龄集》,岳麓书社2010年版,第519页。
② (清)贺熙龄撰、雷树德点校:《贺长龄集 贺熙龄集》,岳麓书社2010年版,第16页。
③ (清)贺熙龄撰、雷树德点校:《贺长龄集 贺熙龄集》,岳麓书社2010年版,第464页。

革在很多方面是防止官吏的贪污中饱，减少各级官吏对经济活动的过多干预，实行重商、利商政策，推进整个社会经济的发展，表现出了他在政治上的远见卓识。但是，大力扶持商人阶层也遮掩了他爱民的光辉，至少不够底层化。贺长龄的亲民、爱民之心则表现得更底层化。他认为做官的首要任务，是要知民，要达到知民，又必先亲民，而诚欲亲民，则必日坐堂皇，躬巡阡陌而后可。他把每日升堂和亲自下乡调查，作为亲民的手段。他还特别嘱咐各级官吏，不要忙于接待上级，在上级面前讨好奉承，而要一心一意埋头自己分内的亲民政务。这种对官与民的态度，明显看出其情感的天平更倾向于民众和民生。

后人将贺长龄的政绩如是概括："关心民瘼，讲求实效。"具体有五：一、建议和促成海运；二、清理狱讼；三、兴办教育；四、发展经济，农工并举；五、协调民族关系。这五大政绩，第一件是贺长龄与陶澍协力完成，主要是惠及国家财政，后四件都是贺长龄独立完成，主要是惠及民众民生。他在贵州巡抚和云贵总督任内，关注平民百姓的衣食住行，厉行养蚕、种棉、织布、安民等事关百姓生计的实务，桩桩件件都是具体细微到日常生活的实事。有关史料记载颇多，在此不一一列举。总之，他使老百姓获得了实实在在的利益。

值得特别一提的是贺长龄对教育的热衷。他每到任职地，必把兴学看成执政要务，以至于受到同僚讥讽，说他上奏给皇上的折子里，没有大事，无非就是请修几所学校而已。但是他说："以政教者在一时，而以言教者在万世。天不能常生尧舜文武，而特生一孔子以明尧舜文武之道于万世，是尧舜文武常接踵于天下也。读书讲学之功，岂不远且大哉！"[①]可见，贺长龄是从长远的文化传承视角考虑教育的，具有一种文化的自觉性与担当感。相比之下，他对一时之政绩并不特别看重。他为官40年，不是以铁腕著称，而是以文教名世。《清史稿》认为他"儒而不武，不足奠以岩疆"，或许从急功近利的铁腕政治角度看，不无道理，但他留给后人的遗产更加永恒。他除了热心兴教，还热衷刻书修志，不仅刻印《左传读本》《日知录》这类儒学著作，还大量刻印各种实用技术性的农书。其在任期间，贵州的县志府志修撰也成风气，他的生平行状中，此类记载比比皆是。他在贵州主持撰修的《遵义府志》，被梁启超赞为"天下第一府志"，在贵州兴教，他不拘泥于传统的举业教育模式，而是根据贵州自身的特点，将教育由

---

① 《贺长龄集 贺熙龄集》，岳麓书社2010年版，第492页。

举业推向职业,朝培养实用人才的方向发展,这在读书求功名的传统教育时代,无疑是一项伟大的创举。离职贵州时,他还给后任留下了书籍数箱和信札一封:"仆每念黔省为天下极苦之区……边氓僻陋,贫不知学,往年饬所在官吏,筹谷建仓,设立义学,足下踵而行之,千万留意!"①对于文化贵州的拳拳之心,溢于言表。而这背后,依然可以归结为民本的情怀。

陶、贺在治国理政方面各有千秋,铸造了经世致用的辉煌。贺长龄在云贵边苦之地度过了十余年为官生涯,是清代在任云贵时间最长的地方主官。其心志坚韧、道德风采可见一斑。其晚年落职事起因于处理"永昌回变"不力,其实事变爆发时他到任云贵总督不过七天,对事件起始因由十分陌生。而且他处理民族冲突的手段一贯比较温和,比较持平,没有残酷镇压。按照今天的观点看,更体现了亲民立场,孟子的民贵君轻思想,在贺长龄身上有很深的烙印。用今天的话语讲,就是不唯上,只唯实,一心一意,执政为民。1845年,贺长龄升任云贵总督,离开主政九年的贵州赴昆明前,他主持了在贵州的最后一届乡试,满怀深情地赋诗:

雪未飞檐席未单(寒余雪飞,单席在地,唐郭元英所叹,当时试事之苦也),万千广夏庇犹寒。喜闻正气开云易(主司以昌黎"须臾尽扫众山出"命题),转恐中秋见月难。婉娈半随宾国去,衰颓只合杖乡看(在黔九年,监临五次,向时童倌多已成名,而余亦逐老矣)。起衰幸有昌黎手,劝学频年意未阑(两主司皆欲以经策觇实学,与仆有同志)。②

第四节 魏源的历史地位和文化贡献

一、经世致用思想的理论旗手

魏源(1794—1857),字默深,又字墨生、汉士。原名远达,字良图。湖南

---

① 《贺长龄集 贺熙龄集》,岳麓书社2010年版,第566页。
② 《贺长龄集 贺熙龄集》,岳麓书社2010年版,第457页。

邵阳县金潭乡（今隆回县司门前镇）人。魏源七岁时进入当地私塾读书，整天手不释卷，甚至通宵达旦，勤学苦读。母亲怜其过勤，每夜定时熄灯让他睡觉，他常常等二老熟睡后，用被子遮灯默读，八岁时，他就能理解经书中的大义。九岁应童子试，县令唱名时，指着茶瓯中所绘太极图道："杯中含太极。"当时魏源兜里藏有两个烧饼，即答："腹内孕乾坤。"县官大为惊异，视为奇事。魏源15岁时考取秀才，19岁求学于岳麓书院，师从主张"士先器识，而后文艺"的袁名曜。21岁随父亲魏邦鲁到达北京，在京城三年，魏源求知几近狂热。他"问宋儒之学于姚敬塘先生埭"；随汉学大师胡承珙学习考据学；拜常州学派的刘逢禄为师，学习千年绝学的公羊家法，成为兼收并蓄、求同存异的晚清今文经学的健将。28岁中举。期间，或设馆授徒，或注经著述，或游历山川考察社会。他饱读诗书典籍，体察民生疾苦艰难，又深受湖湘学派袁名曜的经世之学影响，心存报国之志，怀抱济民之念，他先后担任过贺长龄、杨芳、陶澍、裕谦、李星沅、陆建瀛等地方官员的幕僚，为他们出谋划策，总结施政得失，革去旧政弊病，推广改革经验，经世思想和经世实践有了长足的发展。然而功名仕进之路并不畅达，直到51岁时方中进士，以知州用，分发江苏，署兴化县事。52岁又丁母忧，辞官回家守制。64岁在凝坐中溘然长逝于杭州东园僧舍。

魏源一生的主要社会身份是幕僚。这种身份是他贴近实际事物，考虑问题都有解决实际事务的前提，使思想不流于玄虚。而魏源又是一个敏于思考的人，这就使他能超越实际事务而提升出富有宏观视野的思想。于是他就成为一位"集前修之大成，开一时之风气，继往而开来，守先而待后，系乎百余年学术之升沉"的时代先驱，因而有晚清学术实启于龚自珍、魏源之说。而"魏源兼揽众长，各造其极，且能施之于实行，不徒托诸空言，不愧为晚清学术运动之启蒙大师"，亦不愧为经世实学的社会实践家。

总体而言，魏源给我们留下的是与时代变革相适应的思想财富。魏源是近代湖南公羊学派的开创人，是今文经学经世派的重要代表，他的一个重要的思想文化特点就是强调"经世致用"。如果说陶澍、贺长龄等封疆大吏是当时著名的"经世致用"的实行者，那么魏源则成了"经世致用"思潮的理论旗手。魏源主张今文经学的"以经术为治术"。他说："士之能九年通经者，以淑其身，以形为事业，则能以《周易》决疑，以《洪范》占变，以《春秋》断事，以《礼》《乐》制服兴教化，以《周官》致太平，以《禹贡》行河，以《三百五篇》当谏书以出使专对,谓之以经术为治术","曾有以通经致用为诟厉者乎?以训诂音声蔽小学,以名物器服蔽《三礼》,以象数蔽《易》,以鸟兽草木蔽《诗》,毕生治经,无一言益己,无一事可验诸治者乎"①。这里讲的"四蔽"正是清代汉学家的通病,他们正如魏源所说,"毕生治经,无一言益己,无一事可验诸治"。而魏源所讲的"以经术为治术",是汉代今文经学家的基本方法,今文经学家将儒家经典视为政治著作,主张从中寻找微言大义,以用于当前的政治实践。魏源认为传统的重义轻利思想不利于人民的思想解放,所以,他对"利"的概念加以重新解释,提出"利其天人之参",求利是人的天性。针对人们长期以来固守孟子"义利"之辩的观念,他指出:"足民、治赋皆圣门之事","农桑、树畜即孟子之言"②,进而提出"治天下之具,其非势、利、名乎!","圣人以其势、利、名公天下"。他把对"利"的要求划分成三类,"帝王利民,即所以利国也;大臣利国,即所以利家也;士庶人利人,即所以利己也"③。也就是说,不管是帝王还是普通百姓,都不应追求一己的私利为唯一目的,而要把自己的利益建立在利人、利家、利国的基础上。从这里可以看出,魏源所说的"利"是对社会对国家有益的"公利"与个人"私利"的统一体。他还认为,对于士大夫,应以名为导向,反对其贪污中饱,一味追逐私利。而对于一般百姓,则应引导他们追求满足其生产生活所必需的"求田问舍,服贾牵牛"之利。因而,他在佐幕期间推行的改革总是带有利商、利民、利国的目的。

鸦片战争前,魏源围绕清政府面临的盐政、漕运、河政三大改革的实际问题,以幕僚的身份为陶澍、贺长龄等封疆大吏的经世改革活动出谋划策,编辑《皇朝经世文编》,提出了完整的盐政、漕运、河政等具体改革方案,特别是《皇朝经世文编》的出版,基本上确立了清王朝"经世致用"的大政方针和理论框架,从理论和实践的结合上解决了当时社会改革中的一系列具体问题。魏源在叙述其编辑该书的目的时指出,"经世以表全篇,则学术乃其纲领",这是说,他的"经世致用"思想既具有理论上的指导作用,又具有实践上的示范意义。"书各有旨归,道存乎实用。"因此魏源的"经世致用"思想不仅对中国传统的"通经致用"思想有所超越和突破,而且与同时代的经世思想相比也技高一

---

① 《魏源集》,中华书局1976年版,第24页。
② 《魏源集》,中华书局1983年版,第36页。
③ 《魏源集》,中华书局1983年版,第64页。

筹。众所周知，乾道年间兴起的"经世致用"思潮直接发源于"今文经学"对儒家经典微言大义的解释，其内容也仅仅是封建、井田、学校、吏治等改革方案和空想主张，就连与魏源齐名的"经世致用"思想家龚自珍也没有跳出"药方仍贩旧时丹"的窠臼。魏源的"经世"思想却能紧贴当时清王朝盐政、漕运、河政的实际，提出了切实可行的具体措施，达成了利商、利民、利国的目标，并取得了实际的功效。魏源对清王朝盐、漕、河三大政的改革主张，既不是空洞的议论，也不是中国传统经世方略的翻新，而是以此为突破口，对整个国家的政治经济进行全面的改革，"吁国家大利大害，当改者岂惟一河！当改而不改者，又岂惟一河"。正是这种深层的文化意义，使魏源的经世思想高于同时代其他思想家的经世思想而成为时代的最强音。

　　魏源思想的另一个重要方面就是积极倡导更法变革。这就涉及到社会制度的更新问题了。魏源认为，历史是不断发展变化的，社会是必须不断变革的，旧王朝衰败了，必有新的王朝取而代之；旧的制度衰敝了，必须有新的制度来取代。他在《筹鹾篇》中明确提出："天下无数百年不弊之法，无穷极不变之法，无不除弊而能兴利之法，无不易简而能变通之法。"他强调变法更新是历史发展的必然，认为变法力度的大小，直接关系到变革成效的大小。他说："小变则小革，大变则大革；小革则小治，大革则大治。"①他在《默觚下·治篇五》又说："租、庸、调变而两税，两税变而条编。变古愈尽，变民愈甚。虽圣王复作，必不舍条编而复两税，舍两税而复租、庸、调也。乡举里选变而门望；门望变而考试，丁庸变而差役，差役变而雇役，虽圣王作，必不舍科举而复选举，舍雇役而为差役。兵甲变而府兵，府兵变而为彍骑，而营武。虽圣人复作，必不舍营武而复屯田、为府兵。"任何事情都必须因时而变，而"变"的标准则是"利民"。因此，他强调改革要顺民情，乘时势，实事求是，策略灵活。在漕运、盐政、水利等具体经济领域，他所提出的一系列措施，均有利于国计民生，有利于资本主义经济的萌芽。但是，他也强调改革还要注意客观条件的成熟程度，认为如果客观条件没有齐备而硬要改革，不仅推行起来麻烦，而且还会以失败而告终。他用比喻来说明客观条件成熟的重要性："禾未熟而登场，获者弃之矣；果未熟而登

---

① 魏源著：《魏源全集》第3册，岳麓书社2004年版，第291页。

盘，食者吐之矣。……政未熟而急求治，治必乱，化未熟而急变俗，俗必骇。"①这些观点对我们现今的改革开放仍有重要的借鉴意义。

魏源思想中最具有历史前瞻性的部分就是他的"师夷长技以制夷"的主张。鸦片战争后，中国社会的急剧变动，使"凡有血气者所宜愤悱，凡有耳目心知者所宜讲画"。魏源在纵谈天下大事的同时，更以超越前人和同时代人的眼光和勇气，把视线由内政转向中国之外的整个世界。1842年12月，魏源据林则徐交付与他的《四洲志》及历代史志、明以来岛志和"夷图"、"夷语"编辑成《海国图志》五十卷，后又扩展成一百卷。这是中国人自己编写的第一部介绍西方国家历史、地理、政治、经济、军事、科技、文化、宗教等各方面状况的著作。该书从世界的视角来认识中国的大势。改变中国人民对世界各国的错误认识，说明中国在地理上并不位于世界的中心，"天朝上国"并不尽善尽美，世界上还有许多比我们先进的国家存在。长期以来，中国人在一个自我封闭的社会中孤芳自赏，总认为中国就是世界的中心、大地的中心，四周都是尚未开化的蛮夷小邦。成书于乾隆年间的《清朝文献通考》写道："大地东西七万二千里，南北如之。中土居大地之中，瀛海四环。其缘边滨海而居者，是谓之裔，海外诸国亦谓之裔。"②这是"中国中心"说的一个生动、形象的写照。就连清朝的最高统治者道光皇帝被英军打败，即将签订屈辱的《南京条约》时，尚不知道敌人来自何方，战争因何而起，还要求前线将领审问英国俘虏时弄清这些情况。鸦片战争中两江总督裕谦在多处描述英国人不能弯曲腰身和两腿，所以挨打后便会立即倒下；许多人深信，外国需要从中国进口大量茶叶和大黄，如果切断供应，他们就会变成瞎子和易患肠胃病。③因此，士大夫提出的对敌方略，往往以为"茶与大黄不使出"，断绝中英贸易，即可使夷人屈服。这种认识对中国在对外交往和战争中危害巨大。魏源在《海国图志》中纠正了这种错误的认识，说明了中国还有许多不如"夷"的地方，并进而提出了"师夷长技以制夷"的主张。

从途径的角度说，魏源认为"欲制外夷者，必先悉夷情始。欲悉夷情者，必先立译馆籓夷书始"。他认为要熟悉外国的情况，主要有两种途径：一是通过"内地亦设馆于粤东，专译夷书夷史"，了解"殊俗敌情，虚实强弱，恩怨攻

---

① 魏源著：《魏源全集》第12册，岳麓书社2004年版，第30页。
② 《清朝文献通考》（二）卷二九三，四裔考一，浙江古籍出版社1988年影印本，第7413页。
③ 费正清主编：《剑桥中国晚清史》（下册），中国社会科学出版社1983年版，第179页。

取，了悉曲折，于以中其所忌，投其所慕"①；二是搜集阅读西方报刊，获取"夷情虚实"。在魏源看来，如果不向西方学习，不仅不能克服国家的政治经济危机，而且还会处于被动挨打的地位。"不师外夷之长技，使兵威远见轻岛夷，迎见轻属国，不可也。"魏源的"师夷"主张，在当时可说是"石破天惊"之言，就连当时的许多有识之士也不认同他的观点。《海国四说》的作者，热心于"洞悉夷情"的学者梁廷枏就公开对"师夷"大加指责："天朝全盛之日，既资其力，又师其能，延其人而受其学，失体孰甚！彼之火炮，始自明初。大率因中国地雷飞炮之旧而推广之。夹板舟，亦郑和所图而予之者。即其算学所称东来之借根法，亦得诸中国。但能实事求是，先为不可胜，夷将如我何。不然而反求胜夷之道于夷也，古今无是理也。虽然，服之而已矣，何必胜。"②著名的经世思想家姚莹曾经大声疾呼"筹制夷之策"，但在"悉夷"的层次上仍旧徘徊不前，不承认西方有什么值得学习的地方。他说："夫海夷之技，未有大胜于中国也。……然而所至于望风披靡者，何也？正由中国书生狃于不勤远略。"③这段话清楚地表明了姚莹的态度，即中国在鸦片战争中的惨败，只是由于中国人不了解敌情，而不是因为西方在技术装备上比中国更先进。魏源则通过了解夷情而认识到西方国家比中国先进的"长技"，明确提出要承认中国的落后，学习西方国家的长处。这就使他跨越了思想史上从"深闭固拒"到"睁眼看世界"，从"悉夷情"到"师夷长技"的两个层次，站在了时代的制高点。

魏源当时对"夷情"的了解，主要是西方资本主义国家先进的军事技术和武器。"一战舰、二火器、三养兵、练兵之法。""师夷"，就是学习西方国家的长处，包括军事技术、练兵之法、兴办军事工业、发展民用工业，还有对科技人才的重视、引进其他科技成果等等。对魏源来说，"师夷"不过是手段，"制夷"才是目的，抵御和制止外国侵略，强大自己的国家，是他的最终目标。魏源特别强调要"善师四夷"，也就是说要有正确的学习方法。在他看来，正确的方法应该是"塞其害，师其长，彼且为我富强"，即对于鸦片等西方之"害"我者，要坚决堵塞；对于技术、工艺等西方之"长技"，则完全有必要学习。魏源

---

① 魏源：《圣武记》，中华书局1984年版，第449页。
② 梁廷枏：《夷氛闻记》卷五，中华书局1959年版，第172页。
③ 姚莹：《复光津原书》，《中复堂全集·东溟文后集》卷八，同治六年（1867）桐城姚氏刻本，第11页。

把这种方法称为"食笋而去其箨"①。易言之，就是要学习西方有用的东西，丢弃没用的部分，"尽得西洋之长技为中国之长技"。同时加强"兵本"即整体战斗实力，以及"无形之兵"即支持军事的国家力量。他一再强调："善师四夷者，能制四夷；不善师外夷者，外夷制之。"②他说，通过这样的学习，取长补短，中国将"风气日开，智慧日出，方见东海之民，犹西海之民"。这却显出他"师夷"思想的幼稚了。一个弊端丛生、积重难返的封建大国，没有政体上根本性的变革，仅靠几处"长技"，岂可真正强国富民？他将"师夷"停留在"长技"的层面，西方文化之"用"上面，这为后来的洋务派的"中学为体，西学为用"的模式注入了最初的因子。这是时代的局限留给他的遗憾。

魏源的"师夷长技以制夷"的新鲜思想，是以"开风气"为己任的经世致用思想家在西方资本主义侵略压力下找到的一条出路，比起"药方只贩古时丹"是一个变革性的进步。魏源对近代中国的两个时代命题进行了深刻的思考，拿今天时髦的话来说，魏源的一生主要思考了两个问题：如何改革？如何开放？无疑，他的经世改革和"师夷制夷"的思想，代表了道光时期中国思想界的最高水平，并对鸦片战争后的近代文化转型产生着积极而深远的影响。

二、魏源的文化启迪

魏源是继王夫之后的湘籍杰出思想家，是近代湖湘政治精英群体中的学术巨匠。他一生著述十分宏富，多达40多种③，600余卷，约800万字。这些著作涉及经、史、子、集各个领域，涵盖政治、经济、军事、哲学、历史、地理、文化、教育、外交和近代自然科学等各个方面，不愧为学术巨匠。其中著名的有《诗古微》《书古微》《圣武记》《海国图志》以及由他负责编辑的《皇朝经世文编》和《淮北票盐志略》等，均是具有思想创见的思想财富。影响着后人进行变革社会的实践。洋务运动、维新运动，都从魏源的思想中吸取了丰富的营养。左宗棠在《〈海国图〉序》中表白，自己创办洋务企业，是实现魏源的师夷长技以

---

① 魏源：《默觚下·治篇五》，见《魏源集》，中华书局1983年版，第49页。
② 魏源：《大西洋欧罗巴洲各国总叙》，《海国图志》，光绪丙子年（1876）平庆泾固道署重刊一百卷本。
③ 夏剑钦认为是43种，传世的25种，失传的18种，见夏剑钦：《魏源传》，岳麓书社2006年版，第269—270页；周柳燕、易惠霞认为是47种，见周柳燕、易惠霞：《湘学》，湖南科学技术出版社2009年版，第80页。

制夷的遗愿："此魏子所谓师其长技以制之也！"另一位洋务派主将张之洞也指出："《海国图志》是为中国知西政之始。"①梁启超、康有为、谭嗣同、冯桂芬等维新思想家，均研读过魏源的著述并吸取灵感。有趣的是，《海国图志》等还广泛流传于日本，成为明治维新的思想武器。改变了近代亚洲的历史。魏源将传统的经世致用思想注入新生机，迈开了以经学为主的经世之学向以西学为主的新学跨越的脚步，使传统文化走入了近代的门槛。这一思想超越了当时所有知识分子的认识水平，王韬高度评价魏源"师长"一说"时倡先声"，这一"先声"是近代文化觉醒的先声，是中国冲破中世纪蒙昧、面向世界的先声。魏源还以自己多年的幕僚经历，达成了权力和思想结合的统一，构建了官、学交相辉映，融为一体的人才生成模式，使湖湘精英在经世致用的大旗下，崛起于嘉道政治舞台，影响及于咸同曾国藩的湘军群体，使湖湘文化成为影响中国近代社会进程的文化形态。

但是，我们依然要看到魏源的文化局限。他终身不能走出科举制的诱惑，尽管他对科举深恶痛绝，却依然一次又一次地赴考，漫漫科举之途长达三十余年，五十一岁方才中进士。这体现了他即使具有超前的思想，对旧制度的眷念依然难以割舍。魏源的思想体系中体现出新旧交织的矛盾，使理论的感召力受到影响。魏源的思想主张，在其身前并没有广泛的响应，这不能不说是重要原因。而且魏源性格中有淡退的一面，晚年皈依佛教，其诗云："扫地焚香坐，心与香俱灰，沉沉寥寂中，冥冥花雨来"，经世的进取心几乎荡然无存。想起魏源的激扬文字，想起他曾经辅佐陶澍、贺长龄等建立的赫赫经世功业，格外令人感慨。

魏源的局限之一是行动力的不足。他早年以幕僚身份辅佐陶澍与贺长龄，不仅编撰了皇皇经典《皇朝经世文编》，而且参与漕运、盐政改革，风风火火，业绩斐然。但是他在其中主要担任谋士和文胆的角色，挑大梁的还是陶、贺。魏源五十一岁中进士后，有八年为官经历，其中三年丁忧，也有五年实际的官历，但是他却没有显赫的业绩，有学者认为，这是同僚中有小人陷害，使他难有作为。其实这仅是不重要的理由。他辅佐陶澍、贺长龄、李星沅等名吏有十几年的时间，干过惊天动地的业绩，应该积累了丰富的行政经验，况且他声名显赫，有"无双国士"之称，为官不过是县令知州，只要他有足够的行动魄力，是能够有

---

① 易孟醇、易伦：《魏源评传》，湖南大学出版社2007年版，第253页。

所作为的，可是还为小人所陷害牵制，更多地只能归结为自身的原因：性格的懦弱，决断的犹豫，不够强势。他在高邮为知州期间，正是太平军大举进犯之际，他的朋友几乎都积极地投入到剿灭太平军的搏杀中，许多友人在太平军攻陷城垣后自杀而亡，可谓壮烈。然而他却举家逃亡。学者研究发现，在他的史迹材料中，没有和太平军抗衡的纪录。其子魏耆在家传中倒是提及魏源有和太平军抗争的事迹，可是研究者发现时间、地点不对。不管怎样，魏源在当时的行动，至少不像大多数湖湘精英那么激烈、积极，甚至有些暧昧。研究者认为，这是魏源同情太平军的表现。但是我们认为，这更能说明魏源在独立展开行动时，总是不够旗帜鲜明，行动力的缺乏。后来他皈依佛门，不问世事，更见一斑。相比之下，郭嵩焘也是主张向西方学习的主将，遭到了保守国人尤其是乡亲的围剿，可是他卓然独立，旗帜鲜明，毫不收敛。这与魏源形成对照，值得我们认真回味。

  显然，在魏源的身上，我们会有很多文化感悟。而且必须承认，魏源的思想不仅影响了陶、贺为首的嘉道湘籍政治精英群体，而且也深深影响了以曾、左为首的咸同湘军群体。魏源由此被称为"中国的但丁"。

第六章：咸同年间湖湘政治精英群体的兴盛

1851年太平天国农民起义，迅速席卷了江南各省，清政府的八旗、绿营一败涂地，清朝政权岌岌可危。一群忧国忧民忧时的湖湘文化人乘时而起，在战争的烽火中投笔从戎，放弃了科举入仕的传统升迁之路，聚合在曾国藩"卫道"旗帜之下，开始了"文化之士"向"武化之士"的转变，挽救了清朝封建统治的危机，湘军集团由此崛起，营造了"天下不可一日无湘军"的神话，开辟了近代湖湘政治精英群体最辉煌的盛局。

第一节 乱世崛起的湘军集团

一、乱起岭南的太平天国起义

清代最大规模的太平天国起义是由远离中原的岭南发动，太平天国起义的领袖洪秀全曾是一个醉心功名的传统知识分子，他曾经四次到广州参加科举考试，但都名落孙山，精神受到极大的打击，并大病了一场，于是，对清朝的科举制度产生了怨恨和怀疑，发誓不考清朝试，不穿清朝衣，与封建仕途彻底决裂。他在阅读了在广州赴考期间带回的一部基督教布道书《劝世良言》后，为书中宣传的上帝是世间万物的独一真神，其他偶像都是妖魔邪神的新奇说教所吸引。他把书中的"真神"、"天堂"等说教同自己1837年病中"升天受命"的幻觉联系起来,宣称自己是上帝的次子,肩负着传播福音、拯救中国于苦海的使命,创立了"拜上帝会"。并聚合了对清朝统治不满,对科举制度怨恨的下层知识分子和广大劳苦大众,逐渐形成了以洪秀全为首,包括冯云山、杨秀清、肖朝贵、韦昌辉、石达开等人为领导核心的极端会党组织,会众迅速发展到两万余人,于1851年的1月11日,正式在广西桂平县的金田村发动了声势浩大的武装起义。

在不到两年的时间里,太平军纵横广西、湖南、湖北、江西、安徽、江苏等数省,实现了在南京建立"小天堂"的目标。在许多史学评价中,太平天国被誉为革命性质的农民起义。由于其目标是推翻清朝政权,又具有民族斗争意味。

较之以往的农民起义,太平天国最突出的变异,就是文化旗帜上赫然绣着上帝的图腾,创出了中国式的"天父"、"天兄"、"圣神风"等等新名目、新概念,俨然发动了一场新与旧的文化之战。太平军所到之处,烧书毁庙、捣毁学宫,鞭挞"至圣先师"孔子的偶像等激进行动,在很大程度上反而加强了儒学文化子民对造反者的距离感乃至抵触感。

定都天京后,太平天国领导层逐渐变质,政权的皇权化、神权化日益突出。诸王不惜民力,修建豪华宫殿;大选秀女,姬妾成群;制订森严的等级制度,追求奢侈享受,更有甚者,为争权夺利,东王杨秀清更是假借代"天父传言"的名义,上欺天王,下压群臣,用以思想动员的宗教反而变成了离散兄弟感情、激化统治集团内部矛盾的毒药。人民盼望的平等未见,自由更无从谈起。普通的太平军将士真是可怜至极,他们虽有妻室,却要分营(女眷入女馆)而居,家人不得私聚,夫妇未经允许不准同床,"违令者斩首不留"。市民私产则勒令进贡,还干脆强行没收,投入"圣库"。阖城上下除王侯高干之外,兵民同吃同住同劳动,没有商业、没有贸易,整个南京城变成了一座冷森森的大兵营。诸王穷奢极欲,却厉行禁淫、禁娼、禁赌、禁酗酒、禁吹烟(吸鸦片)、禁奸小弟(同性恋)。太平天国治下的区域,与中国传统社会是泾渭分明的两个世界。

因此,对皇权与儒学的捍卫就有了口实。挺身而出站在最前线阻击的是一批湖湘大地的儒家士子。太平军公然以贬损"至圣先师"孔子来进行反朝廷活动,威胁到他们的精神家园。特别是太平军烧书毁庙,捣毁学宫,侮辱文化"圣人"孔子的过激举动,更使传统知识分子痛心疾首。他们在维护"纲常"、卫护"圣道"的旗号下,集结起来,纷纷站到了农民起义的对立面。

二、湘军集团的崛起

最先与太平军交锋的湖南团练武装是新宁举人江忠源创办的楚勇。1837年，江忠源中举人后，到北京求学，在郭嵩焘的介绍之下结识任职翰林院的曾国藩。1845年，江忠源离京回乡创办团练，1847年，他率团练武装镇压了雷再浩的会党起义，以功出任浙江秀水代理知县。太平天国起义时，江忠源正丁忧在家，他立即招募五百楚勇，开赴广西前线，协助清军围攻永安城。太平军从永安突围后，江忠源又拿出全部家产，在新宁招募上千人，由江忠源四兄弟及其同族的江忠义、江忠信、江忠珀率领，在桂林外围同太平军作战三次，三战三捷。太平军出全州后，他率楚勇在蓑衣渡设伏，重创太平军，南王冯云山中炮身亡，太平军精锐部队数千人被歼。团练武装与每战必败的清军八旗、绿营相比，可说是天壤之别，显示了很强的战斗力。

湖南是太平天国起义波及的第二个省份。湖南在乾嘉时期发生过大规模的苗民起义，境内的会党起义也时有发生。因而，湖南绅士为保境安民，纷纷创办团练武装，其中办得最有成效的是湘乡团练。湘乡团练创始于1851年，形成于1852年。1851年春，湘乡知县朱孙怡荐举醉心程朱理学、甘于清贫，艰苦育人的罗泽南为孝廉方正；将学行突出的刘蓉拔为县试第一，康景晖、李续宾、李续宜等获得了嘉奖和重用。他召集绅士、筹议创办团练，以保卫湘乡。立即得到了绅士的响应，而王鑫表现得尤其狂热，被朱孙怡赏识邀入幕府"襄公务"，成为办理湘乡团练的最为得力的助手，随后"创具规约"，在城乡推行团练。1852年，太平军进入湖南后，清政府下令各地举办团练，团练武装从此获得了合法的身份。朱孙怡加快了办团的步伐，他亲自主持制定了一套团练规章，通过族团结合，连坐互察，强化了保境安民功能。罗泽南、王鑫等地方绅士将湘乡团练扩充到了一千余人，湘乡团练迅速成为一支书生领兵、纪律严明、号令统一、敢打硬仗的强大地方武装。他们不仅相继镇压了湘乡各属的会党起义，而且还成功地抵御了太平军进入湘乡县境。

朱孙怡搭起湘乡团练架构后，曾国藩才出场亮相。1853年1月，咸丰皇帝任命丁忧在家的曾国藩为帮办湖南团练大臣，成为参与镇压太平天国农民起义军的43个团练大臣之一。一介文人出身的曾国藩，虽然少年得志，功名、仕途十分顺利,在座师穆彰阿的扶持下,短短十年七次升迁,遍兼礼、兵、刑、吏各部侍郎,未到40岁已当上了二品大员,但军事非其所长,更无领兵打仗的经历,要他马上转换身份带领一群以农为业的普通乡民,与清朝正规军都难以对付的太平军拼搏,他确实有些担心,准备上奏请辞。郭嵩焘听到这一情况后,亲往湘乡请他接受任命,并说这是建功立业的好机会,也是他的老师唐鉴向皇帝举荐的美意,千万不要辜负了老师的厚望。郭嵩焘还动员曾国藩的父亲曾麟书、弟弟曾国荃进行劝说,从而坚定了曾国藩的决心,决定带孝帮办团练。具有全国影响力的湘军集团自此崛起。

湘军的崛起是中国近代史上的重大事件。

它标志清王朝的盛世余晖消亡殆尽,近现代中国百年乱世的序幕正式拉开。不仅在视觉景观上,我们将随时随处看到硝烟战火,血泪横流,而且意味着社会生存逻辑的替换。社会的主题,社会的生存方式,更内在的是社会的思维方式、情感方式、价值尺度都出现了大转换。与此相应,各种社会政治力量也在尽情地释放自己的能量,在乱世的博弈中此消彼长,改变着力量对比和历史地位。各种在太平年代难以出现的奇迹都会发生。这意味千年历史中一直默默无闻并饱受屈辱的湖湘子民,也面临着转变命运的历史机遇,尤其是湖湘精英群体。

它还标志着满清王朝再也不能完全依靠国家的军事力量,尤其是不能依靠满族嫡系的军事力量来维系统治。满汉族群之间政治力量、军事力量的对比出现了划时代的逆转。虽然在权力名分上满洲贵族还将延续半个多世纪的至尊地位,但是在底气上已经大不如前,时时要看汉人的脸色而不能任性发作。汉臣势力一天天地壮大,其中又以湖湘汉臣为最。这便是湘军的力量。

湘军集团的组织阵营总体而言是金字塔式的垂直领导系统,这是由曾国藩的建军原则,即将领自招的募兵体制决定的。统帅招统领、统领招营官、营官招哨官、哨官招什长、什长招兵勇,形成一层一层的私人隶属关系。站在塔端的是统帅曾国藩,其下是统领一方的湘军大员:如胡林翼、左宗棠、江忠源、曾国荃、李鸿章等。再下面是湘军的骨干人物,即幕僚和得力将领。骨干之下是哨长、什长等下级军官,处在最底层的是广大的湘军士兵。粗略统计,该集团首脑和骨干分子共有475人,其中文职实缺按察使以上125人,武职实缺提督以上58人,位至督抚、堂官以上者67人。这个统计虽难称准确,但亦可大致反映出这个集团在清朝统治阶级中的实力地位。[①]

人们公认，挫败太平天国的是以湘军为主力的军事力量。这就大大增强了以湘军为资历背景的湖湘人的势力和话语权。这种势力和话语权以人口计算也显示出令人震惊的覆盖。研究显示，此时湖南人口约两千万，按女性占一半除去，再除去老人和儿童，青年男性当在数百万的规模。研究还显示，按当时的生产资源，正是湖南人口过剩期，由于湘军待遇丰厚，大批湖南劳力参军。清代湘军最盛时兵力达55万，左宗棠收复新疆时，所率湘军还有20万。湘军军史绵延50年，大约跨越三代人。加上非军事的物资保障人员等以及五十年的前后替换，累计与湘军关联的人口，说湖南户户有湘军，应该不算太夸张。如此一来，全部湖南人都与湘军荣辱与共，成为一个文化利益共同体。湘军对湖南人而言不简单是一支军队，更是一种文化信念。在中国近代史上，似乎还没有其他省份出现如此全民性的文化共同体现象。值得指出的是，也正是湘军的赫赫功业，大大地满足了湖南人的自尊心，也大大地膨胀了湖南人的优越感，使湖南人的霸蛮血性中更多了骄傲自大的成分，形成了"天下不可一日无湖南"的神话幻觉。这是我们在解读湖湘文化性格时，不可忽略的历史细节。可以说，湘军崛起后，湖湘文化意志开始在很大程度上导控了中国的走向。

第二节 湘军领袖曾国藩

一、从书生到湘军领袖

曾国藩（1811—1872），原名子诚，字伯涵，后改名国藩，字涤生，湖南湘乡人。出生于一个小地主的家庭，祖父曾玉屏年少时失学，长大以后深以为耻，发誓要延请名师，教导曾家子弟读书，使他们在科名上为曾家增光。父亲曾麟书长年苦学，但时运不济，先后参加了官府组织的科举考试达17次之多，到43岁才中秀才。科举无戏的曾麟书把全副精力用在培养自己儿子的成材上。

[①] 朱东安著：《曾国藩集团与晚清政局》，华文出版社2007年版，第54页。

曾国藩作为曾家长子，从小胸怀大志，也是曾家人的希望。六岁开蒙，八岁跟父亲在家中私塾学习。曾国藩九岁就读完了《五经》，开始练习时文帖括之学。14岁时，衡阳府的八股文能手欧阳凝祉到曾家做客，看到曾国藩所写的八股文，当场决定将女儿许给曾国藩为妻。15岁时，曾国藩已熟读《周礼》《仪礼》，兼及《史记》《文选》。20岁时，进入衡阳唐氏家塾学习，不久转入湘乡的涟滨书院学习，山长刘元堂十分欣赏曾国藩的诗文，认为他日后必成大器。22岁时，曾国藩考中秀才，为此，他苦苦考了七次。24岁时，曾国藩求学于当时闻名全国的岳麓书院，拜当时著名的教育家兼书院山长欧阳厚均为师，系统地学习了理学经世思想。曾国藩在这里结识了爱好程朱理学的郭嵩焘和刘蓉等人，成了同窗好友，为日后湘军理学经世群体的形成打下了一定的基础。在岳麓书院，曾国藩以诗文名噪一时，中试为第三十六名举人。随后，两次赴北京参加会试，均落第而归。他深感惭愧，28岁时，再次入京会试，中试第三十八名进士，成为湘乡曾氏家族470年来的第一人。

曾国藩中进士后，进入翰林院庶常馆阅读大量珍贵的档案、典籍，学会为官的技巧。在京城，他结识了一些学有所成的高官。他曾拜湖南老乡、著名理学家唐鉴为师，与理学家、经学家倭仁、吴廷栋、何桂珍、邵懿辰等往还，使他的学问大有长进，尤其理学的修养更加深厚。他在湖南读书期间，深受陶澍、贺长龄经世致用思想的影响，他将两者结合在一起，成为理学经世派的代表人物。在湖南，他还有一批志同道合的朋友，如刘蓉、郭嵩焘、江忠源、罗泽南等，他们也和曾国藩一样，既讲理学，又讲经世，有澄清天下之志。他们时常书信往来，互通消息，切磋学问，交流思想。这些人后来都成为曾国藩办湘军的骨干。

太平天国起义前夕，曾国藩短短十年七次升迁连跃十级，遍兼礼、兵、刑、吏各部侍郎。在湘籍官员中，37岁位列二品，清朝立国二百年来，仅曾国藩一人。作为汉族官僚中冉冉升起的一颗新星，在当时湖南的士林中，曾国藩已是一个无人不知、无人不晓的名字了。

曾国藩最主要的事功业绩就是成为湘军统帅，率领湘军剿灭了太平军，挽救了大清覆亡。这有一定的机缘巧合。太平天国起义的第二年，他母亲去世，他回到了家乡，成了丁忧在籍的官员。八旗、绿营在前线的惨败，使咸丰皇帝为镇压太平天国起义不得不另谋出路，征召求言。在1852年7月第十四次召见唐鉴时，唐鉴建议可仿嘉庆朝的成法组织团练，并先在湖南试验，还推举曾国藩来担此重任。于是，在郭嵩焘的百般劝说和曾父麟书、弟弟曾国荃的极力怂恿下，曾国藩终于走上了创办湘军的道路。其治军经验有以下特点：

首先，曾国藩自觉地把儒学的血缘根基——宗法关系渗透到湘军的组织之中。他打破了八旗、绿营招兵、练兵、调兵互相制衡的世袭兵制体系，确立了兵由将招的新的募兵体系。曾国藩利用同乡、师生情谊维系全军感情，在军营中提倡"死党关系"。为加强湘军内部团结，他要求加强各级军官权力，下级绝对服从上级，士兵绝对服从军官；遵循募勇的地域原则和私人情谊至上的原则，规定湘军的招募，统领由大帅挑选，营官由统领挑选，哨官由营官挑选，什长由哨官挑选，士兵由什长挑选，形成层级式的私人隶属关系。曾国藩认为，"口粮虽出自公款，而勇丁感营官挑选之恩，皆若受其私惠。平日既有恩谊相孚，临阵自能患难相顾"。他还认为，招募两地士兵，会因地域观念的不同而产生不和，不如只招一地士兵，利用地域观念和同乡感情，加强团结。湘军一般只在湖南招募，长沙、宝庆，尤以湘乡为最多，并且多由士兵、将领私人关系转相招引，这样就便于利用同乡的情谊维系军队的团结。久而久之，逐渐形成从属于私人而不从属于国家的军阀武装。曾国藩曾如此评价："湘军佳处有二：一则性质尚驯，可以理喻情感；一则齐心相顾，不肯轻弃伴侣。"

湘军这种生死相依的隶属关系，保障了曾国藩对湘军不可动摇的控制力。湘军水陆两师的营官、统领全部都由曾国藩亲自委派，所以曾国藩本人对湘军拥有绝对的指挥权，湘军将领"唯涤公的马首是瞻"。清朝政府对曾国藩的湘军一直不放心，尽管他们在前线上奋力拼杀，屡立战功，但清政府一直采取湘军出力、绿营收功的政策，虽然他们深知八旗、绿营无用，但不用担心控制不灵。而湘军就不同了，朝廷特别害怕这股力量失去控制，落入野心家之手，变成一把锋利的双刃剑。因此，一直不敢给曾国藩以任何实权，直到江南、江北大营被太平军彻底击溃，清政府只好利用这支体制外的军队来对付太平军，加之曾国藩处处谨慎，对清政府毕恭毕敬，没有任何不利于朝廷的举动，最后才任命他为两江总督，节制江南四省军务，湘军才逐渐获得了转正的机会，曾国藩成了名至实归的湘军统帅。

其次，湘军的选将用人，训练方法和军规军纪都由曾国藩亲自制定和施行。曾国藩在挑选将领上提出了四条标准：第一要才堪治民，第二要不怕死，第三不要急功近利，第四要耐受辛苦。曾国藩尤其强调政治标准第一的原则，认为：

"大抵有忠义血性,则四者相从以俱至;无忠义血性,则貌似四者终不可恃。"因此,曾国藩主要招聘绅士、文生充任湘军的将领,在有籍可考的179名湘军营官中,书生出生者104人;16名统领以上的高级军官中,书生占11人。[①]这些从性理之学中走出来的封建儒生,他们不是当权派,但比当权派更深刻地了解和熟悉社会;他们不是官僚,但比官僚更忠于自己的信仰;他们处在封建社会的底层,但更直接地承受着农民战争的压力。旧制度培育了他们,他们又适逢其会地成了挽救旧制度的抱道君子。曾国藩挑选士兵主要是招募健壮、老实巴交、吃苦耐劳的山野之民,不仅不收营兵,也不要集镇码头上油头滑面之人,更不要曾在衙门当过差的书役、胥吏之类。这些未见过世面、朴实健壮的山民,剽悍耿直,易于塑造。曾国藩通过"书生训山农"的方式,来打造有别于八旗、绿营的新式军队,利用书生的能言会道,来强化军队的政治思想教育。曾国藩"每逢三八操演,集诸勇而教之,反复开说至千百语","虽不敢云说法点顽石之头,亦诚欲以苦口滴杜鹃之血"。罗泽南则以宋儒之理学治兵,"朝出鏖兵,暮归讲道"[②]。王鑫则始终坚持讲学布道,向部下灌输孝悌忠信礼义廉耻观念。"在军中,尝教士卒习字读书,日课《四书》《孝经》,以义理反复训谕,而引论经史大义,譬晓耸切,听者至潸然泪下。迨夜,营门扃闭,刁斗之声与讽诵声相间也。"[③]曾国藩还亲自为湘军写作了《爱民歌》和《解散歌》,制定了严明的军规军纪,将这些东西灌输到湘军的日常训练之中。曾国藩规定的"训"包括"训家规"和"训营规"两种,他认为太平天国以异国邪说迷乱士民,只有对官兵强化教育,使他们对朝廷忠心、对敌军憎恨、对民众爱护,并服从严明的军纪,才能使招募来的"朴实山农"都成为"尊上而知礼"的敢死之士,才能对抗具有牢固宗教信仰的太平军。曾国藩还强调"治军以'勤'字为先",要求各级将领和全体官兵勤于练兵,强化技艺、枪法和阵式。他曾专门访求武师和猎户,请他们帮助教授湘军勇丁军事技能,有时他还亲自主持单兵军事技能考核,亲笔记下每个人的技能特长,做到用其所长,补其所短,形成团队合力。他亲自制订的《初定营规二十二条》《营规》等,对招募、行军、扎营、训练都作了严格规定,使湘军的训练从一开始就走上了制度化之路。

---

① 熊志勇:《略论咸同之际的士绅武化效应》,《中州学刊》1997年第5期。
② 钱基博:《近百年湖南学风》,中国人民大学出版社2004年版,第20—21页。
③ 钱基博:《近百年湖南学风》,中国人民大学出版社2004年版,第25—26页。

其三，曾国藩是湘军粮饷的主要筹集者。由于湘军不是清朝的经制之兵，而是体制外的军队，因而其军饷来源不是由政府直接拨给，而是由湘军自筹。曾国藩创办湘军采取的办法是厚给军饷来免除将士的后顾之忧，因而湘军饷章对弁兵薪饷的规定是相当优厚的。陆勇每月发饷四两二钱，水勇三两六钱，高出绿营兵的两倍。其中营官和统领更是丰厚，统计其各项收入，营官每月为260两，分统、统领带兵三千以上者390两，五千以上者520两，万人以上者650两。因而湘军每年军费的开支是十分惊人的。为了保证湘军军费的来源，曾国藩开创了各种筹集军费的渠道，通过向大户劝捐、开征厘金，征收盐茶税，设立东征局，请求各省协饷等各种办法，解决了湘军的饷源问题，曾国藩自然也就成了湘军的衣食父母。

其四，曾国藩是湘军的道德典范和精神领袖。有副对联这样概括曾国藩的一生："立德立功立言三不朽，为师为将为相一完人。"湘军将领郭松林在曾国藩死后为其作挽联云："伟业冠古今，满而不溢，高而不危，统求国计民生，先忧后乐。荐贤遍天下，功则归人，过则归己，若论感恩知己，异口同悲。"虽有歌功颂德之嫌，但也道出了曾国藩的修德为人，追求完美的人格魅力。这种人格魅力，对于湘军而言，就是榜样的力量，信仰的力量，文化的力量，就是凝聚力和战斗力。曾国藩留给后人一个最深刻的印象，就是毅力格外坚韧。湘军接连打了几次败仗后，幕僚在写给朝廷的奏折中称湘勇"屡战屡败"。曾国藩审阅时，当即挥笔改为"屡败屡战"。四字仍在，但位置一经调整，那种不服输、不气馁的刚毅气魄顿时跃然纸上。曾国藩谦和内敛，以退为进，韬晦有术，从不张扬，没有半点文人的狂傲之气，时时刻刻、事事处处不忘适可而止。他从不居功自傲，以诚心待人，对立功将领的奖励从不吝惜。曾国藩统计，各省军营，保至武职三品以上者，不下数万人。左宗棠则估计，军兴以来，各省军营所保武职，不下数十万家。而全国绿营官职，从一品的提督19员，正二品的总兵56员，从二品的副将108员，正三品的参将152员，从三品的参将310员，总计三品以上者不过645人。但镇压太平天国后，以军功记名的提督即已达8000人之多；三品以下的都司、守备、千总、把总、外委、额外委不过一万两千三百余人，而以军功保举记名者则数以十万计。① 这么多人获得提升，自然会对曾国藩感激涕零。而他从不为

---

① 任恒俊：《晚清官场规则研究》，海南出版社2003年版，第38页。

自己谋私，曾国藩常以林则徐为榜样，提倡节俭，要做一名清官，因其每食仅菜一品，时人谐称为"一品宰相"。容闳赞其："正直廉洁忠诚诸德，皆足为后人模范。"正是这种人格修养魅力，使他成了湘军的道德典范和精神领袖，湘军将领都愿意为他拼死血战，自觉遵从他的规则，服从他的号令，从而保持了湘军内部的团结。

二、湖湘理学经世文化的集大成者

曾国藩不是一般的官僚，他还是个思想家。他一生勤奋读书，推崇程朱理学，讲求经世致用，成为湖湘理学经世文化的集大成者。谢南斗说："曾国藩是中国近代史上集湖湘文化之大成的代表之一，他的思想影响了整整一个世纪的思维，直到130年之后历史步入21世纪大门的今天，我们依然能够感受到这位历史巨人沉重的呼吸，清晰地谛听到这位充满智慧风采的湖湘学者振兴中华的响亮呐喊。"[①]朱东安也说："曾国藩既不算一个纯粹的理学家，也不算纯粹的儒学家，而是一个以理学为核心、儒学为主体，集中国古今思想之大成的杂家。"[②]可见，曾国藩是一个以理学为本，以经世为用，本用合一的理学经世大师。

曾国藩"一宗宋儒"，又不废汉学，主张汉宋调和。曾国藩以书生起家，尊崇儒书，讲求理学，终生不移。他自称"一宗宋儒"，很欣赏朱熹的"理一元论"的宇宙观，认为"理"是世界的本质，是万事万物的根源。他接受了朱熹的"理一分殊"学说，并进而指出："我心之知有限，万物之分无穷，不研乎至殊之分，无以调乎至一之理。"他认为只有认识"至知之分"，认识到具体事物，才能认识"理"。反过来，一般寓于特殊，"分殊"中包含了至一的理。显然这种方法论合乎思想逻辑，具有致知派的特点，从而发展和完善了朱熹的学说。他还将"经世之学"纳入理学的范畴，将姚鼐、唐鉴等理学大师提出的三门学问即义理、考据、辞章发展为四门，即义理、考据、辞章、经济。曾国藩认为这四者是一个统一和谐的整体，他说："苟通义理之学，而经济该乎其中矣……然后求先儒所谓考据者，使吾之所获达诸吾之所见，证诸古制而不谬，然后求所谓辞

---

① 谢南斗：《曾国藩与湖湘文化》，见蔡栋编：《湖湘文化百家言》，湖南人民出版社2008年版，第418页。
② 朱东安：《曾国藩传》，百花文艺出版社2001年版，第445页。

章者，使吾之所获达诸笔札而不差。"就义理与经济的关系而言，"义理之学最大，义理明则躬行有要，而经济有本。"在曾国藩看来，义理是文章的灵魂，它既是经济的统领，又由经济具体表现。"经济之学"并非旁门别派，而是理学应有之题。换言之，理学既是一种"克己"、"进德"之道，又是一种治国之方，"内圣"与"外王"在理学中是高度统一、不可分割的。"经济之学"对于理学达到了双重效果。一方面，曾国藩用"经济"改造理学，使理学不脱离实际，为现实服务，相对摆脱了过去理学的空疏无用，从理论上加强了理学的社会实践功能。另一方面，又以理学为宗，强化了居敬养德、穷理致知、克己力行、成物致用的内省功夫和修身之道，使现实社会的发展不脱离理学的轨道，在实践中提高了理学的社会地位。使得曾国藩既成为修身养德的时代楷模，又成为洋务运动最早的倡导者和实践者，成为超越同时代人的理学经世的杰出代表。

曾国藩虽然"一宗宋儒"，青睐理学，但他并无严格的门户之见，主张调和汉宋，实行文化兼容。在儒学内部，他讲求理学却不独尊程朱，相反，对周敦颐和张载更为看重。他在致好友刘蓉的书信中，就明确地指出，学问"能深且博而属文复不失古圣之谊者，孟氏而下惟周子之《通书》，张子之《正蒙》，醇厚正大，邈焉寡俦。许郑亦且深博，而训诂之文或失则碎；程朱亦且深博，而指示之语或失则隘"。在儒家之外，他对诸子百家都保持了浓厚的兴趣，认为先秦诸子的思想皆有可取，他们与儒家思想互为补充，甚至可以弥补孔子思想未能尽发的"有所不言"之意："圣人有所言，有所不言。积善余庆，其所言者也；万事由命不由人，其所不言者也；礼、乐、政、刑、仁、义、忠、信，其所言者也；虚无清静、无为自化，其所不言者也。吾人当以不言者为体，以所言者为用；以不言者存诸心，以所言者勉诸身，以庄子之道自怡，以荀子之道自克。其庶为闻道之君子乎！"①他甚至还提出以"老庄为体，禹墨为用"，以老子、庄子的虚静无为和墨家学说的兼爱勤俭来弥补儒家思想的不足，以达成修己治人的圣贤目标。曾国藩反对汉学、宋学的门户之见，认为它们的精神实质并没有什么本质的区别，出发点都在于维护封建的统治秩序，没有必要争得你死我活。他主张为学必须化敌为友，化解汉学与宋学之间的矛盾。他一方面指出汉学末流存有"变更古训"、"破碎害道"的毛病，另一方面对左宗棠、姚莹、孙鼎臣等人用私意

---

① 《曾国藩日记》（上册），宗教文化出版社1999年版，第439页。

分别门户,"追溯今日之乱源",归诸汉学家头上的做法不以为然,强调汉学有失也有得。主张调和汉宋,实行文化兼容。他在复夏弢甫的信中明确指出:"乾嘉以来,士大夫为训诂之学者,薄宋儒为空疏。为性理之学者,又薄汉儒为支离。"①他企望汉宋交融,"综合一归",共同担负起救时的重任。所以,曾国藩提出"汉儒之训诂,宋儒之义理,相须而行,阙一不可"。在他看来,汉学的长处在于博,"博则能究万物之情状,而不穷于用"。汉学讲究实证,实证则考而有据,弄清其来龙去脉,有助于纠正理学的空疏之病。汉学之博,可以补苴宋学之罅漏;汉学之实,可以充盈宋学之虚疏,均有利于辅翼圣道,增强理学的生命力。曾国藩认为,只有兼取汉学、宋学二者之长,"见道既深且博",才能真正实现维护圣王之道的目的。他反复强调,宋学在孔门为德行之科,汉学在孔门为文学之科,"言道则宋师为大","言艺则汉师为勤",各有所长,双方应取长补短,会通一起,而不应画地为牢,作茧自缚。当然,曾国藩所说的会通是以宋学为主的会通,他认为"礼"是会通汉、宋的纽带和桥梁,提出人人应学习礼经,以礼为归,以礼学通汉宋两家之结。因此,他的文化意境渗透着浓厚的理学色彩,理学是他整个文化的主色调,其他文化则是飘浮于理学之上,烘托理学经世的五颜六色彩带。

礼学经世是曾国藩找到的会通汉学、宋学的契合点,是道德主义和功利主义相结合的桥梁和纽带。作为晚清理学大家的曾国藩,与一般的理学家热衷坐而论道、玄谈性理不同的是,他一方面讲求修身、节欲,追求内在道德的完善;另一方面追慕王夫之、贺长龄等经世前贤,孜孜不倦地讲求经世之学,以"匡时救世"作为自己的人心追求。他对"礼"的认知不只停留在强调通过个人的修身养性,从而求得个人道德的自我完善的功夫上,而是将其推向社会,使人人都能约束自己的言行,并使整个社会"皆有以善其身,而无憾于伦纪",所谓"始于修身,终于济世"。他说:"古之君子之所以尽其心,养其性者,不可得而见;其修身、齐家、治国平天下,则一秉乎礼。自内焉者言之,舍礼无所谓道德;自外焉者言之,舍礼无所谓政事。"从文本分析而言,"舍礼无所谓道德"的"礼"即"理",指的是"君臣父子,上下尊卑"的封建伦理纲常;而"舍礼无所谓政事"的"礼"即"礼治",指的是经邦济民的意义层面。从表面上理解,

---

① 《曾国藩全集·书信二》,岳麓书社1994年版,第1576页。

曾氏所强调的"礼",仍是出自匡正人心,整治政事,而实质上其内涵更多的是指"经世之术"和"治世之术"。他明确表示:"古之学者,无所谓经世之术也,学礼焉而已。"曾氏所谓的"礼治",实质上就是理学经世思想的具体化。所谓经世,实质就是推行封建礼治,维护以三纲五常为核心的封建秩序。他的以"仁"、"礼"治军,德化湘军的努力,就是这种"礼治"思想的鲜明体现。曾国藩发布的《讨粤匪檄》,通篇渗透着强烈的卫道思想,发出了为恢复名教、端正纲常而死战的决心,虽然落后于时代发展的要求,但却迎合了受传统文化思想影响的广大知识分子。在檄文中,曾国藩抓住了太平天国的一大弱点——对于中国传统文化的全盘否定和无建设性破坏。"士不能诵孔子之经,而别有所谓耶酥之说、《新约》之书,举中国数千年礼义人伦、诗书典则,一旦扫地荡尽","所过郡县,先毁庙宇,即忠诚义士,如关帝、岳王之凛凛,亦皆污其宫室,残其身首。以至佛寺、道院、城隍、社坛,无庙不焚,无像不灭",以此来激起受传统文化思想影响的民众,尤其是广大知识分子奋起卫道的杀机。冯友兰曾从文化冲突的角度这样评述道:"洪秀全和太平天国在南京以西方的基督教为教义,以神权政治为动力,以太平天国的武装力量为支持,三位一体,力量雄厚。曾国藩以宋明道学为理论,以清朝政权为靠山,以湘军的武装力量为支持,与太平天国的三位一体势均力敌。曾国藩和太平天国的斗争,是中西两种文化、两种宗教的斗争,即有西方宗教斗争中所谓'圣战'的意义。这是曾国藩和太平天国斗争的历史意义。曾国藩认识到,在这个斗争中所要保护的是中国的传统文化,特别是其中的纲常名教。从这一点说曾国藩是守旧的,他反对中国进步。笼统地说是这个样子,但分析起来看,守旧和进步是相对而言的。纲常名教对于神权政治说还是进步的。"[①]可见,"在这样一场大战争中,显出曾国藩过人之处的最重要的一点,是他找到了一个恰当的动员口号";"一场满汉之间的民族战争,一场地主农民之间的阶级战争,被曾国藩说成是一场维护名教,也就是保卫中国传统文化的战争了"[②]。曾国藩据此发出号召:"此岂独我大清之变,乃开辟以来名教之奇变,我孔子、孟子之所痛哭于九原,凡读书识字者,又乌可袖手安坐,不思一为之所也。"这种呼唤在当时是颇有号召力的。这也是曾国藩文化眼光的过

---

① 冯友兰:《中国哲学史新编》第6册,人民出版社1989年版,第75页。
② 李锐:《为什么"独服曾文正"》,《读书》1992年第9期。

人处。

曾国藩虽然是一位在理学上造诣深厚的大儒,但他不沉溺于心性玄谈,而是着力于实行、实功、实用。他倡导"自强新政",主张通过洋务运动来实现经世致用、富国强兵的目的。他主张"中学为体、西学为用"的文化选择。他说:"欲求自强之道,总以修政事,求贤才以为急务。以学作炸炮,学造轮舟等具为下手功夫。"在政治上,"修政事,求贤才"仍然是传统的"中学"办法;在军事上、经济上则可以学彼之长以自强。这是典型的中体西用的思路,符合他"守道救时"的经世之学的宗旨,即固守封建固有的伦常,以西学救变局中之华夏。正是在这个意义上,我们可以说曾国藩打破文化禁锢引入西方技术的文化行为,是对外部现代性挑战的回应,而理学经世路线仍是他们作出这种回应的内在动因和根据。曾国藩"发动的洋务运动,不仅是探索中国自强道路的一次极其重要的尝试,而且也深刻影响了整整一百四十年来中国近代历史的整个进程,毫无疑问,他是一位了不起的先驱者。更为重要的是,他第一次在古老而蕴籍的湖湘文化中注入了最新的人文科学理念和自然科学理念,从而导致了湖湘文化发生大裂变大更新的时代的到来。这种对湖湘文化进行改革与创新的尝试,也是极其难能可贵的。曾国藩不仅是一名了不起的改革家,而且也是一位深得湖湘文化精髓和学富五车的学者,他对湖湘文化所作的贡献,丝毫也不比其前辈张栻或者王船山来得逊色,他以湘军为核心所发动的洋务运动,实际上是对湖湘文化理念的一次大检验和大实践。而且从这位学者开始,湖湘文化第一次由封闭走向开放,视野也由中国走向了世界。这种脚踏实地的实践精神,这种前瞻性和开放性,也就演绎成现代湖湘文化的基本走向和基本趋势。"[①]所以说,曾国藩是中国传统文化之集大成者,同时又是引进西方近代文化的带头人,以及中国近代文化的开创者。他的理论思想成就明显高于师长辈的陶澍与贺长龄。他所代表的第二代湖湘政治精英群体,在文化地位上也是超越前人的。

三、道德完美主义者

曾国藩是一个道德完美主义者。有副对联这样概括曾国藩的一生:"立德立

[①] 谢南斗:《曾国藩与湖湘文化》,见蔡栋编:《湖湘文化百家言》,湖南人民出版社2008年版,第424—425页。

功立言三不朽，为师为将为相一完人。"曾国藩的为人之道，是后世谈论曾氏的主要话题之一。曾国藩对今人的影响也主要是其道德操守和修养经验。可以说，不了解曾国藩的为人之道，就很难进入曾国藩的世界。

曾国藩道德完美主义的表现有两个着力点。其一就是自觉地将道德理念和道德规范贯彻到经世的功业中，使道德信念和规范成为行动的指南和灵魂，而区别于一般工具理性主义者——只问功利成效不问手段的道德依据。他将道德教化引入训练湘军的实践之中，将一群大字不识的山农通过封建文人的苦口灌输、理学熏陶，树立起他们对封建道德伦理观念的信仰，使其成为自觉卫道、锋利无比的杀人武器。他以自己坚执的道德情操和人品魅力来感染湘军的广大将士，以身作则，在湘军将士面前树立道德化身的活榜样。他在30岁时就立誓："以做官发财为可耻，以宦囊积金子孙为可羞可恨，故私心立誓，总不靠做官发财以遗后人。神明鉴临，予不食言。"他在创建湘军后，以"不爱钱、不怕死"相号召。他在给曾国荃的信中，以清正廉明的林则徐为榜样："昔年林文忠公有三个儿子，分家时各人仅得钱六千串，林公身膺督抚要职二十余年，其家底清寒如此，高风亮节，实不可及，我辈兄弟实在应向林公学习。"曾国荃不听从大哥教诲，后来得了一个"老饕"的贪名。曾国藩却身体力行。为了教育家人，他在大堂上亲书一联："惜食惜衣，不惟惜时兼惜福；求名求利，但知求己不求人。"在临终前，他留下遗嘱："余若长逝，灵柩自以由运河搬运回江南归湘为便。沿途谢绝一切，概不收礼。"他死后，左宗棠送来的四百两银子果然被少侯曾纪泽拒之门外。有人把这件事作为曾左交恶、至死不能相容的例证，实际情况则是曾国藩家人牢记遗嘱之举，连李鸿章也不例外。①曾国藩以自己的言传身教，成功实现了以德治军的目标，将湘军培养成了一支卫道守礼意识坚定，扎硬寨、打硬仗，敢打敢拼的强大军队。当这支军队后来沾染恶习、道德堕落、贪财扰民后，他又首先奏请裁减湘军。在他的心目中道德比能力更重要，一支没有道德的军队是不能无敌于天下的。他希望通过以德治军，大而广之，最终达到以德治国的目的。他还把"礼"作为德化社会的重要手段。他对"礼"的认知不只停留在强调通过个人的修身养性，从而求得个人道德的自我完善的功夫上，而是将其推向社会，使人人都能约束自己的言行，并使整个社会"皆有以善其身，而无憾于伦纪"，所谓

---

① 张云、韩洪泉：《曾国藩和他的湘军》，辽宁教育出版社2012年版，第188页。

"始于修身，终于济世"。他说："古之君子之所以尽其心，养其性者，不可得而见；其修身、齐家、治国平天下，则一秉乎礼。自内焉者言之，舍礼无所谓道德；自外焉者言之，舍礼无所谓政事。"

必须承认，这些道德行径对一般的政治家来说，更多是"经世之术"和"治世之术"，是一种策略或说权术。所以曾国藩的道德痴迷也往往被人看成是作秀，包括左宗棠也以此攻击曾国藩，认为他有道德虚伪性。但是综合曾国藩的全部行为看，他对道德的坚守应该是真诚的。尽管其中有顾此失彼，也有力不从心，还可以挑剔其迂腐固执，但这只能说明曾国藩走火入魔。例如，他放弃问鼎帝王的机会，也要成全自己的道德名节，从政治抱负的角度看，固然是一种迂腐，可是曾国藩看来，千秋圣人的美名更为重要。或许有人说帝王之名和圣人之名都是名利心而已，可是一个权力之名，一个道德之名，即使都是沽名钓誉，依然有价值选择的差异，曾国藩更愿意当道德圣人的选择是具有真诚性的。不能说，不想当帝王就一定是伪君子。硬要如此认为，未免以政客之心度君子之腹。

曾国藩具有道德追求的真诚性，更重要的是表现在他个人的道德修养行为。这也是曾国藩道德完美主义的第二个着力点。诸多史料都显示，曾国藩在个人生活中，对道德的痴迷同样达到了极致。他笃信理学清心寡欲，可妻子欧阳氏经常患病，于是，他内心便十分羡慕妻妾成群的同僚。一次赴宴见到进士同年的美妾，不禁心猿意马，"目屡斜视"，回家后听见卧病在床的妻子呻吟不已，心绪更是烦躁不已。等到夜深人静之时，曾国藩开始反省，不由得严厉责骂自己"真不是人，耻心丧尽，更问其他"。他平素有抽水烟的习惯，烟瘾极大，后意识到吸烟的危害，便开始戒烟。可戒烟的痛苦令他万般难受，戒烟中期时有反复，最后咬牙下定决心，经历三次戒烟，才终获成功，后半辈子的30年间，再也不抽。曾国藩在成就一番伟业的壮志激励下，始终在理念与欲望相互斗争的困境中挣扎不已。他的道德完美主义的根基，是考中进士后在京城翰林院任职期间，先后拜唐鉴、倭仁、吴廷栋、何桂珍、邵懿辰等理学、经学大师之后逐步形成的，尤其是理学大师唐鉴对他的影响最大。曾国藩曾多次登门向唐鉴请教治学之方和检身之要，唐鉴告诉他说，大部分人读书归读书，实践归实践，忘记了古代圣贤所说，须将所学身体力行。如研易，如果算卦是为谋生，卦就不灵。相反，清心寡欲研易，演卦反倒有奇效。因此要"躬行实践，笃实诚敬"，这是修身之道，也是为官之道。那么，怎样才能"笃实诚敬"呢，要以《朱子全书》为宗，身体力行，检摄在外，持守于内，君子可贵在慎独。慎独就是谨慎地对待自己独处，在没人看见时，仍然按照圣贤教诲行事说话，是修身最高境界。从1842年深秋立志之日起，曾国藩开始"日课"，每天从起床到睡觉，自我监督。他以"学圣人"标准要求自己，每天写日记，检索自己一天的言行，发现其中哪点不符合圣人要求，就要记下来，深刻反省。由于他长期坚持修身，一生谨慎克己，别人是官越大越嚣张，而他是官越大越揪心。他说过自己有"三畏"：畏天命、畏人言、畏君父。他还认为，官有"四败"：昏惰任下者败，傲狠妄为者败，贪鄙无忌者败，反复多诈者败。他把"四败"写在案头上，每天提醒自己。曾国藩立有"三戒"，即戒烟、戒妄语、戒房闼不敬；写有"三字箴"，即"清字箴曰：名利两淡，寡欲清心，一介不苟，鬼伏神钦。慎字箴曰：战战兢兢，死而后已，行有不得，反求诸己。勤字箴曰：手眼俱到，心力交瘁，困知勉行，夜以继日"；作有"五箴"，即立志、居敬、立静、谨言、有恒。"一日三省，慎之慎之！"他以"不为圣贤，便为禽兽；莫问收获，但问耕耘"为座右铭。他曾言道："我欲仁，斯仁至矣。我欲为孔孟，则日夜孜孜，唯孔孟是学，人谁得而御我哉！"他将自己居所命名为"求阙斋"，取意于求缺于他事，求全于堂上。他给自己规定，每日必须做到12条：敬、静坐、早起、读书不贰、读史、谨言、养气、保身、日知所亡、月无忘所能、作字、夜不出门。他的精神核心可用一个"诚"字予以概括，诚心、诚敬、诚恳、诚笃、诚朴、诚实、诚挚，脚踏实地，不投机取巧，不做苟且之事。没有谁去要求他，苛责他，可出于修身养性、自找锻铸的内在生命自觉，他为自己订立了一系列必须遵循的规矩，并且严格施行，将这些人生习惯坚持了一辈子。

诸此种种，是需要极大道德意志的，也是一般人做不到的。所以曾国藩和常人比显得格格不入，以至于有些高高在上。这种距离感，也很容易使常人对他产生怀疑——怀疑其虚伪性。还要看到，曾国藩的道德追求，的确曲高和寡，没有现实普遍性，因而也不值得过分推崇。但问题在于，作为求真的研究，我们必须正视这种存在并作出某种判断。在我们看来，曾国藩的道德痴迷是程朱理学道德本体论的成功心理渗透。这也是大清王朝向儒学文化投诚的一大成就。费正清主编的《剑桥中国晚清史》便认为，击败太平天国而挽救大清王朝的胜利体现了中国士大夫已经成功被改造成皇权主义者，而不再计较民族的心理隔阂，所以清王朝有勇气启用汉族士大夫来为异族王朝救驾。费正清还认为，曾国藩的意义还在于对儒学经世致用之学的实践考验，曾国藩似乎交出了成功的答卷，其答案就是以道德圣人来救天下："他对经世致用的态度主要是依赖'人治'而不是'法治'。……并认为只靠几个视国家利益为自己利益的人的领导和榜样，也能改造整个一代人的风气和习俗。"①但是，曾国藩的成功依然是孤独的，咸同中兴昙花一现，社会道德并没有按照曾国藩的道德宏图呈现新美景象，反而日益败落。曾国藩在世风日下、道德沦丧的残酷现实中无比痛苦，回天乏力不断煎熬着他的道德神经，耗竭着他治乱救世、趋于常规的雄心，刚刚60出头他就在忧时感怀中痛苦地死去，只在史册上争得了一个道德完人的声名。

第三节　继往开来的左宗棠

一、从"师爷"到疆吏的仕途

左宗棠（1812—1885），字季高，自号湘上农人，又自称"今亮"，谥文襄。湖南湘阴人，晚清重臣，军事家、政治家，是继曾国藩之后的著名湘军统帅，营造了湖湘子弟满天山的千古佳话，开创了湘军由对内镇压太平天国起义向对外抵抗西方列强侵略，维护国家领土完整和主权独立的新时代。被誉为继往开来的"民族英雄"。

左宗棠出身于书香门第，其祖上以耕读为本。他比林则徐小27岁，比龚自珍小20岁，比曾国藩小1岁。他自幼学习儒家经传，19岁时求学于湖南名儒贺熙龄，学习理学经世之道。21岁时考中举人，他满怀信心，准备入京蟾宫折桂，但时运不济，三次入京参加会试均落第而归。于是，他发誓不再向科举制度讨前程，而在"经世致用"的学问上下功夫。他才大志高，自比三国时期的诸葛亮，在给朋友的信中，都署名"今亮"。他在入赘湘潭周家后，曾书有一联以明志："身无半亩，心忧天下；读破万卷，神交古人。"在入赘、落第的连番打击下，他依然神气十足，有点愈挫愈奋的味道，发奋研读"经国济世"的学问。广泛涉

---

① 费正清编：《剑桥中国晚清史》（上），中国社会科学出版社2006年版，第461页。

猎兵、农、漕运、河务、盐政、舆地等各类书籍，尤其喜读顾祖禹的《读史方舆纪要》、顾炎武的《天下郡国利病书》以及贺长龄的《皇朝经世文编》等书。他在柳庄期间，还与妻子周诒端一起整理绘制历代军事地图，这为他日后出征新疆提供了有利条件。左宗棠虽然未中进士，不能为官，但他才华横溢，生性张扬，有指划天下的豪气，因此在湖南一带颇有声名。在主讲醴陵渌江书院时，因一副对联为名满天下的两江总督陶澍所器重，不仅成为忘年之交，而且还成为儿女亲家。在安化课读陶澍儿子的八年中，又与陶澍的女婿胡林翼成为无话不谈的朋友。正是在胡林翼的介绍下，林则徐得知了左宗棠的才华，有意想延揽到自己的手下任职，只是因为左宗棠当时正忙于为侄儿操办婚事未能成行，但两人已有了书信往来。1850年，林则徐因送妻子灵柩路经长沙，特邀左宗棠相见，两人在湘江舟中纵论军务时政，相谈甚欢，共同的忧国忧民之情，使他们感到相见恨晚。两人彻夜长谈，临别之际，林则徐特赠送给左宗棠一副对联："此地有崇山峻岭，茂林修竹；是能读三坟五典，八索九丘。"字里行间，透露出林则徐对左宗棠的殷切期望之意。

在悠悠岁月中，左宗棠在逐渐地积聚着自己的人气和能量，等待着为国效力的机会。1851年的太平天国起义，使这位自诩为"湘上农人"的狂士再也坐不住了，看到了立功扬名、一展才学的机会已经到来，他先是应邀进入湖南巡抚张亮基手下当幕僚，协助他防守长沙城，打死了进攻长沙城的西王肖朝贵，挫败了太平军的锐气。张亮基调离湖南后，他又应新任巡抚骆秉章之邀，继续担任省府"师爷"，长达八年之久。骆秉章十分信任和重用左宗棠，放手让左宗棠主持用兵、筹饷等重要事务。左宗棠也毫不客气，俨然以巡抚自居，操控全省军政大权，将全省官员当成下属，各色人事，该撤的撤，该裁的裁，该清盘的清盘，该登账的登账，敢作敢为。因此，有人戏称他为"左都御史"，意思是说他的地位尚在右副都御史湖南巡抚骆秉章之上。但骆秉章毫不介意，仍旧过着饮酒作乐的日子，把一切烦心事交给左宗棠去处理。在左宗棠的铁腕治理下，湖南"自刑名、钱谷、征兵、练勇与夫厘金、捐输，无不布置井井，洞中机要"。但他铁面无情的作风却得罪了不少官员。1859年，永州镇总兵、署理湖南提督樊燮谒见骆秉章。骆秉章让他去见左宗棠，他见左宗棠没有请安，惹得左宗棠发怒："武官见我，无论大小，皆要请安，汝何不然？"樊燮顶道："朝廷体制，未定武官见师爷请安之例，武官虽轻，我也朝廷二品官。"左宗棠最忌讳人家提他的师爷身份，中不了进士才给人家当师爷的。他勃然大怒，一脚踢翻樊燮，大骂："忘八蛋，滚出去！"引起樊燮的强烈不满，在湖广总督官文的支持下，将官司打到了皇帝那里，控告骆秉章"一官两印"，左宗棠"劣幕误国"，清政府命令官文密查，并说，如果发现左宗棠有不法行为，可以就地正法。官文素来对左宗棠在湖南剔除中饱、裁撤冗员等做法不满，借机想除之而后快，幸得郭嵩焘、曾国藩、胡林翼等好友上疏力保，仗义执言，军机大臣肃顺、侍读学士潘祖荫等出面营救，左宗棠才逃过一劫。从某种角度说，左宗棠经历这次风波可谓因祸得福，尤其是潘祖荫在上皇帝书中有曰："国家不可一日无湖南，而湖南不可一日无左宗棠"，给皇帝留下了深刻印象，左宗棠由此名扬天下。

1860年1月，左宗棠正式结束了他的幕僚生涯，开始投身于曾国藩门下，走上了领兵打仗的行列。6月，他奉曾国藩之命回湖南招募军队，他在湖南招募了5000人组成"楚军"，并以此为本钱自立门户。湘军众将骂左宗棠忘恩负义，但曾国藩不以为意，上奏保举，使左宗棠得以别树一帜，赴江西、安徽与太平军作战，战绩显赫。左宗棠长期作为体制外人物，在杭州失陷巡抚被杀后，由曾国藩疏荐，任浙江巡抚，督办军务。1863年又以军功升任为闽浙总督，成为独当一面的封疆大吏。在短短的三四年间他便完成了如此升迁，简直是放了一颗政治卫星。

左宗棠和曾国藩是两个个性特征极不相同的奇才，曾国藩少年得志，升迁迅速，30多岁就成了朝廷的二品大员，但他性格沉稳，英气内敛，修为极高，宽大平和，有包容天下之心，平易近人，从不自吹自擂，一脸书生之气，时时内省自励，有百战不挠之志，学问精深，品格方正，"向无大僚尊贵之习"。而左宗棠的性格恰恰相反，英气外露，喜欢张扬，恃才傲物，目空一切，争强好胜，不讲情面。他虽然佩服曾国藩的道德修为，学问文章，但他并不佩服他的才识将略。在他看来，曾国藩眼中乏精悍之气，面上无果决之容，没有一点"天才范儿"。曾国藩和刘邦一样，只会将将，不会将兵，他放手让手下将领指挥战争就能获胜，他自己亲自指挥战争则往往失败。曾国藩对左宗棠而言有救命之恩，提携之功，不是他一再在皇帝面前说好话，夸赞左宗棠的治世才华，左氏很难得到如此快速的提升。但是，就是这样一个生死至交，恩重如山的湘军统领也难以与性格相异的左宗棠和平相处，曾、左冲突大致出现过四次：

第一次是1857年曾国藩以丁忧守制不出。当时江西战事吃紧，曾国藩因父死丢弃军队回家奔丧，左宗棠为此写信批评曾国藩在军情吃紧之时，不移孝为忠，以国事为重，而以奔丧为名，轻弃军队，逃避责任，于礼义不合。曾、左多年的朋友，写这样的信等于说曾国藩治军无能又逃避艰难，既不够厚道且言过其实。丁忧守制，这是清朝惯例，曾国藩回家守制合乎这一规定，却遭来左宗棠如此严厉的指责，这是曾国藩没有想到的，而且还引发了朝中的非议，给他带来了极不好的影响。因此，两人断绝了往来。后来左宗棠也觉得自己有些过分，承认自己处事不当，责任在于自己用词欠考虑，使曾帅难以接受。后在曾国荃的极力劝说下，曾、左两人恢复了书信往来。一年后曾国藩再起，路经长沙时与左深谈，两人从此和好如初。

第二次冲突发生在争夺江西厘金问题上。沈葆桢是林则徐的女婿，曾在曾国藩手下做事，因同为翰林出身，惺惺相惜，他做事果敢，冷面铁腕，深得曾国藩欣赏，在曾国藩大力推举下，当上了江西巡抚。曾国藩本想让自己信得过的人来把持江西，可以保证湘军的军饷供应。但沈葆桢做了江西巡抚后，却奏请截留江西厘金，并得到户部批准，由此引起曾国藩、沈葆桢间的厘金之争。曾国藩想争取闽浙总督左宗棠来帮助自己，希望他出来说句公道话。但这次左宗棠不仅不替曾国藩说话，还替沈葆桢打抱不平。他写信指责曾国藩说，现在你的好朋友郭嵩焘升任广东巡抚，而你的敌人沈葆桢却吁请开缺，"一益一损，且幸且惧"。意思是说，反对你的人，你逼得他走投无路。顺意你的人，就步步高升，你的独断专行，已经让人畏惧了。左宗棠以居心正大为恃，对老朋友搞突然袭击，这种事以后还多次发生。这种袭击表面上以大清根本利益为出发点，背后却经常隐蔽着强烈的争雄心态。左宗棠自认为比曾国藩高明百倍，只是因为时运不济，进身无门。曾国藩才智平平，仅因为科名运气好，直通九重，位高权重。所以左宗棠看曾国藩，总有莫名反感，千方百计放大曾国藩的缺点。事实证明，清廷选择左宗棠作为分化湘军的突破口实在准确。在湘军集团中，左宗棠是唯一始终要越曾国藩而上的人。左宗棠这一举动，使曾、左关系开始疏远。

第三次冲突发生在攻破天京后，二人就洪秀全之子洪天贵福是否自焚身亡而论争于朝廷。1864年，湘军攻入天京后，将士忙于抢夺财物，致使幼天王洪天贵福等人乘乱逃出了天京城，但曾国藩在上奏时却说，据城内各贼供称，城破后，伪幼主在宫殿内堆积柴火，举火自焚云云。虽语焉不详，曲意模糊，但如此大事，毕竟不可轻言粉饰。不久左宗棠得知真相，在汇报湖州军情的奏折中揭穿了曾国藩的谎言，说明幼天王已逃离天京，在江西聚积力量，图谋再举。清廷接报后，果然回过头来追究曾国藩"谎报战绩"，以打击功高震主的曾国藩。曾国藩一面为自己辩解，一面反唇相讥，揪出左宗棠收复杭州时"伪康王汪海洋、伪听王陈炳文两股十万之众，全数逸出"的旧账。左宗棠本是好辩之人，当然不肯低头，于是上疏辩护，两人你来我往，互相攻击，这是统治者最愿意看到的事情。清政府不愿意有一家独大的局面出现，何况曾国藩因镇压太平天国之功，声望日隆，三十多万湘军已成尾大不掉之势，有左宗棠出来与曾国藩叫板，清廷求之不得。最后清廷在上谕中给他们各打五十大板："朝廷有功诸臣，不欲苛求细故。该督于洪幼逆之入浙则据实入告，于其出境则派兵跟追，均属正办。所称'此后公事仍与曾国藩和衷商办，不敢稍存意见'，尤得大臣之体，深堪嘉尚。朝廷所望于该督者，至大且远，该督其益加勉励，为一代名臣，以副厚望。"这道上谕是下达给左宗棠的，其中言辞，明显有安抚左宗棠敲打曾国藩之意。至于"不敢稍存意见"一说是不可能的，毕竟两人都不是圣人，这次正面冲突以后，两人的私人通信完全中断了。

第四次冲突是围绕对李元度的处理问题。李元度长期追随曾国藩，堪称心腹。1854年湘军靖港之败，曾国藩准备自杀并拟好了遗折，多亏李元度多方开解，曾国藩才没有做出傻事。后来李元度单独领兵，仍经常向在家为父守制的曾国藩写信，征求他对用兵的意见，两人甚至相约结为亲家。但是，李元度军事才能欠佳，失守徽州后，先是在外流连不回，回营后不堪申斥返回湖南，后又欲投靠浙江巡抚王有龄，从而引起曾国藩的强烈不满，连续三次参劾李元度，使其处境艰难。久之曾国藩产生悔意，攻克天京后，曾密上一折保举李元度。清政府将此案发交左宗棠处理。左宗棠却丝毫不给曾国藩面子，在所上奏折中一方面对曾国藩当年的评判和弹劾作了基本否定，另一方面又大骂李元度的罪过之处，要求按国法严惩。1865年，清政府允其所请，决定将李元度发配边疆效力。后得李鸿章联合沈葆桢、彭玉麟和鲍超其求情，李元度才免予充军，代以罚款了事。这等于是打了曾国藩一记耳光，曾国藩当然难以接受。

左宗棠就是这样一个人，总喜欢与地位比自己高的曾国藩较劲，以证明自己的雄才大略。他性格狂傲，大家都同意的，他偏偏不同意，反正他精明干练，又富有辩才，足够对付来自各方的发难。这大概与他早年郁郁不得志的经历有关，加上他历来自视甚高，看不惯官场中庸碌之辈的尸位素餐、贪腐无能，从而不屑于与之为伍。当然，左宗棠并不是没有原则的愤青。他痛恨那些名不副实，不堪其任的人，也痛恨那些言行不一、不够磊落的人。愈是至亲至朋，愈不姑息宽容；他六亲不认，总喜欢意气为先。郭嵩焘曾帮他消解樊燮之狱，有救命之恩，而且还在咸丰皇帝面前盛赞过他，有保举之功，左宗棠也在家书中承认"此谊非近人所有"，且两人还为姻亲（郭与其兄左宗植是儿女亲家），但左宗棠本性难移，"宁可我负天下人，不可天下人负我"，使郭嵩焘吃了不少苦头。郭嵩焘署理广东巡抚期间，左宗棠采取以邻为壑的政策，将浙江、福建两地的太平军余部赶入广东，一时间，广东境内"匪焰大炽"，原本就焦头烂额的郭嵩焘（他正与两广总督毛鸿宾闹不和）这下更是火烧屁股了。左宗棠还落井下石，狠狠参劾了郭嵩焘几本，使得郭嵩焘灰头土脸地丢了官。但没过多久，曾国荃在湖北弹劾官文，曾国藩诚惶诚恐，左宗棠却大呼痛快，称为"当今第一篇文章，天下第一好事"，足见其对事不对人，率性而为的个性。如果把左宗棠的个性放大一些看，则体现了湖湘民性中自尊心很强，偏激固执，意气用事，斗争性极强的一面，细细琢磨，其实曾国藩也是一个很固执的人，其对道德的痴迷即是。只不过曾国藩的固执向内敛、克制的一面展开，左宗棠的固执则向狂傲、张扬的一面展开。曾国藩儒学积淀深厚，讲究道德修养，又长期为左宗棠上司，对左宗棠有居高临下之势，自然就显得更有风度，实际上有着内在的主见和定力。反之，左宗棠受儒学的熏染、修养功夫以及对儒学的虔诚远逊于曾国藩，加上才华横溢却科场失意，淤积的郁愤使其表现得更加自负，也就显得咄咄逼人。同是经世致用，曾国藩更倾向于内在道德人格的千古流芳，而左宗棠更沉溺于外在济世功业的名垂青史。

　　曾、左各自完成着自己的选择。曾国藩害怕功高震主，给曾家带来杀身之祸，毁掉一世英名，在平定了太平天国起义以后，自动奏请清廷裁撤由他和弟弟曾国荃亲自统带的湘军主力，而保留了左宗棠的湘军，清廷也有意限制曾氏势力的膨胀，因此顺水推舟，容其所请。清廷在削减曾氏湘军的同时，还着力扶植左宗棠的湘军、李鸿章的淮军，使之形成互相制衡的三驾马车。左宗棠由此取得了与曾国藩平起平坐的"中兴名臣"桂冠。他们开工厂、办企业、制枪炮、造轮船，用新式武器装备和训练军队，掀起了轰轰烈烈的洋务运动。1872年，曾国藩逝世后，左宗棠成了湘军唯一的统帅。后来北上为清廷剿除捻军和西北反清回民起义，又远征新疆，征讨阿古柏，收复失地，坐镇福建，主持抗法斗争，谱写了反帝爱国的伟大壮歌。可以说哪里兵事最激烈，哪里就有他的身影。特别是收复新疆之战,一洗近代以来清政府在军事上的屡败局面,并底定天山,奠定了今日中国版图的基础,果然立下了继往开来的绝世奇功。史家总结左宗棠的一生,认为他主要做了三件大事:一是镇压太平军、捻军及陕甘回军,保卫了大清王朝。二是兴洋务,创办了近代军用和民用企业,是中国近代化的先驱之一。三是坚决抵抗外侮,捍卫国家领土主权,收复新疆,东南抗法,是伟大的民族英雄。就精神而言,左宗棠弘扬了中华民族自强不息,不屈不挠的斗争精神。①

二、左宗棠人格个性的文化启示

芮玛丽认为,左宗棠作为思想家没有什么杰出之处,他是一名儒家社会哲学的杰出实践者。"更重要的是他热情而又易于冲动的性格使他受到爱戴。"②作为一位外国学者,她也深深地感受到了左宗棠奔放不羁的性格魅力。

左宗棠无疑是个天才。几个有史料根据的实事可以佐证。其一,18岁那年,连秀才都不是的左宗棠闻知湖湘大儒、江宁布政使贺长龄丁忧回到长沙,前去拜访。贺一见奇之,推为国士,将家藏官私图书任由他借阅,并亲自为他上下阁楼梯取书,谆谆告诫他说:"天下方有乏才之叹,幸无苟且小就,自限其成。"贺长龄也以师长身份结交曾国藩,还资助过曾国藩,却没有这种一见奇之,赞叹不已的情状,可见左宗棠确实才气横溢。贺长龄还将左宗棠推荐给自己在城南书院当山长的弟弟贺熙龄精心栽培,从此左宗棠师从贺熙龄十年之久。贺熙龄亦赞:"六朝花月毫端扫,万里江山眼底横。开口能谈天下事,读书深得古人情。"③其二,25岁那年,两江总督陶澍回家探亲,路过醴陵,醴陵县令要在渌江书院教书的左宗棠书写一副对联来迎接。左宗棠写了对联"春殿语从容,廿载家山印心石在;大江流日夜,八州子弟翘首公归。"对联巧妙地用了皇帝给陶澍题写"印心石屋"的典故,还用陶澍先祖陶侃督八州军事的典故,果然切中陶澍心结。立即召见左宗棠,彻夜长谈,结下忘年之交。第二年,陶澍托孤要左宗棠课教自己的独子陶桄,并和左宗棠结为儿女亲家。其三,38岁那年,时任陕甘总督的林则徐回乡路过长沙,夜泊湘江,点名要私见左宗棠。"一见倾倒,诧为绝世奇才",

---

① 徐志颖:《左宗棠:帝国最后的"鹰派"》序言,中国青年出版社2014年版。
② [美]芮玛丽:《同治中兴:中国保守主义的最后抵抗》,中国社会科学出版社2002年版,第96页。
③ 《舟中怀左季高》,见《贺长龄集 贺熙龄集》,岳麓书社2010年,第179页。

于是,便有了湘江之夜官船上的彻夜长谈,长谈的主题就是西北防务,次日别过,林则徐将自己贬戍新疆积累下的全部资料交给了左宗棠。诸此种种说明,左宗棠确有掩不住的才华,能够在数语之间让人进入他的气场。贺长龄、陶澍、林则徐都是阅人无数的大智者,能让他们瞬间心动,以友相交,委以重托,不是雄奇大才,绝无此效。左宗棠尽管40岁以后才以幕僚用世,近50岁才正式当官,却业绩斐然,飞黄腾达,两年就官至巡抚,三年官至总督,十二年官至东阁大学士,军机大臣,成为事实上的大清宰相。其间亦有多次杀身之祸,但都有朋友贵人相助,化险为夷。这种人生,实非常人能及。也正因为如此,左宗棠建奇功也就不值得惊讶,甚至不值得津津乐道,包括左宗棠恃才自傲,也可以释然理解,因为这既无可必比性也无可效法性。

我们关注的是左宗棠与曾国藩人格对比中的文化启示。如果说,曾国藩是以苦读苦修,谨言慎行,脚踏实地,战战兢兢地建立了人生勋业,成为湖湘英杰的旗帜性人物,左宗棠则几乎走的是一条相反之路,却同样成为和曾国藩比肩而立的顶级湖湘英杰。左宗棠人格中充满着叛逆性,构成了湖湘英杰中的另类姿态,这仅仅是一个偶然,一个孤案吗?或者,左宗棠代表了另一种湖湘人格,从而揭示出湖湘文化中更深沉的意蕴?

和曾国藩及大多数湖湘士大夫均循规蹈矩,孜孜以求科举求仕进的人生轨迹不同,左宗棠中举后,仅考了三次会试就毅然放弃。这年他26岁。曾国藩则考了七次才中进士,郭嵩焘也考了五次才中进士,魏源一直考到52岁才中进士。可见,左宗棠对体制化的道路是并不痴迷的。甚至可以说,他对体制是怀抱蔑视的。

左宗棠放弃科举之途,但没有放弃学习。罗正均编的《左文襄公年谱》记载说,贺长龄送他的《皇朝经世文编》是反复研读的典籍,达到"丹黄殆遍"的地步。还有如下记载:

既归,遂决计不复会试。
始留意农事,于农书探讨堪勤。以区种为良,作《广区田图说》指陈其利。
是年六月,钞《畿辅通志》。
以次及《西域图志》、各直省通志。于山川关隘,驿道远近,分门记录,为数十巨册。
……

223

时公益摒弃词章之业。

刻厉于学，以寡言、养静二端自课。

为舆地图说，于山川、道里、疆域沿革，条列历代兵事。

可见，左宗棠为学的抱负是经营天下。其师贺熙龄赞道："季高近弃辞章，为有用之学，谈天下形势，了如指掌。"这和一般的儒生大相径庭。30年后，左宗棠平定大西北，他的这些知识积累全用上了。仅以植树为例，他给大西北增添了六个英国国土面积的绿色植被。学界探讨左宗棠治学特色时比较注意其对宋学的推崇，对汉学的鄙视，从而判定他与曾国藩主张汉宋调和，实行文化兼容不同，似乎左宗棠独尊宋学，更为保守。其实左宗棠是不屑于汉学训诂、考据的繁琐。他根本不想小心翼翼地确证古人是怎么说，而在意自己是怎么理解的。其实他比曾国藩更洒脱。

左宗棠虽然一生都服膺儒家学说，对以程朱理学为代表的宋学倍加推崇，主张"恪以程朱为宗"，"以程朱为准"，"宗程朱以探原孔孟"。但是，他的服膺是有条件的，就是自己的才华、抱负和自尊心要得到充分张扬。通俗地说，儒学要爱左宗棠，左宗棠才会为儒学献身。作家徐志颖在其左宗棠传记中引用了太平天国研究专家简又文的一个说法。太平军打到湖南时，"左宗棠尝投奔太平军，劝勿倡上帝教，勿毁儒释，以收人心"。太平军不听，左宗棠才为清廷效命。①要是确实，则更说明，左宗棠对大清政权以及对儒学的忠诚是大打折扣的。1851年太平天国起兵后，咸丰皇帝登基，开"孝廉方正科"，荐举中试后有县官的前程。郭嵩焘举荐左宗棠，被左宗棠一口回绝——他看不上。1852年，太平天国打到湖南，左宗棠举家隐避白水洞，湖南巡抚张亮基三请左宗棠出山参加平乱。加上胡林翼、江忠源、郭嵩焘等好友力劝，左宗棠摆足了架子才应允，主湖南幕府，果然解了长沙之围。1854年，骆秉章新任湖南巡抚，又请左宗棠主幕。左宗棠又是摆足架子，还提出要求，要骆全部放权，只当傀儡才出山。于是湖南又形成了左师爷当家的局面。这些事例固然可以见到左宗棠的狂傲乃至可爱的个性，可是论及对国家的忠诚度就不敢恭维了。至少可以说，左宗棠不会无条件地为国为民献身，他是待价而沽的。这个意义上，说他是纵横家并不为过。如果

---

① 徐志颖：《左宗棠：帝国最后的"鹰派"》，中国青年出版社2014年版，第123页。

我们再采信缺乏正史支持的资料，即左宗棠后来还作为始作俑者，怂恿曾国藩造反称帝，可认为其对皇权和儒学的信仰，几乎荡然无存。我们并不在乎左宗棠是否忠于清朝或者儒学，只是想说，左宗棠的爱国济世救民是以施展个人抱负为前提的。左宗棠的爱国主义和英雄主义有着浓厚的个人主义色彩。我们甚至认为，左宗棠的爱国忠君是其行动的结果，而非行动的原因，在很大程度是因为清王朝重用左宗棠，给他提供了施展才华的最大舞台。他后来的权力几乎达到了一人之下，万人之上。左宗棠是迷恋这个权力舞台才义无反顾地为之效命，成为民族之大英雄。要是他只有县令的舞台，根据他的个性，很难想象他还会以忠臣的荣耀名垂青史。

曾国藩统领湘军以政治挂帅，重用儒生，左宗棠统领湘军，首倡的是胆气，重用的是武夫。可见他对思想信仰导向，并不以为然。左宗棠身上，更多技术主义、实用主义的成分，不管黑猫白猫，逮住老鼠就是好猫，他倡导洋务更多从实用功利考虑的，他没有曾国藩那么重的道德包袱，因而他可以率性而为。在湘军集团中，他咄咄逼人，为所欲为，我们可以称之为真性情，是文学家笔下的个性化人物。可是他的率性可能导致与同僚关系的紧张。从前文所述看，他和曾国藩四次交恶，都无关大是大非，甚至有些吹毛求疵，弄得曾国藩很是狼狈。还有郭嵩焘更典型。郭嵩焘可说是举荐左宗棠最力的朋友，左宗棠后来和满族官员樊燮内斗，有杀身之祸，郭嵩焘全力营救，说动南书房侍读学士潘祖荫给咸丰皇帝上奏折保左宗棠。咸丰皇帝果然被打动，放过了左宗棠。郭嵩焘可谓左宗棠的大恩人，可是后来两人关系恶化也最严重。交恶的初因，就因为左宗棠要和郭嵩焘理论，谁是湘阴第一牛人。到后来发展到左宗棠向皇帝打报告，请求由自己的部下取代郭嵩焘任广东巡抚，理由是郭行政能力太差。有论者认为，这是左宗棠公大于私，法大于情的表现，光明磊落。初初一看，好像也说得过去，但细细分析则未必然。从左宗棠的整个人生看，他最受不得委屈，与人相处总要占上风。他一生中总是恭维他的人多，举荐救助他的人多，似乎还没有看到他冒着风险，挺身而出救他人的事例。他指责别人时，往往上纲上线，进行道德批判，给人感觉大义凛然。可是正如我们上文所分析的，他对所谓国家之公，儒学之义，并不是忠心耿耿的。只是由于左宗棠确有大才，立有殊功，也就一俊遮百丑，他任性造成的破坏性，比如说不团结，不顾大局，对他人的伤害等，便被人们忽略，反而成为真性情的表现。这也是史家对伟人特有的宽容。

尽管缺乏对清王朝和儒学信仰发自内心深处的虔诚和敬畏，也缺乏礼仪君子的谨慎和圆滑，就私情友谊而言，也多少有失厚道，但是，一往无前，宁折不弯，血战到底的豪气和才气融汇，依然使左宗棠创立了不逊于曾国藩的经世业绩，在客观效果上，受益的是皇权、国家以及民族与百姓。因此，史学的评价中左宗棠享有民族英雄的称谓无可厚非。问题在于，左宗棠的人格个性，是否可以视为另一种湖湘人格的姿态？我们的回答是肯定的。而且我们认为这与湖湘民性密切相关。

前文说过，湖湘民性可归结为"霸蛮"，就是不变通，不妥协，不服输，不认错，一条路走到黑。从发生学而言，这和南蛮时期以来湖湘居民长期被歧视和欺辱而形成的逆反心态有关。再说白一点，就是强烈的自尊心和自大心。理学的湖湘进入以后，在理学熏陶下，这种霸蛮民性蜕去了许多原始的蛮性，转化为对理学的坚守和忠诚，但并非全部湖湘人都在内心深处接受了理学的文化招安，成为理学无怨无悔的驯奴，在湖湘下层和边地的民众中，还蛮性未驯，在士大夫中，还有左宗棠这样的才大志大者，以桀骜不驯的姿态待价而沽。经营天下，舍我其谁，这就是左宗棠的人格心声。在这个意义上，左宗棠的人格个性更具有湖湘民性的原初性和本真性。不难想象，要是大清王朝始终不用左宗棠，乱世之中，左宗棠未必不会成为大清王朝的掘墓人。左宗棠和体制或儒学构成了某种交易关系——用我则顺之，不用我则可能反之。这就意味着，湖湘民性培养了比较激进的人格，这种人格在动荡的乱世，就会产生两种指向，不是王朝的死士就是王朝的死敌，总归充满血性和激情的湖南人不会满足于平庸的人生。中国近现代的历史表明，湖湘英杰成为政治舞台上主流性群体，确实显示了保守和革命的两种鲜明的指向。

第四节 湘军对历史的改变

一、湘军英杰群体的涌现

湘军崛起在中国历史上最直观的意义就是作为军事主力挽救清王朝于危亡，

将清朝政权的寿命延续了半个世纪。费正清主编的《剑桥中国晚清史》把湘军集团击溃太平军，创立咸同中兴局面看成是对儒家经世致用之学的考验。其实，也可说是对湖湘文化的一个考验。从宋代以来，理学湖湘派就以经世致用为标榜，但就经世致用的勋业而言，并不尽如人意。清代嘉道年间，陶澍、贺长龄又开湖湘经世派之阵容，勋业斐然，不过依然不能说惊天动地。直到湘军崛起，拯救大清于危亡，并在收复新疆和东南抗法中维护了民族尊严，才真正把经世致用的业绩推向顶峰。湖湘文化赢得了历史性的骄傲。从此，湖湘英杰成为百年中国政治舞台上不可或缺的风云人物，充满着斗争精神的湖湘文化信念，支配着整个中华民族的思维。

与此相关联的就是一大批湘军政治英杰登上了中国政治舞台，极大地改变了中国政治势力的组织结构，对于湖湘文化而言，则形成了人称第二代的湖湘政治英杰群体，使得湖湘文化的荣耀达到历史顶点。因为在很大程度上，湖湘文化的魅力是湖湘英杰建构起来的。湘军英杰以曾国藩和左宗棠为前后期的主帅，此外，尚有胡林翼、江忠源、罗泽南、王鑫、李续宾、李续宜、杨岳斌、彭玉麟等也是统兵英杰，以下择要简介。

胡林翼（1812—1861），字贶生，号润芝，湖南益阳人。道光十五年（1835）进士。与曾国藩、左宗棠并称"湘军三杰"，也是湘军理学经世群体的重要文化代表。胡林翼是陶澍的女婿，其理学经世思想深受陶澍影响。在陶澍的教导下，胡林翼从小有"经世志"，"聪强豪迈，丁书无所不读，然不为章句之学，笃嗜《史记》《汉书》《左氏传》，司马《通鉴》暨中外舆图地志，山川陿塞、兵政纪要，探讨尤力"[1]，"毋一时一刻不以民生为念，所著《读史兵略》《奏议》《书牍》、皆经世精言"[2]。胡林翼与曾国藩"无论就学说、德行、志业、抱负、两人之间大致相为轩轾，难分上下"[3]。曾国藩称赞胡林翼是"理财之精，综核之材，皆臣不逮"，甚至"冠绝一时"。胡林翼是一位关注社会现实，倡导经世致用的理学家，具有长于"经济"的综复之才。在政治、经济、军事等方面颇有建树。1846年至1854年，胡林翼先后任贵州知府与道员，因镇压当地农民起义而声名鹊起。1854年，胡林翼升任四川按察使，同年因湖广总督吴文

---

[1] 梅英杰：《湘军人物年谱》（一），岳麓书社1987年版，第201页。
[2] 赵尔巽等：《清史稿·胡林翼传》，中华书局1977年版，第11935页。
[3] 壮练：《中国近代史上的关键人物》（上册），中华书局1988年版，第72页。

镕奏调改任湖北按察使，率数百黔勇经湖南赶往湖北金口，参加对太平军作战。1855年春攻入江西，因功升布政使，两个月后又署湖北巡抚，升迁之快是非常罕见的。1857年曾国藩因父死回家奔丧，暂退幕后，胡林翼成为湘军的实际领袖，在前台支撑大局。1858年曾国藩复出后，曾、胡联兵进图安徽，于1861年9月5日攻克安庆，胡林翼授太子太保衔，加骑都尉世职。9月30日，胡林翼病逝于武昌，终年51岁，诏加总督，谥文忠。在此前后，胡林翼的亲信僚属先后有罗遵殿出任浙江巡抚、庄受祺出任福建按察使、严树森出任湖北巡抚、阎敬铭出任山东巡抚等，显示胡林翼一系名望声势之隆。如非早逝，其政治前景不在曾国藩之下。

江忠源（1812—1854），字岷樵，湖南新宁（今属邵阳）人，晚清名将。江忠源生性刚直豪爽，重视经世之学，1837年考中举人，入京参加会试，通过郭嵩焘得以结识曾国藩。曾国藩对郭嵩焘说："京师求如此人才不可得"，"是人必立功名于天下，然当以节烈死"。1844年，江忠源通过大挑（选官制度）被任命为教职官员，返回家乡，并以兵法训练乡里子弟，组建团练武装。1847年，青莲教首领雷再浩聚众起义，江忠源率子弟兵百人，一战杀死雷再浩，因功升任浙江秀水县知县。太平天国起义后，江忠源组建楚勇，到广西参战，并在蓑衣渡之战中击毙冯云山。此后，江忠源转战湖南、湖北、江西，累升至安徽巡抚。1853年，江忠源到达庐州，陷入太平军的包围。1854年1月，庐州城破，江忠源投水自杀，年仅42岁，追赠总督，谥忠烈。

罗泽南（1806—1856），是湘军理学经世群体的重要文化骨干。字仲岳，号罗山，湘乡桥亭人。自幼家里贫穷，家中主要靠典当衣物供食。10岁时，就能写出很好的文章，19岁开始四处设馆授徒，谋取衣食，20岁肄业于涟滨书院。道光十五年，瘟疫大起。他省试归来，徒步夜半抵家，见所种田已荒芜，其侄病剧，其三个儿子均于三日前病夭，夫人因哭子已失明。打开锅子做饭，缸内则无一粒之米。他却仍读书不辍，淡然自适。他曾七次参加童子试，都没考上，直到33岁时才补得生员，四十多岁时，才以廪生得举孝廉方正。他对程朱理学深信不疑。30岁时，"取《性理》一书读之，遂究心洛闽之学"[①]。1844年，他写成了《姚江学辨》，用程朱理学的观点系统批判王阳明的心学，成为当时分量较重的一部辨学著作。他对学生循循善诱，鞭析剖里；对时弊疾恶如仇，当仁不让；对朋友待

[①] 梅英杰：《湘军人物年谱》（一），岳麓书社1987年版，第8页。

之以诚，直言短长。他的弟子王鑫说："（罗）学识才行为世所罕见，续千载之坠绪，辟吾道之榛芜，倡明绝学，通达时务，斯人为苍生出。"①罗泽南的人格魅力，潜移默化地影响着他的众多弟子，当他义无反顾地投身军营，他的弟子也纷纷随之响应。其中，最为著名的就有王鑫、李续宾、李续宜、王勋、刘典、钟近衡、杨昌濬、蒋益澧等十多人。1853年夏，他奉命率领两千湘勇前往南昌解救被围的江忠源部，升任同知，此后转战江西、安徽、湖北等地，大小二百余战，克城二十。1855年，他率领湘军五千多人进入湖北，力攻武昌，相持三月，水陆将士伤亡三千余，仍不撤。1856年2月，九江太平军西上援救武昌，罗泽南率部前往堵截尾追。时值大雾，突遭太平军伏击，以至全军溃散，罗泽南也中炮死于军中。清廷以布政使衔抚恤，命国史馆立传，并立祠纪念。

王鑫（1825—1857），字璞山，湘乡人，湘军理学经世群体的文化骨干。王鑫生性聪明好学，颇有天赋。三岁时读经书，即过目不忘。五岁时入家塾读书，就表现出不同凡响的远大抱负。1844年，王鑫20岁即开馆授徒，自订《书塾学约八则》，"为学规大旨，以端品行、正心术为切要"②。这一文化经历，为他日后带兵时对部下进行思想教育积累了丰富的经验。1848年，王鑫中秀才后即师从罗泽南，与罗泽南、刘蓉一道，抨击阳明心学。王鑫虽然是湘军理学集团中最年轻的将领，却是整个湘军系统中贯彻程朱理学最坚决、最彻底的将领。"在军中，尝教士卒习字读书，日课《四书》《孝经》，以义理反复训谕，而引论经史大义，譬晓耸切，听者至潸然泪下。"③王鑫自恃是湘勇的倡导者，不听曾国藩的号令，自组"老湘营"，隶属于湖南巡抚骆秉章的领导，在湘南、湘东一带镇压农民起义军和天地会，升任知府、道员。1856年6月，因罗泽南战死武昌城下，王鑫应李续宾之邀前往湖北增援。1857年春，奉命增援江西，加赐按察使衔。在江西战场湘军全面失利局势下，独王鑫率领的老湘营进展顺利，连战皆捷。后因积劳成疾，当年9月患热病死于乐安，年仅33岁。尽管曾国藩对这支闹独立的军队不满，却仍供其粮饷。老湘营将士素怀大志，从严治军，刘松山、刘锦棠叔侄相继为老湘营统帅，在日后镇压陕甘回民起义和收复新疆战争中作出了巨大贡献。王鑫死后赐布政使衔，谥壮武。

---

① 梅英杰：《湘军人物年谱》（一），岳麓书社1987年版，第48页。
② 王鑫：《王壮武公遗集》，台湾文海出版社1966年版，第2275页。
③ 钱基博著、傅道彬点校：《近百年湖南学风》，中国人民大学出版社2010年版，第25—26页。

李续宾（1818—1858）、李续宜（1823—1863）兄弟，湖南湘乡人，都是罗泽南的学生，随同罗泽南组织湘军。1856年，罗泽南死后，李续宾代统其军，12月与胡林翼等攻克武昌等地，次年与湘军水师夺取江西湖口，升为浙江布政使。1858年5月攻陷九江，加赐浙江巡抚衔。1858年10月，他率6000湘军攻庐州（今合肥），为随军将领曾国华轻敌冒进所牵累，驻扎难守绝地三河镇，为陈玉成、李秀成之太平军围困。两军决战，所部6000余人全部被歼，李续宾自杀身亡，时年40岁。"续宾军行所至，百姓欢迎，不扰耕市，不造守令，不索供张。与人接，讷讷不言，而意溢于色，色余于辞。虽他军之将士，逃难之流民，皆归之若父兄。闻其死，哭之皆恸云。"①据曾国藩自述：三河之役使湘军元气大伤，湘军之乡的湘乡，一时白幡幢幢，四处招魂。李续宜在其兄战死后，收集残部，重整军营。1859年春，石达开部由赣入湘，围攻宝庆（今邵阳），续宜率兵5000前往救援，与太平军在资水西岸进行了四次激战，终解宝庆之围，以功赐布政使衔，不久升任安徽巡抚。1861年6月，他会同湘军水师彭玉麟部，夹攻西征武汉的李秀成部太平军，连克武昌诸城后，仍任安徽巡抚，深得清廷信任。镇压捻军后，1862年8月被任命为钦差大臣，督办安徽全省军务。任上，他殚精竭虑，整饬吏治，安民屯垦。1863年底病逝，时年40岁。

杨岳斌（1822—1890），原名载福，字厚庵，湖南善化（今长沙）人，原籍乾州（今吉首）。彭玉麟（1816年—1890），字雪琴，号退省庵主人、吟香外史，祖籍衡永郴桂道衡州府衡阳县（今衡阳市衡阳县渣江），生于安徽省安庆府（今安庆市内）。两人都曾参加过镇压新宁李沅发起义，随曾国藩创建湘军水师，担任湘军水师统领，在长江一带与太平军作战，屡立战功，受到清政府的重用。杨岳斌累升至福建水师提督、陕甘总督，赏一等轻车都尉世职。1875年，杨岳斌受命与彭玉麟整顿长江水师。1885年，率军赴援台湾，协同刘铭传共御法军。1890年，杨岳斌病逝，赠太子太保，谥勇悫。彭玉麟官至两江总督兼南洋通商大臣，兵部尚书，封一等轻车都尉。中法战争时，率部驻虎门，上疏力排和议。1890年3月，病卒于衡州湘江东岸退省庵。赐太子太保，谥刚直，并建专祠。

刘蓉（1816—1873），字孟容，号霞仙，湖南湘乡人，诸生。他自幼聪明，勤奋好学，"少负奇气，能文"，自视颇高，性不喜科举而独治理学，与同邑曾

---

① 钱基博著、傅道彬点校：《近百年湖南学风》，中国人民大学出版社2004年版，第23页。

国藩、罗泽南力求程朱之学。刘蓉的理学修养与经济才具深为曾国藩钦服,还结为儿女亲家。曾国藩曾集苏轼诗句为联赠之:"此外知心更谁是,与君到处合相亲。"曾国藩创办湘军初,刘蓉以朋友之义进入曾国藩幕府,参与机密,为其筹划有关练兵、筹饷等大政方针,曾国藩倚为左右。咸丰五年,以幕僚身份从罗泽南东征。十年,佐骆秉章督四川军务,擒石达开,灭入川太平军。同治二年授陕西巡抚。后佐左宗棠,是湘军中著名的高级幕僚,战区主帅。

郭嵩焘(1818-1891),字伯琛,号筠仙,湖南湘阴人,被称为曾国藩的第一高参。郭嵩焘自小在知识分子的家庭中长大,聪明好学,18岁时考取秀才,1836年入湖南著名的岳麓书院读书,与曾国藩、刘蓉结为至交。郭嵩焘20岁时考中举人,30岁时考中进士,真正使他加入政治行列的是他帮助曾国藩组建湘军。郭嵩焘在湘军生活中主要有三大功绩:一是力劝曾国藩、左宗棠出山;二是建议创办水师;三是筹集军饷。当太平天国进军湖南时,湖南巡抚张亮基束手无策,郭嵩焘力劝既想出人头地,又自视清高的左宗棠出山,帮助张亮基来对付太平天国起义军,左后来成为"中兴名将"。郭嵩焘带兵打仗不行,但让他出谋划策却能一下看到问题的关键。曾国藩盛赞其"善出主意",但为人过于自信,直言无讳,有时失之偏颇,又爱负气行事。任广东巡抚时为左宗棠所劾而罢职,此后闲居八年,闭门著书、授徒。后任出使英法等国公使,因思想先进为时论所不容,连家乡士人也骂其为"汉奸"、"贰臣",最后郁郁而终。

湘军中战区主帅级别的还有刘长佑(粤、直、滇总督)、唐训方(安徽巡抚)、江忠义(贵州巡抚)、曾国荃(陕、晋巡抚、两江总督)、刘岳昭(云贵总督)、蒋益澧(浙、粤巡抚)、田兴恕(贵州巡抚)、刘典(陕西巡抚)、杨昌浚(闽、陕总督)、谭钟麟(两广总督)、刘锦棠(新疆巡抚)、陈士杰(浙江巡抚)、魏光涛(湖广总督)等。

湘军的兴起,使湖南人以军功而显耀于世,政治精英群星璀璨,完全改变了湖南人"碌碌无所轻重于天下"的局面。湖南人才在古代并不发达,罕见史传。直到嘉、道年间,陶澍、贺长龄、魏源等经世主变派群体的兴起,才稍稍改变了这种局面,但影响仍旧有限。唯有湘军的兴起,使湖南政治精英光耀寰宇,唱响了湖南品牌,形成了在全国的巨大影响。仅1861年至1864年间,清廷先后任命的湘军体系督抚就有:毛鸿宾(两广总督)、刘长佑(直隶总督)、左宗棠(闽浙总督)、杨岳斌(陕甘总督)、郭嵩焘(广东巡抚)、李鸿章(江苏巡抚)、唐训方（安徽巡抚）、刘蓉（陕西巡抚）、阎敬铭（山东巡抚）、曾国荃（浙江巡抚）、恽世临（湖南巡抚），此外，在咸丰末年任命的湘系督抚还有胡林翼、骆秉章、曾国藩、罗遵殿、严树森、李续宜、沈葆桢、彭玉麟、田兴恕、江忠义等人，在四年多的时间里共有21个湘军将帅出任总督、巡抚职，湘系之盛，真是前所未有。而在21名总督、巡抚中，湖南人就占了13位，即曾国藩、胡林翼、彭玉麟、李续宜、田兴恕、江忠义、刘长佑、左宗棠、杨岳斌、郭嵩焘、唐训方、刘蓉、曾国荃。当时有人惊叹："湖南兵威之盛未有过此者"，"三分天下，湘人已据其二矣"。曾国藩的幕僚先后达到四百多人，几于全国之人才精华，汇集于此。故中兴将吏，大半出于其幕。"曾国藩的幕僚中，官至督抚者共有二十六人，分别出任总督、巡抚四十七人次和八十七人次，其中同时与他为督抚者一度达十四人之多。"① 仅据光绪十一年刊《湖南通志》所列名单，全省以军功保举武职游击以上的人员即达6319人之多，其中提督478人，总兵1077人，副将1534人，参将1464人，游击1766人，这在全国各省是绝无仅有的。从而营造了"天下不可一日无湖南"的神话，使带着湖湘文化思维的各路英杰由此成为中国近代政治舞台上耀眼的明星，一直影响着中国政局的走向。

二、治军模式和洋务运动的开拓

湘军集团既是一个军政集团，也是一个文化集团。湘军的兴起不仅在政治上挽救了清朝的统治危机，导致了晚清政治权力格局的新变化，而且也对近代湖南社会产生了诸多方面的新影响。正如有人所言："一部中国近代史，一半是由湖南人在斗争中写就的，推而广之，也可以说是由湘军人物写就的。"②

正如前文已经提及，湘军开创了以德治军，以士人领山农的新模式。湘军集团的首脑和核心成员，绝大多数出身于儒生，其学历自文童至翰林不等。他们在思想上尊崇程朱理学，注重经世致用。他们投身军营，不仅仅是以军功博官职的功利驱动，更多的是出于对太平天国起义军离经叛道的义愤，卫道护圣的共同心理使他们聚合在曾国藩的旗帜之下。他们不仅自己衷心信服程朱理学，还有意识地将这种思想灌输到整个湘军之中，成为他们共同的行动。曾国藩认为湘军训

---

① 张云、韩洪泉著：《曾国藩和他的湘军》，辽宁教育出版社2012年版，第275页。
② 唐徽：《天下湘军》，海南出版社2004年版，第1页。

练的内容有二：训练打仗的方法，训练做人的道理。他经常在湘军操演之前，苦口婆心地反复给湘军将士宣讲君臣之道，忠义血性之理，坚定他们效忠皇权、卫道护圣的信念。罗泽南则以宋儒之理学治兵，"朝出鏖兵，暮归讲道"①，不辞辛苦地对士兵进行思想教化。王鑫更是把思想教化当作军队的必修课，他不仅自己带头读书，而且还要求士兵利用一切空闲习字读书。他亲自给士兵们讲授《四书》《五经》，慷慨激昂，声情并茂，引得士兵们声泪俱下。到夜里的时候，他关闭营门，整个军营里面到处是一片操练声和读书声交相回荡的情景。因此，王鑫的老湘营是湘军队伍中纪律最好，作战能力最强的部队。胡林翼面对太平军的凌厉之势，仍从容谈笑，处以坚定，军屡挫而气弥厉，鼓舞诸将，以忠义相感发。"夜则延老儒姚桂轩会讲《论语》，未尝稍间。"自言："读书有得，临政治军，与文武将吏叙论，无不尽其情伪，而心目涣然，指画秩然。"终日危坐，讲求兵事吏事之要，汲汲施行。②曾国藩自己就是一个修身自省的道德模范。正如学者苏同炳所言："曾国藩虽然是清代末年的伟大人物，但他不是天才。他的成功，得益于他的勤学不懈与终身笃实践履。他的朋辈与僚属受到他的感化，人人以进德修养及负责尽职自期，所以才能团结众心，群策群力，夷平大难，转移风气。曾国藩的道德文章，即使不能说是千古以来所罕有，至少在清代是第一流的人物。尤其是在道光、咸丰以后，人心日偷，整个国家社会都有分崩离析之危险的时候，竟然能有曾国藩这样一个节行文章俱属卓荦不凡的人出来挽救国家危亡，转移社会风气，实在可说是国家与人民的福分。"③湘军在曾国藩的权威约束下，除鲍超及后期的曾国荃等少数将领在德行方面不尽如人意外，绝大多数人都能做到言行合一，使湘军成为一支信仰坚定、作风精良、军纪严明、团结互助、敢打敢拼、无往而不胜的强大军队。湘军这种以德治军，政治工作至上的治军模式，为后来的治军者提供了良好的范例。孙中山创办黄埔军校，毛泽东创建人民军队，都在不同程度上借鉴了湘军的这一经验。

但是以德治军的实质是人治。《剑桥中国晚清史》敏锐地指出，湘军领袖曾国藩"对经世致用的态度主要是'人治'而不是'法治'。……他在一篇早期的著名文章《原才》中主张，只有'贤且智者'的出现，才能使急剧形成危机的

---

① 钱基博著、傅道彬点校：《近百年湖南学风》，中国人民大学出版社2004年版，第21页。
② 钱基博著、傅道彬点校：《近百年湖南学风》，中国人民大学出版社2004年版，第35页。
③ 苏同炳：《中国近代史上的关键人物》（影印本）上册，中华书局1988年版，第3页。

世风日下的形式得以扭转,并认为只靠几个视国家利益为自己利益的人的领导和榜样,也能改造整个一代人的风气和习俗"①。所谓人治,就是由道德圣人来治理天下和挽救天下。这不是曾国藩的发明,而是儒学的灵魂,即内圣外王的道德本体论。曾国藩不过是身体力行罢了,曾国藩坚信,这是对经世致用之学的精炼总结。湘军功业也给了他幻觉,这是人治天下的回报。在这个意义上说,湘军的功业支撑了曾国藩的信念,也支撑了湖湘文化的信念。但是,湘军的道德坚守和道德榜样似乎没有可持续性。《剑桥中国晚清史》不无调侃地指出,1856年以后,曾国藩终于发现,大部分湘军军官都在战争中有中饱私囊的行径,而且没有重赏不肯卖命,他根本无力回天,只好视而不见,对胡林翼说,学"老僧不见不闻,……惟憕懂可以拔不祥也"。《剑桥中国晚清史》的作者写道:"这就是以我佛的智慧来补儒学经世致用之术的不足!"②可见,人治天下,德治天下不过是乌托邦的憧憬。尽管如此,曾国藩并没有戳破,依然把其德治天下的信念作为思想遗产留给了湖湘文化。

还要看到,德治天下并不温情脉脉,站在道德的制高点往往更杀气腾腾。这就是正义对邪恶的剿灭权力。"曾剃头"的名号就是由此而来。据曾国藩自己的记载,湘军攻破南京城,搜杀太平军残部,三天内屠杀十余万人,还有"伏尸百万"的记载。其合法性的依据就是"诛天下贼"的理念。湘军理学经世群体对程朱理学"义大于杀"的观点十分赞同。"义大于杀"是程颢、程颐兄弟为批驳那些指责诸葛亮"杀戮甚多"而"无足取"而提出的观点,他们认为诸葛亮"以天子之命,诛天下之贼,虽多何害"③。他们解释说,三国时蜀汉为正统,所以诸葛亮"以天下之力,诛天下之贼,义有大于杀也"④。按照程氏兄弟的说法,只要是为了维护"正统",即便是多杀一些"乱臣贼子"也无妨,因为这样做正是为了施行"仁义"。否则"正统"不存,"仁义"又安在。湘军理学经世群体面对太平天国起义大旗席卷东南大地之时,他们对程氏兄弟"义大于杀"的观点有了更深的感悟。他们以"正统"社会的守道者自居,极力地张扬"奉天讨贼"的暴力文化。曾国藩在《讨粤匪檄》里面巧妙地斥责太平天国起义对儒家伦理观念

---

① [美]费正清:《剑桥中国晚清史》(上),中国社会科学出版社2006年版,第461页。
② [美]费正清:《剑桥中国晚清史》(上),中国社会科学出版社2006年版,第465页。
③ 《河南程氏遗书》卷二十二,见《二程集》第1册,中华书局1981年,第296页。
④ 《河南程氏粹言》,见《二程集》第4册,中华书局1981年,第1235页。

的蹂躏,借绅士奉如神明的"孔孟痛苦于九泉"来煽动他们自觉卫道的杀机,在农民起义烽火的炙烤下,这些昔日摇头晃脑,书卷气十足的绅士转眼变成了杀气腾腾的屠夫,曾国藩并不讳言自己身上的血腥气味:"吾家兄弟带兵,以杀人为业,择术已自不慎。"①他在奏折和书信里还一再自我吹嘘说,只要能使地主士绅安居乐业,自己即使"身得残忍严酷之名,所不敢辞"②。在安庆之战时,曾国藩多次写信给在前线的曾国荃,主张"克城以多杀为妥,不可假仁慈而误大事","既已带兵,自以杀贼为志,何必以多杀人为悔"。江忠源、罗泽南、胡林翼、王鑫、李续宾、李续宜、杨昌濬、彭玉麟、刘长佑等大批儒生莫不以清王朝的忠臣义士自许,在"奉天诛贼"的暴力文化驱动下,他们"殉国赴义,视死如归。虽至灼体裂肤,陷胸决胫,而处之泰然,不以死生为纤毫顾虑"③。从而完成了从"文化斗士"到"武化斗士",从理学信徒到"中兴将帅的转化",湖湘文化也因此多了暴烈的血腥之气。

曾国藩把儒学中的宗法血缘传统发挥到了极致,贯彻到湘军的建设中,以募兵制替代了世袭的绿营兵制,实行将必亲选、兵必自招、饷由帅筹、兵归将有的建军原则。湘军以同乡、亲友、师生、同业关系来纠结成团,结成呼吸相依的利益共同体。湘军将领招兵不但注重同省关系,还注重同县、同里关系。因此,在湘军内部有湘乡勇、平江勇、新宁勇、宝庆勇等诸多门目。曾国藩曾说:"沅浦(曾国荃)不独尽用湘乡人,且尽用屋门口周围十余里之人。"后来由湘军分离而出的李鸿章淮军也是如此,因此,这个集团的骨干成员,多是湖南、安徽之人,尤以湘乡、合肥为多。湘军集团亲友关系也十分明显,兄弟从军、姻亲同列者比比皆是。这些人利用地缘、亲缘、业缘等各种关系,对内结成死党,对外力谋独立,自成体系,各自为政,军队乃由国家的武装力量变成带兵统帅的家兵家将,成为统帅为自己谋求私利的武装集团,他人不得插手,即使国家也不能随意调动。这种以宗法纽带组织起来的军队,确实大大提高了战斗力。这一军制改革不仅使兵制和军营风气大变,也使政治体制随之大变,由中央集权走向军阀割据的局面。代湘军而成为清朝国防力量的李鸿章淮军,其营规营制皆师法于湘军,实是湘军的替身,仍是"私人招募的军队,不受清廷兵部的指挥"。李鸿章经营

---

① 《曾国藩全集·家书》,岳麓书社1985年版,第638页。
② 萧一山:《清代通史》(三),中华书局1986年版,第124页。
③ 《刘蓉与左月楼书》,《养晦堂文集》卷五。

淮军30年，将领惟李鸿章个人马首是瞻，他人无法染指。袁世凯的新建陆军则又由淮军脱胎而来，以淮军余裔为骨干，袁世凯本人既是淮军统领吴长庆的部属，又为李鸿章所着意奖养。新建陆军进一步发展了湘、淮军兵为将有的传统，"士兵只知有袁宫保，而不知有大清朝"。袁利用北洋军，篡夺了国家政权，使国家由中央集权转为军阀混战，国家四分五裂，人民水深火热。这种局面的形成追源祸始是与湘军的军制改革和建军原则密不可分的，这可能是曾国藩始料不及的结局。

湘军在镇压太平天国的事功活动中，深刻地认识到了现代科技的神奇，增强了学习西方器物文化的意识，从而成为洋务运动的积极倡导者，开启了中国近代化的伟大实践。曾国藩、胡林翼、郭嵩焘等湘军将领虽然都是理学色彩很浓的传统文化人，但他们的经世致用意识很强，善于学习，懂得变通，与那些所谓的"以忠信为甲胄，以礼仪为干橹"的空谈理学家完全不同。为了达到事功目的，他们可以放下身段，学习"夷"人先进的东西。曾国藩在创办湘军的过程中，不仅用重金通过粤海关购买大量的洋枪洋炮来装备自己的军队，而且还仿照洋人的样式打造战船。对船炮的安置也十分讲究，一切以利于作战为出发点。史载曾国藩"创建舟师，凡枪炮刀锚之模式，帆樯桨橹之位置，无不躬自演试，殚竭思力，不惮再三更制以极其精"，并组织人员反复研究如何将洋炮安装到战船上，才能最大程度地发挥洋炮威力。湘军营制，重视武器装备的搭配，如冷兵器与火器的搭配，大小战船的搭配，以便在战斗中发挥各自长处，同时注意随着武器装备的改进和实战的需要而不断更新编制，这也是它同太平军作战中屡败而不溃，愈战而愈强的重要因素。胡林翼在江西指挥作战时，看到外国轮船纵横长江，往来如飞，急得大口吐血，看到了中外之间科学技术上存在的巨大差距，意识到了中国如果不急起直追，落后挨打的局面会更加深重。李鸿章的淮军更是借上海通商口岸的有利条件，尽弃大刀长矛，改用洋枪洋炮。正是湘军集团在镇压太平天国起义军的实践中，看到了西方科技的先进，因此，他们在19世纪60年代初掀起了一场以"求强"、"求富"相号召的洋务运动。曾国藩于1861年首先创办了安庆内军械所，制造出了中国第一艘轮船"黄鹄号"；1865年又与李鸿章一起创办了江南机器制造局，成为中国第一家大型使用机器生产的近代工厂，并带动和支援了一大批军用民用工矿企业如山东机器局、四川机器局、大冶煤铁矿、徐州煤矿、漠河金矿等的迅速兴起，奠定了中国近代工业的基础；江南机器制造局设立的翻译馆,翻译了大量的西方科学技术书籍,"泰西声、光、化、电、营阵、军械各种实学,遂以大明,此为欧西文明输入我国之滥觞",促进了中国科学技术的发展和教育的近代化;派遣幼徒出国留学,开启了中西文化直接交流的大门,为我国培养了难能可贵的技术人才。左宗棠也在福建创办了福州船政局,在兰州创办了制呢厂,使中国开始走上了近代工业化的道路。不过,曾国藩集团引进西方资本主义文化的目的,并不是为了打破儒家文化,而是为了巩固清朝的封建统治。在他们看来,以理学为核心、儒学为主体的封建思想文化体系并没有什么不好,只是缺少西方以船坚炮利为特征的科学技术。所以,他们引进西方文化大致以此为限,决不会将西方的政治制度和思想体系,诸如共和制度与自由、平等、博爱等,也一起引进来。而对近代中国来说,这正是不该缺少而又恰恰缺少的东西,导致中国落后于西方的根本所在。然而,曾国藩集团及其他洋务派人物却极力回避这一要害问题,选择了一条舍本逐末、避重就轻的道路,这就不能不最后归于失败。但是,对任何历史人物,我们都不能超越时代去苛求他们,湘军集团能够凭借自己的政治影响,提出和开启中国近代化的伟大实践,在封建意识极为浓厚的中国,着实是难能可贵了。没有他们的大力倡导,中国的近代化道路可能会更加漫长,国家会更加封闭和落后,人们的思想会更加僵化和倒退,因此,他们仍称得上引领时代潮流的先驱。

  湘军集团对历史的改变是个很大的话题,而且我们发现,在延续五十年的湘军历史中,湘军集团对文化建构表现出极大热情,已经超出了军事集团的本位。可以说湘军领袖们已经把自己摆到国家政权的地位来思考问题。这也是在西学东渐的时代背景下自觉的文化应对。湘军内部也出现了文化态度的分歧甚至分裂,从而产生了颇为激烈的冲突。意味着传统的湖湘文化也要经历某种时代蜕变,对于这个问题,我们将在下章专章加以探讨。

第七章：湘军知识精英集团的文化建构

湘军集团用血腥之剑剿灭了太平天国农民起义，延续了大清王朝的寿命也维护了儒学文化的神圣，但无法阻挡西方文化的侵入。西方传教士凭借不平等条约为护身符，打着布道、传播福音的幌子进入了儒学的东方，理所当然地引发了湖南绅士仇夷反教的激烈斗争，构筑了湖南这座中国文化保守主义的"铁门之城"，使湖南的保守文化得到了极大张扬。但在强势的西方文化的反复冲击之下，一些走出湖南的湘人发出了不同的文化声音，湘军集团开始分化，出现了曾、左实用主义的洋务文化和郭、曾的西学文化观，保守文化一统湖南的局面出现了裂痕。有意味的是，固守本土的湖湘绅士依然极其顽强地阻击了西方文化的湖湘进入，分化的声音在湖湘本土并不嘹亮。不过湘军集团却在文化的搏杀中，也付出了没落的代价。这意味着随着历史的进程，西方文化终究会破城而入，湖湘文化捍卫传统的圣战会出现无奈的妥协或者更加分化的姿态。

第一节 东西方文化的时代冲突

一、西学东渐与中西文化冲突

中西文化之间的直接交流大致出现于明朝晚期，由耶稣会士来华传教起步。

1552年，耶稣会创办人之一的圣方济各由印度登陆广东起端，利玛窦、艾儒略、汤若望等传教士踵其后，他们以传教为名，带来了高势能的西方文化，这种文化带着西方文艺复兴的人文特质，科技发展的魅力，传教布道宣讲福音的躯壳，进行文化渗透和文化征服。在明末耶稣会士来华之前，华夏农耕性文化曾两次与外来文化相交汇。第一次是与中亚和西亚的游牧文化碰撞融汇。与中原地区的农耕文化相比，匈奴、突厥、契丹、蒙古等民族的游牧文化是一种"低势能文化"。在这种文化碰撞中，游牧民族即使取得军事征服的成功，也因文化的落后，而被"被征服者"征服——游牧民族逐渐为农耕文化所同化。第二次是东汉、魏晋、隋唐时期与南亚次大陆佛教文化碰撞融汇。从学术思想的发展水平来看，南亚次大陆佛教文化与中国本土文化大体处于同一层次，互有短长，如在哲理思辨方面，南亚佛教文化长于中国，而在政治、伦理学说方面，中国又长于南亚佛学。因此，两者的文化可谓旗鼓相当，各有千秋，可称之为"等势能文化"，加之理学的崛起，华夏文化成功地吸纳和改造了佛教文化，维护了儒学文化的统治地位。然而，与上述两种文化交汇融合大相径庭的是，在明末清初，中国文化第一次遇到了一种高势能的异质文化的挑战，从而引发了中西文化之间的大冲突。

中西文化的冲突经历了一个缓慢的潜伏期、竞争期才进入激烈的爆发期。最先的传教士虽挟强势文化而来，但在中国传统文化的汪洋大海中和国力尚为强大的情况下，西方传教士并不敢放肆，还得偷偷摸摸地通过各种途径取悦地方官吏和朝廷大臣，使自己能够进入中国的内地传教。他们向达官贵人赠送自鸣钟、三棱玻璃镜等高科技产品来获得官员的好感；又通过重金买通宦官，获得向皇帝进供方物的机会，进而得以在北京建立教堂，开展传教活动。他们还想方设法地迎合中国士人的心理，放下身段，学习华语，改穿华服，学习儒家著作，甚至还改用中国名字，以便与中国的士大夫找到共同语言。并打着学术交流的旗号，翻译了许多欧洲的古典哲学、逻辑学、艺术学，尤其是自然科学方面的书籍，来逐渐改变中国士人对西方世界的认识。

传教士在传播西方文化的过程中，逐渐掌握了中国人的文化心理，他们以技术文化为敲门之砖，对触及中国人敏感神经的政治文化谈及甚少。他们以先进的实物与科技产品作为吸引中国士大夫的手段，将天文历法、数学、地理学、物理学与机械工程学和火炮制造术介绍到中国。而对西方文艺复兴以来最富于革命性的文化成就讳莫如深，他们的笔下，绝未透露过从达·芬奇到莎士比亚，从马丁·路德到伏尔泰、狄德罗等文化巨匠的任何信息，更不用说他们的先进政治思想了。因为在他们看来，将这些思想推销到中国是不合时宜的，不仅会引起中国人的反感，而且很可能使自己在中国难以立足。他们的苦心收到成效，部分思想开明的中国士人为西学所吸引。据统计，明季奉教者中士人占有相当比例。礼部尚书徐光启、光禄少卿李之藻、山东佥事王徵等名重遐迩的大学者对传教士传入的西学十分倾慕，他们不仅热烈赞扬西学的务实精神，而且将介绍传播西学，作为他们挽救时艰、富国强兵的一项重要内容。

对传教士引入的西方技术性文化，中国士大夫们的反响并不一致，以礼部侍郎署南京礼部尚书沈㴶、福建霞漳儒士黄贞为代表的一大批"夷夏之防"的保守主义者援引菲律宾、台湾及南海一些被西方殖民者侵略的事实，指斥传教士是地地道道的殖民侵略者，"到一国必坏一国"。主张对传教士必须严惩，并利用手中的权力，发动了著名的"南京教案"，自行逮捕了一些信教华人和耶稣会士。明神宗也迫令西方传教士回归本国，使中国丧失了学习西方先进文化，励精图治，锐意革新的机会。

到清朝代明而起，统一全国，采取了更加严厉的文化专制主义政策，不允许有任何异端思想的出现，在"康乾盛世"光环的笼罩之下，到处是颂扬天朝大国尽善尽美的赞歌。这种国情，并没有阻止传教，而只是改变了某些传教特点。清初传教士活动的场所多在宫廷，皇帝便是推广西学，主持中西文化交流的东道主，顺治、康熙皇帝莫不如此。汤若望、南怀仁都是他们的座上宾。康熙皇帝十分注意招聘西方各种专门人才来中国工作，但清廷所看重的西学仍是技艺之学，这一时期，中国对西方文化的总体态度就是"节取其技能，禁传其学术"。

发生于18世纪，清廷与罗马教皇之间的礼仪问题之争，表明中西文化的冲突已由潜伏期进入了竞争期，竞争的结果是双方开始断绝了文化性的交往，一度活跃于明末清初的以西方传教士为媒介的近世中西交往急剧中落，中外文化交流的涓涓细流也从此几乎全部中断，一道封闭的帘门，将中国与外部世界隔绝开来。从康熙末年的禁教到乾、嘉年间的闭关，筑起了一道中西文化交流的围墙，大清王朝在天朝上国尽善尽美的文化幻景中自我欣赏，不断滋长着狂妄自大的心理。

中国的闭关自守，使中国被远远抛在了世界近代化的浪潮之外，不可避免地招来落后就要挨打的悲惨厄运。19世纪之前，不仅中国士人自认中国为世界文化中心，就是17、18世纪来华之天主教耶稣会士在欧洲造成的印象，也认可中国人是"世界上最文明的民族"。但是科技革命和工业革命带来的发展使西人的自信心与日俱增。所以19世纪来华的新教传教士对中国文化的看法就远没有耶稣会士那样高,尤其是在1840年,鸦片战争轰开了中国大门以后,他们对中华文化的看法就更加与日俱减,不仅四处炫耀着先进的科技文化,也将意识形态带进中国,强行地打入中国人的脑海之中。

鸦片战争点燃了中西文化冲突的火药桶,严重挫伤了中国传统士大夫的文化自信心。严酷的现实教诲了中国人固守传统文化虽然重要,但文化必须以强国保家、还民以安居乐业为出发点,当国破家败的横祸降临面前,文化人就必须与时俱进,绝不能死要面子活受罪,应该勇敢地担负起唤醒国人觉醒的历史重任。既然中国技不如人,那就必须俯下身子学习"夷"人的长技,以达到超过"夷"人的目的。于是有了魏源《海国图志》"师夷之长技以制夷"的呐喊,有了洋务运动倡西学、引西器、办企业的近代工业化的伟大实践,西方的器物文化逐步为中国人所接受。但是,对于尚文轻武的中国士人来说,船坚炮利虽然能够证明西人有"长技",尚不足以证明西方文化的优越。李鸿章就曾明确的说过,中国的文物教化制度远在西人之上,只是科学技术不如西人。他的这种文化观几乎是当时比较开明的士大夫们的共同心理。不管是编《四洲志》的林则徐、著《海国图志》的魏源、著《海国四说》的梁廷枏、著《康輶纪行》的姚莹、著《瀛环志略》的徐继畬,还是力倡洋务的曾国藩、左宗棠、张之洞等人都坚持这一观点。即使在他们的著作中也介绍了西方的一些政治制度,但并不认为它们的政教制度就比中国优越,还是魏源的那句话,夷之长技有三:一、战舰,二、火器,三、养兵、练兵之法。因此,引进西方的器物文化几乎是当时中国政治精英的共识,"林、魏的'师长'之说,是作为一种振兴国家的方略而提出来的。于中国近代文化思想的发展而言,它是因揭示出一个新的价值标准、新的行为准则、新的文化观念,而成为中国近代文化名副其实的'创榛辟莽,前驱先路'"[①]。洋务派提出的"中体西用",实际上就是对林、魏思想的继承,仍旧带着对中国政治文化的骄傲和自信。因此,当西方传教士宣传自由、平等、博爱,贬损儒家的纲常伦理、君臣大义,企图以西方的政治理念和意识形态取代中国传统的政教制度,中西文化的冲突就日益表面化了,19世纪60至90年代,遍及全国的反洋教运动就是

[①] 丁伟志、陈崧著:《中西体用之间》,中国社会科学出版社1995年版,第31页。

中西文化冲突的直接表现。走在斗争前列的仍旧是捍卫纲常伦理和封建圣道的传统士大夫阶层,其症结就在于"中体西用"的文化指向不明,用封建的制度文化来指导资本主义的生产方式,其结果可想而知,是无法达成文化体用的合一,后来严复将其戏称为是牛体马用,洋务运动的破产也用事实证明了这一点,但中国士人却一直纠结于中国的文化本位意识,只学其器,不学其政,自然也就不允许有任何异端思想的出现。正如钱穆所观察到的,晚清中国思想界正由专重经典转向积极入世,此时也是积极入世的西方思想进入,本易相投契。但积极入世在知识上和思想上都应有更多准备,中国思想界则对此准备不足,"自己没有一明确坚定的立脚点",在西潮猛烈冲击之下,反而产生种种冲突阻碍,"由此激起思想上的悲观,而转向极端与过激"①。结果就是中国近代思想的激进化,那么士大夫反洋教的激进文化行为也就不难理解了。

二、西方文化对近代湖湘文化的冲击

湖湘文化自宋代理学的进入,经明末清初王夫之发扬光大以后,湖南士人就很难从"正统"的理学传统文化的氛围中挣脱出来,尤其是湖湘文化名盛一时后,湖南更自为风气,所谓"普天之下,惟我独尊","舍我之外,必无教化"。这种保守的观念一旦形成,又在湖南这个封闭的小世界里滋生蔓延,使得湖湘文化具有较强的排斥外来文化的传统。

湖湘文化与西方文化的接触相对于东南沿海各省来说,要缓慢得多。西方文化对中国的侵袭大致是呈由沿海向内地、由京城向各省辐射。在全民抵制西化的文化氛围中,西学的传播并不顺利,往往受到各种限制。尽管传教士在传播西方文化的过程中采取了极为慎重的态度,往往以科技文化开路,用实实在在具有科技含量的产品来证明其文化的先进,但是,也只能引起少数比较开明、追求进步的士人的共鸣。1840年的鸦片战争打破了中国士人的这一美梦。泱泱大国惨败于英夷小邦,对于中国人民来说,是一场挥之不去的噩梦,每一个有良知的中国人都在反思这样一个问题:堂堂天朝大国为何会败于"尚未开化"的英夷小邦,落得个割地丧权的下场?一些先进的知识分子在震惊、愤怒、悲痛之余,开始冷

---

① 钱穆:《中国思想史》,香港新亚书院1962年版,第165页。

静地反思其原因。这种反思首先在东南沿海的一些先进知识分子中展开，出现了一批睁眼看世界的时代先驱，他们从了解夷情入手，寻求制夷之方。林则徐、梁廷枏、徐继畬等首先登上了这趟反思西潮冲击的列车，利用搜集到的西方情况，撰写介绍西方资本主义国家的地理、风土、历史沿革、政教制度等方面情况的著作，通过悉夷情来找寻它们强大的原因。而湖南的魏源也有幸搭上了这趟列车，并成为其中的佼佼者。

魏源能从湖南的经世致用文化氛围中走向接受西学，并致力西学的传播，一是受知于林则徐的重托，林则徐在鸦片战争中为了抵抗英人的入侵，特地派人到香港、澳门各地搜集了许多有关西方资本主义国家情况的资料，编成了《四洲志》，在他受投降派排挤打击下，被贬职发配新疆前，特地将《四洲志》等有关西方的许多资料转交给了魏源，魏源不仅敬慕林则徐的人品，更想完成林则徐未竟的抵抗外夷的伟大事业。因此，他不负重托，在林则徐《四洲志》和所获得的各种有关西方国家资料的基础上，最终完成了《海国图志》的编写，为当时先进的中国人向西方学习提供了极为宝贵的文化资料和理论依据。二是他在离开湖南以后，长期生活在东南沿海一带，先后担任过两江总督陶澍、裕谦、李星沅、陆建瀛等人的幕僚，长达20多年，并亲身感受过鸦片战争的战火洗礼，目睹过洋枪洋炮的神奇，且亲自审问过英军俘虏，从他们那里获得了许多有关西方社会的第一手珍贵资料，这为他写《海国图志》提供了重要条件，从而使他的文化观念大大超过了同时代的中国人，更不用说长期处在封闭状态下的湖南人了。他提出了"师夷长技以制夷"的先进思想。尽管他把"夷"的长技定位于战舰、火器、养兵练兵之法的器物文化层面，没有把它上升到制度文化层面，但在当时封闭落后的中国，能有这种学习西方先进科技的文化意识已是非常难能可贵了。

但是鸦片战争对于身处内陆的湖南士人来说，却没有魏源那样的心理感受，魏源在自己的家乡并没有得到什么人的呼应，湖南士大夫群体当时只对传统文化范围内提倡经世致用以改善社会的《皇朝经世文编》倍加赞赏，出现了人人争相诵读的热闹场面，而对初步提出学习西方的《海国图志》则反应冷淡，出现了冰火两重天的明显区别。在曾国藩、左宗棠、郭嵩焘等人的早期日记、书信和著述中竟无关于《海国图志》的只言片语，直到20年后，随着洋务运动的开展，魏源的"师夷长技以制夷"的思想，才博得了他们的赞誉，并使他们成为"师夷长技"的积极实践者。魏源自己也因思想先进难觅知音，不得不在感时伤怀的痛苦中皈依佛门，以求取心灵的安宁和解脱。这种情况曾经令日本人深感震惊，百思不得其解，此书一问世，在日本出现了轰动，日人争相诵读，视为珍宝，日本明治维新时期的政治改革家佐久间象山、吉田松荫、桥本左内、横井小楠等许多人都从中受到很大的教益，为日本的明治维新运动起到了极为重要的启蒙作用。在《翻刻海国图志序》中，日本盐谷世宏甚至为怀才不遇的魏源抱屈含恨，为有眼无珠不识国之重宝的清道光皇帝、咸丰皇帝感到悲哀："呜呼！忠智之士，忧国著书，其君不用，反而资之他邦，吾固不独为默深悲，抑且为清主悲也夫！"总之，自鸦片战争开始到太平天国起义，湖湘文化与西方文化几乎没有什么直接的接触，西方文化对湖南本土士人来说只是遥不可及的神话，西方文化观念很少能够引起湖湘士人的共鸣，湖南士人仍旧在经世致用的文化天地中尽情驰骋。

鸦片战争除了给湖南本土士人带来心灵上的创伤外，文化上并没有带来多大的冲击。清政府所开放的五个通商口岸都集中于东南沿海一带，而这种开放又是在英军炮口下的被动开放，影响力受到了极大的限制。自成一体的湖湘文化依旧在自我封闭的环境中孤芳自赏，湖南绅士也以研习程朱理学为荣，对"用夷变夏"的西方文化观视如洪水猛兽。尤其是湘军镇压太平天国的成功，使湘军理学经世群体产生了一个文化误区，认为湘军镇压太平天国的胜利是理学对西教的胜利，文化的自信心和优越感油然而生。战后，他们大肆刊刻《船山遗书》，宣传封建的尊礼重道思想；为镇压太平天国战死的湘军将领，广建祠庙，建立官方的祭祀网络，大力宣扬他们的忠义行为，从文化心理上树立湘人争相效仿的榜样；他们出资出力，大修地方志，广建学校，都是为了宣扬湘军为封建皇权和维护圣道而死战的忠义行为，重塑"三纲五常"的封建文化在人们心目中的形象，尽快清除离经叛道的异端文化的影响。湘军将领的封建文化重塑活动，使湘人在文化层面上构筑了抵制异端文化的坚固堡垒，湖南绅士长期在"忠义之邦"的形象中顾影自怜，他们拒绝接受西方先进文化的洗礼，顽固地反对设立工厂、架设电线、开通轮船等一切有悖传统的新生事物，使湖南错失了现代化发展的良机。从19世纪60至90年代，湖南出现的连绵不断的反洋教运动，虽带有抵抗外来侵略的爱国目的，但更多的则是中西文化之间的冲突，是湖南绅士对西方文化的误读，以至他们对宣传西方文化的湖南先贤郭嵩焘、曾纪泽等人也采取排斥态度，湖南由此成了洋人望而生畏的"铁门之城"。

第二节　湘军集团的礼教文化重建

一、曾氏兄弟刊刻《船山遗书》的用意

当湘军在镇压太平天国农民起义军迭奏捷音,军务即将告竣之际,湘军领袖曾国藩和其弟,湘军主要统帅曾国荃却做出了一件令人费解的事情,就是大量筹集资金,派人四处搜集王船山遗著,准备大肆刊刻《船山遗书》。王船山作为大明遗臣,宁死不仕清朝,是反清复明的思想家,是大清王朝的异端知识分子,他的学术著作在很长一段时间里,都被大清王朝禁止流传。曾氏兄弟为什么会在镇压农民起义军即将凯旋这样一个特殊时期,将一个誓死反清的思想家的著作推上历史舞台?

对于曾氏兄弟刊刻《船山遗书》的动机,早就有人做过解读,最为流行的说法是"悔过"说。力主者是晚清思想家章太炎。他在《检论》卷八《杂志》中说,曾国藩"所志不过封彻侯,图紫光。既振旅,始为王而农行遗书,可谓知悔过矣"[①]。晚年章太炎仍持"悔过"说,他在1935年写的《重刊〈船山遗书〉序》中感叹道:"呜乎!以曾氏壹志为胡清效死,晚犹刻而农书以悔过。其言之感人,岂有量邪?世之诵其书者,毋狃于曾氏前事可也。"[②]另有一种则是"白道其志"说,其说略云:"夫国藩与秀全其志一而已矣。秀全急于攘满洲者,国藩缓于攘满洲者。自湘淮军兴,而驻防之威堕,满洲人亦不获执兵柄……巡防军衰,而后陆军继之,其卒徒皆汉种也。于是武昌起义,尽四月而清命斩,夫其端实自国藩始。刻王氏遗书者,固以自道其志,非所谓悔过者也。"[③]这两种说法都是出自于清末反清思想家章太炎的著作之中。章太炎是极端民族主义者,夷夏观念比较强,出于反清政治目的的需要,章太炎借曾国藩刊刻《船山遗书》这一事件来说明就连大清的铁杆忠臣曾国藩也意识到了自己帮助清王朝来镇压太平天国农民起义是一种大错误,因此借刊刻《船山遗书》来悔过赎罪或自明其志,表明他不

[①] 船山全书编辑委员会编校:《船山遗书》第16册,岳麓书社1996年版,第790页。
[②] 船山全书编辑委员会编校:《船山遗书》第16册,岳麓书社1996年版,第441页。
[③] 船山全书编辑委员会编校:《船山遗书》第16册,岳麓书社1996年版,第795—796页。

是甘心为清王朝殉葬,他其实的想法与洪秀全没有什么区别,只不过洪秀全主张的是急变,想通过暴力革命迅速推翻清朝政权,而曾国藩主张的是渐变,通过内部分化瓦解清朝政权,将权力逐渐转入汉人的手中,最终的目的还是让它走向死亡。其主要理由是:第一,曾国藩初起兵抗击太平军时,独以拒袄教、保桑梓为言,不肯在檄文中写上"大举义旗以申天讨"的字样,可见其对于"种族之辨,夫固心知之矣"。第二,"观其刻王氏书,无所剟削。独于胡虏丑名,为方空以避之。其不欲厚诬昔贤,亦彰彰矣。"[①]至于曾国藩打下南京后,未能乘胜颠覆清廷,他认为乃是因为"物有相制"的缘故。章太炎的这两种说法表面看来有一定的道理,但深究下去就可以看出他更多的是出于反满斗争的需要,缺少可以支撑的学理性依据。曾国藩从未对镇压太平天国有过任何忏悔的表示,甚至把它当成自己人生引以为豪的资本,是自己文武双全的奇功伟绩。他只对自己晚年办理天津教案,屈服于外来压力,表示过"外惭清议,内疚神明"的忏悔之心。说他刻《船山遗书》是自道其意在颠覆清朝之志,也是臆谈。其《讨粤匪檄》之所以以"拒袄教"、"保桑梓"为言,主要是激发士人的卫道决心,动员更多的湖南民众加入到湘军之中。其杀降、屠城之残酷,亦可见他并无排满兴汉的"种族"思想,后来的湖南维新派骂他"铲灭同种,以媚胡族,实负天下之大罪"。

那么,曾国藩等人刊刻《船山遗书》的政治用意是不是如有的学者所说是为了防清忌、堵清议呢,并不尽然。如果说"王夫之《读通鉴论》《宋论》中表达的君主勿因疑忌而失天下和反对清议乱政的思想就成了曾国藩利用的对象。特别是王夫之的那些排斥清议的言论,最为曾国藩所激赏"[②]的话,那么曾国藩根本不需要大费周章的去刊刻《船山遗书》,只需要选择王夫之对己有用的几本著作去刊刻就可以了,何况王船山的著作当时并没有为官方所承认,收入《四库全书》的也只有寥寥数本,根本算不上官方的主流文化。况且防清忌、堵清议并不是别人书中的几句话就能解决问题的,主要是看自己有否危及朝廷的行动,曾国藩后来的裁湘军,交兵权就是解除清廷疑忌,平息朝中清议的最好办法,这比王夫之书中的几句话要有效得多。

我们要注意,曾国藩是在一边打仗一边看王夫之,而且是通读。这说明两

[①] 船山全书编辑委员会编校:《船山遗书》第16册,岳麓书社1996年版,第796页。
[②] 萧萐父、许苏民著:《王夫之评传》(下),南京大学出版社2011年版,第634页。

点，一是很急迫，二是很谨慎。还不难想见，为人极为谨慎的他肯定知道王夫之的敏感性，一定是深思熟虑才刻印王夫之的全部遗著。因此可以断定，王夫之的思想中肯定有符合曾国藩迫切政治需要的资源。为此曾国藩敢冒政治风险，也有把握通过技术处理摆平风险。太平军对儒学的空前扫荡，深深地刺痛曾国藩，这位理学大师应该意识到，以传统理学文本构建的思想体系不再坚固，至少感召力大大削弱，才有如此强烈的思想反叛。太平天国农民起义军焚儒书、倒圣庙、鞭笞孔子，重创了封建的伦理道德和等级秩序，成千上万的穷苦农民加入起义队伍，打着拜上帝教的旗帜，说明了官方主导的理学文化失去了对民众的吸引力，成为高高在上的权贵政治的遮羞布，贪赃枉法的挡箭牌，特权利益的保护神，违背了儒学"民贵君轻"，爱民、重民的本义，损害了尊礼守道的基本规则。也就是说旧传统确实要进行自我的大修补才能绝路逢生。曾国藩认真研读王夫之，惊喜地发现了王夫之著作蕴含的思想新生机，既不违背儒学大本，又新见迭出。如我们在第三章所总结，王夫之的气物本体观、动变斗争观、理欲义利观、救世豪杰观、力行致用观，都是令人振奋的思想，给包括理学在内的儒学体系以新生机。所以他拍案惊呼："王氏之学尤为深美，可以提尽后有万世之纲！"[1]可见，曾国藩是在考虑为大乱将止的时代找到新的精神寄托，使社会走上遵礼守序，各安其位，政通人和的正轨。换言之，曾国藩是在建构既有历史传承又有时代新意的国家意识形态。

还有一点，大乱将止，但是数十万的湘军将随战争的结束而被遣散，如何安置这些驰骋疆场，立有殊勋的骄兵悍将，这是曾国藩最感头痛的问题，处理不好，又会引发新的动乱。王船山对绥靖农民起义，解决善后工作的探讨，自然就成了曾国藩热心刊刻《船山遗书》的一大动因。谭嗣同便看到这一点："王船山尝恨两汉史官昧于政体：时承大乱之后，归降动至百万数十万人，其用兵之数，当不止此，皆不农不耒无业游民也，一旦归休，如何安置，如何劳来，还定安集之，又操何术，使有执业，足自给而不为乱——当时至大至难之事宁有过于此者？而史官一字不及，真可谓无识焉耳。于古既无所征，后世遂百思不得其故。曾国藩深慨遣散兵卒之难，甚于募练，至于无法以善其后。散勇之溃叛，降人之

---

[1] [美]裴士锋：《湖南人和现代中国》，社会科学文献出版社2015年版，第27页。

反复，不一而足，至今为戒。"①

湘军推崇王夫之，还有多种判断。如有学者将湘军推崇王夫之和湖湘学的复兴联系起来，认为曾国藩等人想把式微的湖湘学重新提振，焕发时代生机。对此我们在第三章有分析，在此不赘。也有人认为曾国藩故土情结浓厚，志在把湖南建成首善之区。王夫之更具特殊意义。王夫之首先是湖南的王夫之。裴士锋认为，湖南人大都有乡土主义的迷恋，如邓显鹤沉醉于地方文献的收集，他最早收集王夫之的遗著，就带有很强烈的光大乡土荣誉的动机。包括湖南人的保守、排外，也都有乡土主义的情结支撑。先把湖南的事做好，再考虑国家的事，甚至主张湖南独立建国，都是这种心结的体现。对这些问题，我们不深入讨论，且作为湘军推崇王夫之多种原因的陈列。

我们认为，湘军推崇王夫之可能有多种原因，但主要原因或者说主要效果是对理学的修复，是一种意识形态意义的礼教文化建构，旨在使皇权体制以及儒学体系能够富有生命力而永世长存。这是湘军集团非常重要的文化建构成果。当然，曾国藩出于政治实用的需要而利用王夫之的思想是一回事，而王夫之思想所产生的实际社会影响则是另外一回事。王夫之的思想包罗万象，不同的人都可以从其中获得不同的思想资源，王船山的思想后来成为维新派的思想旗帜，成为激进革命派"驱除鞑虏"的理论资源，这是曾国藩所始料未及的。历史人物的作为所导致的后果往往与其愿望相反，或大大出于愿望之外，这正是历史的吊诡。

二、湘军的重要文化重塑活动

湘军镇压太平天国成功后，针对太平天国破坏纲常礼教，败坏人伦道德，毁孔庙、焚儒书、倡平等、争民主的文化行为进行全面清剿，开始了一系列以恢复礼治文化为核心内容的文化重塑活动。

一是设忠义局或节义局，编书颂扬忠义文化，表彰为封建皇权誓死效命的地方官绅。湘军将领深知榜样的力量是无穷的，在十多年的与太平军拼死搏杀中，湘军将士谱写慷慨赴死的殉道壮举，这是湘军获胜的精神之源，也是湘军引以自豪的文化资本，因此，必须以文化之笔书其忠义之气，让其名存青史，成为后人

---

① 《谭嗣同全集》，三联书店1954年版，第83页。

竞相模仿的榜样。曾国藩署理两江总督以后，即于咸丰十年（1858）七月在总督行营设立忠义局，委派陈艾等人随时采访，曾国藩"随时具奏，请建总祠总坊。其死事尤烈者，另建专祠专坊"，其目的在于"以慰忠魄而维风化"①。从咸丰十年（1858）七月到同治四年（1865）正月，曾国藩前后共21次上"忠义案请恤折"，除第一次外，每上一折，都附一册褒忠录，其褒奖的都是那些为清廷尽忠尽节的"官绅士女"，认为这些人"洵足为乡闾矜式"②，要求清廷对之加以旌恤，这样，"实足维风教而励人心"③。胡林翼"因恐忠义之迹，历久湮没，无以劝臣节而正人心"④，便在军营中设立节义局，并令各地方官绅，调查随时详办，其目的"正于表彰忠孝之中，隐示维持名教之道，使正气获伸于天壤，则大义溢炳如日星"⑤。其中仅在安顺一年多，胡林翼就"搜辑节孝八百余人，汇报请旌，建总坊通衢"⑥。胡林翼设节义局，采访忠义，与曾国藩不谋而合，其上疏达17案。沈葆桢在任江西巡抚期间，亦多次要求清廷对那些为清王朝尽忠尽节的人旌恤。曾国荃不仅在湖南建立了昭忠祠，悼念为镇压太平天国农民起义而遇难的湖湘子弟，而且还委托郭嵩焘负责忠义录的撰写，表彰湖南人为皇权和礼教而战的忠义行为。他们这样做，为的是正人心，褒励忠节以维持亘古不变的封建纲常，从褒贬取向上起到社会教化的作用。

二是为湘军阵亡将士广建祠堂、庙宇，通过官民祭祀的文化网络，强化忠孝节义意识。湘军许多战死疆场的将领不仅在他们的故乡设有专祠祭祀，而且在他们战斗和战死的地方也获得了建祠祭祀的殊荣。在朱孔彰《中兴将帅别传》里被彪炳的一百六十多位将帅，几乎每人都有专祠，有的湘军将领甚至在其家乡、战斗过的地方有两三个专祠。著名的湘军昭忠祠有"湖口楚军水师昭忠祠"、"金陵湘军陆师昭忠祠"、"湘乡昭忠祠"、"金陵楚军水师昭忠祠"等，曾国藩为上述著名的昭忠祠——作记，哀文之中，曾国藩认为是忠信仁义道德起了至关重要的作用，如"嗟我湘人，锐师东讨；非秘非奇，忠义是宝"⑦，"君子之道，

---

① 《曾国藩全集·奏稿二》，岳麓书社1987年版，第1197页。
② 《曾国藩全集·奏稿六》，岳麓书社1989年版，第3179页。
③ 《曾国藩全集·奏稿六》，岳麓书社1989年版，第3178页
④ 《胡林翼全集》上，大东书局1936年版，第122页。
⑤ 《胡林翼全集》上，大东书局1936年版，第122页。
⑥ 《胡林翼全集》上，大东书局1936年版，第142页。
⑦ 《曾国藩全集·诗文》，岳麓书社1986年版，第301页。

莫大乎以忠诚为天下倡"[1]。湖南作为湘军的故乡，更是祠庙林立，香火鼎盛。"自军兴以来，楚南建专祠者不下十余人，附祀者且数万人，忠义之盛，自古未有也。"[2]长沙府就建有十二忠祠，祭祀江忠源、塔齐布、罗泽南、胡林翼、李续宾、王鑫、萧启江、骆秉章、李续宜、张运兰、黄润昌、李臣典等12名战死或积劳病死的官绅；曾文正祠，祭祀湘军的缔造者曾国藩；三公祠，祭祀在镇压太平天国起义时期，担任湖南巡抚的骆秉章、张亮基、布政使潘铎三人；刘忠壮祠，主要祭祀广东提督刘松山。宁乡建有忠义祠，祭祀东征死事官幕将士廖宗元等1306人。湘乡，除罗泽南、王鑫、刘腾鸿各建专祠外，还建立了昭忠祠，汇祀阵亡员弁勇丁，并由地方官春秋致祭。[3]以曾国藩为首的湘军广建忠义祠，其目的就是希望能有像我们今天意义上的纪念馆、纪念碑的那种教育功能，从文化上引导人们学习湘军将领尽忠尽节的"忠义"行为。

三是大修地方志，强化封建的重礼尊道思想。清政府为了粉饰镇压太平天国而带来的所谓"同治中兴"的虚假太平，要求各地重修地方志，以肯定清政府镇压太平天国农民起义军的功绩，恢复因太平天国农民起义而遭到严重破坏的封建纲常伦理，重树人民对封建皇权的崇敬之情。湖南作为清政府血腥镇压农民起义大功臣湘军的故乡，为了表彰湘军的赫赫功业和卫道护圣的愚忠思想，寄托对逝去湘军将领的哀思，也为自己拼死血战的辉煌经历树碑立传，一些湘军将领和地方绅士纷纷捐资助款，倡修地方志，"一时湖南修志成风"[4]。同治初年，对太平天国的战争尚未结束，湖南全省就开始普遍重修地方志。据统计，同治一朝的15年中，湘省共有武陵、宁乡、长沙、衡阳、湘阴、巴陵、浏阳、醴陵、桂阳、新化、保靖、桃源、新宁等五十多个州县厅编纂了新的地方志。湘军的许多将领和有名望的地方绅士都成了各州县志的主要主持人和编纂者。《桂阳州志》就是由湘军将领，官至侍郎的桂阳名绅陈士杰聘请湖南名士王闿运编纂而成。《衡阳县志》《东安县志》也是由湘军名将，官至两江总督的彭玉麟和曾任贵州按察使的席宝田聘请王闿运修纂完成的。《平江县志》《湘阴县志》分别由湘军将领李元度和郭嵩焘编纂完成的。如此众多的湘军将领热心于地方志的纂修，除了通过修

---

[1]《曾国藩全集·诗文》，岳麓书社1986年版，第304页。
[2]（清）张延奇等撰《长沙县志》卷之十四，秩祀二，同治十年刻本。
[3]（清）黄楷盛纂《湘乡县志》卷三上，建署志二祠庙，同治十三年刻本。
[4] 王闿运：《湘绮楼日记》第1卷序，岳麓书社1997年版，第17页。

志来肯定他们在镇压太平天国农民起义军中的功绩,以给子孙留下可以炫耀的资本以外,最大的目的则是为了借地方志来褒扬忠孝节义等传统的封建道德伦理,以引导社会风气向回归传统的方向发展。湘军将领以书生而操杀人之业,已经远远不同于昔日的赳赳武夫,他们以匡扶正义,卫道卫乡而弃文从武,深知吏治败坏,思想不纯,正道不行对社会的危害,因此,在平息农民起义军的叛乱后,他们急想通过自己手中公共的权力资源来端风厘俗,校正社会不良的风气,树立社会的良风美俗。他们重修的地方志除了继承旧志探寻治乱之道,宣扬社会教化的传统外,尤其着重于宣扬封建的忠孝节义和纲常伦理。同治五年新修的《桂东县志》称其:"不独以记时事供采择,而亦使后之贤者足以感发而兴起,夫诵诗读书以论世,儒者日与忠孝节义之人对习,闻夫忠孝节义之言自奋发而有为。"①同治十年重修的《长沙县志》明确指出,该书的编纂特点在于"编人物而忠义特书,崇大节也,遵官礼而保息分类,纪义举也,艺文必已成之集,所以防虚名,选举有等差之分,所以重名器。然则是志岂特备一方之掌故为往事之明征而已哉,将是官是土生是邦者稽习俗而资政教,观记载而动劝惩,于扶世翼教之道不无小补矣"②。同治十三年新修的《湘乡县志》也明确声称该书的最大特点"尤在于阐扬忠烈,发挥节义,足以励风俗而正人心"③。1874年由曾国荃、郭嵩焘最后编定的《湖南通志》也揭示其目的是要使:"湘之贤大夫砥砺名行、敦厚风俗,用以踵乡先哲之遗烈。栋家干国无负颂臣。"④这些新编的地方志都在人物志中增加了"义勇"一门,不厌其烦地刻写了在镇压太平天国和捻军的战争中毙命的数万名湘军将士姓名,以宣扬他们的所谓忠义血性。郭嵩焘所主持编纂的《湖南褒忠录初稿》,更是以浓重的笔墨颂扬那些镇压太平天国农民起义中殉阵、殉劳、殉团的湘军悍将和地方绅士,讴歌他们"舍生取义"、"杀身成仁"的愚忠思想。所有的地方志都把镇压太平军起义而死去的人称为"忠烈"而加以颂扬,而把农民起义军统领污蔑为"贼",加以贬斥,表现出他们维护封建统治的鲜明阶级立场。

四是重修学校与书院,对后辈进行系统的忠孝节义的文化教育。湘军将领

---

① 《桂东县志·叙》,同十五年刊本。
② (清)刘采邦修,张延珂等纂:《长沙县志》卷之首,同治十年刊本,第2、3页。
③ (清)齐德五、温忻、王述恩主修,黄楷盛纂修:《湘乡县志》卷首齐序,第2-3页,同治十三年刊本。
④ (清)李翰章等修,曾国荃等纂:《湖南通志·叙》,同治十四年刊本。

都是儒生领兵，深知文化教育的重要性。他们认为："学校之设，所以明人伦也。人伦之大，莫重于君父。读圣贤书，所学何事。名节不立，礼义消亡；廉耻不知，势将何所不至。"因此，他们把恢复学校教育作为文化重建的重要内容。太平天国起义时期，湖南的学校、书院在农民起义军的反孔声浪中大量被毁，传统的文化教育遭到严重破坏。正如李泽厚所言："地主与农民阶级极其紧张的阶级大搏斗反映为意识形态领域里上帝和孔丘、革命观念与传统文化的尖锐对立和势不两立，这当然具有极大的造反意义，是对几千年来的地主阶级意识形态的空前猛烈的冲击。为了反对地主统治阶级，连这个阶级所保存的一切文化和文明，也在唾弃毁坏之列，'见书籍，恨如仇雠，目为妖书，必残杀而后快'，是农民运动中常见的现象。"[1]那么传播封建儒学文化的学校、书院也必然在他们的摧毁之列了，这使湖南官绅痛心疾首。因此，在战争平息后，他们就想方设法地进行学校、书院的重建活动，以便为传播封建伦理道德提供活动场所。据地方志记载，湖南在咸丰末年与同治年间相继重建和修整的县学有长沙、宁乡、茶陵、耒阳、祁阳、邵阳、益阳、湘乡、安化、衡阳、常德、江华、武冈等20多处，占湖南全部县份的一半。这些学校的规模比重建前都有扩大，文武学额也因湘军的所谓功绩而增加了近千名，为全国之首。与此同时，长沙岳麓书院、城南书院、浏阳狮山、洞溪书院、湘潭昭潭书院、宁乡玉潭书院、益阳龙州书院、湘阴双峰、莲壁书院、攸县东山书院等旧式书院也重新整修。同治六年，为了培养湘军阵亡将领的后裔，又在长沙增建求忠书院，建院原因是"军兴日久，殉难者多，欲求忠臣，宜培忠裔"，故曰"求忠"。当时各级学校都以课读《四书》训练八股为业，湖南书院也以传授程朱理学为务，还增加了对忠义卫道一类所谓湘军品性的宣传。

由此可见，湘军的文化重塑活动，仍旧是借用旧有的文化政治资源，以礼治文化为核心，以忠孝节义为对象，进行传统文化的重建活动，这在近代世界历史发展的大潮中已经远远落后于时代的要求，从而更加助长了湖南绅士固守传统，反对变革的消极思想，湖南由此成为洋人望而生畏的"铁门之城"，成为反对现代化运动的顽固堡垒。尽管魏源、曾国藩、左宗棠等代表性的湖湘精英都有吸纳西方文化的表现，也在这种总体保守的文化重塑中淹没。

---

[1] 李泽厚：《中国思想史论三部曲 古代、近代、现代》，天津社会科学出版社2007年版，第134页。

三、湘军集团对洋教的文化围剿

湘军随着战争的结束，被大规模的裁撤，大批军功绅士遣返回乡，壮大了湖南的绅士力量，更加强固了尊礼守道的文化理念。因此，他们绝不会允许洋教在湖南横行，虽然朝廷已经屈服于西方的压力，使西方传教士在中国内地传教获得了合法的身份，但湖南省内的事情决不允许洋人插手，大规模的围剿洋教活动在湖南展开，构成了另一种形态的礼教文化建构。

从严格意义上而言，湖南的反教斗争称为湖南绅士反教斗争更为科学，因为湖南反教的主体是绅士阶层。但是从另一层意义上而言称为湘军集团也无可厚非，因为反教的三大主将中崔暕、周汉出身于湘军，贺金声虽是晚辈，但他也深受湘军集团的影响，尤其对湘军集团的忠孝节义思想信仰坚定。况且参与反教的众多绅士都与湘军集团有着或多或少的联系，湘军集团出身的人更在其中起着最为关键的作用。湘军集团对洋教的文化围剿可以从三位矢志不移、宁死不屈的反教英雄崔暕、周汉和贺金声三人身上得到鲜明的体现，他们是三个不同时期反教斗争的典型代表，其中崔暕主要活动于19世纪60—70年代，周汉主要活动于19世纪80—90年代，而贺金声则主要活动于20世纪初。他们三人前后相续的活动，正好贯串了中国反洋教运动的全过程，说明了湖南绅士在整个反洋教的过程中始终站在时代的前列，成为维护封建伦理最忠实的卫士。

崔暕、周汉、贺金声面对西方传教士的文化宣传主要是从反教宣传中加以回击，他们都写了大量的反教著作。出生于宁乡，中过举人，参加过湘军，当过贵州仁怀知县的崔暕就著有《辟邪纪实》一书；中过秀才，参加过湘军，官至道员的周汉所著的反教作品多达四、五十种，其中最为有名的有《鬼叫该死》《天猪教》等；出生于邵阳、中过秀才，官至巡防营管带的贺金声则是一个反教行动多于反教宣传的人，他的反教作品不多，其反教思想可以从他的《拿教犯书》《狱中上俞中丞书》《狱中安母书》中反映出来。他们的反教宣传都有一些共同的特点：

一是宣扬"黜异端，以崇正学"的道理。所谓"黜异端"，就是要黜除"不敬祖宗"，"不尊天理"，"灭人伦，丧廉耻"的基督"邪教"；所谓"崇正学"，就是要维护儒家学说的正统地位。崔暕的《辟邪纪实》首篇就是《圣谕广训、黜异端以崇正学》，目的性很强，表明写这部书的目的就是为了反驳基督"邪教"，使他们的歪理邪说不至流毒中国，毒害中国人民的心智，使儒学圣道能够得到中国人民的普遍尊重，唤起他们自觉卫道的决心。该书意图通过揭露天主教内违理、邪淫、以幻术迷人、以妖术害人的事迹，说明天主教是无父无君、荒淫无道、邪僻虚妄、祸国殃民的邪教，宜群起而攻之，同心而斩绝之。他还对耶稣被钉十字架舍身救世提出驳斥，他在后叙里面还一再声明，写这部书是万不得已的事情，并不是出于好事的目的。自己写这部书的目的主要是为了让那些尚未信从基督教的人，阅读此书后得以"激发天良，遵守至正至平之教，不使声明文物之邦，尽为邪教所害，亦天下万世人心之大幸矣！"周汉在《天猪教》一书中，着重从传统文化心理的角度对西方宗教进行揭露和批判，认为世界上只有儒、佛、道三教为正教，此外再没有第四教了。因此，一切洋教都是"鬼教"（叫，教谐音）或"邪教"、"妖教"、"天猪教"（天主教的谐音）、"猪教"，都是煽惑人心的，应该加以诛灭。当时一篇流行甚广的反洋教揭帖《湖南通省屠行公议》就明确声称："自古中华只一教，二帝三王周孔道。道理真微难细言，忠恕两字总其要"，"忠恕不离五伦里，五伦又从三纲起。君臣父子与夫妻，这是三纲大道理"，"忠恕义顺友恭信，五伦尽道即圣哲。自古相传教如斯，大路一条中且正"。又斥责基督教，"可恨西洋教最邪，邪书遍发煽中华。三纲五常全不要，一点不知圣贤道"，"不敬祖先不敬神，七天一拜老猪精，男女混杂无分别，丑杀神明丑杀人。邪书毁谤中华圣，毁仙毁佛毁良心"。无须多加分析，从中就可以看出黜邪崇正的意图是多么明显，这几乎是当时湖南绅士共趋的文化心理。贺金声也在《狱中安母书》中声言："男以仇洋被难，揆之古人防严夷夏，男亦不失为仁义中人也，岂一朝之忿忘身，以及其亲者比哉！"明确说明他的反教行为不是出于一时的愤怒，而是"夷夏之防"文化熏陶的结果，是符合儒教文化的"仁义"之举，可见他的黜邪崇正的思想是如何的根深蒂固，难以改变。

二是他们的卫道反教文化都与爱国反侵略的思想紧密地结合在一起。崔暕在《辟邪纪实》一书中高扬"保国保教"的高尚文化与道德动机，作为反教的旗帜。他用通俗易懂的语言编了一首《辟邪歌》，开创了以歌谣形式进行反洋教宣传的先河。虽然它所揭露天主教的许多内容荒诞不经，带有个人偏见和夸大事实的意味，但是他把批判天主教与反对侵略联系起来，又把握了时代的脉搏，在一定程度上透过现象看到了事物的本质。如歌词写道:"国初例法尚严禁,传习丑态犹未甚。道光末年祸渐萌……逆夷探知中国情。晓得邪教匪徒信,戊午竟入广东境。庚申八月犯都门,皇上怀柔念独存。俯允和议不尽灭,该夷反敢肆猖獗。分党各省州县场,遍传邪教大颠狂。从今好比他奴隶,听他驰驱中他计。为害较前十倍加,说起人人当叹嗟!"歌词揭露了传教士充当侵略者先遣队和密探,四处搜集情报的罪恶事实,阐明了传教与侵略互为因果,相辅相成的历史真相。接着,歌词号召:"大家齐心立起团,团总齐心匪胆寒。莫把和约误认真,扶植圣教要人出。听得风声有不好,鸣锣军器担起炮。杀了鬼子发洋财,一声喊起大家来。……圣道原来须继接,莫使今此遭奇劫。绅民合志并担承,大家指日庆中兴。"他以极乐观的情感,坚持只要大家齐心协力,共同起来对抗不平等条约,组织"团防",抵御传教活动,就能使儒家的圣道重光,国家的中兴就指日可待了。正是这种"仇夷反教"的强烈文化意识,驱使他总是不加分别的反对一切外来的新生事物,顽固地反对对外开放,拒绝一切外来文化。1876年,他鼓动应试士子焚烧由"素讲洋务"的郭嵩焘捐修的上林寺,表现出其极端的封建保守性和痛恨"洋务",拒绝接受外来新生事物的极端落后性,在当时极具典型意义。周汉在《鬼叫该死》的通俗小册子里,褒扬中国的"正教"道:"自古我中国圣人尧帝、舜帝、禹王、汤帝、文王、武王、周公、孔子、孟子传下六经四书,教天下万世,君要仁,臣要忠,父要慈,子要孝,夫要义,妇要顺,兄要友,弟要恭,朋友要信。其余道理虽多,总之这五伦为重。'释、道二教'虽比齐舜各位圣人的小有不同,大道理还是一样,总之不离这五伦。"他号召中国人要坚守"正教"齐心协力与邪教作斗争,以求死后免受地狱之苦。要华民:"儒家实心学圣贤,僧学如来道学仙。忠恕慈悲和感应,各家各自守真传。遍传中国男和女,莫从邪教拜天主。一从邪教罪滔天,恼怒圣贤和佛仙。阳律纵然侥幸免,冥刑一定受油煎。"[1]他认为教会侵略与帝国主义的军事、政治、经济侵略一样,是想来"谋中国的江山",即变中国为他们的殖民地,"剥中国银钱,害中国性命"[2]。以周汉个人名义刊刻的反教宣传品,更是表明了他反对洋教的决心以及矢志不渝、视死如归的坚贞之气。如周汉《自励四绝诗》,第一首表明他守道与

---

[1] 参见吕实强:《周汉反教案》,台湾《中央研究院近代史研究所集刊》第2期,第441页。
[2] 转引自梁小进、杨锡贵:《长沙历史风云》,湖南文艺出版社1997年版,第161页。

反教的决心:"断无汉子怯洋人,况是天生铁汉真;七字预镌生圹石,孔门弟子大清臣。"第二首表示他要做一位振兴儒教的奇男子。第三首为缅怀乡贤周濂溪夫子。第四首表示他毛发虽衰但志气未弱,决心打一胜仗,以不负过去四十九年的光阴。在《谨遵圣谕辟邪》中,为表示誓死反教的决心,他特作对联云:"顶天立地,掀天揭地,惊天动地;拌死求生,视死犹生,有死无生。"从这些文告中,不难看出周汉不仅对基督教深恶痛绝,对外国人入侵中国,更是义愤填膺,表现出了卫道反教的强烈文化意识。贺金声更是用自己的实际行动投身于爱国反教事业。他曾经多次劝湖南巡抚俞廉三利用义和团反洋教斗争的机会,起兵"勤王",帮助清政府抵抗八国联军的侵略。他希望俞廉三"平教案","定霸业",认为中国教案之起是由于各级官吏对教、民冲突不能持平办理,往往采取袒教抑民政策,使教匪横行,百姓有冤难伸,最终激成大变。他建议俞廉三以后处理教案,"必执我中国律例,平情定夺,无少宽假,断不可如从前之曲直颠倒,徒使百姓含冤"。他坚决反对李鸿章、张之洞等人与帝国主义国家的议和政策,建议俞廉三用"管仲之策","倡定霸业",即主张湖南"与洋人决裂",实行独立,扛起反侵略大旗。他的这些想法虽然有些天真,但其反侵略的斗争精神却极为鲜明,与崔暕、周汉等人一脉相承。

三是他们都主张以暴力手段对待洋教。崔暕在《辟邪纪实》的"团防法"里就有这样的规定:"一,外来医卜星相及一切形迹可疑之人,无论何人遇见,速即捉送团总处严行究诘。如身间搜出邪教符咒等事,即凭众处死……客栈、饭店遇有客至,飞报团总查验,如私留一切形迹可疑之人,查出果系教匪,即将教匪与店主当众并置死地;一,每族必设族团,如本族有从邪教者,查出即缚至宗堂处死,更为便捷……一,河岸码头,尤必设立水卡防邪总局,择要处建立炮台,即招沿海挑夫充当勇丁,令谋生之暇,操习武艺……有可疑情节,即飞报团总查验,如有邪教确据,将教匪治死外,酬飞报人钱一贯;卖放者,查出即将卖放人治死……及隐瞒为夷匪挑运货物,查出将总首与挑夫一并治死;一,有私卖地基、船只与夷匪,及为夷匪造屋、造船之党,查出即将全家治死。"①崔暕在《天津条约》和《北京条约》允许外国传教士深入内地建堂传教的情况下,仍旧提出反洋拒教,防止教会势力向内地发展的方案,反映了他反抗外来侵略,誓死捍卫

---

① 王明伦编:《反洋教斗争书文揭帖选》,齐鲁书社1984年版,第100—103页。

中国传统文化的坚强决心。也说明了他对外来文化的愚昧无知，无法拿起有效的文化武器去与西方文化抗衡，只能借助于暴力手段，对付传教士的文化侵略，甚至将暴力武器，不加区别的加诸于参加教会的教民。不可否认，教民里面有许多助纣为虐的不法之徒，但是，也有一些善良的百姓，因为生活所迫而加入教会的情况，一味地用处死的办法来对待传教士和教民，就很容易扩大打击面，走上良莠不分的残忍屠杀道路，不能达到分化瓦解敌人，达到各个击破的目的，这既不符合儒家文化的仁爱之道，又给外国侵略者找到了干涉中国内政的借口，迫使腐败透顶的清政府做出更大的让步。周汉在《大清臣子周孔徒遗嘱》里，他首先说明外人欺辱中国，荼毒华民，已达极点。他认为中国最可怕的事是"猪叫"太多，他们虽然面犹人面，而心则已变为猪羊，如豺狼窟穴于几席之下，蜈蚣卵育于襟袖之中。因而他主张："宜大张告示，限三日勒令改悔。悉将耶稣猪精妖巢妖书妖器焚烧，家家石鏨十字架妖像当门践踏，堂设天地君亲神位供奉。三日后违令者立刻合门屠之。藉其财产，以半充军饷，半赏报人。"贺金声更是利用自己掌握的武装，在邵阳严惩教民教士，将拐卖幼儿的教民朱三游街示众，活活烧死，并组织"大汉佑民灭洋军"，搜捕洋人，打击教士教民。

  湘军集团对洋教的文化围剿也可以从湖南各地频发的教案中得到反映。湖南各地教案的发生很多都受湖南反教文化的影响。由于湘军集团对洋教的文化围剿不是建立在客观、公正和科学的基础之上，而是建立在文化复古和主观臆断的层面上。他们对西学排拒的原因表面看来是：只凭感觉，不问科学；只袭传统，不究新理；只用感情，不用理智；夷夏之防，高于一切；崇扬迷信，排斥科学。他们制造谣言，只为掩盖真相。而真相就是他们为了维护封建统治，防止破坏当前主流价值观念以防既得利益受损，危害到自己的前途命运。因此，他们的文化围剿缺乏精神自信，显得力不从心，往往依靠虚妄无知的谣言来增加反教的砝码，靠暴力手段来摧毁西方的文化价值观。在他们看来，反教最重要的手段，就是激起人们的反教意识，让人们从心底里厌恶洋教士和异端文化，而丑化异端文化，贬斥异端行为，往往容易引起抱有相同文化心理人们的共鸣。借助谣言，唤起人们的仇教热情，是动员人们反教斗争最有效的工具。因此，谣言成为教案频发的导火线。1861年发生的衡阳、湘潭、清泉教案，除了传教士强占土地，包庇败类，偷运鸦片等种种不法恶行引起人们的不满之外，《湖南阖省公檄》在其中起了文化动员的作用。《湖南阖省公檄》指责西方人："不扫墟墓，不祀木主，无祖宗也；父称老兄，母称老姊，无父子也；生女不嫁，留待教主，无夫妇也；不分贫富，入教给钱，无廉耻也；不分男女，赤身共沐，无羞耻也；剖心剜目，以遗体为牛羊；饵药采精，以儿童为蝼蚁；采妇人之精血，利己损人；饮蒙汗之迷汤，蛊心惑志。"①这些传言，无疑会引起人们极大的心理恐惧，从而导致他们拿起武器对抗洋人，引发了这些教案的发生。1900年的衡阳、辰州教案，也含有一定的文化因素，谣言成了这两次教案的导火线。衡阳教案的起因是因为法国传教士董哲西贿赂地方官员，试图霸占湘江东岸的大片肥沃土地，引起群情激愤，因而有人利用董哲西引诱衡阳县署钱漕马迪庵家中的妇女加入教会，前往江东岸僻静的地方施行洗礼的机会，在社会上散布谣言，说外国传教士"江边设帐，白昼裸淫"，伤风败俗，亵渎神灵。流言传播开来以后，对于信守男女授受不亲文化传统的中国人来说，无异于是火上浇油，立即引发了大规模的反教活动，他们焚烧教堂，杀死教士，捣毁修道院、育婴堂，引起了清政府和帝国主义的恐慌。辰州教案的发生，也是由于谣言的流传。1902年7月，辰州府城沅陵突发瘟疫，本为水源污染所致，但当时找不出病源，于是有人传言，说英国传教士在水中放毒，想用这种办法诱使居民前往医院就诊。恰巧有人发现与英国传教士私通的寡妇肖张氏在城西的水井旁徘徊，有人从她身上搜出药粉一包，大家认为这与城内的瘟疫有关，于是将她"游街示众"，到处传言，这是洋人指使她施放病毒。愤怒的群众，从四面八方赶来，参加者达到了二千多人，他们冲进福音堂，打死了传教士胡绍祖和罗国俞。从这些教案中，我们不难看出，文化宣传在教案发生中起了关键性的鼓动作用，谣言成了社会动员的工具。

湘军集团的反教斗争时间长、范围广、规模大，影响深远。湘军集团的反教斗争从19世纪60年代开始，直到20世纪初，历时五十多年，而且连绵不绝。发生的大大小小的教案多达五十多起，参与的人数众多，从几百人到几千人，最多的达20—30万人。反教的社会影响力十分深远，正如徐珂在《清稗类钞》所言："基督教遍国中，而湖南独后。盖湘人以勇敢排外称，宁乡周翰著书绘图，诋斥耶稣，各国牧师愈惧。盖光绪庚子以前，湖南教会仅常德有加特力、波罗特士敦两堂，长沙、湘潭、岳州、衡州有波罗特士敦教堂，西人尚不敢直接传教，汉两至，昼匿夜行，稍留即去。至光绪庚子辰州教案起，英、法、德三国炮舰上溯常

---

① 王明伦编：《反洋教书文揭帖选》，齐鲁书社1984年版，第1—2页。

德，英更命其淀泊上海之舰队续赴长江，以威力相迫协。政府惧，既惩凶赔款并杀都司以谢之。基督教大胜。会长沙开港，各教派遂乘机而入矣。"[1]到贺金声反教斗争失败后，教会势力更加肆无忌惮，宣统年间，湖南全省几乎每一个角落都有了传教士的足迹。

上升到中西文化冲突的角度看，湘军对洋教的围剿，应该作辩证观。一方面，中西文化冲突很大程度上是由于西方文化进入目的和方式具有侵略性激发的，因此，湘军对洋教的文化围剿，具有某种正当性、合理性。另一方面，作为反思，我们也要看到，湘军是以腐朽的文化武器，狭隘的文化视野，偏激的行动方式来展开围剿的，其捍卫的恰恰是一个需要吸纳先进文化来加以变革的旧制度。也就是说，盲目排外所取得的胜利对中华民族的进步而言，是不值得喜悦反而是愚蠢的。我们不能不遗憾地说，湖湘文化在围剿中显现出的保守主义，使湖湘文化错过了某种更新的历史可能。也许是不切实际的奢望，如果当年具有强大政治话语权的湘军精英们，能够以一种开放的心态去对接西方文化，更多的认知，更多的反思，更多的吸纳，是否后来历史的进程会让中华民族少一些磨难呢？

第三节　湘军集团的分化和没落

一、湘军集团中的另类文化态度

湘军集团的文化态度并不是铁板一块，走出湖南的湘人由于受外来文化的影响，其文化态度有或多或少的不同。在顽固的保守主义文化态度面前，还有两种另类文化态度。其一，在坚守传统文化的同时，在技术上做一些妥协和吸纳，如实用主义的洋务态度，以曾国藩、左宗棠等为代表。其二，以更开放的态度吸纳西方文化，研究西方文化，以图改造中国文化观念，如郭嵩焘、曾纪泽等。

曾国藩、左宗棠都是湘军集团领袖级人物，他们虽然深受传统理学思想的

---

[1] 徐珂：《清稗类钞》，中华书局1984年版，第1959页。

文化影响很深，固守文化传统的观念很强。但因为在与太平天国农民起义军的长期作战实践中，深知洋枪洋炮远胜大刀长矛，西方的器物文化远比中国先进，这是不可否认的事实。加上他们长期在风气开明的江浙一带为官，与西方人接触颇多，对西方技术的神奇有切身的体会。在曾国藩的幕府里面，就有不少深通西学的人才，如徐寿、华蘅芳、薛福成等，曾国藩还与留美学者、长期在美定居的西学通人容闳交往密切，这不能不影响他对西学的态度。曾国藩、左宗棠等人都是有宏图大志的政治人物，又深受湖湘文化经世致用思想的影响，因此，他们在坚守传统政治文化的同时，为了达到求强求富的事功目的，他们愿意接受西方先进的器物文化为我所用，他们因此成了洋务运动的积极倡导者和实践者，成了魏源"师夷长技以制夷"思想的忠实继承者。他们还利用自己掌握的政治权力，组织人力，翻译各种西方技术类书籍和少量政治文化类书籍，对推动近代西学的传播起了一定的作用，他们还派遣幼徒赴美留学，直接接受西方文化的教育，对推动近代中国技术的进步和政治的变革储备了人才，清末著名的铁路技术专家詹天佑、著名政治家唐绍仪等都是出身于赴美幼徒留学生。政治家的一些变革活动并不一定如他们所愿，常常会越出他们设定的界限，出现他们意想不到的效果。曾国藩、左宗棠等洋务派所划定的是"中学为体，西学为用"的实用主义改革路线，但技术改革的结果必然会带来观念的更新，带来政治改革的需求，这是无法阻挡的历史潮流。曾、左等人因为受传统文化的影响太深，又是旧体制中的既得利益集团，因此，他们的文化观念不可能离旧体制太远，他们只能做旧体制的修补匠，而不能做旧体制的掘墓人。他们天真地认为只要在技术上向西方学习，建立新式的近代企业，就可以达到求强求富的目的，使虚弱的大清王朝迅速地强壮起来。殊不知大清王朝的虚弱不仅仅是技不如人，而主要在于政治制度的落后，窒息了中国社会发展的活力，中日甲午之战，北洋海军的覆灭，宣告了洋务运动的破产就是明证。这是曾、左所料想不到的事情，但是曾、左与同时代的众多官员相比，能够认识到中国技不如人，并不遗余力地引进西方先进的器物文化，创办近代的新式企业，已经是难能可贵了，在封闭落后的中国，也算是先进文化的代表了。

郭嵩焘、曾纪泽是湘军集团中文化观念最为先进的典型代表。这与他们的为学品格和生活阅历有很大的关系。郭嵩焘虽然接受过理学文化的长期熏陶，中过进士，但他对封建理学不如曾国藩、左宗棠等人那样执着，他喜好文学，思维想象的空间非常广远，不易受传统文化所拘限。他在湘军集团变通意识很强，他劝曾国藩出山平乱，劝曾国藩创办水师、厘金，就可以看出他不拘泥于成规，只要实用就行，于事有益是他文化选择的原则。曾纪泽是曾国藩的长子，由于父亲位高权重，他不必像其他人一样在科举道路上苦苦挣扎，以获取功名作为谋官的敲门砖，他可以依仗父荫实现做官的目的，因而他从小就不习举业，不研八股，凭兴趣阅读各种书籍，他"写文章不讲求循规蹈矩，不拘'场屋格式'，不随众口画诺，而是展示一种'气象峥嵘之势'"①。他阅读郦道元介绍山川地理的《水经注》，斌椿出使外国所写的《乘槎笔记》以及《通典》《方舆纪要》等各种经世致用的书籍。为了全面了解西学，他不仅与服务于曾国藩幕府的李善兰、华蘅芳、徐寿、张斯桂、容闳等精通西方新知识的人物交往密切，而且还结交了马格里、梅辉立、艾约瑟、丁韪良等许多外国朋友。尤其在他发觉自己必须学习英语以直接了解西学后，他就拼命地坚持学习英语，从《英语正音》开始，到学习《英语韵编》，再到《英语话规》，循序渐进，打下了坚实的语言基础，为他学习西学书籍提供了便利条件。他从父亲那里获得了大量阅读西书的机会，因此成了一个"学贯中西"的知识分子。

　　有幸的是郭嵩焘、曾纪泽成为中国最早走出国门的驻外使节，较早沐浴了欧风西雨的洗礼。1877年1月21日郭嵩焘作为"马嘉理案"、"谢罪通好"的专使，忍辱含愤地抵达英国伦敦，开始了驻外使节的生涯。他在英法两年多的时间里，利用公使的特殊身份，深入英法社会的各阶层，广泛地了解西方先进的科技和文化。他参观了约300个企事业单位，拜访了七十多位西方各界知名人士，阅购三十余种报纸，接触保存七十余种西学图书。②他在外交工作之余，多次到英国皇家学会，聆听著名科学家和留学生讲解化学反应过程、物质构成成分、季风形成原理、天体运行规律等问题，懂得了"海潮与月相应"、"白光中皆含五色"、"火轮机器以热力生"、"西洋治化学者推求天下万物，皆杂各种气质而成"等等科学知识，接触到热学、电学、光学、声学、能量转换、万有引力等最先进的科学技术，对近代科学知识有了初步的认识。他到英国上、下议院旁听过两党辩论，发现英国凡有大事，都必须交议会辩论，双方答辩往往数千言，有些意见非

---

① 张立真：《曾纪泽本传》，辽宁古籍出版社1997年版，第11页。
② 郭嵩焘：《伦敦与巴黎日记·索引》，岳麓社社1984年版，第28—57、63—71、84—97、98—102页。

常中肯，切中要害，政府所为常被议员们公开批评质问，新闻舆论也参与评论是非，他对西方资本主义社会新闻自由、舆论监督、议会政治十分欣赏。他广泛阅读西方报纸和西学图书，对西方各国的军事、经济实力和中国面临的国际环境有了更为清醒的认识。他不仅虚心地学习西方文化，而且还不断地思考如何让西方文化为我所用，使中国能由弱转强，崛起于东方。到1879年回国时，他已形成了自己全面的西方文化观。

第一，郭嵩焘认为西方文化并不比中国差，再也不能以"夷狄"视之。在对中西文化的反复对比中，他最终确认西方文化在总体上比中国文化先进，代表了当时历史发展的趋向。他在日记中十分痛心地写道："三代以前，独中国有教化耳，故有要服、荒服之名，一皆远之于中国而名夷狄。自汉以来，中国教化日益微灭，而政教风俗，欧洲各国乃独擅其胜，其视中国，亦犹三代盛时之视夷狄也，中国士大夫知此义者尚无其人，伤哉！"①他抛弃了"华夏文化中心论"的传统观念，指出文化的先进和落后是可以相互转换的，"夷"、"夏"的观念也是相对的。他认为中国人视自己为天朝上国，视别人为"夷狄"的做法是一种自欺欺人之举。考察"夷狄"二字的历史本源，西方各国不应列入"夷狄"之列，因为"所谓夷狄者，但据礼乐政教所及言之。其不服中国礼乐政教而以寇抄为事，谓之夷狄"，而不是说"地球纵横九万里皆为夷狄"②。因此对于"东方一隅为中国，余皆夷狄也"的传统的华夷观念，他公开宣称"吾所弗敢知矣"③。他进而指出，评判文化先进与落后的标准是"道"，即今天我们所说的历史规律，他认为，如果一种文化得"道"，那么它就代表了历史的主流，"固天心之所属也"④。他说："三代以前，皆以中国之有道制夷狄之无道。秦汉而后，专以强弱相制，中国强则兼并夷狄，夷狄强则侵陵中国，相为无道而已。自西洋通商三十余年，乃似以其有道攻中国之无道，故可危也。"⑤郭嵩焘对于中西文化优劣论的看法，尽管并不一定完全准确和科学，但在当时的中国无疑是十分勇敢和难能可贵的。有学者认为："郭嵩焘是晚清社会，尤其是封建官吏中少有的思想

---

① 《郭嵩焘日记》（第三卷），湖南人民出版社1982年版，第439页。
② 《郭嵩焘诗文集》，岳麓书社1984年版，第202页。
③ 《郭嵩焘日记》（第三卷），湖南人民出版社1982年版，第815页。
④ 《郭嵩焘日记》（第三卷），湖南人民出版社1982年版，第814页。
⑤ 《郭嵩焘日记》（第三卷），湖南人民出版社1982年版，第548页。

解放派","是他第一个从整体上肯定资本主义优于封建主义,提出了惊世骇俗的新'夷夏'观","公然否认封建君主专制尽善尽美与'天朝上邦大国'的神话","他的这些认识已经远远超出了同时代人,具有反封建的积极意义,是一种无法估量的启蒙力量"[①]。

第二,郭嵩焘认为西洋文化有"本"有"末",不可割裂,应该全面学习。郭嵩焘基于对西方的客观了解,突破了洋务派"中体西用"的文化取舍模式,大胆提出:"西洋立国有本有末,其本在朝廷政教,其末在商贾、造船、制器、相辅以益其强,又末中之一节也。"[②]他认为学习西方文化,应该取法西方的政治制度,改变封建专制体制,他对英国"君民兼主国政"的做法很感兴趣,亲到上下议院旁听两党辩论。他说西方各国的大事"皆百姓任之,而取裁于议政院,其国家与人民,交相维系,并心一力"[③],因而为政者能够了解下情,实实在在的替民办事,不欺民,从而得到民众的信任。他还进一步的比较了中国的"德治"和西方社会的"法治",认为"法治"比"德治"优越,因为圣人"一身之圣德不能常也","德有盛衰,天下随之以治乱","西洋治民以法"[④],法律却可以日趋完善,从而使统治巩固,所以中国应该学习西方建立法律制度。他认为学习西方文化,必须坚持"本"、"末"并重,不仅要学习西方先进的器物文化,更要学习西方先进的制度文化,绝不能将它们割裂开来,这样才能使中国真正走向富强。郭嵩焘提出的向西方学习的"本末观","生动地表明了'华夷观念'向'全球观念'的转变,'中体西用'观向全面学习西方'本末相济'观的转变,'忠君爱国'观向倡导科学、民主的'国富民强'观的转变"[⑤]。

第三,郭嵩焘认为西方文化重实用,中国文化务虚文,这是中国落后于欧洲的根本原因。资本主义文化与中国封建文化是两种截然不同的文化,从本质上讲,资本主义文化属于商业文化,中国文化属于农耕文化,商业文化具有"富、强、动、劲"的特点,既有力地促进了欧洲资本主义的发展,又是中国文化之大

---

① 张静著:《郭嵩焘思想文化研究》,南开大学出版社2001年版,第13页。
② 《郭嵩焘奏稿》,岳麓书社1983年版,第345页。
③ 郭嵩焘:《养知书屋文集》,岳麓书社1982年版。
④ 《郭嵩焘日记》(第三卷),湖南人民出版社1982年版,第548页。
⑤ 傅义强:《中国早期近代化的超前思考》,《学术论坛》2005年第3期,第69页。

敌。①郭嵩焘无论在英国或法国，他都深切地感受到西方人民务实的态度和注重实学的风气。人们关心追求来自于实践，又在实践中得到验证的实学。"计数地球四大洲，讲求实在学问，无有能及太西各国者。"②他说："其民人周旋，一从其实，不为谦退辞让之虚文。国家设立科条，尤务禁欺存伪。自幼受学，即以此立之程，使践履一归诚实。而又严为刑禁，语言文字一有诈伪，皆以法治之，虽贵不贷。……其风俗之成，酝酿固已深矣。世安有无政治教化而能成风俗哉？西洋一隅为天地之精英所聚，良有由然也。"③他在赞美西方文化重实用，讲实效的同时，又批评了专务"虚文"的中国文化。他说："中国学问流传三千余年，圣人立身性己、治民治国之方，备具于书，此所以崇尚至今。"但这些均为虚学，论及"实在学问"，与欧洲各国相距甚远，中国人"事至而不暇深求其理，物来而不及逆制其萌"，"以例文相涂饰"，只求一知半解，不求实际，最终"事皆内溃"。在政事上，也"只是议论繁多，不求实际，在事诸公亦为议论劫持"④。至于自然科学知识，更是中国文化中的重大缺陷。"西洋所极意考求者，皆中国所漠视也。"⑤中国文化所反映的是农耕文化的生活场景，"男耕女织"的简单生产模式延续了二三千年。没有竞争，也就没有更新技术的迫切要求，因而注定了科学不被重视，技艺被视为低贱，以保守为荣，以创新为耻。皇帝只关心龙椅是否坐得稳，群臣只注意乌纱帽是否戴得牢。教育的唯一目的是培养安分守己的奴仆，维护已经建立的等级尊卑秩序。读书士子只能"屏息低头，毫不敢轻举妄动。两眼下视黄泉，看天就是傲慢；满脸装出死相，说笑就是放肆"⑥。在这样一种文化氛围和读书做官的功利意识下，谁又还去钻研费力不讨好的科技呢，谁又还敢去做标新立异的创新呢？因此，郭嵩焘极力主张学习西方，改革传统的教育制度，逐步以"实学"取代"虚文"。这反映了近代中国新旧观念冲突的深广程度，标志着中国知识分子对西方文化的认识大大加深。

由于郭嵩焘的思想太过先进，远远超越了同时代知识分子的认知水平，加之

---

① 钱穆：《中国文化史导论》，转引自田永秀、鲜于浩《试论郭嵩焘对西方文化的认识及对中国文化的反思》，《西南交通大学学报》2000年第3期，第28页。
② 《郭嵩焘日记》（第三卷），湖南人民出版社1982年版，第394页。
③ 《郭嵩焘日记》（第三卷），湖南人民出版社1982年版，第393页。
④ 《郭嵩焘日记》（第三卷），湖南人民出版社1982年版，第203页。
⑤ 《郭嵩焘日记》（第三卷），湖南人民出版社1982年版，第337页。
⑥ 鲁迅：《忽然想到》（五），见《鲁迅全集》（三），人民文学出版社1981年版，第42页。

他个性倔强，思想偏激，不向强权低头，过于宣传西方的先进文明，而较少揭露资本主义侵略掠夺的本性。因此他的先进西方文化观不仅没有获得社会的呼应，而且还招之了"谤毁遍天下"的严重后果。他自己不到任满，就被清政府撤回国内，满怀报国抱负，却不被朝廷重用，宣传西方文化的《使西纪程》，也迭招毁版厄运，回到湖南也备受凌辱。倔强的他依然矢志不渝地宣传西方文化，办了思贤讲舍，重启停办的湘水校经堂，后来又组织了禁烟公社，宣传王夫之的学说，把借鉴西学，推行改革的思想贯穿其中，还具体开设天文、算学等的知识课程，普及现代科学。但他遭到的围攻也是难以想象的，守旧派竟然放火烧他的房子，须知，他可是湘军创始人之一，做过巡抚的退休重臣。郭嵩焘曲高和寡，晚年很凄凉，最后郁郁而终。郭嵩焘也因此成了举世皆浊我独清，世人皆醉我独醒的寂寞孤独的先行者。

曾纪泽从1878年到1886年，在国外做了八年的公使，并且担任了驻英国、法国、俄国三国的公使，时间之长，兼职之多，都是清末外交官中少见的。他与郭嵩焘相比，虽有学习西方的共同愿望，但他的西方文化观却不如郭嵩焘那么激进，他的政治制度的改革意识不像郭嵩焘那么强烈，对西学的认识也不像郭嵩焘那样一面喝彩，而是有所保留。

第一，曾纪泽赞赏西方先进科技的"神奇"，但坚持"西学中源"的文化观。他对外国的电梯、大型商铺、印刷画报工艺、天体望远镜、英国海军试演大炮技术、乌里冶炮局造炮流程，对俄国的制造厂、水龙公所、炼钢厂等都十分好奇，惊为"神技"。一再表示，自己"颇好留心西学，志欲使中国商民仿效欧洲富国强兵之术、格物致知之学"[1]。他认为："泰西之学，条列派分，更仆难数。学成而精至者，大抵撼风霆而揭日月，夺造化而疑鬼神。"[2]尽管曾纪泽对西方科技的神奇赞赏备至，认为中国应该向西方学习。但是，他又对中国传统的文化怀有深深的敬意，总想把西方近代先进的科技与中国传统的文化搭上关系，以证明西方科技的源头来自于中国，是"礼失于朝，求诸于野"的结果。他曾与翻译过中国四书五经的英国学者理雅各讨论过这个问题，说："西洋人近日孜孜汲汲以考求者，中国圣人于数千年已曾道破"，"火轮汽机，以制舟车，以勤远略，

---

[1] 曾纪泽著、刘志惠点校：《曾纪泽日记》（中册），岳麓书社1998年版，第884页。
[2] 喻岳衡点校：《曾纪泽集》，岳麓书社版，第129页。

圣人亦于数千年前烛见之矣。《易》于中国学问，仰观天文，俯观地理，形而上者谓之道，形而下者谓之器……即西学而论，种种精巧奇奥之事，亦不能出其范围"①。可见，在曾纪泽看来，《易经》是形而上的"道"，西方科技是形而下的"器"。道是器的本原，器是道的流末，这里再清楚不过的表露了曾纪泽"西学中源"的文化意识。正是这种"西学中源"文化观的影响，使曾纪泽在出使西欧期间，利用各种场合，向西方人大力地宣传中国文化，并以此博得了许多外国官员的赞许。如俄国署使巴德洛密在听曾纪泽回答有关中国历史的问题以后说："五大洲中，立国最早，声名文物可考见者，盖无出中国之右者矣。"②美国领事贝礼在听曾纪泽谈完中国古乐以后又认为："中华人士言古人胜于今人之说，亦自可信也。"③

"西学中源"，是明末清初学人面对西学的冲击而提出的一种文化自慰的观点。他们认为先进的西方文化，特别是科学技术，其源头是在中国。这种文化观念的产生，一方面是由于近代中国人在急剧变革的时代对自身传统文化的依恋；另一方面也是用以抵制西方强势文化的扩张，也即传统文化情结与自我保护主义所共同催生的结果。曾纪泽"西学中源"文化观的产生，既有传统文化学人观念的影响，又与自身生活的环境、所受的教育、文化的认同意识有着密不可分的关系。

首先，曾纪泽出身于一个封建大官僚的家庭，父亲曾国藩作为清朝"中兴名臣"，不仅获得了很高的荣耀，而且也从清政府那里获得了很多的实惠，因而对清政府怀有极大的感恩戴德之心，对封建文化怀有极大的好感。曾纪泽自小在古典文献的海洋中熏陶自己，对博大精深的中国古典文化产生了浓厚的兴趣，这种对古典文化的偏爱，使他很容易产生一种文化自信意识，当他看到西方文化的先进时，他便很自然地联想到光彩夺目的古代中国文化。其次，湖湘文化"经世致用"思想在曾纪泽文化观念上的体现。曾纪泽生长于湖南，自小就深受湖湘文化的影响，湖湘文化在尊崇程朱理学的同时，也强调"经世致用"的学风，曾国藩把试用西法制造轮船视为"救世第一要务"，他们还进而提出了"中学为体，西学为用"的文化观，作为曾国藩的儿子，与洋务派交往密切的曾纪泽不能不受

---

① 曾纪泽著、刘志惠点校：《曾纪泽日记》（中册），岳麓书社1998年版，第893页。
② 曾纪泽著、刘志惠点校：《曾纪泽日记》（中册），岳麓书社1998年版，第863页。
③ 成晓华等《略论曾纪泽对西方文化的认知》，《贵州社会科学》1999年第3期，第331页。

到这种文化思想的影响,从而萌生出"西学中源"的文化观念。再次,"西学中源"也是曾纪泽在外交活动中展示自信的一种文化策略,能使他在外交场合中保有不卑不亢的气度和精神。作为弱势文化的国家,要在国际交往舞台上取得话语权,那是十分困难的,强势文化的国家往往以话语"霸权"的身份主宰着世界的裁决权。曾纪泽初到巴黎时,就碰到了这种强势文化霸权的挑战,英国领事达文波嘱咐各国驻法领事,不可先去拜见中国公使,虽然其他领事没有听从达文波的劝告,前去拜见了曾纪泽,但达文波却坚持这种强权立场。曾纪泽不畏强权,明确地向英国人声明说:"今达君既责礼于我矣,则领事先谒公使,乃《万国公法》之通例,吾不敢违例而先拜达君。"①长期以来,中国文化人总是把上古文明想象得过于完美,并形成了民族文化信仰定势,产生了传统儒学的惯性力量。有论者认为,中国近代学人的"西学中源"观是夜郎自大、封闭保守心理的表现,但是,在作为外交使臣的曾纪泽那里,其实更多的是反映了他的爱国主义精神。

第二,曾纪泽主张大力培养精通西学的人才,但坚持"中西互补"的文化教育观。曾纪泽通过对西方教育的考察,发现中西教育在教育思想、教育内容、教育方式上有很多不同,主张利用中西教育的优势互补来培养通达洋务的人才。他说:"中华所谓小学,有古今之分,汉学家以文字、声音、训诂为初学津梁,古小学也;宋学家以洒扫、应对进退为童蒙基址,今小学也。西人所谓小学,则以显微镜察验纤细幺么之物,以助格致家考究万物材质凝动之分,生死之异,动植之类,胎卵湿化之所以别。由细而知巨,由表以验里,由无用以求有用,由同种以察异种。以此为小学,与光学、电学之属,争奇而并重,设公会邀人观览,亦集思广益之意也。"②因此,他主张在中国设立学塾,聘请洋人担任教师以教中国子弟喜欢西学的人;同时,在英法德等西方强国内也应该设立中国学塾,聘请中华品学兼优的士人教导洋人子弟中喜欢中华学问的人,这样"久则声气相乎,可以抉幽洞微,暗获助益。而所费仅塾师之束脩,赁屋之价值耳,其效甚速而远"③。曾纪泽已经看到了中国的"小学"是以儒学为"根本",重人伦而轻自然;而西方的"小学"则十分重视自然科学,而且由此及彼,深究其理。曾纪泽深深感到"中国声名文物、彝伦道义、先圣昔贤六经典籍之教"固然要持守,

---

① 曾纪泽著、刘志惠点校:《曾纪泽日记》(中册),岳麓书社1998年版,第809页。
② 曾纪泽著、刘志惠点校:《曾纪泽日记》(中册),岳麓书社1998年版,第850页。
③ 曾纪泽著、刘志惠点校:《曾纪泽日记》(中册),岳麓书社1998年版,第878页。

但不能故步自封，排斥域外新知，而必须"益以海国人士深思格物、实事求是之学"①，才能相得益彰，培养出经世致用的人才。

第三，曾纪泽考察了西方政治制度的优劣，主张在学习西方器物文化的同时，进而学习西方的制度文化，但坚持"酌采西制"的文化观。首先，他看到了西国议会制度"议院立而下情可达"的好处。出使法国期间，他曾拜会法国上议院和下议院的首领，了解并认识到"自法国改为民主之邦，国之事权，皆归于上下议政院"②，议长的权力甚至超过总统，总统位虽尊崇，权力反不如议会两院，不像中国的皇帝集大权于一身。他还亲身多次到英国上、下议院"坐听议事"。他得到的印象是，下院议员"争竞与喝彩之声甚为喧嚷"，而上院"肃然无咳唾之声"③，即使争辩、责难，也无哄闹嘈杂现象。他对国民的权力与地位有了相当的了解。他说："法为民主之国，商民势大，政府权轻，政府之所行，一商一民足以把持而梗阻之，政府所不愿行，一商一民足以摇惑众心而胁制之，此近年法国之所以屡次换人也。"④从内心而言，曾纪泽是十分仰慕西方的政治制度，他在给丁日昌的信中已经表露了这种思想，他说："纪泽自履欧洲，目睹远人政教之有绪，富强之有本，艳羡之极，愤懑随之，然引商刻羽，杂以流徵，属而和者几人，只能向深山穷谷中一唱三叹焉耳。"⑤尽管如此，他却并没有像郭嵩焘那样大胆表示"然非民主之国，则势有所不行。西洋之所以享国长久，君民兼主国政故也"，批评"中国秦汉以来，二千余年，适得其反"⑥，也没有像郭嵩焘那样专门考察英国从君权到民权的历史演进，明确提出"国政一公之臣民，其君不以为私"的主张，而是折中地、有分寸地在不损皇权和维护儒家道统的前提下，肯定了西方议会制度的积极作用。究其原因，不外乎有以下二点：从客观因素而言，曾纪泽作为出使大臣，公服朝珠代表清朝政府，不能像何启、胡礼垣那样公开提倡在中国去专制行立宪；加上宦海悠悠，有郭嵩焘因推崇西方民主制被搞得"声名狼藉"的先例，他当然要谨慎行事，不敢冒天下之大不韪，闯政治雷区。从主观因素而言，曾纪泽受父亲曾国藩的影响，恪守着忠恕之道，要树立一个忠臣的

---

① 喻岳衡点校：《曾纪泽集》，岳麓书社2005年版，第129页。
② 曾纪泽著、刘志惠点校：《曾纪泽日记》（中册），岳麓书社1998年版，第843页。
③ 曾纪泽著、刘志惠点校：《曾纪泽日记》（中册），岳麓书社1998年版，第894页。
④ 喻岳衡点校：《曾纪泽集》，岳麓书社2005年版，第183页。
⑤ 喻岳衡点校：《曾纪泽集》，岳麓书社2005年版，第161页。
⑥ 钟叔河著：《从东方到西方》，岳麓书社2002年版，第259页。

形象，就不能逾越政体雷池一步。曾纪泽既要做忠臣，又要保安宁，就不能不在政治改革中保持克制和谨慎，以免引来不必要的麻烦。他对当时西方妇女参政就不以为然，他批评说："英国敬重妇女，相习成俗，他国视之已为怪诧，而妇人犹以不得服官、不得入议院预闻国政为恨，甚矣，人心之难餍也。"①表现出他对妇女解放，参与民主管理思想存在着历史的局限性。

郭、曾两人的西学文化观虽有区别，但两人都越出了洋务派"中学为体，西学为用"的文化常轨，不仅主张学习西方的器物文化，而且还主张学习西方的制度文化，他们的西学文化观远远超越了同时代人的思想，因此不为时代所容，就连自己的湖南同乡也斥责他们为"汉奸"、"贰臣"，他们的先进文化思想也和者甚寡，两人的命运放在湖湘文化的世界来看，既显得鹤立鸡群，又显得茕茕孑立，形影相吊。他们并没有掌声，只有吐沫，我们实在难以断定，他们该是湖湘文化的骄傲还是弃儿。总之，这既是湘人的悲剧，也是国人的悲哀。

二、由守旧走向没落的湘军集团

湘军集团以镇压太平天国而名震天下。正如王闿运所言："其后湘军日强，巡抚亦日发舒，体日益尊，至庭见提镇，易置两司，兵饷皆自专。湘军则南至交趾，北及承德，东循潮、汀，乃渡海开台湾，西极天山、玉门、大理、永昌，遂度乌孙，水属长江五千里，击柝闻于海。自书契以来，湖南兵威之盛，未有过此者也。无他故，专灭洪贼之功耳。"②湘军集团以功出任地方督、抚的人占了三分之二，创造了湘军集团的辉煌。

常言道，物极而衰，但更重要的是，湘军与没落的社会制度相关联，这就注定了其难逃衰败的历史宿命。1872年，湘军首领曾国藩病死，湘军集团失去了擎天大柱，湘军集团的影响力受到了严重的削弱。1885年，湘军的另一首领左宗棠病死于抗法前线，湘军集团的影响力又受到了再一次削弱，在朝中或地方上为官的湘军首领已经缺乏曾国藩和左宗棠这样重量级的人物，要么已老态龙钟，持盈保泰，失去了昔日的进取心，要么思想保守，重视名利，不敢有所作为，文化观念也跟不上时代的发展，湘军集团的光环在慢慢褪色。

---

① 曾纪泽著、刘志惠点校：《曾纪泽日记》（中册），岳麓书社1998年版，第875页。
② 王闿运：《湘绮楼诗文集·湘军志》，岳麓书社1996年版，第557—558页。

而湘军集团的故乡湖南,由于湘军集团开展的一系列文化复古活动,使湖湘文化涂上了一层浓重的传统色彩,成了文化保守主义的顽固堡垒,拒绝接受任何新生事物。退职家居的湘军将领,因战争而致富,他们将搜刮而来的钱财,用来买田置地,过着徒手坐食的生活。如咸丰初年,营官周凤山家就已成素封。刘典出任统领仅五年,军务告竣,回籍主动上交截旷银就多达6万两。彭玉麟号称清廉,到江南战事结束时,即积蓄私银60万两。席宝田先从刘长佑镇压太平军,后又带乡勇到贵州残杀苗民起义军。军行所至,掳掠殆尽。以是在湘军将领中,财富在曾国荃之上,号称第一,他的十个儿子,分家时每人各得24万金,可见其财富之多。①其他如郭松林、陈湜、曾国荃者都是数十万、数百万的富翁。这些人回乡后,求田问舍,追求个人享受。曾国荃购置的田地,有数可查者即达6000亩。曾国藩反对曾国荃大量兼并土地,而他自己也置有2000亩的田产,还算是比较检点的。湘乡黄田乡章合才(官至提督)在白田一带置田六千余亩;横洲乡陈湜置田数千亩;靠谋财害命发家的锦屏杨氏至光绪廿年(1894)已占有田土一万亩,庄园十二栋,房屋五千多间②。这些人靠高额的地租,徒手坐食,靠名望和权势来维持家族利益,操纵乡村经济。此外,他们也开钱庄、办当铺,进行高利贷剥削。李恒概述说:"湘省自江南收复后,文武将领之冒饷致富者,行盐起家者,田宅而外,如票号、如当店,以及各项之豪买豪卖,无不设法垄断。贫民生计,占搁殆尽,实已不堪其苦。"③这些暴富的新贵绅士将掠夺的财富尽情挥霍,败坏了社会风气,使有用之财虚掷于无用的奢靡淫乐之中。"荆俗敦朴,自古志之耕农之余,游闲甚少,金玉篡组雕文刻镂里老相传数十年",但是,自军功绅士成批涌现之后,长沙府县之人则"衣必绮罗,出必舆马,宴客必珍味,居处必雕几,故近市镇而拥素封者间亦有之"④。"风土记云湖湘间宾客宴集供鱼清羹则众皆退用五簋者皆数十年前事。士大夫宴客珍错交罗,竞为丰腴,有一食至费数金者,而婚葬为尤甚。"⑤湘潭"及寇平,诸将拥资还博戏倡优,相高以侈靡。尝一度输银至巨万,明日举典商部帖尝之,传以为豪。未十年,熸无余矣"⑥;浏阳

---

① 萧艾:《王湘绮评传》,岳麓书社1997年版,第69页。
② 湘乡县志编纂委员会编:《湘乡县志》,湖南人民出版社1993年版,第123页。
③ 李恒:《宝韦斋类稿》卷九十三,第46页。
④ (清)刘采邦修,张延奇等纂:《长沙县志》卷之十六,风土,同治十年刻本,第12页。
⑤ (清)刘采邦修,张延奇等纂:《长沙县志》卷之十六,风土,同治十年刻本,第14页。
⑥ 王闿运:《湘潭县志》,货殖。

县"往时民俗朴,城市罕酒家,宴会不设珍肴,衣服亦罕罗绮。今渐不然,以服饰骄人,及以酒食游戏征逐者,稍稍染颓风也"①;攸县的士大夫原来不是严寒不穿裘衣,现在关中裘商来到攸县,一年之中可得白银万余两,士大夫衣必裘衣锦绣,不再穿布帛衣服。因而,左宗棠在致朋友的信中满怀忧虑地写道:"天下皆贫,湖南独富,天下皆贱,湖南独贵。"此非湖南之福。这些出身于湘军集团的绅士满足于传统的生活方式,笃信理学的社会功用,利用传统文化来维护自己的既得利益,因而往往以"师事洋人"为羞,当洋务运动在沿海各省蓬勃开展时,豪富充斥的湖南却无声无息,他们热衷的仍然是封建的地租剥削和追求奢靡腐化的生活,严重阻碍了湖南民族资本主义的发展。

由于湖南地处内陆,交通不便,与外界很少往来,所以鸦片战争50年来,湖南人民既未遭受外力的直接侵凌,也没有遇到西方文化的剧烈冲击,基本上还生活在自我封闭、相对恬静的状态中。加之湘军的显赫事功和卫道护圣的忠义形象,长期使湘人乐在其中,产生一种故步自封,舍我其谁的自大心理。故就乡土社会广大中下层绅士来说,仍然是守旧势力的天地。在中外人士的评论中,都是以民气强悍、士风守旧著称。1898年《申报》评论维新前湖南时局时说:"湘中向不与外人通,读书积古之儒,几至耻闻洋务,西人所谓守旧之党莫湘人若也。"②自19世纪60年代以来,湖南士民与洋人的冲突就已层出不穷。地方官吏动辄借绅士之力以排外,"能言拒洋人者皆良民也"③。于是各地经常出现"绅民大哗"、"聚众狂呼"、"投石以击之"④的殴击洋人事件,以泄愤为快、为爱国,以拒洋人洋物入境为保乡土。甚至发展到毁机器、毁电线杆,辱骂洋务官僚和绅士的荒唐程度,使湖南成了一块拒绝播散近代文明种子的冻土。

湘军的分化实际上是一种文化的分化,湘军的没落实际上也是一种文化的没落。湘军镇压太平天国的成功表面看来是理学对西教的胜利,实际上并不是这么一回事,太平天国实际上是以西教为名,以儒教为用,建立的仍是封建皇权统治,甚至比封建皇权还要荒谬,掺杂了封建的神权政治。没有科学理论的指导是太平天国必然失败的结果,只不过以道德自律,敢打敢拼的湘军加速了它的失

---

① 《浏阳县志》卷八,《学校》,同治十二年刻本,第37页。
② 《湘报》,《申报》,1898年9047号(影印本),上海书店1982年版。
③ 郭嵩焘:《伦敦巴黎日记》,岳麓书社1984年版,第997页。
④ 郭嵩焘:《伦敦巴黎日记》,岳麓书社1984年版,第990页。

败。湘军也因此产生了一种理学胜西教的文化自信，实际上是它看错了病，开错了药方，没有看到大清皇朝的危机是时势发生了变化，"药方仍贩古时丹"已产生不了奇效。因此，湘军集团的礼治文化重建，使湖南绅士在文化上变得更加保守，思想日益落后，为了保住自己的既得利益，反对一切有利于社会发展的改革，拒绝一切新生事物的引进。

不管是曾、左的洋务派文化，还是郭、曾的西方文化观都无一例外地在自己的故乡湖南遭到了顽强的抵制，哪怕他们是湘军的首领，本土的湘军势力都没有给他们任何面子。连曾国藩想在湖南创办近代企业的计划，都至死未能如愿；郭嵩焘出使英国回国，乘轮船回乡省亲，湖南绅士群起阻止；曾纪泽坐小火轮返乡奔丧，湖南士人又大为哗然，攻击他辱没先祖。1875年，湖南巡抚王文韶奏请设立湖南机器局，但引来了长沙绅民的强烈抵制，最后不得不关门大吉。曾国藩埋下的苦果，使湖南一再错失现代化发展的良机，他搬起的这块"卫道"石头最终砸了自己的脚。以城市工业为例，长沙第一家近代企业——和丰火柴公司，直到1895年11月由绅士张祖同等正式创立，以之与其他城市近代工业的创始时间相比，则较上海晚了30年，较天津晚了28年，较兰州晚了17年，较武汉晚了5年，再以近代电讯业为例，1890年前后湖广总督张之洞即派人架设汉口至长沙等地的电报线，但因遭到当地绅民的重重阻挠，不久即告停工。直到1897年6月，长沙至湖北的电线才得以架成。这比天津晚了18年，比上海晚了16年，比广州晚了13年，比武汉晚了12年。再如近代轮船业，长沙绅民原来见轮船则惊，到19世纪80年代末才逐渐消除见轮船则惊讶的心理，开始"正眼看轮船"。直到1898年，长沙第一家近代轮船公司——两湖轮船公司正式通航，较之沿海地区民营轮船的创办晚了10多年，较苏、杭、淮、扬等地内港轮船的创办，延迟了数年。正如湘抚陈宝箴后来所评价："自咸丰以来，削平寇乱，名臣儒将，多出于湘。其民气之勇、士节之盛，实甲于天下，而恃其忠肝义胆，敌王所忾，不愿视他人之长，与异族为伍。其义愤激烈之气、鄙夷不屑之心，亦以湘人为最。"[①]

湘军集团的这种文化保守心理，使他们失去了昔日的锐气，也丧失了忧国忧民的激情，许多人凭借着掳掠而来的大量财富过着养尊处优的生活，他们的子弟也在这种文化氛围中迷失了方向，丧失了斗志，缺乏了积极向上的拼搏精神，

---

① 《湖南巡抚陈宝箴折》，见《戊戌变法档案史料》，中华书局1958年版，第243页。

昔日湘军的光辉在这种不思进取的保守文化氛围中日趋暗淡，不复旧时模样。因此，当中日甲午战争爆发后，昔日不可一世的湘军也同腐败不堪的淮军一样，在对日作战中不堪一击，湘军名将刘坤一所率领的六万多湘军仅在六天之内就丢失了辽东半岛三座重要的城池，光绪皇帝寄希望于湘军在前线上为其挽回面子的计划完全落空，不得不忍痛对日求和，湘军的光环由此凋落在辽东半岛的夜空。

第八章：光（绪）、宣（统）年间湖湘政治精英群体的新变

光绪、宣统年间，近代湖湘第三代政治精英群体登上了历史舞台，与前两代不同的是，他们不再是政治指向一致的整体，而分成了不同派别。此外，就他们整体的政治文化取向而言，也和前两代群体守旧的整体指向不同而出现了变革的新变，尤其引人注目的是，革命进入了湖湘文化。那么，守旧和新变之间是否还有着一脉相承的文化根基呢？换言之，这是否意味湖湘文化出现了脱胎换骨的转型呢？这都是我们要回答的问题。

第一节　湖湘维新派精英群体的形成

一、湖湘维新派精英群体的构成

甲午之战，湘军名将刘坤一所带的六万多湘军在辽东战场上仅仅六天的时间就连续丢失了营口、牛庄、田庄台三座重要的城池，湘军全军覆灭。随之便是屈辱的《马关条约》，中国不仅赔偿了二亿两白银，还割让了辽东半岛、台湾全岛等大片土地，丧权辱国，前所未有。

中日甲午战争惨败震惊了国人，更震惊了湖南人。湘军兴起以后，湖南人

特别是士大夫等社会精英阶层就有一种莫名的自豪感,但辽东一役,湖南人引以自豪的资本轰然坍塌,心理的创伤不可言状。原先以为可以拯救天下的湖南人,这时对战争的失败怀有一种沉重的负罪感,认为"甲午的败仗,实是我们湖南人害国家的",开始从幻觉的破灭中正视严酷的现实,陡生了一种"救中国从湖南始"的强烈责任感或说赎罪感。他们开始认真审视敌手,这是一种陌生文化武装起来的异邦敌手,显然要先知彼才能应对之。敌手的文化笼统言之就是"西法",林则徐、魏源、郭嵩焘等先知的声音又萦绕耳际,进入心扉。甲午一战与其说让湖南人耻辱,不如说它促使了湖南人清醒。正如谭嗣同所说,湖南人"经此创巨痛深,乃始屏弃一切,专精致思⋯⋯不敢专己而非人,不敢讳短而疾长,不敢徇一孔之见而封于旧说,不敢不舍己从人取于人以为善"[①]。从此,一大批湖南士人以这种崭新的姿态,从传统的文化氛围和社会心理中挣脱出来,"因有见于大化之所趋,风气之所溺,非守旧所能挽回者。不恤首发大难,画此尽变西法之策"[②],开始正视西方,并立即就近学习日本。可以说,中日甲午战争是湖南近代历史发展的转折点,战后,湖南由全国的守旧中心一变而成为维新变法最为活跃的省份之一。在强烈的民族危机意识的刺激下,各种政治精英群体暂时抛弃了个人的恩怨和政治歧见,在发展实业、救亡图存的旗帜下,达成了某种政治共识。这就是湖湘的维新派精英群体。

湖湘维新派精英群体主要由以下五部分人组成:

一是导之于先的湖南地方官吏。他们是一批有改革思想的官员。湖南巡抚陈宝箴(1831—1900),江西义宁人,举人出身,他很早就受郭嵩焘西学思想的影响,富有爱国思想和创新精神。1895年8月,他出任湖南巡抚,就抱定要在湖南开辟一片新天地,创立富强之根基,以备非常之变。先于陈宝箴一年到湖南的学政江标(1860—1898),江苏元和人,进士出身,也是一个思想开明的改革派,与当时著名的洋务派思想家,曾任驻英、法、比(利时)、意(大利)四国公使的薛福成交往深厚,他一到湖南就以"改变士风,开辟新治"为己任,并极力协助陈宝箴在湖南推行新政。据唐才常说,陈宝箴到湖南后,"规划一切新政,惟君(指江标)言是听。如矿务、学堂、报馆、南学会、保卫局,君皆力赞成之。绅

[①] 蔡尚思、方行编:《谭嗣同全集》(增订本),中华书局1981年版,第168页。
[②] 蔡尚思、方行编:《谭嗣同全集》(增订本),中华书局1981年版,第168页。

士谭嗣同以仁勇明达闻天下,尤以君为莫逆交。君凡是推诚与人,绝无城府;遇事难行,集众婉商,娓娓敦劝,无毫厘专制意;比既施之实事,则坚忍强毅,务达其志而后已。故陈公及湘绅之通达者,皆喜君温厚,而又倚其坚毅而任大事。然君精神所专注,以变异名气与开通一省喉舌于不觉者,则校经学会、《湘学新报》,其改革之源也。"①徐仁铸(1863—1900),江苏宜兴人,进士出身,1898年接任学政后,他与梁启超、谭嗣同等人成为知交,经常讨论改革大计。还通过自己的父亲侍读学士徐致靖,向光绪皇帝推荐了康有为、梁启超、谭嗣同、黄遵宪、张元济等一批维新派的领袖人物与激进人士,对推动百日维新起了重要作用。黄遵宪(1848—1905),广东应州人,举人出身。1897年出任湖南长宝盐法道,署湖南按察使,著名的爱国诗人,杰出的民主启蒙思想家。他协助陈宝箴创办时务学堂,力荐梁启超主讲时务学堂,倡建课吏馆和保卫局,在南学会宣传民权思想,对推动湖南维新运动的发展起了重要作用。

由此可见,此时湖南地方的省府官员都是开新求变的改革家,他们思想的趋同性,决定了他们维新变法行动的一致性,湖南维新变法运动如火如荼,湖南的省府官员首开其功。中国长期是一个"官本位"思想十分深厚的国家,尤其在湖南这个一向以保守封闭而闻名的内陆省份,这种"长官导之于先"的统领与表率作用,就更是运动初起时所必须的。广东是维新运动的领袖康有为、梁启超的故乡,江苏也是人文荟萃之地,得世界风气之先,接受新思想均比湖南要早,但在戊戌维新运动中两省却无声无息,一个重要的原因就是地方官员的思想保守。而两省的地方主官恰恰又都是湘人,即两广总督谭钟麟和两江总督刘坤一,他们此时对维新均持反对态度。而湖南维新运动之所以能够独步一时,就在于省府大吏在推动湖南维新运动蓬勃兴起中起了主导性作用。

二是激进的维新派绅士,如谭嗣同、唐才常、熊希龄、樊锥、易鼐等,他们是维新变法的中坚力量。这些人是湖南的青年才俊,有强烈的忧患意识和远大的政治抱负,有改造落后社会的宏图大志。他们大多功名不显,官位不高,没有什么过硬的社会资历,是一群初出茅庐的热血青年。谭嗣同、唐才常都是湖南浏阳人,两人都专心实学,不喜科举,谭嗣同在父亲的逼迫下虽参加了五次乡试,但都未考中,连个秀才功名都未取得,唐才常在取得秀才后,对科举并不热心,

---

① 《唐才常集》,中华书局1980年版,第195—196页。

后来成为拔贡，也是因参与维新，获得学政江标之助。樊锥、毕永年的拔贡也是因同一之故，易鼐则为秀才，只有熊希龄是个例外，考中了进士，成为激进维新派中功名最显的人物。谭嗣同在甲午战前，受传统儒学影响较深，对西学尚有抵触情绪，但甲午战争中国惨败的强烈刺激，使他的思想发生了巨大的转变，由"弹诋西学"转变为主张西学。谭嗣同自述："三十以后，新学洒然一变，前后判若两人。三十之年，适在甲午，地球全势忽变，嗣同学术更大变。"①在他的思想深处，已孕育着反封建专制、反封建纲常的民主思想。这是与他在甲午战争以前著作中明显不同的地方。1896年，他开始写着的《仁学》，就强烈抨击封建专制道："二千年来之政，秦政也，皆大盗也；二千年来之学，荀学也，皆乡愿也"，"二千年来君臣一伦，尤为黑暗否塞，无复人理，沿及今兹，方愈剧矣"②。他进而抨击封建伦理道："数千年来，三纲五伦之惨祸烈毒，由是酷焉矣。君以名桎臣，官以名轭民，父以名压子，夫以名困妻，兄弟朋友各挟一名以相抗拒。而仁尚有少存焉者得乎？"③因此，他大声疾呼要"冲决君主之网罗、伦常之网罗"④。梁启超称谭嗣同为晚清思想界的一颗"彗星"。李泽厚更明确地指出："谭嗣同思想是在民族矛盾和阶级矛盾迅速激化和深化的九十年代的局势的直接刺激和影响下最终地形成的，像怒涛一般的当时社会氛围和思想情绪，通过谭氏个人丰富的生活经历，在其思想中留下了深刻的痕迹，使其爱国主义精神具有了一个区别于其他改良主义者的极为重要的内容和特色，谭嗣同在理论上所达到的最高度超出了改良主义思想体系所能允许的范围，在一定程度上表现了对封建制度和清朝政权的强烈的憎恨情绪和革命要求。它客观上作了以后资产阶级民主革命派的思想先导。"⑤

唐才常甲午战前在两湖书院读书期间，他的改革思想尚具有"中体西用"的洋务色彩，提出学西学、重商政、修军政等主张，基本没有涉及政治领域，更

---

① 蔡尚思、方行编：《谭嗣同全集》（增订本），中华书局1981年版，1998年6月北京第3次印刷，第259页。
② 蔡尚思、方行编：《谭嗣同全集》（增订本），中华书局1981年版，1998年6月北京第3次印刷，第337页。
③ 蔡尚思、方行编：《谭嗣同全集》（增订本），中华书局1981年版，1998年6月北京第3次印刷，第299页。
④ 蔡尚思、方行编：《谭嗣同全集》（增订本），中华书局1981年版，1998年6月北京第3次印刷，第290页。
⑤ 李泽厚：《中国思想史论三部曲 古代、近代、现代》，天津社会科学出版社2007年版，第208页。

没有对封建伦理纲常进行批判。1896年从两湖书院毕业返湘后，他与谭嗣同一道积极投身于湖南的维新事业。"烈士发愤讲学，倡变法以图强，于长沙倡《湘学报》、时务学堂、南学会，推谭嗣同、梁启超主之，海内靡然从风，一时英俊，如林圭、李炳寰、蔡钟浩、田邦璇、秦力山、蔡锷、范源濂等，皆出其门。"①他的思想主张可概括为"张师统，以孔子记年；易官制，以泰西为准；开国会，以日本作则；改律例。与公法相通"②。比较一下唐才常和谭嗣同，也许是一件颇有趣味的事情，他们一个是由传统士子家庭熏陶出来的维新志士，一个是从传统官僚家庭反叛出来的变革先锋。两人出身迥异，个人经历亦大不相同，然同具仁根、同秉湖湘学风，故能同归于仁义之帜、经世之旗、维新之路。但殊途所造，亦自然成痕，唐才常的家庭，展示的多是传统积极的一面，故于传统的礼义，多有积极的体认，其反君统批纲常的呼声里，并没有化传统父子夫妻之伦为朋友之伦的激进倾向；而谭嗣同的家庭，展示的多是传统消极的一面，故于传统礼义，缺少积极的体认，其反君统批纲常的呼声里，便同时具有反传统父子夫妻之伦的激进倾向。③

与谭嗣同、唐才常等维新时期舆论界的健将不一样，熊希龄很少有很激进的变法言论见诸报端，但是看其在湖南维新运动中的表现，他又与谭、唐有异曲同工之妙。熊希龄是一个行动重于言论的变法人才，他的主要活动是为谭、唐等激进维新派提供推行新政的舞台，并为其呐喊助威，勇敢地迎击来自保守势力的各种挑战。熊希龄不仅在湖南创办实业的建设中颇有成就，在改进湘省武器装备、创办湘鄂轮船航运和争取修建粤汉铁路湖南路段等方面出力不少，而且还在湖南三大重要新政时务学堂、南学会、《湘报》的创办中起了担纲性的作用。"以往研究者在考察此期间新政的三大内容即时务学堂、南学会、《湘学报》时，很少注意到熊希龄在其中的作用，这是不应该的，其实创立这三项新政最为关键的人物就是熊希龄。"④

樊锥、易鼐、毕永年等都是当时思想激进的维新派，他们都与谭、唐交好，

---

① 肖汝霖：《唐才常集》，见杜迈之、刘泱泱、李如龙辑：《自立会史料集》，岳麓书院1983年版，第200页。
② 唐才质：《唐才常烈士年谱》，见湖南省哲学社会科学研究所编：《唐才常集》，中华书局1980年版，第155页。
③ 方克立、陈代湘主编：《湘学史》（二），湖南人民出版社2008年版，第820—821页。
④ 周秋光：《熊希龄与湖南维新运动》，《近代史研究》1996年第2期。

意气相通，对腐败的清政府深感失望，急想找到一条使中国由弱转强的道路。他们在《湘报》上积极撰文，大力批判封建专制主义，鼓吹民权、平等的改革思想。邵阳拔贡樊锥在《开诚篇》中，大声疾呼，要求"起民权，撰议院，开国会"。他认为中国封建社会沉疴已重，必须用"天下猛峻之大药"来整治它，他开出的药方就是"唯泰西是效"，行"君民共主"；"洗旧习，从公道"；"用孔子纪年，除拜跪繁节"；"求智识于寰宇"①。湘潭廪生易鼐在《中国宜以弱为强说》中明确提出了中国由弱转强的四条变法主张："一曰改法以同法，二曰通教以绵教，三曰屈尊以保尊，四曰合种以留种。"也即在政治上改制变法，引进西方政治民主之新法来改造中国封建专制之旧法，实行政治法律上的中西结合；在文化教育上，实行思想文化观念上的中西结合；在政治体制与君民关系上，实行民权与君权并重，也就是提高民权，降低君权，以君主立宪制来保证皇室的尊严；在改良中国的人种素质问题上，实行中国人与欧美白色人种的通婚，从遗传基因上改良与提高中国人的身体与大脑素质，从而达到保种强国的目的。他甚至提出："改正朔，易服色，一切制度悉从泰西。"这可以说是中国最早的"全盘西化论"，在当时是十分超前和大胆的。正如王尔敏所说："全盘西化大旨，在肯定西学的绝对优越性，认为西学无不善、无不美、无不有用、无不高明。因此主张充分效法，全盘接受。首先谭嗣同即主张变衣冠，变中国之人伦制度，变中国之学术。然至1898年，湖南维新人士，多主张全变、速变，其代表为樊锥和易鼐。他们以为中国固有制度、礼俗、法律、科举、学校，应革除摒弃。进而'改正朔，易服色'，一切仿行西洋。樊锥有谓：'一革从前，搜索无剩，唯泰西者是效'。易鼐有谓：'一切制度，悉从泰西'。此种论调，实开1930年代'全盘西化'论之先河。亦可见出19世纪中国受西洋文化冲击之深，与反应之剧烈。"②

激进维新派的共同特点就是痛恨封建专制，对封建的三纲五常进行全面的批判，这说明封建专制制度已在先进的中国知识分子的心目中失去了神圣的光彩，君国一体的观念已经松动，国非一家一姓之国，乃万民之国，为救国，可以弃君主制度于不顾，只要国安民乐就行了。他们借助西方政治制度的药方，提出兴民权，设议院，实行君主立宪，甚至还提出全盘西化的激进论调，这显然难以为习

---

① 方行编：《樊锥集》，中华书局1984年版，第11—12页。
② 王尔敏：《中国近代思想史论》，社会科学文献出版社2003年版，第42—43页。

惯了几千年的封建传统社会所接受。但是，正是谭、唐等人的激进维新思想，使得湖南的维新运动高潮迭起，演绎出波澜壮阔的惊世画卷。在从改良到革命的社会思潮的流变中，谭、唐前仆后继，用生命的代价树立了醒目的标杆，告诉人们在半殖民地半封建的中国，走改良的道路是行不通，只有革命才是除旧布新的良药。因此，戊戌维新运动以后，绝大多数的激进维新派走上了革命的道路，如唐才常、樊锥、毕永年、秦力山、杨毓麟等都走上了反清革命的道路，而熊希龄、易鼐则成了清末立宪派的首领。

三是温和渐进派绅士。这一派以皮锡瑞、欧阳中鹄、刘善涵等为代表。他们赞成学习西方的器物文化，创办实业，并以温和渐进的方式推进中国的政治改革。他们与谭、唐有着极为特殊的师友关系，并对前期谭、唐的维新运动起过重大的促进作用。他们赞成维新，但反对"尽变西法"，主张变法，但不赞成谭、唐的民权、平等思想。他们虽然在思想上同谭、唐有很大分歧，但始终同谭、唐等人保持着深厚友谊，并没有像王先谦、叶德辉等守旧派绅士那样对激进派大打出手，必欲置谭、唐等人于死地而后快。他们对谭、唐的牺牲表示了极大的同情。

四是变器不变制的洋务派绅士。这一派绅士以王先谦、叶德辉、张祖同、黄自元等为代表，他们资深望重，大多拥有进士功名，并任过较高的官职，是社会上的既得利益集团。他们受到甲午战争的刺激，赞成学习西方的西技、西艺，并成了湖南实业建设的积极推动者和参与者，对湖南实业建设的贡献巨大。但是，他们的改革仅停略在"中学为体、西学为用"的洋务旧路之中，坚决反对学习西政、西教，不愿推进社会意识形态的重建，对激进维新派的"民主"、"平等"学说极为反感，对樊锥、易鼐的全盘西化观点更是视同水火，攻之不遗余力，必欲除之而后快，在他们的极力反对和扼杀下，湖南的维新运动归于失败。

五是外来改革派，如梁启超、李维格、韩文举、叶觉迈等。来自于广东的梁启超是康有为的大弟子，以倡导维新变法而名噪一时，他被聘湖南时务学堂的总教习，不仅是时务学堂的精神灵魂，而且还是后期湖南维新运动的设计师，他不仅提出了"开民智、开绅智、开官智"等三项基本措施外，还提出设立"新政局"，来统筹全省的维新事业。后来，南学会、《湘报》、保卫局之设，都是围绕着他的方案展开，使湖南的维新运动开展得有声有色。西文总教习李维格原籍江苏吴县，出生于上海，后又留学英国，担任过驻美、驻日的外交官，对西方社会的情况了解甚详。他任时务学堂西文教习后，积极支持湖南的维新事业，介绍西方的科学技术和政教制度，扩大了学生的眼界，对学生的思想解放起了极大的推动作用。广东的韩文举、叶觉迈也是康有为的弟子，信奉康的托古改制学说，他们与梁启超上下呼应，不仅使时务学堂风生水起，成为日日激变的策源地，也成为湖南维新运动日趋高涨的助推器，因而引起了洋务派绅士的日益恐慌，在他们的极力排挤下，梁启超、李维格、韩文举、叶觉迈等人先后离开了湖南，湖南的维新运动由此走向衰落。

二、湖南变法维新运动的命运

湖南变法维新运动是有一定前史铺垫的，这就是上一章我们提及的湘军中洋务派活动以及郭嵩焘等人的思想启蒙。尽管郭嵩焘个人的命运结局很凄凉，但经历了甲午惨败，人们回忆郭嵩焘的杜鹃滴血呼吁，同情、共鸣乃至悔恨油然而生。谭嗣同便如是写道："世之称精洋务，又必曰湘阴郭筠仙侍郎、湘乡曾颉刚侍郎，虽西国亦云然。两侍郎可为湖南光矣，湖南人又丑诋焉。"①湖南人强烈渴望奋发图强，最初大家都把兴办洋务作为抓手，这只是器物意义上的变革，很容易达成共识。湖南出现了"雷动风飙"的变法呼声，官绅一体共谋维新的喜人局面。

在学习西方以致富强这一点上，湖南的政治精英基本上达成了共识，但是，在学习什么样的西方文化，学习到什么样程度的问题上，他们的观念并不一样。王先谦、叶德辉、张祖同、宾凤阳等一批有声望有地位的既得利益势力只主张学习西方的器物文化，不主张学习西方的政治制度，因而他们热衷于创办近代实业，对"民主"、"民权"思想抱着敌视态度。这些人因为政治地位高，又有科举功名护体，社会声望显赫，他们很容易获得社会的各种公共资源，拥有雄厚的经济势力。他们是湖南省、州、县各级政府的依靠力量，在湖南各地有很大的号召力、凝聚力和支配力。湖南在维新运动中所创办的各种近代企业，最初几乎都由这些绅士们集资兴办的。他们担任各地书院的山长，掌握着湖南的文化教育大权。无论从政治上还是从经济上看，他们都可以决定维新的成败。正如有研究者

---

① 《谭嗣同全集》，中华书局1981年版，第173—174页。

指出:"19世纪中叶以后,地方精英的力量是与督抚的力量一起增长的。这就是清末的地方主义具有不容忽视的二元性质。"这种绅士的力量对地方行政官员形成较大的制约作用:"督抚的地方势力是不能过分越轨的。也就是说绅士能够制约地方官员的自治,他们也能够削弱官员的革新能力。"①湖南绅士阶层对湖南维新运动的这种作用表现得特别明显。他们在运动的初期,对兴办湖南的教育事业特别是创办各种近代新式企业发挥了重要的促进作用。而在后期则对维新运动的进一步深入发展起到了极大的阻挠和扼杀作用。而谭嗣同、唐才常、熊希龄、毕永年、樊锥等一批地位不高的年轻士人则主张既要学习西方的器物文化,更要学习西方的制度文化,他们不仅积极投身于湖南的实业建设,主张开通轮船,兴修铁路,开采矿产,而且创办学堂、办报纸、办学会,宣传资产阶级"民主"、"民权"思想。这种思想观念的分歧,导致了维新变法中保守与进步的复杂纠缠。因而,当变法由经济领域向政治领域深入推进时,原来积极支持维新变法的王先谦、叶德辉、张祖同等洋务派绅士,甚至一些温和派绅士却突然反戈一击,走到了激进维新派的对立面。

有学者认为,王先谦、叶德辉等人发生根本性的转变是由于"南学会的筹组和成立后的历次讲演,都没有邀请知名绅士如王先谦、张祖同、叶德辉参加。顿失他们原来在新政阵营中的领导地位","王先谦、张祖同在南学会上的受挫,他们的不满情绪也随着他们在官绅中的活动和影响力迅速传开。以他们的社会地位,不难将原来新政态度模棱或根本反对的人士联系起来,形成一股敌对势力"。②有的人认为王先谦等人态度的转变是他们与维新派在学风、学理上存在着分歧所致。"激进维新派多以康有为的《新学伪经考》和《孔子改制考》作为变法的理论依据,而这两部书均非严密的学术著作,是康有为本着学术服务政治的宗旨'速成'的,是刻意为现实斗争所服务的。""这就不能不引起以治学自负的'翼教'派的恶意。康、梁等蔑视学术尊严、学术规范,视学术为政治婢女的做法,使治学严谨的'翼教'派有理由认为他们存在着不可告人的政治野心,从而自觉不自觉地站到了他们的对立面。"③"还有人提出了一个近代儒学区域

---

① 费正清:《剑桥中国晚清史》下卷,中国社会科学出版社1985年版,第360页。
② [加拿大]邝兆江:《湖南新旧党争浅论并简介〈明辨录〉》,《历史档案》1997年第2期。
③ 熊秋良:《"翼教"派略论》,《湖南师范大学社会科学学报》1999年第1期。

模式，从湘学和粤学的角度讨论发生在湖南的新旧之争。"①这些分析都有一定的道理，但是不能成为其为王先谦等人态度发生根本性转变的主要理由。就为名望之争这一点而言，并不符合王先谦的性格特征。王先谦并不是一个追逐名利的贪欲之徒，不然他也不会在仕途最盛，恩遇正隆之时，主动辞官归里。王先谦在《致刘岘庄制军》的信中也声称："先谦于利达之场，阅之已熟。淡泊之念，守之颇坚。"②何况当时王先谦的声望和政治地位在湘绅中已首屈一指，即使他们不参加南学会，也不会动摇他在湖南的地位。况且他们当时起而反对维新一度是逆朝廷的意旨而行，与湖南地方官相对抗的，这要冒极大的政治风险。至于基于学理、学术之争虽有一定因素，但也不能成其为由支持新政变为反对新政的理由，学术、学理之争早已有之，为何先时不反对，而到这时才变得如此狂热呢？学术、学理之争只是他们反对激进维新派进一步变法的工具和手段，是他们借以打垮维新派的思想幌子。湘学和粤学的分野也不能成为其反对变法的动因，因为谭嗣同、唐才常、熊希龄他们也深受湖湘文化的思想影响，为什么他们能够与粤人梁启超共同奋斗而王先谦等人却不能呢？"尤其是另一粤人朱一新的观念正被湖南旧派视为思想资源。恐怕时务学堂被斥的各中文教习主要因其与康有为的关联，而不过恰好皆是粤人而已。"③因此，导致王先谦等人对维新态度发生根本性变化的主要原因，是激进维新派的"民主"、"民权"、"平等"学说和对封建三纲五常的批判背离了他们只变西技西艺而不变政教的洋务改革思路。这些人的改革有一底线，底线上的东西都好商量，而触及底线，改革牵涉到他们心目中最神圣的君主制度、中国传统的孔教和封建道统，那是他们绝对不能容忍的，这是他们的根，是不可能越雷池半步的底线。他们反对维新派的民权、平等学说，尤其是樊锥提出的"唯泰西是效"的"全盘西化"观，更是被他们视为大逆不道之言，实难容忍。就连在浏阳创立不缠足会，积极破除陋习的温和派绅士刘善涵也在1896年后与好友谭嗣同走上了分道扬镳的道路。这是因为1896年春谭嗣同北上京师以后，已完全接受康有为、梁启超的主张，思想日益激进，而刘善涵并不认同康有为，不愿与康党为伍，所以同谭嗣同产生分歧。谭嗣同的老师欧阳中鹄、陈宝箴的儿子陈三立也与刘的看法一致。因此，这种保守与激进的复杂纠缠，使

---

① 杨念群：《儒学地域化的近代形态》，北京三联书店1997年版。
② 王先谦：《葵园四种》，岳麓书社1986年版，第857页。
③ 罗志田：《思想观念与社会角色的错位：戊戌前后湖南新旧之争再思》，《历史研究》1998年第5期。

湖南的维新运动导致了严重分裂。

由此可见，湖南维新运动的兴衰，是各种政治精英势力交相作用的结果，湖南实业建设阶段，维新运动蓬勃发展，是各派政治精英势力达成了共识，形成了合力，从而使各项工作进展顺利。但当激进维新派不满于器物层面的改革，而将其推向政治领域的全面改革，提出兴民权、设议院，实行君主立宪，对封建的三纲五常提出尖锐批评，甚至提出"唯泰西是效"的全盘西化论，这就大触了洋务派绅士的忌讳，他们对维新派由原来的支持和合作，变得日益疏远、怀疑和敌视，进而公开跳出来反对和扼杀，必欲置之死地而后快。温和派绅士和地方官吏也因激进维新派的过激言论，产生了恐惧，退出了支持激进维新派的行列，加之谭嗣同、梁启超的相继北上，严重削弱了激进维新派的力量，在洋务派绅士等守旧势力的联合反击下，轰轰烈烈的湖南维新运动最终夭折。

第二节　湖湘宪政派精英群体的形成

一、湖湘宪政派群体的崛起

1898年，慈禧太后用武力剿杀了轰轰烈烈的戊戌维新运动，但并没有带来片刻的安宁，接踵而至的义和团运动和八国联军的入侵，使清政府陷入了更大的统治危机之中。为了摆脱危机，迎合西方列强的利益要求，更为了王朝在世界潮流中掌握通行的游戏规则不致落伍而被淘汰灭亡，慈禧太后作出了妥协，表示要实行"变法"。虽然她一再宣称，她的变法与康、梁有别，但实质上并没有什么本质的不同，都是想通过内部改革，找到一条挽救统治危亡的出路，跟上世界潮流。慈禧太后没想到，改革的"潘多拉"魔盒一打开，就有可能突破统治者原有的期望，形成全面改革的强劲呼声。1904年前后出现的立宪思潮，是日俄战争日胜俄败的强烈刺激所导致的结果。在资产阶级知识分子看来，日俄战争是资产阶级立宪政体对封建专制政体的胜利，中国要实现富国强兵，光有经济、军事上的改革还远远不够，必须还要进行政治领域的深度改革，推行君民共主的君主立宪政体。"这种立宪思潮对清末政治的影响主要表现在两个层面。首先，由民间和海外的士绅知识分子鼓吹和提倡的立宪主义思想逐渐受到权贵中的改革派人士与清政府中部分高层官员的积极响应,从而在社会各阶层中逐步形成'立宪救国'的舆论。其次,民间和官方的立宪派通过不同的渠道对最高统治者慈禧太后施加影响,促成了清政府于1906年把筹备立宪作为既定国策确立了下来。此后,新政也就进入了以立宪为主题的新阶段。"①

湖湘的宪政派群体正是在清末新政的声浪中逐步形成的,他们是渐进的改革派,延续着维新派的文化基因,又附加着西方宪政文化的外套,企望用法律来约束皇权的任性,确保各自的权力界限,使资产阶级立宪派享有参政、议政的权利,但普通百姓却不在他们权力范围的授权之内。他们骨子里仍旧流淌着"强人政治"的文化血液。湖南的宪政派群体主要来源于三部分人:一是来源于热衷改革的维新派,如熊希龄等。二是来源于海外的一部分留学生,如杨度、罗杰、粟戡时、易宗夔等。三是来源于拥有科举功名又有创办新式学堂、兴办企业的绅商,如谭延闿、曾熙、冯锡仁、陈文玮等。

熊希龄曾以积极参与湖南的戊戌维新运动,被革去职务,"严加管束",失去了人身自由。清末新政后,清政府逐步解除了"戊戌党禁",熊希龄重新看到了希望的曙光。他在朱其懿的帮助下,在常德创办了西路师范讲习所,又在湖南巡抚端方的赏识下,赴日考察实业建设,先后创办了沅州时务学堂、醴陵瓷业学堂、醴陵瓷业公司和华昌炼矿公司,成为湖南实业界举足轻重的人物。熊希龄对宪政文化的关注是从随同清朝五大臣出洋考察开始的。出洋考察大臣端方交给了他两项重要的任务:一是编辑供朝廷立宪参考的西方各国立宪符合中国政体需要的宪政著作;二是代替出洋考察大臣起草推行宪政的条陈和奏折。这两项特殊的工作都与宪政有关,这是他在实地考察西方宪政的同时,得以通过自己的编辑班子翻译和收集国外的宪政资料,使自己可以窥见西方宪政的庐山真面目,有幸与海外的宪政专家杨度和梁启超等人广泛探讨宪政的问题,使他们成为其起草考察外洋大臣进呈清廷的立宪条陈和奏折的"枪手"。熊希龄主持编辑的《欧美政治要义》和要求立宪的各类奏折,就成了清末预备立宪诏书的重要蓝本,熊希龄也由此成为立宪派与清廷高官沟通的桥梁。1906年熊希龄以调查浚河工程和商务的名义,再赴日本,与梁启超、杨度商讨组党问题,由于梁启超和杨度不为清廷所

---

① 萧功秦:《危机中的变革》,上海三联出版社1999年版,第151—152页。

容,因而"在国内设立宪政会,其决策和筹款的核心人物是熊希龄"①。

熊希龄对清廷颁布的《宪法大纲》存在的问题提出了自己一系列的看法和主张。他要求清廷要高度重视宪法的制订,制宪要根据本国的实际,不能照搬别国的现成东西,这是很有远见的政治思考。他提出宪法应由人民协赞,国会应该采取两院制,各省应设地方议会,宪法必须保障宗教信仰自由,各民族应一律平等,这些都体现了他的资产阶级民主思想和精神。但是,他同时也提出宪法的修正权应由皇帝独断,宪法应当保护君位继承,使天下人同戴皇室,这又表现出他浓厚的忠君思想,与其民主思想是相矛盾的。他还指责革命党人为"亡命之徒创为种族革命之说","使一国之民互相猜贰,兄弟阋墙。"②这又说明他的政治立场是站在清王朝一边,看不到革命党人的"种族革命",完全是清政府种族压迫和政治腐败所导致的结果。正如有学者所分析的那样:"在清末新政中,对西方立宪政治的文化误读,把西方立宪单纯视为解决中国问题的方便工具,而没有意识到西方制度是历史上长期演变过来的,而且受到经济、社会、政治与文化、民俗等因素的支持,才得以产生效能。由于中国并不存在这些社会因素的支持,简单地移植西方制度只能导致更为严重的'旧者已亡,新者未立'的失范。这种文化误读可以说是自清末以来一百年中的中国人在不同时代都会重复犯的错误。"③

主张宪政的海外的一部分留学生大多有较低的科举功名,又有留学日本的经历。例如,杨度,湖南湘潭人,举人出身,后入日本东京弘文速成师范学校、日本法政大学学习。罗杰,湖南长沙人,附生出身,后入日本法政大学学习。粟戡时,湖南长沙人,无科举功名,后入日本法政大学学习。易宗夔(即易鼐),湖南湘潭人,廪生出身,后入日本法政大学学习。他们在日本广泛地阅读了大量的西学著作,对西方的宪政制度有比较深刻的了解。尤其是杨度,因为帮助熊希龄撰写有关奏请宪政的条陈,成了宪政专家。杨度的立宪思想流淌着"强人政治"的文化血液,这与他的老师王闿运倡导的"帝王之术"有很大的关系。王闿运治经的突出特点就是静观时变,看准了时局变动的轨迹之后,才翻然而出大显纵横捭阖之术的威力,依附强权,成就伟业。杨度曾作诗曰:"吾家数世为武夫,只

---

① 周秋光:《熊希龄传》,百花文艺出版社2006年版,第180页。
② 《奏为编纂宪法关系重要敬陈管见折》,见周秋光编:《熊希龄集》(上),湖南出版社1996年版,第383页。
③ 萧功秦:《知识分子与观念人》,天津人民出版社2002年版,第115页。

知霸道不知儒。"就是这种"帝王之术"的霸道文化的鲜明体现。杨度的立宪思想是建立在西方进化论和社会历史观的基础之上，杨度的《金铁主义说》认为，在军国主义横行，优胜劣败的竞争时代，只有迅速召开国会，实行立宪，方能改造责任政府，推动中国早日进入完全的军国社会，避免在与各列强相竞时国家民族覆亡的历史悲剧。不过杨度所主张的立宪是君主立宪而不是民主立宪。他特别崇拜德国、日本的模式而非英国模式，其原因就在于德、日当时是后起的强国，它们的经济发展速度、国力等正赶超英国。君宪派丝毫没有觉察立宪政治从长远看是有利于国家的富强，但是如果一开始就将宪政目标仅仅锁定在片面的物质主义方向上（富国强兵，或工业化之类），把宪政当成纯粹服务于经济发展的手段、工具而完全无视宪政本身的政治、伦理意义和内在价值，那么其结果势必与立宪政治的基本精神背道而驰。杨度的君宪说还暗藏着一个很重要的动机，那就是希望通过将君位世袭明定于宪法来保证不会发生王位争夺之祸，以利于政局稳定有序。他的思想深处始终抹不去强权政治的阴影，他把袁世凯作为可以拯乱济世的强人，想通过君主立宪，保留清朝皇位，而由袁世凯来组织责任内阁，负实际责任。因此，他的宪政思想带有很大的局限性，他也常常迷失自己的方向，成为多变型的政治人物。他由反满革命到君主立宪，后又成为拥袁的帝制余蘖，最后又加入共产党，这都与他依附强人政治的"帝王之术"有着密不可分的关系，也说明他在急剧变革的时代大潮面前，无所依傍，显露出复杂多变的思想特性。

谭延闿等绅商都成长于本乡本土，拥有传统的科举功名，受传统文化影响较深，有较好的家庭背景和可利用的社会资源，也接受了新思潮，创办新式学堂、兴办企业，很容易获得社会的认同，他们以合法的身份筹组谘议局，成为谘议局的领军人物。如湖南茶陵的谭延闿进士出身，其父谭钟麟当过两广总督、吏部尚书等职，家世显赫，他在任命为翰林院庶吉士后，又辞官不做，回乡从事新式学校的创办，并投身实业建设，赢得了很高的人望，年仅31岁就选为了湖南省首任谘议局议长。而曾熙、冯锡仁也是进士出身，分别当过陆军部主事和工科给事中，两人选为谘议局副议长。陈文玮虽为生员出身，但做过湖北补用道，在实业建设方面颇有建树，做过湖南的商会总理。谘议局在他们的主持下，联合留学海外的立宪人士，创办了湘省宪政讲习所，培养宪政人才，开展地方自治，争保路、矿利权，开展立宪请愿等一系列活动，表现出对议会民主制的极大热情，成为清末立宪运动一道亮丽的风景线。

二、湖湘宪政派的政治活动

在清末立宪时期,湖南的宪政派开展了一系列颇有成效的政治活动。

一是组织团体,宣传宪政,推行地方自治。地方自治是近代中国学者从西方引进的一个政治概念。当时无论是立宪派或是革命派都把地方自治视为救亡图存,使中国进为"文明国"的重要途径。为什么地方自治会成为各方争相借用的香饽饽呢?主要是当时的社会精英对腐败无能的清政府失望所致,他们天真地认为只要发挥举国公民的力量,让他们参与国家和地方的决策和管理,中国就能够摆脱危亡的命运。因此,他们宣称:"凡善良之政体,未有不从自治来也"[①],并认为"地方自治为立国之本,可谓深通政术之大原,而最切中国当今之急务"[②]。他们把地方自治看成了医治中国积贫积弱的社会现状的灵丹妙药。在清政府推行地方自治之前,在中国就已经存在两种典型的地方自治模式:一种是非官方主持的地方自治,如东三省绅士发起的地方自治和上海绅商发起的地方自治;另一种是由官方直接主持的地方自治,如由袁世凯主持的天津地方自治局。这两种自治模式相对于专制集权来说虽有进步,民权有所扩张,但并不如社会精英们想象的那么美妙,没能为社会政治开辟一片新的天地。湖南的地方自治不是由民间自行举办,而是由官府倡导、绅士参与的自治模式。绅士的意志在主导自治,并没有给人民以真正参政、议政的权力。但是,由于一些地方绅士加入到了地方自治的行列,有的人还经过了地方自治研究所的系统培训,对地方自治的知识有了一定的认识,对地方公益事业表现了一定的热情,因此,在修桥、铺路、安设电灯、开办医院、创办图书馆、博物馆和地方公共事务方面起了重大的作用,推动了地方事业的发展。

二是以谘议局为舞台,利用合法的身份来履行自己监督政府、决策省政的职责。1909年10月,湖南谘议局正式成立,在选出的82名议员中具有功名的绅士占有绝对优势。这些人大多受过维新思潮的启迪,有的还直接接受过西方资产阶级思想的教育,并亲身感受过西方议会民主政治的洗礼,对立法机构在国家政治生活中的重要作用的理解比起旧派绅士来说要深刻、全面得多,其参政意识、参政

---

① 梁启超:《新民说九论自治》,《新民丛报》第9号。
② 梁启超:《公民自治篇按语》,《新民丛报》第5号。

的渴望也要强烈得多。谘议局议员已意识到谘议局不是政府的传声筒，也不是盗用民意的表决器，而是反映民心，代民监督政府，求取官民共识的立法机构，其区别是"议员议决，官吏执行"[①]。湖南谘议局虽只存在了不到2年的时间，只开了两届年会，但都认真履行了监督政府、决策省政的职责。

三是立宪派依法维权，积极参加国会请愿，弃清而倒向革命。湖南立宪派以谘议局为合法的舞台，表现出极强的维权意识，他们发起和领导的争、保利权运动在全国具有极为典型的意义。正如周锡瑞所言："在一九〇九年至一九一〇年，湖南绅士中的城市开明人士，就以收回路权的无可争辩的领袖姿态出现。较老的顽固派已经证明他们自己已无力经营一个建设铁路公司，并且，这些人好像是在意识形态上反对立宪运动，选择了不参加谘议局的办法……收回路权运动的领导权，就这样转移给了城市绅士的新一代。这一代较为年轻；经营现代经济企业更具才力；教育政策上持改良态度；对于类似一九〇四年的黄兴团体一样的反清分子，在保护行为方面，表现宽宏大量；同时，在沿着西方路线承担立宪政府的义务方面，反映了自由主义色彩。"[②]湖南立宪派的国会请愿活动也具有一定的典型意义。正如孟森当时在东方杂志宪政篇（第五年第七号）所指陈："国会请愿，首为国民发未伸之意者实为湘人。"[③]在湖南立宪派的影响下，河南、江苏、安徽等地的立宪派纷纷派出请愿代表赴京，把一封封开国会的请愿书投进了都察院，立宪运动在全国范围内迅速开展起来。

1911年6月，宪友会在北京正式成立，湖南谘议局议长谭延闿为主席，直隶副议长王振尧为副主席。宪友会和辛亥俱乐部都在长沙建立了支部。他们的组党活动，表明他们已经不再寄望于清政府的改革活动，而走上了与清政府分道扬镳的道路。湖南立宪派在辛亥革命的风暴中迅速走上了附和革命的道路，与革命派一道共同敲响了帝制的丧钟。

---

① 《湖南谘议局议事录》（二），见杨鹏程主编：《湖南谘议局文献汇编》，湖南人民出版社2010年版，第85页。
② [美]周锡瑞著，杨慎之译：《改良与革命——辛亥革命在两湖》，中华书局1982年版，第105页。
③ 丘桑主编：《旷代逸才》，东方出版社1998年版，第6页。

第三节　湖湘革命党群体的形成

一、湖湘革命派群体的形成轨迹

湖湘革命派群体是受王夫之反满民族主义思想和西方民主革命思想的双重影响而兴盛起来的，是对社会现实政治绝望的抗争。革命思想的输入和骨干力量主要来自于海外的湖南留日学生，并与岭南的革命派构成互动式的合作关系，书写着"广东人革命，湖南人流血"的伟大壮举，这既是文化的差异，又是群体个性的展现。

湖南曾是戊戌维新最活跃的省份，被慈禧太后视为离经叛道，宣传资产阶级民主平等学说的"重灾区"。因此，成了清政府镇压维新运动后重点整治的对象，除了空降国子监祭酒吴敏树为湖南学政，着力整顿湖南士风外，还重惩参与湖南维新活动的积极分子。谭嗣同等戊戌六君子血染菜市口；湖南巡抚陈宝箴、学政徐仁铸、吏部主事陈三立被革职回家，永不叙用；前学政江标、庶吉士熊希龄永不叙用，交地方官严加管束；唐才常及其时务学堂的众多追随者遭到通缉，只得亡命日本。当时日本成了清政府政治迫害者的避难所，不仅是康有为、梁启超等保皇党人的大本营，而且还是孙中山等革命党人宣传民主革命的重要基地。辛亥革命时期的湖南革命党人大多是由信奉改良主义转而走上革命道路的。

1900年自立军起义的失败，是由改良到革命的重要分水岭。这次起义虽然还没有完全摆脱康、梁改良主义的影响，但它把挽救民族危亡和推翻清朝政府结合起来，采用较大规模武装斗争的形式，标志着戊戌改良主义道路的基本结束，成为以后同盟会领导大规模武装起义的先声。流亡日本的湖南维新志士在血的教训中擦亮了眼睛，意识到走改良强国的道路在半殖民地半封建的中国行不通，只有革命才是除旧布新的良药。在孙中山最先的革命阵营中，湖南革命派的影响并不是很大，最早加入兴中会的湖南留日学生只有杨毓麟、毕永年、郑宪成等人。湖南革命派影响的扩大是随着湖南留日学生的不断增多而日渐增强的。从1898年到1911年湖南留日的数量至少在2000人以上，在全国留日学生中占有比较高的比例。可以说，湖南留日学生成为革命派的中坚力量，他们少年意气，很容易接受新思潮，政治地位又和体制比较遥远，属于下层知识分子，1905年，清朝废科举，传统的仕进之途走不通了，要出人头地，必须另辟蹊径，这些都对革命党群体的形成产生影响。

将湖南留日学生导向革命派，黄兴在其中起了极为关键的作用。黄兴进入东京宏文学院后即蓄志反清革命，他经常前往同校的湖南老乡杨度的饭田町寓所与湖南留日学生倾谈反清革命，常常是座无虚席，这里仿佛成了留日学生俱乐部。经常与他畅谈反清革命的留学生有杨毓麟、陈天华、樊锥、蔡锷、刘揆一等人。为了扩大反清革命的宣传，1902年11月，黄兴与杨毓麟、樊锥、梁焕彝、周宏业、陈润霖、范锐、杨度等人创办了《游学译编》，大力介绍西方资产阶级的社会、政治学说及其革命历史，宣传民主革命和民族独立。同时又与张孝准、杨毓麟、魏肇文、陈范、许直等湘籍留日学生组织"湖南编译社"，据不完全统计，湖南留日学生从1901年到1911年共创办宣传革命的报刊多达11种。留日学生还撰写了许多宣传革命思想的论著，杨毓麟的《新湖南》，陈天华的《警世钟》《猛回头》《狮子吼》，黄藻的《黄帝魂》，章士钊的《疏黄帝魂》都是人们耳熟能详的重要著作。

1903年4月，黄兴又与陈天华、方声洞等人，组织"拒俄义勇队"，准备开赴东北抗击沙俄侵略军。后改为军国民教育会，以"养成尚武精神，实行爱国主义"为宗旨。黄兴自任运动员，于5月底启程回国，准备在两湖和南京等地发动军学界和哥老会，策动反清起义。7月，他在湖北武昌两湖书院发表演说，散发邹容所著《革命军》、陈天华所著《猛回头》《警世钟》等书，鼓吹反清革命，被张之洞驱逐出境。当时在武昌文善通学堂读书的宋教仁听了他的演说以后，深受影响，决定追随黄兴，投身中国革命。黄兴回长沙后，担任明德学堂的教员，一面继续宣传民主革命思想，一面集合反清力量，组建革命团体，开展反清活动。1903年11月，黄兴与陈天华、刘揆一、章士钊、宋教仁、周震麟等人在长沙组织了反清革命团体华兴会，该会以"同心扑满，当面算清"为口号，推举黄兴作为会长，从此湖南的革命党人有了一个统一的组织，革命活动开始由个体向群体发展，标志着湖南革命派群体基本形成。黄兴在湖南革命群体中的领袖地位得以正式确立。

中国同盟会的建立，表明湖南革命党人融入到了全国反清革命的行列之中，并成为全国反清革命的主要力量。在此之前，中国的革命团体都是各自为政的地方性组织。其中著名的有孙中山领导的兴中会,主要活动于珠江流域;黄兴领导的华兴会,主要活动于长江流域;蔡元培领导的光复会,主要活动于江浙一带。由于力量分散,形不成全国性的革命影响。因此,孙中山、黄兴都急谋组建全国性的政党组织,以统一全国的反清行动。1905年7月,在宫崎寅藏的引见下,孙中山、黄兴得以初次见面,共商合作反清大计。由于孙中山的革命资历很老,又是兴中会的首领,在海外拥有很大的影响力,因此,1905年8月,同盟会在东京成立时,虽然华兴会的人数为最多,黄兴还是提议,公推孙中山为总理,并以孙中山的民族、民主、民权的三民主义作为同盟会的纲领,从而开始了"孙氏理想,黄氏实行"的新局面。在同盟会发动的历次武装起义中,黄兴都是主要的领导者。"在整个辛亥革命时期,黄兴几乎是无役不予,直接或间接的参与、领导的武装起义就有千次。"①每一战役都留下了湖南人血洒疆场的历史印迹,从而演绎了"广东人革命,湖南人流血"的伟大壮举,涌现出了黄兴、宋教仁、蔡锷、陈天华、杨毓麟、刘揆一、刘道一、禹之谟、杨卓林、蒋翊武、谭人凤、姚宏业、宁调元、焦达峰、陈作新等一大批饮誉遐迩的风云人物,湖南的革命党人群体由此光耀寰宇。

二、湖湘革命党人的革命活动

湖湘革命党人在推翻清朝的革命过程中,大抵有如下活动。

一是创办报刊,出版书籍,广泛进行革命宣传。在湖南留日学生中,最早参与创办革命报刊的是秦力山。自立军起义失败后,他逃亡日本,1901年5月在日本东京创办《国民报》月刊,自任总编辑。该刊以"破中国之积弊,振国民之精神"为宗旨,"大倡革命仇满","排斥保皇邪说",主张大兴民权,措辞激昂,开留学界革命新闻之先河,在留日学生与中国东南沿海各省青年中产生过广泛的影响。其后宣传民主、自由,主张推翻清朝反动统治的革命报刊在湖南留日学生中如雨后春笋般的涌现。主要代表报刊有秦力山、蔡锷等人创办的《开智录》;黄兴、杨毓麟、陈天华等人在日本东京创办的《游学译编》;宋教仁创办的《二十世纪之支那》,后改为《民报》,成为同盟会的机关刊物;杨毓麟等人

---

① 萧致治主编:《领袖与群伦——黄兴与各方人物》,武汉大学出版社1991年版,第66页。

在日本东京创办的《洞庭波》，次年改为《汉帜》；杨毓麟与于右任在上海创办的《神州日报》；焦达峰等人创办的《湘路警钟》；唐群英等人创办的《留日女学会杂志》等。

湖南留日学生还撰写和翻译出版了许多大量鼓吹革命的书籍和文章，如杨毓麟的《新湖南》《满洲问题》《续满洲问题》；陈天华的《猛回头》《警世钟》《狮子吼》《中国革命史论》《国民必读》；宋教仁的《灭汉种策》《间岛问题》《二百年来之俄患篇》；秦力山的《革命箴言》《暴君政治》；朱德裳的《中国魂》；章士钊的《疏黄帝魂》《苏报案纪事》和摘译的《孙逸仙》（即《三十三年落花梦》）；黄藻编的《黄帝魂》；赵必振译的《近世社会主义》《二十世纪之怪物帝国主义》《社会改良论》等都是当时人们最喜爱的论著，引导了许多青年人走上革命的道路。章士钊翻译的《三十三年落花梦》，使许多革命青年认识、了解了孙中山，并紧密团结在他的周围，为同盟会的成立准备了重要条件。冯自由说此书"散播于长江沿岸各省，最为盛行，较之章太炎《驳康有为政见书》及邹容《革命军》有过之无不及"①。

二是组织革命团体，聚合革命力量。主要有蔡锷、林圭、唐才常等组织的东京九段体育会；毕永年等人组织的兴汉会；唐才常等人组织的励志会；秦力山等人组织的兴亚会；周宏业等人组织的青年会；蔡锷等人组织的留学生总会；黄兴、杨毓麟、周家树等组织的湖南编译社；黄兴等人组织的土曜会；陈天华、黄兴等人组织的拒俄义勇队；杨毓麟、周来苏、苏鹏等人组织的暗杀团；王莲、陈撷芬等人组织的共爱会；黄兴、宋教仁等组织的革命同志会；仇亮、仇鳌、刘道一等人组织的新华会；黄兴、陈天华、刘揆一等人组织的华兴会；宋教仁等人组织的湘西学会、演说练习会；唐群英等人组织的留日女学生会；黄兴等人组织的大湖南北同盟会；刘道一等人组织的十人会；黄兴、宋教仁、陈天华等人参与组织的同盟会；黄兴等人组织的丈夫团；1907年8月焦达峰等人参与组织的共进会；10月杨度等人参与组织的政闻社；1910年湖南留日学生组织的两湖铁路会；1911年7月，谭人凤、宋教仁等人组织的同盟会中部总会等等，其中以华兴会、同盟会最为突出。华兴会明为公司，实为革命组织，它的口号为"同心扑满，当面算清"，反清革命的意图非常明显，聚合了湖南的主要革命精英，并成为湖南革命

---

① 冯自由：《革命逸史》（第二集），中华书局1981年版，第129页。

党人举行起义的领导核心。

  三是发动会党，开展革命斗争。湖南留日革命学生除在日本积极参与发起纪念明朝灭亡242周年大会和拒俄爱国运动外，还积极潜入国内，联络湖南会党，进行反清革命。湖南会党以哥老会为主。黄兴在华兴会成立后，通过刘道一、万武与会党的关系，与哥老会首领马福益建立了联系。1904年黄兴、刘揆一在湘潭茶园铺矿山与马福益"席地促坐，各倾肝胆，共谋光复"，计划在10月10日西太后70寿辰，全省官吏在皇殿行礼时，预埋炸弹，炸死他们。后以事机不密，会党败类刘佐楫告密而失败，马福益被杀。黄兴吸取了这次失败的经验教训，决定加强对会党的革命宣传，使他们懂得国民革命与古代的英雄革命不同，不是以一个朝代推翻另一个朝代，而是要推翻封建专制，建立资产阶级民主共和国。会党受其感化，接受同盟会的反清思想，益奋发鼓舞。1906年，同盟会员刘道一、蔡绍南联合会党首领龚春台、魏宗铨等人发动了声势浩大的萍、浏、醴起义，虽遭敌人重兵镇压，以失败告终，但扩大了革命的影响。1907年，焦达峰受共进会之派，回到湖南，在长沙建立了共进会湘部总会，先后赴浏阳、醴陵一带联络洪江会、洪福会余部，焦达峰被推为"穿靴子上山"的龙头大哥，成了湖南全省公认的会党首领，为辛亥革命的发动储备了重要的武装力量。

  四是联络各方力量，发动长沙起义，成为首应之区。1911年4月，黄兴领导的广州黄花岗起义以英勇悲壮而名垂青史，也使革命党人从10次沿海武装起义的失败中开始了反思，并将革命的目光从沿海移向了长江流域的中部地区。1911年7月31日，宋教仁、谭人凤等人在上海成立了同盟会中部总会，决定将革命中心移往中部地区，将两湖作为革命的重点。为了实现这一革命计划，文学社、共进会在湖北新军中广泛进行革命宣传，同盟会员脱下学生装，纷纷投入军营，掌握革命武装。为了策应武昌起义，焦达峰受派回湖南开展革命发动工作，焦达峰负责发动会党，陈作新负责发动新军。此时清末新政因为决策者的自私自利，各种违法行为的频繁发生，广大民众的一再失望，整个社会民怨沸腾，立宪派的不断请愿、保路运动的日益高涨，激发了整个社会的对立情绪，使清王朝众叛亲离，失去了整合社会的能力。立宪派在失望之余，开始附合革命。湖南立宪派绅士龙璋、谭延闿等与黄兴、蔡锷、宁调元、焦达峰、陈作新等革命党人一直保持了非常密切的关系。特别是1911年夏湖南请愿代表入京请愿碰壁后，绅士们对清政府完全失望了,他们"暗中增组机关,而谋进行革命愈力"[①],并积极派人与革命党人联合,共商反清大计。1911年10月10日,武昌起义爆发后,湖南革命党人按照与湖北革命党人10日后起义响应的约定,于10月22日,发动新军和会党举行了长沙起义,成为首应之区,起义军在各方力量的支持下,没有遇到多少抵抗,就取得了胜利,湖南巡抚余成格逃跑,巡防营统领黄忠浩被杀,起义军推举焦达峰、陈作新为湖南军政府的正、副都督。但湖南是一个绅权势力强大的省份,10月31日,立宪派绅士即策动新军梅馨发动政变,杀害了焦、陈两督,立宪派首领谭延闿被抬上了湘督宝座。谭延闿政权较之焦、陈政权虽有落后、倒退的一面,但仍然坚持了反清共和的基本方向,在派兵援鄂、策动其他各省响应辛亥革命方面起了较大的作用,为推翻清朝政府和封建帝制立下了汗马功劳,对湖湘文化的变革也有一定的积极意义。

第四节 令人回味的文化启示

一、光宣年间湖湘政治群体与湖湘文化

光绪、宣统年间,近代湖湘第二代政治精英群体登上了历史舞台,与前两代明显不同的是,他们不再是政治指向一致的整体,而分成了不同派别。尤其是革命党人群体,思想上和行动上都把推翻满清王朝作为重要使命,且采取了暴力革命的方式,从而和其他近代湖湘政治群体有着鲜明的差异,我们有理由想象,如果这些革命党人和湘军遭遇,肯定是你死我活的搏杀。还有维新派群体中,也是派系林立,有守旧和激进的区别,最后湖湘的维新运动夭折于守旧派对激进派的围剿。那么,这是否意味着另一种新质的湖湘文化姿态呢?换言之,传统的湖湘文化是否在他们身上荡然无存了呢?我们认为,这一代湖湘英杰和前两代相比,的确发生很大的变化,但是并不能说明他们走出了湖湘文化,也不能说湖湘文化发生了质变,他们依然保持着湖湘文化一些根性的品质。

---

① 粟戡时:《湖南反正追记》,湖南人民出版社1981年版,第4页。

不难发现，湖湘文化中的霸蛮人格品质，一脉相承地渗透在这一代湖湘精英的作为中。霸蛮人格既有进取、坚定、担当的一面，也有固执、偏激、保守的一面。这种文化性格决定了湖南人不甘平庸，积极进取却很容易走极端，即变革也极端，守旧也极端。革命是一种极端化的行为，这不必多说，守旧到极端也是非常激烈偏执的，如湖湘守旧派士绅王先谦们的表现。湖湘维新运动从各派联合到分崩离析都显示出思考和行事不够理性、沉稳、冷静、周全，缺乏平和之气而充满争斗之气。在甲午之战惨痛的失败面前，在民族危亡面前，他们会有醒悟，迫切要求迅速改变落后屈辱的困境，变革图强。如对"西法"的接纳，大家也不暇思索，一拥而上，倡导维新变法，想毕其功于一役。但是一进入实际操作，问题就复杂起来，如同一条大河会出现许多分支，如何航进，原来并没有仔细考量的不同诉求就浮现出来，一条船上就会出现各种声音，而且每个人都自以为是，不能冷静协商，也不肯妥协。结果就出现艄公多了打翻船的局面。湖南维新运动的失败，很大程度上是因为维新派的自相冲突所致，而自相冲突又归结于根深蒂固的文化个性。尤其是全盘西化的激进维新观点既不正确，也不现实，更不策略，很容易激发冲突，使保守派也走向极端。这体现了维新派群体很不成熟，都有偏执。而这又涉及湖南人的文化个性。所以，尽管湖湘维新运动的进程中，维新派内部出现了各种不同的意志选择，似乎势不两立，却基于共同的文化根性，也就是说，湖湘文化中更为内在的根性，依然在联系着湖湘精英们。就根性的湖湘文化而言，并没有因为湖湘精英们彼此你死我活的冲突而裂变。

前两代湖湘政治精英群体大都走科举之路出人头地，在政治上是王朝的卫道士，并且以理学为原典思想资源，变化是如何理解理学的问题，即使王夫之也没有对理学进行颠覆性的改变，因而湖湘文化人中没有发生大的思想冲突。但是到光宣年间，这种和谐局面被打破，相当多的湖湘精英，对理学不再迷信，甚至加以挑战，更激进的革命家对大清王朝发动了起义，更是叛逆之举，这很容易使人产生错觉，湖湘文化发生了裂变和转型。但是仔细观察，我们认为，种种的纷争在很大程度上动摇了对理学的迷恋，包括动摇了对清王朝的忠诚，但是经世致用的基本学统没有改变，内圣外王的道路没有改变，因为所有的变革都是经世致用的表现，所有的变革都是走豪杰救世之路。如果我们依然承认经世致用和内圣外王是儒学传统，那么湖湘文化对这一儒学传统的坚守依然赓续。区别在于，湖湘精英在不同的政治道路上坚守这一传统。而且这些政治道路的许多基本思维方式，依然是儒学甚至是理学的。在政治上颠覆某种制度和政权，并不必然意味着在基本思想体系的传承上出现了悖逆，政治上的死敌，可能是基本思想上的同道。我们要仔细辨析才不会陷入误区。

湘军的辉煌，有一个启示，大批的经世豪杰，不是通过科举仕途上位，而是通过军功显要。这就动摇了人们对科举制的迷信。包括湘军推崇的偶像王夫之，也是科举没有登顶，主要是自学成才。正如杨念群所言："咸同以后创造出了'中兴将湘，什九湖相'之局面的湘籍儒生。很多人却是逾越了其他区域儒生必须经过的入仕程序而直接位极人臣的。这可以从湘人的诸多事功表现中得到印证，如左宗棠、胡林翼、罗泽南等湘军中间人物虽均有较低功名，但经正常渠道却很难步入仕途。"① 在这里，杨先生把胡林翼作为例证，有欠妥当，因为胡林翼为进士出身，并不属于较低功名之类，但在湘军集团里以较低功名立下殊勋而获重用的的确比比皆是，除上述提到的左宗棠、罗泽南外，刘长佑、刘坤一、杨昌濬、李续宜、李续宾、刘蓉、刘典、刘锦棠、唐训方等一大批书生都是因军功而获得督、抚等高位的，尽管这些都是乱世方有的超常规现象，但也给理学经世，事功意识强烈的湘人提供了另一条显身扬名，建功立业的途径。湘军名将左宗棠就很轻视科举之学，认为科举之士不究实用，在教育子女时也常直言科举之弊。他在给儿子左孝威的信中就曾经说过，人的精力是有限的，尽用以科名之学，一旦大事当前，心神耗尽，胆气薄弱，反而比不上乡里粗才尚能集事，尚有担当。湘军之后，相当多的湖南读书人的信念是，要读书，要建功立业，但是不必走科举之途。这就至少在客观上动摇了旧体制的完整性。

另一方面，光绪年间的湖南教育又在时势变异中吹进了一股西学之风。一些先进的湖南人在总结历史的教训中，开始了深刻的文化反思，郭嵩焘、曾纪泽这些最先走向世界的先进知识分子，用自己的亲身经历和在海外的所见所闻和所学，在湖南广泛地展开了西学文化的宣传。他们排除各种阻力，在谩骂和斥责中，勇敢地传播西方的先进文化，利用思贤讲舍和禁烟公社的舞台，通过自由讲学、自由讨论的形式，传达西方文化的声音，逐渐改变着湘人保守的文化观念，吹进了一股清新的洋务之风。一批退职家居的精英绅士逐渐被他吸引。张自牧、

---

① 杨念群：《儒学地域化的近代形态——三大知识群体互动的比较研究》，北京生活·读书·新知三联书店1997年版，第378页。

李概、黄彭年、瞿鸿禨、邓辅纶、郭崑焘、周幼庵、龙汝霖、朱昌琳、李元度、王闿运、龙璋、周发藻、郭庆藩、杨恩寿、陶恍、王先谦、张祖同等数十人都参加了思贤讲舍和禁烟公社,后来的许多人都参加了湖南的维新运动。没有思贤讲舍、禁烟公社的宣传、发动工作,就没有戊戌维新变法初期湖南维新运动的迅速高涨的热闹场面。从王先谦在戊戌初期办工厂、兴实业的劲头也可看出,"这样的人际关系网形成了湖南维新运动初期迅速推广的社会背景之一部分"[1]。

由于对西学的亲近,又导致对理学的冷落。唐才常在校经书院、岳麓书院肄业时,即"不为章句所束缚,究心实学,尤娴于中西史乘"[2];沈荩读书岳麓书院时,也是"不屑于科举",崇尚"实学",熊希龄在沅水校经堂、湘水校经书院读书时,"于史学、舆地、兵谋、掌故诸科,皆所擅长"[3];他们已超越了湘军集团强调的以义理之学为本、经济之学为用的范畴,淡化了传统理学,强化了经世致用,崇尚治国安邦的实学。在实学中增加了西方自然科学和社会科学的新元素,使传统的"实学"发展为近代的"新学"。他们不仅接受了西方声、光、化、电等自然科学知识,也接受了西方进化论、民权平等等社会科学,并由文化思想上的"新学"而走向政治实践的"新政"。他们鼓励发展资本主义的工商业,筹办时务学堂,组织南学会,直接参加维新变法、组织武装起义等政治活动,成为戊戌维新运动中的政治领袖和中坚力量。由此可见,谭嗣同、唐才常等维新人物的政治立场已经在逐渐脱离以理学思想为文本的湖湘文化。在政治上,也出现了王朝制度的反对派——革命党。

这当然都是湖湘文化的新变。然而,淡漠科举,淡漠理学文本,甚至举义反清就大踏步地走出了传统了么?这么想,未免太低估传统了。传统最伟大最深刻的力量不是章程形态的制度,不是文本形态的经典,而是渗透到人血液中的思维方式和行动方式。在这一点上,我们没有把握说,光宣年间的湖湘精英已经脱胎换骨。比如说,对道德的迷恋,对救世主的迷恋,谭嗣同们走出来了吗?谭嗣同不肯逃遁,自愿赴死的壮举中,不依然渗透着对道德名节的痴迷,对暴烈斗争方

---

[1] [韩]金培喆:《郭嵩焘的对外意识和地域活动》,见周维宏、砂山幸雄主编:《世纪之交的抉择》,世界知识出版社2000年版,第211页。
[2] 胡石庵:《烈士唐才常事略》,见杜迈之、刘泱泱、李如龙辑:《自立会史料集》,岳麓书院1983年版,第203页。
[3] 林志钧:《纪念熊君秉三》,见《北云集》下册,民国十一年(1922)铅印本,第297页。

式的憧憬么？"舍身成仁"、"圣人救世"这是众所周知的儒家精髓理念。再说革命派，尽管走得更远，对大清政权发起挑战。我们不禁想到朱元璋、洪秀全，他们都是走暴力推翻政权之路，可是他们都没有走出旧传统。后来的历史也表明，孙中山一代革命党虽然推翻了清朝，可是依然没有走出儒学传统，反而以复兴儒学为使命。可见推翻政权并不必然意味着文化的革命。

格外意味深长的是，光宣年间的湖湘精英依然和前两代湖湘精英一样，以王夫之为思想旗帜，他们从王夫之的思想中吸取与时俱进的变化观，不屈不挠的斗争观，舍身救世的豪杰观，还有仇满驱满的民族观。杨毓麟就极为推崇王船山的民族意识，他说："王船山氏平生所著书，自经义、史论以至稗官小说，于种族之戚，家国之痛，呻吟呜咽，举笔不忘，如盲者之思视也，如痿者之思起也。如喑者之思言也，如饮食男女之欲一日不能离于其侧，朝愁暮思，梦寐以之"，"至于直接船山之精神者，尤莫如谭嗣同，无所依傍，浩然独往，不知宇宙之圻垮，何论世法！其爱同胞而慭仇虐，时时迸发于脑筋而不能自已"①。章士钊在《王船山史说申义》中也说："船山史学宏精议义，可以振起吾国之国魂者极多。"这里的"国魂"，主要是指一个民族独立的民族意识。宋教仁颂扬湖南的民族文化，讴歌湖南人反清的革命行动。他说："湖南之民族，坚强忍耐，富于敢死排外性质之民族也。"裴士锋在研究这一代湖湘精英时，特别强调湖南人以湖南本位的独立意识，称之为湖南民族主义，认为湖南人首先是爱湖南，其次才爱国家，而且湖南人是在自己掌控国家的前提下才爱国家。裴士锋将这种湖南心态归结为湘军勋业把湖南人固有的好胜心极大激发起来形成的自大与狂傲。他引用了一位外国观察家的评述："湖南人是个刚毅且独立的种族……尚武、急躁、顽强，同时又自尊心强、保守、倨傲。天生的冲动使他们放弃了更平和的人生目标，从而使中华帝国的军队成员大概过半数是湖南人。许多文职也有这些人把持，他们的性格使他们头角峥嵘，成为国家自然而然的领导人。"②诸此种种，我们不依然看到鲜活生动的湖湘文化个性吗？值得深思处正在于此，儒家传统的精髓不在于什么大同世界的终极诉求，而在于怎样实现终极诉求的基本方法，即内圣外王之路，即人治天下、德治天下之路。在这些方面，这一代湖湘英杰并没

---

① 饶怀民编：《杨毓麟集》，岳麓书社2001年版，第35页。
② [美]裴士锋：《湖南人与现代中国》，社会科学文献出版社2015年版，第30页。

有独辟蹊径，他们或许不再迷信理学文本和皇权，但他们依然是王夫之的信徒，而王夫之则是儒学的最后骄傲。在这个意义上，这一代湖湘英杰依然是传统的。没有走出传统的人去反传统，或者说以传统的基本信念去反传统，即使颠覆了政权也是失败。只有站在这个视角去理解，才能有深刻的文化收获。

二、湖湘文化与岭南文化

学界公认湘军剿灭太平天国是文化的胜利。芮玛丽称之为"中国保守主义的最后抵抗"，那么湘军的对手显然代表着另一种强大的文化形态。于是我们便会注意到曾国藩将太平军称之为"粤匪"。就太平军部队的籍贯构成而言，这显然是一个极不准确的概括。就太平军的最高领袖出身而言，似乎可以成立，如果我们将这种称谓视为对另一个区域文化——岭南文化的概括，则会感觉其贴切的文化判断力。岭南文化就其地域覆盖而言，就是两广文化，而以粤文化为主导，以远儒性、世俗性为其主要的文化特质。亦即，它始终与中原儒学文化保持着张力。"岭南文化本质上是一种世俗文化……长期以来中国的政治、经济、文化中心在北方，因而中原的传统文化成为正统文化，而岭南文化却是一种非正统的文化，这种远离政治中心的非正统文化，远儒性、忤逆性、反传统性比较强，近代尤为明显。"[①]从思想角度而言，其代表性人物葛洪、六祖慧能、陈献章等，均表现出独具一格的思想逻辑和个性，具有很强的远儒性，其民俗中的重商性，则体现重视实用功利，尤其是对经济功利的追逐，这和耻于言利的中原文化也是格格不入。岭南地区也是外来文化尤其是西方文化最早可以长驱直入的华夏地区，下南洋的民风显示出岭南人对融入异邦文化从来就没有湖湘人那般挣扎。所以，近代以来，推翻儒学传统及其皇权统治的革命，从岭南发源，实在天经地义。

太平天国起义，从文化角度看，就是岭南文化长期积蓄，在近代吸取了西方文化诸多理念，又在社会矛盾极其尖锐的历史条件下，对传统儒学文化的一次声势浩大的文化北伐（政治是文化中的应有之义）。太平军所到之处，必毁孔庙，显示出文化之战的鲜明特色。而湘军奋起，更深刻的动力，也是文化。曾国藩的

---

① 李权时主编：《岭南文化》，广东人民出版社1993年版，第19页、第21页。

《讨粤匪檄文》俨然是文化的宣战书:"自古生有功德,没则为神,王道治明,神道治幽,虽乱臣贼子,劣凶极丑,亦往往经纬神祇。李自成至曲阜不犯圣庙,张献忠至梓潼亦祭文昌,粤匪焚郴州之学宫,毁宣圣之木主,十哲两庑,狼藉满地,嗣是所过郡县,先毁庙宇,即忠臣义士如关帝,岳王之凛凛,亦皆污其宫宇,残其身首。以至佛寺、道院、城隍、社坛、无庙不毁,无像不灭,斯又鬼神所共愤怒,欲一雪此憾于冥冥之中者也!"①这场文化圣战,是湖湘文化代表儒学文化出征,十年鏖战,终于苦胜。

这是岭南文化的首次北伐,横扫大半个中国,却功败垂成,失败也在文化。反叛的太平军,生吞活剥,举起了上帝的异教旗帜,却挂羊头卖狗肉,骨子里还是旧血液,就迅速腐败而论,比大清有过之而无不及。洪秀全的文化战略极为愚蠢。一知半解就推出异质文化,一路毁庙鞭尸更荒唐,等于自毁号召力和战斗力,为湘军培植哀兵,难怪战场上湘军常常能以一当十,攻破天京之战,湘军以2万兵力敌20万太平军得胜。内在奥秘就在于文化力量,湘军的文化尽管保守陈旧,却有着千年传承,体系严整,太平军的文化东拼西凑,一盘散沙。失败似乎是岭南文化的必然。但不可否认的是,岭南文化的北伐也有着历史的进步性,它暗示儒学文化及其制度模式,已经日薄西山,走到寿终就寝之时。岭南文化不是败在历史方向,而是败在自身的不成熟尤其是文化战略的激进与混乱。

30年后,岭南文化重整旗鼓,又发动了第二次北伐。这一次北伐不是呼啸江湖,烧杀掳掠的军事大军,而是以思想家为主体的文化别动队。康有为和梁启超师徒智慧地调整了战略。第一,以儒学为包装,以取得广泛的文化心理认同;第二,以君权的赓续以取得统治者的权力支持;第三,以变法维新为基本方案,文化渗透为基本行动策略。意味深长的是,其文化渗透的首选之地就是湖南。康有为派大弟子梁启超亲往湖南,主持时务学堂,与湖南的维新派谭嗣同、唐才常、熊希龄等筹划湖南的各项变法活动。果然产生奇效。当时湖湘文化与岭南文化代表人物结成了同盟。这主要是湘军惨败,使湖南人南墙回头,幡然醒悟,改变了对西学的态度。其次可能是老谋深算的康有为看准了湖南人争强好胜脾性,认定湖南人会挺身而出充当敢死队。事实果然如此,变法维新时期,思想策源地的广东远不如湖南喧嚣。杨念群曾对岭南文化代表人物康有为和湖湘文化代表人物作

---

① 王盾:《湘军史》,湖南大学出版社2007年版,第134页。

过比较,他认为"作为近代岭南政治人物的典型,与曾国藩的巍巍事功相比,康有为几乎只能算是一个难以望其项背的'政治侏儒'。与此同时,其构想《大同书》的浪漫奇情与自封教主的狂放气魄,也几乎无法用芸芸众生的类同性加以比附和印证。"他认为:"就政治事功的践履幅度来说,湘人作为群体的支配力是显而易见的,夸张一点说,几乎一度执社会变迁结构之牛耳。岭南学人则在大多数情况下显得人微言轻,如梁启超所言常常只是'张空拳而呐喊'耳。"他进而分析说:"康有为与湘人的最大区别表现在其着意构建庞大的理想主义话语方面,与之相较,湘人曾国藩虽被尊为儒宗,却从不在构想理论体系之时铸上刻意营造的想象痕迹。如是而言,岭南学人如康有为者,在近代话语的结构中难免会处于一种深刻的悖论境况:一方面他似乎在变革中会采取相当现实主义的态度,如有目的的重构'政治神话'以为变法图谋之需;另一方面,他的思想又总是溢出或突破现实划定的可能性极限,飘游于玄思冥想的乌托邦之城,这两方面的特点又均可视为某种地域传承的近代表征。"①

这次岭南文化的入湘对湖湘文化的冲击是巨大的。湖湘士人接受岭南文化的态度并不完全相同,就谭嗣同、唐才常、熊希龄、樊锥、毕永年、易鼐等激进维新派而言,他们是主动接受康、梁的维新变法主张的,谭嗣同还多次前往北京向康有为讨教,几乎全盘接受了他的改革思想,思想日益激进。他们还主动邀请梁启超来湘主持时务学堂。梁启超在来湘之前,曾与康有为商议有四种宗旨:"一渐进法;二激进法;三以立宪为本位;四以彻底改革,洞开民主,以种族革命为本位。"梁启超主张第二、第四两种宗旨。康有为"沉吟数日,对于宗旨亦无异词"②。因此,梁启超主讲时务学堂后,就按照他原定的办学宗旨,对时务学堂的教学进行了彻底的改革,借助《春秋》《孟子》等儒家经典,发挥西方的民权、平等政治思想,向学生灌输政治激进主义,为变法维新、改良政治创造条件。③梁启超煞费苦心的披上儒学的外衣,从中国传统的思想资源中找寻改革的依据,他大概吸取了洪秀全的教训,在儒家文化被强烈意识形态化的情况下,不可能离开孔孟之道奢谈任何改革,而只有将儒家文化中的某些思想因子和现实的变革措施联系起来,才能为变法维新争取合法地位,不至于有"离经叛道"之讥乃至革职

---

① 杨念群:《儒学地域化的近代形态》,生活·读书·新知三联书店1997年版,第215、216页。
② 丁文江、赵丰田编:《梁启超年谱长编》,上海人民出版社1983年版,第88页。
③ 曹运耕:《维新运动与两湖教育》,湖北教育出版社2003年版,第103页。

杀身之祸。激进的湖湘文化代表终于被梁启超招安。湖南由此出现了办学堂、办报纸、办学会的热潮，湖南的维新变法开始向纵深发展，"民主"、"平权"学说广泛播扬于社会。后来发生王先谦、叶德辉、张祖同等洋务派绅士对梁启超的驱逐，很大程度上要归结为谭嗣同们自我感觉太好，变本加厉，过于激进所致。变法维新的第二次北伐最终失败于北京。康、梁逃遁日本，谭嗣同等六君子血溅菜市口。史家公认，谭嗣同主动放弃逃亡，慷慨赴死，最为豪壮。

岭南文化的第三次北伐就是众所周知的推翻帝制的民主革命（学界很少有人认为近代推翻帝制的民主革命与岭南文化有什么关系。这是一个复杂的问题，在此不予讨论，读者姑且听之吧）。有了湖湘文化和岭南文化在维新运动的合作，以孙中山为代表的岭南文化中革命党集团发动的第三次文化北伐中就出现了与湖湘文化精英中革命派更广泛深入的合作。孙中山创立了三民主义的思想体系和政治纲领，远比康、梁的思想体系更有号召力。这是岭南文化最富有时代进步性的文化成果。而湖南革命党人则为坚定有力的推行者。黄兴几乎指挥了所有重大起义。相比之下，孙中山更显示出以思想领导革命的特色，以至于出现了"黄兴打下江山交给孙文"的说法。后来辛亥革命成功选总统，据说章太炎表示："若选总统，以功则黄兴、以才则宋教仁、以德则汪精卫。"[1]在此我们不想讨论谁的功劳大小问题，也无意对湖湘文化或者岭南文化进行褒贬评判。只想说明，湖南人体现了更强烈的行动主义的特质，而且湖南人的行动中充满着激烈的品性，这又要归结为湖湘文化性格。孙中山也评价说，革命军一个人去打一百个人，这种不理智的事，只有湖南人才干得出来。孙中山说的不理智背后，就是文化性格。民间有人总结中国革命说"广东人革命，浙江人出钱，湖南人流血"，意味中国革命中广东人、浙江人、湖南人扮演了不同的角色。但是这个概括不准确，应该说，广东人、浙江人、湖南人都革命，但是"广东人发号召，浙江人甩票子，湖南人搏性命"更形象。搏性命的背后还是文化性格。

中国近现代史上，湖南人与广东人有着复杂的纠缠，背后则是文化的纠缠，这是一个很有意味的话题，值得深入研究。

---

[1] 裴士峰：《湖南人与现代中国》，社会科学文献出版社2015年版，第149页。

三、革命进入湖湘文化

从宋代到清代咸同年间，湖湘文化在思想上是理学所导控，在政治上是皇权所导控，有着千年的传承性。尤其是在遭遇太平天国的政治和文化冲击时，湘军挺身而出，捍卫了皇权，捍卫并重建了理学。湖南精英群体和湖湘文化就给人保守主义的深刻印象。芮玛丽就把湘军的勋业看作保守主义的最后抵抗。之所以说是最后的抵抗，意味着此后新质的文化逐渐强大，取代了皇权与理学的统治地位。她说："'同治中兴'是一幕悲剧，在胜利的时候已经预示了崇高希望和巨大的努力的最终失败。"①我们在光宣年间和以后的岁月里的确看到，皇权和理学包括框架更具包容性的儒学都遭到了无情的淘汰，尽管儒学不时有卷土重来之势，却不再有昔日神圣不可侵犯的尊严，经常会遭到奚落。代之而来的是越来越时尚的"革命"话语，即使是你死我活的敌手，谁都不会放弃革命者的称号。革命从一种以暴力方式推动社会变革的政治姿态转变为一个充满褒义的形容词，囊括了所有美好的含义。不革命就意味着庸碌，反革命就意味着邪恶。时至今日亦然。革命的湖湘文化进入就置于这种时代风气中。

文化的变异是一个渐进的过程，新文化的产生往往会受到传统主流文化的排斥和打压，总是以反传统的异端文化的面目出现，在很长时间之内往往游离于正统的主流文化之外，成为民间文化的有机组成部分，但是，富有现实需求的新文化总会突破主流性的旧文化束缚，尤其是在社会动荡不定的时期。主流文化由于与政治过于接近，限制了文化的自我创新能力，因此，常常遭到非主流文化的挑战，代表时代发展潮流和社会进步的非主流文化，在人们的焦虑和对主流文化的不满声中，不断赢得民众的信任，逐渐由幕后走向前台，向旧有文化叫板。

近代湖湘文化对新文化的吸收也经历了一个由抵拒，到让步，再到融合的过程。近代中国经历了数千年来的未有之变，西方列强凭借坚船利炮敲开了中国的大门，使中国由一个领土完整、主权独立的封建国家变成了一个半殖民地半封建的社会。以"三纲五常"为核心的封建文化受到了西方资本主义文化的严峻挑战。正是在这种剧变之下，一部分忧国求索的中国知识分子开始了对中国传统文化的反思。随着嘉道时期世风日下，吏治败坏，国势日弱，湖湘大地出现了一个

---

① [美]芮玛丽：《同治中兴 中国保守主义的最后抵抗》，中国社会科学出版社2002年版，第4页。

以陶澍、贺长龄为首的经世文化派群体，开始了对现实社会问题的研究，改变了当时社会空谈性理，不务实际的文化空气。鸦片战后的魏源发扬了这种经世务实的文化传统，并将文化的视野转向了世界，广泛搜集世界各国文化地理和发展情况，撰写了著名的《海国图志》，提出了"师夷长技以制夷"的先进文化思想，但是，这种文化观念，不仅未能为主流文化所容纳，甚至还遭到了主流文化的抵拒和排斥，在很长时间不为世人所知，更不用说为世人所重视了。直到曾国藩、李鸿章、左宗棠镇压太平天国农民起义，亲眼看到了洋枪洋炮远远优越于大刀长矛，才看到了学习西方器物文化的重要，举办了洋务运动，魏源"师夷"、"制夷"的文化思想才部分为他们所接受，但也只在少数士大夫之间流行，并未为主流文化所接纳。值得注意的是在湖南甚至出现了文化复古逆流，湘军将领通过编《船山遗书》、地方志，重兴学校、书院和为湘军阵亡将领建立专祠等一系列文化活动，大力弘扬尊礼重道的文化传统思想，重树人们的忠孝节义意识。湖南绅士更是在"忠义之邦"的光环下，反对一切外来的新生事物，掀起了声势浩大的反洋教运动，他们毁电线、拒铁路、砸工厂，排斥主张向西方学习的知识分子，使湖南成了守旧者的天下。不过，守旧有两种态度，一种麻木不仁，自保性地守旧，也就是自甘保守，但对新思潮并不积极围剿。一种是挺身而出，捍卫其认同的信念，对新思潮大加讨伐。后一种守旧，也未尝不是一种求索和担当之举，这种守旧者自以为通过他们的适当改造以及道德坚守，可能会化腐朽为神奇，使社会重新稳定并焕发活力，而新文化则充满着不可控性。如芮玛丽说："对于中国的保守派而言，儒家的社会秩序、儒家的政治体制和儒家的伦理道德具有永恒的价值，放之四海而皆准，它们是基本原则，稍加调整便能应付新环境，但从来不会被削弱或改变。"[①]从王先谦这些湖湘守旧者代表的硕儒身份看，他们选择保守，很大程度上是出于深思熟虑，而不是自以为是的冲动，不能不说，这同样显示出了某种文化的担当，否则，他们尽可以袖手旁观，而不必出头拼死争斗。这就使我们看到，对湖湘文化的考察，思想的伟大并不特别重要，信念的执着与担当才是要害所在。

当然，历史会迫使人们朝新变的方向走。就湖湘而言，新的文化思潮虽然受到了守旧文化的打压，但西方社会的强盛榜样，对于一部分湖湘知识分子来说仍

---

① [美]芮玛丽：《同治中兴 中国保守主义的最后抵抗》，中国社会科学出版社2002年版，第2页。

有巨大的吸引力,郭嵩焘、曾纪泽等一批首先走出国门的湖湘知识分子亲眼目睹了西方资本主义的先进,深切感受到不仅中国的器物文化不如西方,制度文化也有不如西方的地方。他们不仅继承了魏源"师夷长技以制夷"的思想,而且还进一步提出了学习西方政教制度的新文化观。他们以思贤讲舍和禁烟公社作为传播新文化的讲台,宣传西方先进的文化思想,鼓动更多的人向西方先进文化学习,使学习西方的新文化观念在民间社会和知识分子群体中滋生暗长,逐渐改变着社会的文化观念。甲午战争中国惨败的强大刺激,使一向自负的湖南人震惊莫名,深切感觉到只有虚心向西方学习,才能达到转弱为强的目的,湖南因此由最保守的省份一跃而为全国最富朝气的省份。学习西方器物文化终于由边缘走向了中心,为主流的湖湘文化被迫接受。而学习西方制度文化,虽然在光绪皇帝的支持下,形成了较为强大的声势,但仍旧遭到了维护主流文化的守旧绅士的反对和抵拒,一直未能融入主流文化之中,特别是慈禧太后镇压了戊戌维新运动之后,制度文化的改革被全盘否定,学习西方,推行君主立宪政体的改良文化迅速夭折。改良文化的夭折并没换来清政府的安宁,反而遭之社会的更大反弹,声势浩大的义和团运动和八国联军的入侵,将清政府逼上了亡国灭种的灾难深渊。为了迎合帝国主义列强的需要,清政府被迫宣布实行"变法",进行器物和制度文化的双重改革,改良文化取得了一定的合法身份,湖湘文化正是在这种大环境下,使资产阶级改良文化开始由边缘走向了中心,成为湖湘文化的重要组成部分,宪政文化是其主要的标志。在这种较为宽松的社会环境中,在新旧文化的反复较量中,一部分渴求尽快推动社会进步的知识分子进一步意识到,政治权力的分配决定社会的发展,代表少数人利益而握有统治权力者必然会趋向守旧,从而阻碍社会进步,也牺牲大多数人的利益。他们很难以协商的方式让渡手中的权力,要改变这种现状就必须进行激进的民主革命。于是,革命文化开始在清朝统治权力鞭长莫及的海外湖南留学生中悄然兴起。其实这并不奇怪,在我们不断强调的湖湘文化豪杰性格中,把守旧与革命两种取向都和谐地统一起来,无论守旧还是革命总归都是敢做敢当的豪杰,这才是最本色的湖南人。革命文化经过留日学生不断向内地延伸,成为一股势不可挡的文化思潮,影响着湖湘文化的变革。

其实行动激进的革命文化在湖湘文化中早就潜伏着可能性。经世致用是湖湘文化的基本学统,这种学统把建功立业、经营天下作为使命。而建功立业、经营天下就必然意味着以有效的手段变革社会,这些有效的手段中既包含守旧,也包含革命。以激进的方式抵抗"外夷",反抗暴政,实现朝代更替,在胡安国、胡宏父子和王夫之等湖湘代表人物的文化思想中都有体现,特别是王夫之的进化观,给激进的变革提供了很大的理论空间,革命可以理直气壮地进入。但是在很长一段历史进程中,湖湘精英多为王朝重臣,手握大权,并与王朝享有共同利益,他们没有必要以革命的方式实现自己的理想,他们有足够的权力平和地实现自己认同的变革,曾国藩和左宗棠推行洋务运动就是如此。在这种态势下,激进的思潮不可能占主导地位,只在下等社会中有所影响。太平天国起义时期湖南曾经有不少的矿工和失业农民、手工业者加入了起义大军,在秘密宗教组织和会党中,都有革命文化的痕迹,但其文化思想仍不脱离封建社会的改朝换代,都没有彻底推翻封建专制的文化意识,而且始终为主流湖湘文化所排斥,成为潜藏在民间社会"大逆不道"的异端文化。光、宣年间,湖湘精英群体多是体制外的读书人,他们即使想维护旧制度和旧的思想体系也缺乏施展舞台。他们和皇权的距离遥远,亲和力大大淡漠,反而感受到巨大的压迫力,从社会地位及由此而产生的被剥夺与被损害而言,这些低阶层的湖湘精英分子,对统治者的敌意显然要大于拥戴。但是湖湘文化的哺育,又使他们决不会自甘为忍气吞声的庸碌之辈。要建立青史留名,惠及苍生的伟业,无论是从历史发展的方向而言,还是从个人成就功业而言,都更会走向推翻腐朽体制的革命之途。有人说,革命是被压迫者的权利,是有相当道理的。

果然,经过辛亥革命,这些低层化的湖湘精英都成为开国元勋,新政府的要员,他们秉承的革命文化,以系统的学理形态,得到更广泛的播扬,开始成为湖湘文化的主流话语方式。只是人们往往忽略,如果有人再以革命的方式对付这些以革命姿态执政的社会精英群体,一定会受到血洗,并冠以反革命的罪名。革命的本义在历史进程中也不断变异和引申,而具有价值的神圣性,它可以包容尖锐对立政治派别。于是,湖湘文化对革命这个神圣性话语的接纳更不奇怪。但是,我们依然不能说,当革命文化成为湖湘文化的主旋之后,出现了与传统湖湘文化决裂性的新变。而应该把这种新变看成是传统湖湘文化更内在的传承,将守旧与革命看成湖湘文化的孪生子。

第九章：近代湖湘政治精英群体的文化启示

谈论远去的前人，是为了后人的生活。要我们保护文化，首先文化应该保护我们。所以本章话题都有关我们的当下和未来。比如对近代湖湘英杰的政治痴迷、道德痴迷、救世痴迷、斗争痴迷，以及湖湘文化的灿烂与乱世的关系等等判断，实际上都在叩问着我们今天的姿态。我们认为，近代湖湘政治英杰及其书写的文化业绩，就历史的存在而言都具有合理性，就其体现了人的本质力量而言，无疑具有美学价值，从而应该怀抱足够的史学敬意。但是随着历史的前行，随着种种历史条件的改变，我们也不能不追问，昔日的文化辉煌，还能够或者还应该一如既往的赓续或复兴吗？

第一节　近代湖湘政治精英群体的文化属性和时代条件

一、近代湖湘政治精英群体的文化属性

近代湖湘政治精英的文化属性要和湖湘文化结合在一起谈。总体而言，他们都是湖湘文化的产物也是湖湘文化的表现，他们以自己的思想和勋业诠释了湖湘文化。尽管我们不能说，近代湖湘政治精英们可以覆盖对湖湘文化的全部阐释和代表了湖湘文化的全部骄傲，但毫无疑问，近代湖湘政治精英群体的形成及其思

想勋业是湖湘文化最亮丽的风景线。可以断言，如果没有这道亮丽的风景，湖湘文化的文化地位包括对其研究的意义将会大打折扣。大多数情况下，我们研讨湖湘文化的强烈兴致正是因为这道风景线而激发，大多数谈论湖湘文化的论述实际上都是在论说近代湖湘政治精英群体的文化方式和作为。

近代湖湘政治精英群体的社会身份大都属于士大夫阶层。这主要是指近代湖湘第一代和第二代政治精英群体而言，也包括近代湖湘第三代政治精英群体的大部分成员。在第三代群体中的革命党群体的情况有些例外，可以说是下层小知识分子群体或说新知识分子群体，他们的政治态度是革命的，和士大夫阶层的那些近代湖湘政治精英有较大差异。而本书我们主要的篇幅是讨论士大夫阶层的政治精英，所以我们不妨将革命党群体悬置。据此，我们可以说，近代湖湘政治精英群体代表的文化形态是士大夫文化形态。这就意味，它区别于湖湘民俗文化形态。研究湖湘文化多年的朱汉民先生敏锐地觉察到了这个区别的重要性，他认为，湖湘文化并存着士大夫精英文化形态与民俗文化形态的差异，前者主要体现为观念形态、学术思想、文化教育、文学艺术、宗教信仰等等，其文化源头大多不在本土，后者主要体现为民间礼俗、民间宗教、民间文艺、社会风习、性格特质等等，文化源头来自本土。两者互动的结果是南下的中原士大夫文化占据了统治地位或说成为主要形态。①但是他似乎并没有分析为何会是士大夫文化成为湖湘文化的主要形态。其实这涉及湖湘士大夫文化的重要特点，即官方权力属性。也就是说，即使士大夫文化亦有内在的区别，例如竹林七贤、陶渊明、曹雪芹这样的士大夫就表现出与官方疏离的文化姿态从而构成了士大夫形态中非官方一脉，而湖湘文化中的士大夫文化形态恰恰相反，它具有浓厚的官方权力属性。近代湖湘政治精英群体个个顶戴花翎，高擎理学大旗，忠心耿耿复兴大清，其文化姿态，按照马克思的说法，属于代表统治者的意识形态文化。所以，湖湘士大夫文化必然是湖湘文化的主导形态。

我们认为，近代湖湘政治精英群体的文化方式和作为所产生的文化影响，在整个湖湘文化的历史影响中既独具特色也是极其巨大的。如果说宋代湖湘士大夫文化的特色及其贡献主要是学理性的，那么近代湖湘政治精英群体的特色和贡献既包括学理也包括实践，尤其是实践的业绩更显示出湖湘文化的影响力。再次，

---

① 朱汉民主编：《湖湘文化通史》第 1 册，岳麓书社 2015 年版，第 24—25 页。

以王夫之的理论总结为代表，以近代湖湘政治精英群体的实践业绩为代表，湖湘文化达到了古代的最高阶段，就其儒学传承而言，可能达到了儒学所有社会能量的高峰状态。诚如学者言："湖湘文化发展到晚清达到极盛，居于这个时期中华文化的核心地位。"[①]

如果进行追溯，就不得不关注宋代理学的湖湘进入。我们认为，宋代理学的湖湘进入在湖湘文化的建构中具有双重意义。其一，改变了湖湘文化作为楚文化形态的一脉而转型为中原理学文化形态的一脉，将理学的思想价值体系全面植入湖湘文化。其二，在湖湘文化形态中建构了士大夫文化形态，而且成为湖湘文化的主导形态——湖湘文化获得了崭新的内容和形式。随之，士大夫文化以岳麓书院为阵地绵绵传承，不断巩固光大，又因杰出的岳麓学子，伟大的湖湘思想家王夫之的划时代思想建构，企达中国儒学思想体系的高峰。抚育出近代湖湘政治精英群体——不是空谈，而是身体力行践行理学信念，于乱世之中力挽狂澜，书写了湖湘士大夫捍卫大清社稷江山的历史勋业，也给湖湘文化争得了空前的荣耀。这就是我们对湖湘文化中士大夫文化的基本认知。

必须强调湖湘文化中士大夫文化的主导性、政治性和权力性。只有如此，才能更准确地把握湖湘文化的内涵，才能更好地理解，为什么近代以来，湖湘文化作为一种地域文化能够影响中华民族的命运，很大程度上可以说，在近代中国进入乱世局面的特定历史场景中，湖湘文化是在替天子或说替皇权行道，执行的是国家话语的功能。可以略为夸张地说，是湖湘文化在拯救或说打造中国。当然，历史之所以选择了湖湘文化而不是其他地域文化，又与湖湘文化中的本土传承密切相关。其一，湖湘学派的经世致用学风决定了湖湘士大夫的行动意识与行动能力都是出类拔萃的。其二，自楚以来形成的湖湘民性，强烈的殉献精神，忠勇、倔强、刚烈乃至霸蛮的血性性格等等，最适合于乱世中的担当需求。其三，还要注意近代以来湖湘士大夫群体对于政治权力的拥有，史料显示，清代湖湘士大夫大都是学界、政界、军界全跨，且是重权在握。近百年来，湘籍军政要员居全国各省之冠，"中兴将相，什九湖湘"名不虚传。据罗尔纲统计，湘军要员担任清朝总督、巡抚者竟有27人之多，湘军实力完全可以掌控清朝。清朝十八行省，有十五个行省为湘系势力所控。这种权力局面，也决定了湖湘文化的话语权。显

[①] 朱汉民主编：《湖湘文化通史》第1册，岳麓书社2015年版，第115页。

然，以湖湘士大夫文化为主导的湖湘文化在近代扮演了国家意识形态文化的角色，就其传承而言，则是儒学文化的近代代言形态。就其学科分类而言，当归属于政治文化形态。

二、近代湖湘政治精英群体形成的时代条件

从整个历史长河看，湖湘士大夫群体以及士大夫文化最有影响力的时代一个是南宋，一个是晚清，这是个很有意味的现象。其意味在于，并不是湖湘文化存在就必然会产生震撼性的社会影响，湖湘文化必须和特定的社会条件相结合才能显现出其特有的文化魅力。

宋代以前，湖湘地域的文化形态不能说是不存在的。正如有学者所认定的那样，是以本土性的民俗文化形态存在，其突出的文化特征可以归结为楚文化的一脉。只是到了宋代中原士大夫带着理学进入湖湘，导致湖湘地区的文化发生了划时代的转型，产生了融汇本土楚文化而以中原理学文化为主导的新的湖湘地域文化面貌。这种新面貌，一方面是理学思想体系外来而居上并出现了兴盛一时的理学湖湘派，一方面是湖湘士大夫阶层涌现而形成了士大夫文化新形态。因此，有学者认为真正的湖湘文化自宋代才正式形成。我们不必纠缠宋以前的湖南地域文化是不是湖湘文化的问题，但必须清醒地认识到，宋代前后湖湘地域的文化面貌有很大不同，说是发生了质变也不过分。如果我们一定要坚持湖湘文化是一个先秦以来一直赓续的文化传统，那么，或许可以效仿波普尔的策略，将宋代前后的湖湘文化区分为前宋湖湘文化和后宋湖湘文化。

还必须清醒地认识到，前宋的湖湘文化并没有产生超越湖湘的影响力。湖湘地域的文化影响第一次走出湖湘，产生全国性震撼力的时代是宋代。真德秀说："窃惟方今学术源流之盛，未有出湖湘之右者。盖前则有濂溪先生周元公、以其心悟独得之。……中有胡文定公，以其所闻于程氏者设教衡岳之下。……其子致堂、五峰先生又以得知家庭者，进则施诸用，退则漱其徒。……近则有南轩先生张宣公寓于兹土，晦庵先生朱文公又尝临镇焉。……故人才辈出，有非他郡国所可及。"[①]这是立足于全国视野的文化评价，指的正是宋代湖湘文化的影响力。而

---

① 真德秀：《劝学文》，见《西山文集》卷四十，《文津阁四库全书》第1178册，商务印书馆2006年版，第452页。

且真德秀认为,这种宋代湖湘文化的兴盛局面,根本原因在于理学的湖湘植入。不过,这种湖湘文化的盛貌并没有长久持续下去,元明两代数百年,湖湘文化尽管依然秉承理学传统,却呈现颓萎沉寂之态。湖湘文化第二个盛代是晚清。于是,我们就不难感悟,湖湘文化的影响力发挥,除了其本身具有的特定文化内涵以外,还需要适当的社会条件。如吕思勉先生所言:"凡事必合因缘而成。因如种子,缘如雨露。无种子,固无嘉谷;无雨露,虽有种子,嘉谷亦不能生也。"①

那么,这个社会条件是什么?不难发现,南宋与晚清都是国家政权面临严重危机,战争不断,社会人心十分激荡的乱世。就南宋而言,无论统治者如何委屈退让,甚至让出了半壁江山,以维持偏安政局,抗金救亡始终是国家的主题,而在此时崛起的理学湖湘派则以抗金救亡的学术风采和行动风采独树一帜。南宋湖湘理学代表人物都是坚定的主战派,在学问上是以经世致用为指向,重在探讨乱世的致治途径。胡安国写作《春秋传》的目的,就是强调君臣之义,人伦之本,突出尊王攘夷的意图。在行动上,湖湘士子一有机会,就去参与朝政,包括带兵抗金,流血牺牲。胡宏因不满秦桧卖国,拒绝应召为官,但他仍时时惦念社稷安危、黎民生计。他曾向宋高宗上万言书,陈述治国安邦的政治主张。张栻任官期间,忠于王事,内赞密谋,外参庶务,深得孝宗赏识。其父张浚出师北伐,但志大才疏,冒然出兵,被金兵打得惨败,张栻深为痛惜。主讲岳麓书院,要求学生学习兵政、兵法等军政谋略,使经世致用的大旗,猎猎于南宋王朝动荡不宁的空中。他培养了一大批弟子,成为湖湘学派的中坚力量,也以抗金功业闻名于世。其中有"开禧北伐"功臣吴猎、赵方,官至吏部侍郎的"忠鲠之臣"彭龟年,组织抗金、"锐志当世"的游九言、游九功兄弟,善于理财、整顿"交子"(纸币)卓有成效的陈琦,"光于世学"的理学家张忠恕等。他们被称之为"岳麓巨子",他们真正践履了老师张栻的"传道济民"的理想,其学术和政治活动使湖湘学派更加流光溢彩。至南宋末,岳麓诸生又参加抗元斗争,死者什九,致使湖湘学派不再称闻于世。南宋湖湘学派的兴衰,与乱世的政局密切相关,如果没有乱世这个时代背景以及湖湘学派在乱世中以血救亡的壮举,我们确实很难想象,宋代湖湘文化仅凭湖湘派的学理贡献能够有那么大的历史影响。只要翻阅中国思想史的著述,就不难发现,学界对宋代理学湖湘派的阐述是极少的,张立文先生

---

① 吕思勉:《先秦学术概论》,中国大百科全书出版社1985年版,第5页。

认为，湖湘学派追求内圣成德与外王事功的合一，积极投身于经世济民的政治和抗金活动，没有突出的理论贡献。当为中肯之论。可以说，湖湘文化的影响与其说是思想性的，不如说是行动性的。湖南人以舍身救亡的勋业震撼世道人心，而取得这种勋业只能是乱世。在政权统治相对稳定的元明两代，湖南人的作为就受到严重压抑，当然这只是原因之一。

再看晚清，内外交困的国局更加昭然。号称大清中衰之兆的乾嘉苗民起义就发生在湖南境内。之后便是丧权辱国的鸦片战争、甲午战争、八国联军入侵，对内则有风起云涌的太平天国起义等等。也就是在这样的乱世中，湖湘人奋然而起，以热血平乱救亡，建立了赫赫勋业，也书写了湖湘文化的晚清辉煌。湖湘文化的行动性也在辉煌中彰显无遗。当然，在晚清的湖湘文化辉煌中还有王夫之思想的光芒。但这种思想光芒同样与乱世密切相关，只要观察王夫之思想诞生的乱世背景及其生平，就不难体味到，王夫之思想体系中有着很强烈的末世悲凉感，王夫之的思想探索恰恰是求索救亡中华的杜鹃滴血般的心智结晶。

以上考察使我们推想，湖湘文化似乎是一种乱世文化，它更擅长治理乱世而显示其文化魅力。我们自然会联想到湖湘文化中经世致用传统，还有湖湘民性中的霸蛮气质，不屈不挠的斗争精神等等。而且，我们在治世的图景中，确实很难看到湖湘文化的作为。也许，治世更需要的是科技、实业、生产力、以及政治作为中的宽容、妥协、平衡智慧，而这些方面，恰恰是湖湘人的短板。进而我们还可推定，湖湘人的文化作为，必须和走出湖湘密切相关，历史上，湖湘本土的社会建构中似乎从来没有独立昌盛的小气候，湖湘内陆地理环境似乎不允许它偏安自守，这也决定了湖湘人只有首先拯救世界才能拯救自己，必须走出湖湘才能雄图大展。

恩格斯说过："历史是这样创造的：最终的结果总是从许多单个的意志的相互冲突中产生出来的，而其中每一个意志，又是有许多特殊的生活条件，才成为它所成为的那样。这样就有无数互相交错的力量，有无数个力的平行四边形，而由此就产生出一个总的结果，即历史事变。"[①]恩格斯认为，由于合力的交织影响，历史的结果并不能完全符合任何一个单个意志，却又能妥协性地部分包含单个意志。恩格斯著名的历史合力论，构成我们要方方面面探讨近代湖湘政治精

---

① 《马克思恩格斯选集》第四卷，人民出版社1972年版，第478页。

英形成因素的理论依据。我们将这批时代英杰看成合力产生的结果，而不认为他们仅凭雄才大略就可以创造历史。一些学人在讨论中过分地推崇这些湖湘英杰的主观能量而忽略相应的社会条件的考察，是失之片面的。但是话又说回来，这可能也是恩格斯忽略的，各种历史合力的纠缠其实也可以简化为主观意志和客观可能的博弈，即如杜威所说，无非是人和环境的博弈。在博弈中，决定历史的是主观意志和客观可能的契合关系。众所周知，客观可能是不能自动地拥抱主观意志的，相反，主观意志却可以主动地拥抱客观可能。于是主观意志的能动性就显现出来。因此，我们又不妨羡慕，近代湖湘精英是能够拥抱客观可能的历史幸运儿，如果考虑到他们为此而所做的准备，苦苦等待历史机遇的到来，又该满怀敬意。

第二节　近代湖湘政治精英群体的极致道德情结

一、湖湘士大夫的道德痴迷

宋代以来千年岁月，湖湘文化是沿着儒学思想轨迹演化的，具体说来，又是沿着程朱理学轨迹而进化的。李泽厚在论及理学有一段论述："不是宇宙观、认识论而是人性论才是宋明理学的体系核心。"[①]李泽厚认为，理学严密体系中各个学理环节的设置，最终归结是建立道德本体论的人性哲学。"由于宋明理学细密的分析、实践地讲求'立志'、'修身'，以求最终达到'内圣外王'、'治国平天下'，把道德自律、意志结构、把人的社会责任感，历史使命感和人优于自然等方面，提扬到本体论的高度，空前地树立了人的伦理学主体性的庄严伟大。"[②]这种道德本体论可以分两方面，其一，就个体人的演进而言，是不断提升自然人、动物人向"道德人"进化，即成为所谓"君子"、"圣贤"。其二，就社会人亦即就人的社会责任而言，则是"治国平天下"的"外王"过程。而这两者都以道德为核心，道德化既是做人的目的，也是治国平天下的不二法门。儒学

---

① 李泽厚：《中国古代思想史论》，安徽文艺出版社1994年版，第227页。
② 李泽厚：《中国古代思想史论》，安徽文艺出版社1994年版，第254页。

或理学家们相信，人类生而为人就应该成为向善的好人，有好人才可能也必然会有好社会。所以，道德既是目的也是手段。道德崇拜因此形成。不言而喻，这也是人治天下的信念和思路，其心理前提是相信人有向善的自觉和能力。最为人熟悉的儒家名言就是"人之初，性本善"。这与法治天下的信念和思路迥然不同，后者往往怀疑人的道德自觉性与可能性，故而诉求强制性和暴力性的法律制度，以人趋利避害的自然天性通过利害权衡来达成社会的稳定、平衡和进步。

不排除有虚伪者，但必须承认，中国士大夫群体而并非底层民众是道德至上主义的发明者也是最主动而狂热的拥戴者。德国著名的社会学家和哲学家马克斯·韦伯早在1916年就专门研究过中国的儒教，认为以"仁"为内涵的君子道德理想，"最迟在汉代已经成为士大夫们坚定不渝的信仰"[1]。这种信仰在士大夫的行迹中表现为两种趋向，一种是独善其身，洁身自好，这在周敦颐的《爱莲说》表达得出神入化。还有一种是兼济天下，当仁不让。湖湘士大夫身上，更多表现为后者，如贺长龄说："真才必从德出，其才乃为有用。"[2]强调修德以致用，是湖湘士大夫独特的道德姿态。

湖湘士大夫中具有思想教父地位的无疑是王夫之。他最为推崇的就是"以身任天下的"的豪杰道德人格。他说："纳之于豪杰而后期之以圣贤，此救人道于乱世之大权也。"[3]读王夫之的著述，可以在字里行间强烈地感受到那种担当天下，舍我其谁的道德情怀。这种情怀不仅仅表现在文字的主张上更体现在其本人的身体力行上。他终身表现出威武不屈的忠诚人格，十年流亡抗清，至死也要在墓碑上刻下大明遗臣的墓铭，还不惜自毁其容，拒绝与农民义军合作，四十年潜心著述，孜孜以求索人间正道，在激扬文字中流露出的独立思考精神及对生命的自信等等一切，都在诠释王夫之本人就是豪杰道德人格的典范。后代湖湘士大夫在很大程度上是被王夫之的人格感召而成为他的信徒。曾国藩极力推崇王夫之，一是认为王学秉承了孔孟正道，二是敬仰王夫之的人格："秉刚直之性，寸衷之所执，万夫非之而不可动，三光晦，五岳震而不可夺"。另一位竭力推崇王夫之的湖湘士大夫郭嵩焘亦云："先生生明之季，下逮国朝，抗节不仕。躬涉乱离，易简而知险阻，通德达情，既诚以明，而其学出于刚严，闳深肃括，纪纲秩

---

[1] 马克斯·韦伯：《儒教与道教》，商务印书馆2004年版，第183页。
[2] 《耐庵文存·重建西昌书院记》，见《贺长龄贺熙龄集》，岳麓书社2010年版。
[3] 《船山全书》第12册，岳麓书社第2011年版，479页。

然。"可以想见,王夫之如果没有人格的感召力,其学说的感召力未必能如此巨大,亦可见湖湘士大夫对道德人格有着极其坚定的推崇和信仰。

近代湘湘士大夫中以斐然教育业绩闻世的无疑是罗典。近代湖湘政治精英群体多出罗典之门,从而开辟了岳麓书院前无古人也未必后有来者的罗典书院时代。其教育理想就是:"地接衡湘,深山大泽龙虎气;学宗邹鲁,礼门义路圣贤心。"其实就是王夫之的豪杰人格。其高足严如煜则概括为:"坚定其德性,而明习于时务。"总归是以担当天下为己任的大人格、大气象。更重要的是,"罗典品行在当时有'廉峻正直'、'诚朴'、'性严正,不可干以私'的评价。"①个人行状中体现了威武不屈的道德风范而赢得世人敬重。不妨列举几例。其一,罗典辞官归里,就是多次弹劾大奸和珅未果,不愿同流合污,愤而离职。其二,嘉庆三年,湖南乡试发生富家考生傅进贤舞弊案。农家考生彭莪试卷得中乡试第一名,被傅进贤行贿考场官吏调换。事发后彭莪求告无门。罗典拍案而起,不畏权贵贿赂及威压,执意追查,终于大白于天下,傅进贤和主谋官吏伏法,湖南巡抚姜晟革职。其三,乾隆四十九年,性灵派大诗人袁枚慕名拜访罗典。因为袁枚为人风流,不够检点,罗典拒而不见。诸此种种,不无罗典个性化的偏执处,可是都体现了罗典强烈的道德人格情怀,都可见罗典做人的操守气节之坚定,也成为湖湘士大夫道德痴迷的佐证。罗典后人,民国学者罗正纬深有感慨地评价说:"盖老人之学,其最表著于事实者,在倡导气节,人失气节,谓之无耻,人而无耻,其他尚何足言。"②

近代湖湘士大夫中有"道德完人"之称的是曾国藩。今人对曾氏的研究多半是从伦理学视角切入。人们经常会提到毛泽东说:"余于近人,独服曾文正",也会提到蒋介石说:"曾公乃国人精神之典范。"章太炎也说过,曾国藩者,誉之则为圣贤,贬之则为元凶。总之,见仁见智,都离不开道德考量。公德、私德、修身、兴家、治国、平天下,曾国藩都有非常细腻的道德层面的心得论说,说他是个道德迷狂者似不过分。最值得关注的则是他的道德救世论。这大概与他身逢大清乱世的命运密切关联。他认为,社会之乱的根本原因在于私欲压倒公义的道德秩序崩坏:"世之乱也,上下纵于亡等之欲,奸伪相吞,变诈相角,自图

---

① 王勇等撰:《湖湘历代文化世家·四十家卷》,湖南人民出版社2010年版,第344页。
② 《罗正纬著作汇编》,第300页。

其安，而予人以至危。畏难避害，曾不肯捐丝粟之力以拯天下。"①因此，解铃还须系铃人，救世还是要靠善德良俗，教化于民，挽救人心，具体言之，就是以"礼"救世。"自内焉者言之，舍礼无所谓道德；自外焉者言之，舍礼无所谓政事。"②曾国藩治理湘军，就是以德治军的典范，其制胜之道在于"屡败屡战"，而能实现"屡败屡战"，依靠的就是道德力量。学界普遍认同，曾国藩之所以能统帅湘军，一是个人的道德魅力赢得了将士拥戴，二是在治军中贯彻了道德的教化，开中国军队思想政治工作制度化的先河。每逢三、八，他都要对军队亲自道德训话，"虽不敢云说法点顽石之头，亦诚欲以苦口滴杜鹃之血"③。其讲解的内容是："带勇之法，用恩莫如用仁，用威莫如用礼。仁者，所谓欲立立人，欲达达人也。待牟勇如待子弟，常有望其成立，望其发达之心。则人知恩也。礼者，则无所谓众寡，无小大，无悔慢，奉而不娇也。正其衣冠，尊其瞻视，俨然人望而畏之，威而不猛也。"④曾国藩以德治湘军，以湘军拯救大清，在相当程度上证明了自己的道德救世论。

当然，曾国藩的道德救世论还特别强调君子圣贤必须发挥导引和拯救的作用，这又和王夫之的豪杰论接轨了，亦即强调士大夫的道德担当作用，从而引出湖湘士大夫的救世主痴迷。对此，我们下文再详述。总之，湖湘士大夫对于道德的崇拜和担当应该引起我们高度关注。这意味着，由湖湘士大夫主导的湖湘文化蕴含着浓厚的伦理学品质。在湖湘文化的世界图景里，世界主要就是各种伦理关系的交织。

二、湖湘士大夫的救世痴迷

湖湘士大的道德痴迷的一个突出表现就是对道德救世迷恋。换言之，富于血性的湖湘士大夫不满足于独善其身，孤芳自赏，总是希望自己的道德憧憬能够成为烂漫天下的风景。罗典希望自己培养的学生具有龙虎气，已经暗示出这种意向，不过还是王夫之的豪杰说更明白：

---

① （清）李翰章编撰、李鸿章校勘：《曾文正公全集》，吉林人民出版社1995年版，第1637页。
② （清）李翰章编撰、李鸿章校勘：《曾文正公全集》，吉林人民出版社1995年版，第1753页。
③ 《曾国藩全集·书信》，岳麓书社1990年版，第208页。
④ 《曾国藩全集·日记》，岳麓书社1990年版，第39页。

能兴即谓之豪杰。兴者，性之生乎气者也。拖沓委顺当世然而然，不然而不然，终日劳而不能度越于禄位田宅妻子之中，数米计薪，日以挫其志气，仰视天而不知其高，俯视地而不知其厚，虽觉如梦，虽视如盲，虽勤动其四体而心不灵，惟不兴故也。圣人以《诗》教以荡涤其浊心，震其暮气，纳之于豪杰而后期之以圣贤，此救人道于乱世之大权也。①

王夫之称道的豪杰，不仅和随波逐流、无所用心、安于日常生活的平民百姓无关，也与循规蹈矩、明哲保身、无所作为的陋儒庸吏无关，甚至也区别于独善其身、洁身自好的操节之士。豪杰乃是大智大勇，挺身而出"救人道于乱世"的英雄。不言而喻，这种舍身成仁，以身任天下的人格是稀少的，也惟其如此而弥足珍贵。这种人格曾国藩称之为君子，认为"非得二、三君子倡之以朴诚，导之以廉耻"②，"独赖此精忠耿耿于寸衷，与斯民相对于骨岳血渊之中，冀其塞绝横流之人欲，以挽回厌乱之天心，庶几万有一补"③。显然，这就是拯救天下的救星人格，也是湖湘士大夫的最高人格理想。近代以来，湖湘政治精英群体都以拯救天下的行径著称，可以作为印证。

无论我们把这种最高人格称之为英雄或豪杰或君子或救星，都有必要梳理一下这种大人格的基本特征。王夫之曾如是写道："介乎时之不可避，义有尤重，则情有尤挚，捐躯命，忘宗族，以趋其千金俄顷之几，而名之荣辱，世之褒讥非其所恤，即所谓非常之人矣。"④他还强调，这种不畏流言，不避生死，不在意荣辱，不顾及家族，一腔热血，一意孤行，一往无前的非常之人，并非为了报某位君主"解衣推食之恩"，乃是为了"天下之大公"的道义，即"生从道，死从义"。从王夫之的描述看，这种豪杰之人更偏于狂，狂放有余而内敛不足。对此，曾国藩则从内敛的方面做了补充。

曾国藩对豪杰启用了另一个称谓——正人君子。他说："方今四方多难，纲纪紊乱，将欲维持成法，乃须引用正人，随事纳之以准绳，庶不泥于例，而又

---

① 《船山全书》第12册，岳麓书社2011年版，第479页。
② （清）李翰章编撰、李鸿章校勘：《曾文正公全集》，吉林人民出版社1995年版，第2196页。
③ （清）李翰章编撰、李鸿章校勘：《曾文正公全集》，吉林人民出版社1995年版，第1892页。
④ 《续春秋左氏传博议》卷下，《船山全书》第5册，岳麓书社2011年版，第607页。

不悖于理。"①可见，曾国藩虽然认同王夫之豪杰人格中不拘一格、开拓性的品质，但更强调豪杰行为中的准则性，也就是说，无论怎么狂放，基本原则不能丢。有学者将其原则归结为三条：重三纲，明义利，一名实。②显然，曾国藩更注重对儒学道统的维护和殉献。终其一生，曾国藩对儒学道统的忠诚，是其最高价值指向。所以，他能拒绝黄袍加身的诱惑，遣散湘军而成全一个忠诚人格的塑造，这是需要极大道德定力的。有学者认为，曾国藩重权在握而不称帝，是对成功没有绝对把握，是其谨慎性格使然。我们不赞成这样的看法，甚至认为这是以常人之心度君子之腹。为什么李自成、洪秀全们起兵造反时实力要比曾国藩差得十万八千里，却依然义无反顾，而曾国藩却不敢一搏？根本原因还在价值观。在曾国藩的价值谱系中，道德人格的美名，绝对是最高生命追求，无论其中是否有虚荣的成分。这种道德痴迷，曾国藩和王夫之是一致的。如果王夫之也是利禄之徒，就不会到死都守着大明遗臣的道德身份。曾国藩和王夫之都有保守性的一面，即对儒学道义的忠贞。其实，这也是湖湘士大夫的普遍人格。离开忠诚，就无法理解湖湘士大夫狂热和激进的救世行经。

还必须看到，湖湘士大夫的这种救世痴迷植根于儒学传统。《论语》云："士不可以不弘毅，任重而道远。仁以为己任，不亦重乎？死而后已，不亦远乎？"在儒学的视野里，君子永远和众多的小人格格不入且傲视小人，理由就是"君子坦荡荡，小人常戚戚"，就是"惟上智下愚不移"，于是，拯救天下，舍君子其谁？悠悠千年，在儒学的影响下，不仅中国的士大夫走火入魔地相信，而且民众也殷殷期盼，拯救天下，需要英雄和救星出世。区别仅仅在于，士大夫们自恋地认为，这个英雄和救星的角色非己莫属，而民众则望眼欲穿地期待救星降临。但意味深长的是，无论救世主的使命有多么崇高，业绩多么开天辟地，都不能根除其中对民众的轻慢和忽略。所以胡克说："假如我们给英雄下这样一个定义：英雄就是具有事变创造性并且能够重新决定历史进程的某些人，那么，紧跟着下一步的推论是：一个民主社会对于英雄人物必须永远加以提防。"胡克又说："伟人也可能是个好人吧。可是，一个民主社会还得猜疑他们！……那就是以下这个信念：宁可要人们各自决定自己的命运，而不要让自己的命运掌握在别

---

① （清）李翰章编撰、李鸿章校勘：《曾文正公全集》，吉林人民出版社1995年版，第2280页。
② 参见赵炎才：《曾国藩的道德救世思想》，《南通大学学报》2005年第21卷第3期。

人之手——但不幸的是这个信念往往和事实相左。"①不过，这样的观念是中国士大夫们无法理解的，自然也包括王夫之和曾国藩等人。顺便说一句，英雄或说救世主的话题是个一直在纠缠的历史观话题，涉及英雄造时势还是时势造英雄，是英雄创造历史还是人民创造历史。更本质地说，涉及人和环境，主观能动性和客观可能性的问题，还涉及集体意志与个人意志的关系，亦即自由的问题。西方19世纪以来，从卡莱尔到马克思，诸多一流思想家都强烈关注过这个话题，但是比较公认的认知依然在路上。

三、湖湘士大夫的斗争痴迷

如果我们认同湖湘士大夫的道德痴迷和救世痴迷，就不难理解他们行为中的斗争痴迷。这是非常急切地实现自己的道德理想而救世济民的必然结果。常识告诉我们，激烈的斗争方式，是变革现实最为快捷的方式，用湖湘伟人毛泽东的诗句说就是"一万年太久，只争朝夕"。所以，湖湘士大夫一旦有施展救世抱负的机遇，大多表现出咄咄逼人、毫不妥协、鱼死网破的斗争姿态。不妨看看曾国藩发布的号称中国历史上四大檄文之首的《讨粤匪檄》片段：

> 本部堂奉天子命，统师二万，水陆并进，誓将卧薪尝胆，殄此凶逆，救我被掳之船只，拔出被胁之民人，不特纾君父宵旰之勤劳，而且慰孔孟人伦之隐痛。不特为百万生灵报枉杀之仇，而且为上下神祇雪被襥之患，是用传檄远近，咸使闻之。……若尔被胁之人，甘心从逆，抗拒天诛，大兵一压，玉石俱焚，亦不能更为分别也。本部堂德薄能鲜，独仗忠信二字为行军之本，上有日月，下有鬼神，明有浩浩长江之水，幽有前此殉难各忠臣烈士之魂，实鉴吾心，咸听吾言，檄到如律令，无忽。

字里行间，是一般咬牙切齿、势不两立、血战到底之气，虽说是宣传造势，但它贯彻在湘军以后的军事行动中。湘军屡败屡战，曾国藩三次自杀，终于剿灭太平军。之后又平捻军，镇压西北回民，收复新疆，平定滇黔，扎硬寨、打死战

---

① 胡克：《历史中的英雄》，上海人民出版社1986年版，第150—160页。

的军威天下闻名。曾国藩也获得杀人不眨眼，杀人如麻的"曾剃头"绰号。尽管如此，人们还认为曾国藩豪气不够，依然有些士大夫的学究气、世故气和城府气，表现得相对内敛谨慎，不够霸气张扬。那么，另一位湘军统帅左宗棠，则更淋漓尽致地显现出斗争精神的人格风采，体现了大丈夫、真性情、表里如一的人格魅力。左宗棠以个性张狂傲慢和才气横溢闻世。无论对敌对友，对上对下，对内对外，他都直言不讳陈述己见，不事回避与遮掩，而且软硬不吃，遇强逾刚。尤其在面对外敌时，秉持"生平最恨是和戎"的信念，绝无妥协之态。在儒雅敦厚为基本士大夫风范的社会语境中，左宗棠显得格外另类。在近代湖湘政治精英群体中，他的人际关系不和谐，可谓首屈一指。但是他安之若素地说："平生性刚才拙，与世多忤，然不强人就我，亦不枉书己徇人，视一切毁誉、爱憎，如聋瞽之不闻不睹，毕竟与我亦毫无增损也。"①尽管左宗棠为人刚直，得罪人不少，却依然博得了敬重。被左宗棠多次冒犯的曾国藩说："论兵战，吾不如左宗棠，为国尽忠，亦以季高为冠，国幸有左宗棠也。"可见，左宗棠之斗争精神，因为是出于救世的道德公义，才能得到人们的理解和宽容。查阅近代湖湘士大夫生平行状，不乏这种性情刚直，充满斗争精神的斗士，王夫之、罗典、严如煜、罗泽南、王壮公、王闿运、王先谦、谭嗣同、黄兴等等，无论其政治态度怎样，其为人姿态上都显示出逼人的斗争锋芒，从而构成了近代湖湘士大夫的普遍性格。

就认识论的根源而言，又要关注王夫之了。在王夫之的学说中，动变斗争观是非常重要的内容，是对传统儒学主静观的重要突破。在第三章里，我们已经做过较多阐述，而且认为，这是王夫之留给湖湘文化的重要遗产。王夫之说："有阴阳斯有同异，有同异斯有攻取"，"阴阳相薄而战"，"争有不可两存之势"，"是以君子善其交而不畏其争"。这些言论都是对斗争精神的理论支撑。在王夫之思想的哺育下，湖湘士大夫的斗争气质更加显得理直气壮。

富有意味的是，李泽厚在研究青年毛泽东时，非常强调的也是毛泽东的斗争人生观："从毛青年时期的《讲堂录》（1914—1915）、《伦理学原理批语》（1917—1918）或《体育之研究》等来看，'动'、'斗'是毛的宇宙真理中的核心观念。""毛使运动、斗争成了他身心存在的第一需要。"②他还引录了许多

---

① 徐志颖：《左宗棠：帝国最后的鹰派》，中国青年出版社2014年版，第416页。
② 李泽厚：《中国现代思想史论》，东方出版社1987年版，第123、128页。

毛泽东的言论为证：

> 大抵抗对于有大势力者，其必要乃亦如普遍抵抗之对于普通人。如西大陆心地之对于科伦布，洪水之对于禹，欧洲各邦群起围巴黎之对于拿破仑之战胜也。
>
> 与天奋斗，其乐无穷！与地奋斗，其乐无穷！与人奋斗，其乐无穷！
>
> 吾人揽史时，恒赞叹战国之时，刘项相争之时，汉武与匈奴竞争之时，三国竞争之时，事态百变，人才辈出，令人喜读。至若承平之代，则殊厌恶之，非好乱也，安逸宁静之境不能长处，非人生所堪，而变化倏忽为人生所喜也。

可见，毛泽东对斗争的痴迷比前辈的湖湘士大夫有过之而无不及，已经不是人生手段，而是作为人生目的来看了。斗争着并幸福着，这不仅是青年毛泽东的人生主旋，也是他毕其一生的主旋。这种人格的养成，和前辈的湖湘士大夫人格有着传承关系。可谓青出于蓝而胜于蓝。确实，作为湖湘人，长期在湖湘文化的熏陶中成长，毛泽东和近代湖湘士大夫有太多的相似处。李泽厚认为，青年毛泽东苦苦求索的宇宙真理其实就是思想道德的完美。毛泽东的哲学其实就是伦理学。毛泽东"提出了自己作'圣贤'并'彼时天下皆为圣贤'（同上书信）的道德律"[1]，而且毛泽东的"圣贤"道德律不仅是最高价值还特别强调主观意志的决定性和自我实现性。换言之，不是因为要与他人相处需要具有正确的准则而求道德完美，而是出自自我实现的主观意志要求。毛泽东写道：

> 道德非必待人而有，待人而有者，客观之道德律，独立所有者，主观之道德律也。吾人欲自尽其性，自完其心，自有最可宝贵之道德律。世界固有人有物，然皆我而有也。我眼一闭，固不见物也，故客观之道德律亦系主观之道德律，而即使世界上止有我一人，亦不能无损于人，而不尽吾之性，完吾之心，仍必尽之完之。此等处非以为人也，乃以为己也。[2]

---

[1] 李泽厚：《中国现代思想史论》，东方出版社1987年版，第129页。
[2] 毛泽东：《伦理学原理批语》，见李泽厚：《中国现代思想史论》，东方出版社1987年版。

毛泽东的这些言论，不仅可以解释他自己的浓郁道德情怀，亦可解释湖湘士大夫们的道德情怀。可谓心有灵犀一点通。我们不难发现，从道德痴迷走向救世痴迷再走向斗争痴迷，这是一个逻辑递进的道德攀升之路。亦即，道德从自我完善走向兼济天下，引领着天下人都朝着圣贤之路皈依。从理想主义的视角看，这当然指向崇高和神圣，问题在于，这可能吗？或者用自由的诉求看，这合理吗？观察历史不难得出认知，毛泽东的道德实践向我们昭示了道德至上带来的既有辉煌也有苦涩。我们不禁要追问，是什么原因使得道德痴迷者如此理直气壮呢？大概有这样一种认识论逻辑推理。大前提：天下所有的人都应该服从真理，皈依真理；小前提：真理是唯一的，除了真理，余者均是形形色色的谬误；推理和结论：如果某些人掌握了真理，天下人都应该向其皈依。如果拒绝皈依就是坚持谬误，冒犯真理，因此，就要对冒犯真理的谬误展开不妥协的斗争，将其剿灭而张扬真理。道德至上主义者充分相信，崇高的道德是真理，所以不仅自己身体力行也要求天下人皈依，并且为了实现这种天下皈依而不屈不挠地斗争。可是，真理果然是唯一真确的吗？或者说，其真确性是无条件的吗？恩格斯认为，除非说一些老生常谈和成词滥调，比如所有的人都要死之类，没有永恒不变的真理。列宁也说："一切以时间、地点、条件为转移"，亦即真理是有条件限定的，越过条件，真理就成为谬误。那么道德何尝不如此？这正是我们要深思的地方。如果我们能在真理认识论的高度观照湖湘文化中的道德情怀，启迪会更加深刻。

四、由道德痴迷到政治痴迷

极致的道德痴迷必然导致政治痴迷。因为只有以社会治理为使命的政治，才能社会性地实现道德理想。大量的考察已经使我们看到，湖湘士大夫们并不满足于独善其身，他们要兼济天下，引领天下人都朝着圣贤之路皈依。所以，湖湘士大夫们孜孜以求地通过权力的拥有而号令天下。政治家或者通俗地说当官，就成为他们普遍的人生道路和职业选择。所以，湖湘文化的近代辉煌，实际上是政治业绩的辉煌。近代湖湘文化精英，主要是政治精英。

时移世易，随着中国政局的推进，王朝政治制度退出了历史舞台，湖湘文化的国家话语身份也随之淡出，但是却在湖湘人心理中烙印下了对政治的痴迷以及在政治领域奋斗的坚强意志。近代以来，湖湘大地人才辈出，而政治人才则是最大比重的部类。可以毫不夸张地说，湖湘大地是近现代中国的政治家摇篮。有学者综合《辞海》《中外历史人物词典》《清代七百名人传》《中国历史人物辞典》《中国历代名人辞典》《简明中外历史辞典》所列的杰出人物，选出2047位有省籍记载的近代人物进行统计，湘籍为290人，占总数的14%强，高居榜首。其中绝大多数是政治人才。①湖湘学者周秋光也在《近代湖南近代人才群体现象及其原因》中写道：

> 据统计，从1840年—1919年，活跃在中国历史舞台的各类知名人物1238人中，湖南籍就有116人，占总数的9.4%。而在著名的761位历史名人中，湖南籍的竟有83人，占总数的10.9%。另据《中共党史人物简介》列举的515位党史人物中，湖南籍的有89人，占总数的17.3%，其中党的杰出领导人和创建时期的主要领导人有13人，占总数的48%，在1955年授勋的中国人民解放军245位中将以上的将帅中，湖南籍的有73人，占总数的28.7%，这种现象常令世人惊叹不已。一篇刊登在纽约《北美日报》上的"社论"这样称道："湘籍历史名人、学者、政治家人数之多，近百年来一直居各省之冠。"②

还值得一提的是，湖南人即使是学者和艺术家，都有着浓烈的政治情怀，像沈从文先生那样与政治保持距离的文人并不多。总之，近现代中国的政治生活中，湖南人以数量大、层次高、影响力强而独领风骚。形成对比的是，在科技、经济、工商实业以及纯文艺领域的英杰人物则远逊政治领域，这不能不归结为湖湘文化中的政治痴迷心理积淀的潜移默化。

于是，我们就看到道德和政治之间的紧密关系。这是从中国的先秦，西方的古希腊一直纠缠至今的政治哲学问题，焦点是政治的道德合法性。似乎可以达成共识的是，政治的社会治理必须具有道德的正当性才具有合法性。在这个意义上，政治本质上应该是伦理学。罗尔斯的《正义论》，提出了正义是政治的首要

---

① 冯象钦、刘欣森总编：《湖南教育史》第1卷，岳麓书社2002年版，第5页。
② 周秋光：《近代湖南近代人才群体现象及其原因》，《湖南师范大学社会科学学报》2003年第1期，第59页。

价值，更彰显了道德对政治的主导性。这些政治哲学的求索轨迹有助我们对近代湖湘精英们道德情怀与政治作为的观照。我们可以看到，政治在很大程度上是一种道德意志的驱动。政治家是在把他们确信的应然道德理想灌输给社会，尤其是道德进入痴迷状态必然要诉求以政治的方式加以社会实现。因此，近代湖湘精英们都具有道德狂人和政治枭雄的双重身份就不难理解，就近代湖湘文化的特质而言，同样是一种道德和政治水乳交融的形态。换言之，只有把握道德情怀转化为政治激情的因果关系，我们才能更深刻地理解湖湘文化。

第三节　近代湖湘政治精英群体的保守与革命

一、近代湖湘政治精英群体的保守性

相当多的学者都承认，湖湘地域处于封闭的内陆，视野局限，经济不发达，远离政治中心，文化落后，形成了湖湘文化思维中保守性。宋代文化开化以来，观念文化底蕴贫乏的湖湘士人缺乏免疫力地拥抱了中原理学文化，并成为忠实的信徒。至清代，近代湖湘政治精英的主流群体直接就是朝廷重臣，与皇权以及理学构成同谋关系，近代湖湘政治精英群体以及湖湘文化的保守主义特征更加鲜明巩固。我们认为，如果悬置在光宣年间涌现的革命党群体，保守主义的判断是可以成立的。但在中国语境中，保守这个词汇具有贬义，往往与落伍、没落、反动之类词汇同义。而且，把人类历史看成一部阶级斗争史，看成底层民众对上层统治阶级的反抗史，一度成为控制中国史学思维的基本逻辑，以曾国藩为代表的晚清湖湘士大夫群体，因为镇压太平天国起义等行径，在史学评价中，长期被视为人民公敌和反动文化的标本。于是，我们启用保守主义这个词汇，自然会使不少人感到不安。但是，以求真为标榜的学术认知不应该回避真相，况且，我们认为，保守主义只是指涉事实的中性词汇，无须过分敏感。

保守主义作为术语往往包含着不同的词典义涵，但其基本指涉是，对于既成的社会思想和社会制度传统尤其是核心思想理念和制度理念采取维护姿态。保守主义者并非不知道与时俱进的道理，因而并不拒绝必要的思想和社会变革，只是

态度谨慎并且主张以渐进与温和的方式推动思想与社会变革，希望社会承受的代价相对较低，当然，如果他们认为变化将冒犯他们信守的价值底线，也会坚定地予以抵抗。基于这种理解，我们认为，近代湖湘文化总体具有保守主义特质。有趣的是，我们的判断与美国学者芮玛丽不谋而合，她的著述《同治中兴：保守主义的最后抵抗》就采用了保守主义这个称谓来概括曾国藩等湖湘士大夫为核心力量所创建的同治中兴局面。她如是写道：

> 欧洲保守主义与中国保守主义的共同之点仅仅在于两者都有保守的意愿。这两种体系都尊崇固有的社会行为方式，都反对彻底的变革，都主张充分考虑风俗习惯的前提下进行循序渐进的改良。对于中国的保守派而言，儒家的社会秩序、儒家的政治体制和儒家的伦理道德具有永恒的价值，放之四海而皆准。它们是基本原则，稍加调整便能应付新环境，但从来不会被削弱或改变。①

只要面对史实，承认近代湖湘文化的保守主义特质并不难，难点在于判断，这种保守主义的近代湖湘文化究竟是推动还是阻碍了社会的进步，是该敬重还是该诅咒？这是二元对立思维的典型追问，尤其是二元对立革命思维的典型追问。在革命思维看来，守旧保守就意味着历史罪孽。因此，曾国藩等人必然在革命的审判中被牢牢钉于历史的耻辱柱。但问题并不那么简单。马克思说过："什么东西你们认为是公道和公平的，这与问题毫无关系。问题在于在一定的生产制度下什么东西是必要的和不可避免的。"②马克思的意思是说，我们不能简单地用理论上的完美标准对现实事物进行价值评判。这就意味着即使在理论上是先进的、完美的，但不具有现实可能性，也是无意义的空谈，如果要在现实中强制推行，反而会贻害社会。事实上许多革命者的价值判断，往往是根据理论上的完美性和可行性展开权衡，而忽略现实的可行性。简言之，只要你的心愿是更完美的，你的行为就会受到肯定。而无数的历史事实表明，完美理念超现实地推行，同样会造成人类浩劫。许多理想主义的革命者恰恰因此成为悲剧的制造者。在我们看

---

① 芮玛丽著，房德邻等译：《同治中兴——中国保守主义的最后抵抗》，中国社会科学出版社2002年版，第2页。
② 《马克思恩格斯全集》第16卷，人民出版社1996年版，第146页。

来，太平天国的革命家就是这种历史角色。我们不妨要问，如果洪秀全打下江山建立天朝并巩固下来，中国的黎民百姓就会幸福美满吗？中国的历史就会前进一大步吗？恐怕任何负责任的历史学家都不敢作此承诺。诸多学者通过对太平天国的研究，已经深感失望。人们发现，太平天国表现出宣言与行动的严重分裂，其内在的保守性和腐朽性并不逊色于清朝政权。如果成气候，中华民族的灾难难以预料。我们不想深入探讨其间是非曲直，只是想陈述一个观点，我们不能简单地认为，对抗某个腐朽对象的就必然代表积极的历史进步，我们应该考虑到，很可能是一个更具灾难性的力量在对抗某种腐朽，其结果可能是更具灾难性的局面。如果是这样，保守主义在相对的意义上就具有历史的合法性。在我们看来，曾国藩等人的保守主义就应该作如是观。其实无论保守还是进化，还有更高的检验标准，就是社会绝大多数人的权益是否得到真正的增进，并且不是急功近利而是历史性的。在这个意义上，我们对保守主义就更不能简单地否定。

还不乏这种情况，革命集团在颠覆旧的思想体系和制度体系时，往往表现出与旧思想、旧制度誓不两立的姿态，可是一旦获得统治权，又会悄然恢复旧的思想体系和制度体系。例如，标举反清革命而取得统治权的同盟会——国民党集团就是这样，其在革命之初，对太平天国可谓赞不绝口，许多革命党人均以太平军传人自居，但是随着政权的巩固，太平天国又被描述成荼毒中华文化的暴民，治国理念又全面恢复了儒学体系，拯救大清的圣人曾国藩又成为民国圣人。这不能不使人揣测，因价值观敌对而引发的激进革命不过是改朝换代的策略。如果我们在这样的维度看革命和保守的差异，会更富有意味。我们甚至可以认为，保守主义更具真诚性。必须声明，我们并不认为一切反保守主义的激进变革都是阴谋，只是说，反保守主义的激进革命很容易被居心叵测者利用。

激进的革命风云过后，社会必然要在被颠覆的废墟上进行建构，而一旦进入建构，传统又会隆重出场，正如马克思说："人们创造自己的历史，但他们的创造不是随心所欲的，并不是在他们自己所选择的情况下进行的，而是在既有的，直接摆在他们面前的，从过去继承下来的情况下进行的。一切已死的先辈的传统，好像噩梦一样压迫着活人的头脑。"[①]按照我们更熟悉的列宁说法，新文化的建构是在吸取全部人类优秀传统的基础上进行的。批判地继承传统，是我们的

---

① 《马克思、恩格斯论艺术》，人民文学出版社1960年版，第187页。

必然选择。现代生活中，没有任何文化是割裂传统而流芳的。事实上，在打倒孔家店百年之后的今日，孔子不仅依然屹立于中华大地，还在国家的推动下走遍全世界——孔子学校就是明证。诸此种种都启示我们，对待保守主义的近代湖湘文化，不是简单地贴一个标签，做一个判断就可以万事大吉，而应该深刻地思考，为什么在历史的进程中，近代湖湘士大夫采取了保守主义的文化姿态？这些保守主义的湖湘士大夫们究竟想保卫什么传统？为什么这种保守主义文化姿态能够击败具有革命性的太平天国文化？为什么这些保守主义士大夫捍卫的价值观，至今依然富有生命力？芮玛丽比较中西保守主义有这样一段论述：

> 19和20世纪西方保守主义的特点是，相信神的旨意支配历史，持有原罪观念，怀疑理性；相信"约定俗成与稳健的成见"；信仰私有财产的神圣性；钟爱乡土生活方式，怀疑世界主义，相形之下，中国的保守主义则是捍卫理性的世界主义秩序，并在很大程度上捍卫西方保守主义视若仇敌的"根本错觉"，即认为人类历史是和谐而有理性的自然秩序的一部分，主张私有财产服从集体利益；相信人性善，认为通过道德修养可达到尽善尽美；尊崇习俗，认为习俗不是理性的障碍，而是理性的体现，并坚持大一统国家的理想。①

细细咀嚼，很多方面，不依然是我们的信念吗？我们和保守主义的信念到底有何分歧，是否水火不容？我们走出有多远？我们真正思考了吗？

此外，我们还认为，近代湖湘文化不是消极的理智的保守主义。它在捍卫传统中表现出极强的主动性和自觉性，或者可称作英雄主义气概。如果就这种保守主义对儒学坚定而暴烈的维护而言，则不妨称之为儒学左派或儒学鹰派。我们还要看到，这种激进既植根于极致的道德痴迷情怀，也植根于刚烈霸蛮的湖湘民性，或者更确切地说，植根于两者的互动，一方面极致的道德痴迷情怀会激发刚烈霸蛮的殉献冲动，另一方面作为文化遗传形成的刚烈霸蛮民性也会更加深道德痴迷。其结果就会表现为激烈的行动姿态，从而彰显出湖湘文化保守主义者与近代一般士大夫保守主义的差异。必须承认，这种激烈中蕴含着某种非理性的道德殉献意志。明知希望渺茫而强为之，这就是非理性的一种道德殉献——成败并不

---

① 芮玛丽著，房德邻等译：《同治中兴——中国保守主义的最后抵抗》，中国社会科学2002年版，第2页。

重要,重要的是张扬出一种道德意志。按照芮玛丽的观察,曾国藩为代表的湖湘士大夫在捍卫传统,进行保守主义的抵抗时,已经感觉到了这是最后的抵抗,但依然义无反顾。所以芮玛丽认为"同治中兴"的胜利其实是一幕悲剧。正因为如此,近代湖湘文化的激进保守主义也就具有了美学价值,使我们超越历史的进退成败,看到了一种富有血性的美学人格。再进一步分析,就不难心会,正是因为这样一种富有血性的美学人格,湖湘人也不难转向革命。随着历史的推进,湖湘人纷纷投入革命洪流,同样是义无反顾,充满霸蛮血性和殉献精神。不排除是一种觉悟,但是很大程度上和这种霸蛮血性以及霸蛮血性中蕴含的道德意志分不开。孙中山的一段话可为背书:"革命军用一个人去打一百个人,像这样的战争是非常的战争,不可以理论。像这样不可以常理论的事,是湖南人做出来的。"①如果我们再追问,中国社会的进步,是否必须借助一波接一波的暴力革命运动来推动呢?恐怕任何学者都不敢出此言。可以预想的回答是,当革命成功后,社会就要进入和平建设,这时社会解决社会矛盾的方式应该是平和渐进的,不能激进。如此,岂不又回到保守主义的逻辑之中了吗?其实,以保守主义的方式推进社会发展,是人类社会的常态,也是理想。反之,暴力革命的方式恰恰是不得已而为之。我们对保守主义与其怀抱种种忌讳与回避,还不如深入细致地分析,发现其中的文化营养,如是来看近代湖湘政治精英群体及湖湘文化的保守性,或许会有更丰富而深沉的启示。

二、道德观照下的保守与革命

近代湖湘政治精英群体前三代人,即陶澍、贺长龄为首的经世派群体,曾国藩、左宗棠为首的湘军群体,谭嗣同、唐才常为首的维新派群体,绝大部分都具有保守主义性质。谭嗣同已经有非常激进的思想,但依然维护君权,主张变法维新而不是暴力革命,所以总体还是保守主义。不过维新变法的时代,这种保守主义一统湖湘的局面也悄然发生变化,出现了保守和革命的分化,谭嗣同、唐才常等维新派虽然总体可归结为保守主义,却已显示出革命倾向。当然,湖南的顽固保守派依然强大,如王先谦、叶德辉等。发展到黄兴、宋教仁这批留日革命党

---

① 康咏秋:《热衷封闭保守,热衷仕途——湖湘文化的反思》,《湖南科技大学学报》2006年第1期,第91页。

群体，湖南的文化大走向已经导向推翻帝制的革命，以湖南人为主体的华兴会并入了同盟会，成为反清革命党中和广东籍革命党人并肩齐驱的革命力量。辛亥革命，湖南是举足轻重的重镇，其地位不逊广东。黄兴、宋教仁都是地位仅次于孙中山的革命领袖人物。富有意味的是，随着历史的演进，取得政权后的同盟会——国民党集团又倾向保守，更激进的共产主义革命党群体涌现，构成了国共之间保守与革命的激烈冲突，湖南人又在冲突形成对峙的两大阵营，各自捍卫着信仰而血战。现代湖湘文化显现出保守与革命的双重奏。

湖湘革命党群体的兴起大致有以下原因。

首先是社会矛盾的激化，使社会的推进难以达成妥协的社会意志，革命与保守的意志冲突到达了爆发点。这是否是历史发展的客观态势，亦即是否社会的进步一定要经历血火的搏杀，是个很难回答的问题，有学者就相信，保守主义的改良其实是可以奏效的，只是革命党不答应。我们不讨论这个复杂问题，我们强调的是保守派和革命派彼此不肯妥协，这其中既有对社会发展的认知判断，也有信仰意志的判断，总之是不妥协。这就必然会进入暴力冲突的革命。

其次是革命党群体的社会身份，与前代湖湘政治精英群体有很大差异。前代群体基本上是朝廷重臣，大权在握，利益与朝廷是共同体，信仰上也是共同体。就变革社会而言，他们可以动用手中的权力顺利地实现，不必生死搏杀，如曾国藩、左宗棠兴办洋务。从利益而言，如果革命就是权力的洗牌，就意味着既得利益的削弱和丧失，他们当然不会选择这条自杀之路。就信仰而言，他们对皇权和理学是信徒关系。所以他们不会革命。但是革命党群体就不同，他们是下层小知识分子，和权力十分遥远，根本没有施展作为的权力。1905年，科举制的废弃，他们失去了靠才华获得权势，施展抱负的机制，加上感同身受社会的腐败和黑暗，他们又都是血气方刚、嫉恶如仇的青年学子，对变革社会有着极为迫切的心绪，拥抱革命十分自然。

其三是湖南人特有的血性文化性格，不甘平庸，担当天下，而且不屈不挠。湖南人很难忍气吞声地过行尸走肉的日子，物质财富的享乐也很难诱惑湖南人，他们更渴望的是建功立业，经营天下。这种文化性格拥抱革命毫不奇怪。

有学者认为，湖湘革命群体的出现，意味着湖湘文化发生了划时代的转型。这是简单地用政治态度的变化来观照湖湘文化，而忽略对湖湘文化根性的观照。如果从湖湘文化根性来观照，就会发现，湖湘文化的根性并没有改变，反而更加巩固。保守与革命其实是湘文化的一对孪生子而已。

按照现在学界通行的说法，推翻帝制以后中国历史上同样有保守和革命两大阵营，即以共产党为代表的革命阵营和以国民党为代表的保守阵营。如果想当然，湖南精英更多应该是革命阵营。事实也在相当程度上印证了这个想象。资料显示，中共建党的第一届全国党代会的13位代表中，湘籍代表4人，占代表人数近三分之一，此时全国党员50人左右，湖南党员近20人，占全国党员40%。1945年，中共七大选举的中央委员中，湖南籍中央委员约占中央委员总数的30%。1949年，中华人民共和国成立，第一届中央人民政府的63名领导人中，湖南籍的有11人，占总数17.5%。1955年，中国人民解放军授衔，十大元帅中有3位湖南人，占总数的30%，10位大将中，湖南人6人，占总数的60%。55位上将中，湖南人19人，占总数的34.5%。1956年中共八届一中全会选举出17名中央政治局委员，湖南人7人，占总数的41%。中央委员97人，湖南人30人，占总数的近40%。可见，湖湘精英与革命确有不解之缘。

但是我们同样发现，在国民党集团方面的湖南人同样是阵容强大。黄兴、宋教仁、谭延闿、蔡锷、唐生智、赵恒惕、程潜、何健等都是国民党系统的高级军政精英，还有军事英杰也是将星如云。资料显示，黄埔军校1—5期七千多学员中有湖南籍学员两千多人，占总数30%，绝大部分加入了国民党军队，成为带兵将领。黄杰、刘建绪、鲁涤平、贺耀组、廖耀湘、郑洞国、陈明仁、宋希濂等均为名将，不确切地统计，国民党军队中下阶级的将官中，湖南人约占半数。抗战时期，精锐的远征军将领中约三分之二是湖南人。

以上现象表明，对政治的热衷以及富有献身精神是湖南人的共同特征，至于政治立场并不特别重要。有人根据现代湖南人革命英杰辈出的情况，认为湖湘民性和湖湘文化中有革命基因，这是值得商榷的，如果我们承认，国民党集团执政后走向了保守，那么，现代以来，湖南人站在保守阵营的群体阵容并不逊色于革命者群体，其斗争的坚定性亦不逊色于革命者群体。湖南在现代革命中是中共发动革命运动如火如荼之地，但也是屠杀革命血流成河之地，屠杀者同样是湖南人。可见，我们不能用革命与否的表象来解释湖湘文化的历史赓续，只能用湖湘文化传统中的政治痴迷、道德痴迷、救世痴迷、斗争痴迷的情结以及强烈的功业心来解释。通俗言之，富有倔强血性的湖湘人比较亲和于比较激烈的生活方式，在以政权的危机和斗争为主旋的时代，无论是保卫政权还是夺取政权，都必须采取激烈的方式，因此也契合了湖南人的文化性格。再说政治立场的进步与落后，正确与谬误，当事者站在自己的立场看，当然都是肯定性的判断，双方都认为自己是替天行道，都是真理的捍卫者，就具有褒义的革命而言，双方都认为自己是真正的革命者，对方是假革命或反革命。公认的历史结论要在很长时间以后才能出场，这就更加具有遮蔽性。设身处地想一想，两派湖湘子弟都是基于正义的冲动选择了各自的政治立场。就文化性格的影响而言，两派湖湘子弟都是吮吸同一文化母亲的乳汁而选择了不同的政治道路。

于是，我们就触觉到湖湘文化更为内在的张力了。我们说过，近代湖湘文化在特定历史的语境表现出保守主义的特征，但这只是湖湘文化的一种可能性。只要历史条件具备，它同样可以为革命输送献身的勇士和英雄。因为，革命者选择革命不仅仅是基于认知或说觉悟，更重要的是基于一种强烈的道德意志。长期致力于革命者心理动因研究的美国学者威廉·布兰查德教授认为，革命应该是一种道德意志的产物，革命者普遍具有这样一种道德情怀："寻求一种道德真理并渴望个人之善，同时坚信这种个人之善只有在为别人的受难中才能获得。"[①]只要认真分析就不难发现，这种心忧天下，勇于担当，具有强烈殉献感的道德情怀在湖湘文化中是最根深蒂固的内核，从屈原时代就已植根："长太息以掩涕兮，哀生民之多艰。余虽好修姱以鞿羁兮，謇朝谇而夕替。既替余以蕙纕兮，又申之以揽茝。亦余心之所善兮，虽九死而终未悔。"一代又一代湖湘优秀儿女，吟哦着屈原的诗句，踏上路漫漫而修远的人生之路而上下求索，既是为自己，更是为天下。可以说，屈原人格成为一代又一代湖湘优秀儿女的最高人生理想。这与政治立场的进步与否无关。就政治立场的进步性而言，秦国更代表历史进步的方向，屈原对楚国的忠贞，指向的反而是历史的后退。但这并不重要，重要的是绝不背叛，誓死担当的道德气节。无论你选择了进步还是保守，只要你绝不背叛，忠贞坚守就是英雄好汉。这就是湖湘文化更内在的意念。总之，现代湖湘人无论是走向革命还是坚持保守，都可在湖湘文化的评价体系中获得英杰勋章。

不妨以罗典及后辈族人的政治表现做个案分析。我们说过，罗典在近代湖湘政治精英群体培养方面，是具有宗师地位的人物。近代湖湘文化的形成，他具有重要作用。其育人理念就是："地接衡湘，深山大泽龙虎气，学宗邹鲁，礼门义

[①] 威廉·布兰查德：《革命道德：关于革命者的精神分析》，中央编译出版社2004年版，第3页。

路圣贤心",这个理念,既包含道德理想,也包含政治理想。就政治理想而言,显然是信守儒学传统,维护皇权制度,因而具有因循守旧,抗衡历史进步的属性。如果仅仅简单地以政治标准考量,他应该被否定。然而我们依然对他怀抱敬意,其理由就在于超越了政治的考量而看到了罗典的文化价值、道德风范以及美学魅力。得用马克思的话,就是看到了"人的本质力量对象化"的升华成就。如果说,罗典是以思想显现其"人的本质力量",那么,更多的罗典后人则是以行动在展现"人的本质力量",而且政治立场大相径庭。例如罗典后人罗逢元、罗德煌兄弟,均为湘军骁将,属湘军精锐曾国荃吉字营,罗逢元为副将,攻克安庆、南京等战役立殊功,赏展勇巴图鲁名号,以一品提督记名。还有罗典后人罗汝怀之子罗萱,为湘军高级幕僚,在曾国藩帐下掌文案,文武双全,后战死,授太常侍卿衔,赐骑都尉世职。从政治角度看,他们都是封建皇朝的铁血卫士。还有后人罗正均,也是一代湖湘英杰,郭嵩焘的弟子,官至山东学政,是中国师范学校之父,学术上写过名著《船山师友记》,是陈三立的密友,陈师曾、陈寅恪兄弟的老师。辛亥革命后,他做了一件事,收集辛亥革命中为大清而死难的忠臣事迹,有百余人,写了《辛亥殉节录》,可见其政治立场的守旧。但是钱基博写《近百年湖湘学风》,把他作为重要文化学者列入,评价甚高。罗典族中后人中也有罗学瓒、罗哲这样的革命英烈。罗学瓒为毛泽东、蔡和森的同学和密友,新民学会发起会员,中共最早的党员和高级干部,与蔡和森同赴法勤工俭学,与毛泽东一同进行湖南农民运动考察,1927年后为中共浙江省委书记,1930年,壮烈牺牲,年仅36岁。罗哲也是新民学会早期会员和中共早期党员,经毛泽东介绍加入中共,随毛泽东去广州主办农民运动讲习所,是毛泽东的首任秘书,策动秋收起义时被捕,壮烈牺牲,年仅26岁。从政治角度看,他们无疑更有当下的价值认同性。但是翻阅家谱就会发现,他们一视同仁地成为罗氏家族的骄傲。细细琢磨,家谱的编撰者实际是根据罗典"地接衡湘,深山大泽龙虎气"的意念来取舍家族英杰人选,这就是道德人格及文化贡献的标准了。可见,政治标准并非普遍接受的尺度。我们不难发现,如果沿用政治标准,以所谓进步与保守,革命与守旧来权衡历史,一切属于旧时代的英杰都要退场,必然会导致历史虚无主义的尴尬。

这意味着,解读湖湘文化,必须超越政治的权衡,进入道德哲学,才能真正把握湖湘文化的根脉。湖湘人的政治痴迷,也只有在道德哲学的逻辑中,才能得到合情合理的解释。不能不说,排除那些出于投机投身政治的小人,真正有志于政治者，其实是有着极强的道德义务感的人。所以孔子说，士志于道。由此联想开去，作为中国思想主流的儒学文化其本质上是个伦理学的文化，是道德哲学的文化，中国的政治体系是在伦理学的原理中展开的。内圣外王的命题就这样诞生了。于是，迷信圣人治天下，迷信人治，就成为千年中国挥之不去的政治风俗，而湖湘文化则是最生动的注脚。面对这样的先辈遗产，我们该如何应对呢？显然，儒学把道德推到至高无上的地位，同样会出现令人纠结的道德灾难。当人类被道德绑架，遭遇的浩劫同样血泪斑斑。中国儒家文化强调以德治天下，其实是一把双刃剑，从正面意义说，它引人超越平庸向崇高升华，从负面意义说，它往往脱离实际难以实现。试想，要人人都成道德圣人，这可能吗？结果就会造成道德绑架，道德灾难。中国儒学的思路就是激励人们不断超越，不断向善，把人往天堂引。其实还有一种思路，就是守住地狱之门，只要不为恶，任由人们自行其是。两者比较，恐怕后者更现实可行。悠悠千年，中国恐怕是世界上道德旗帜举得最高的国度，也是道德灾难和道德危机最深重的国度，总之，我们面对的是个大问题，本书无法圆满回答。但我们相信，会有智者来圆满回答。

第四节　近代湖湘政治精英群体的宗法性

一、一个值得重视的文化课题

孔子孜孜以求"克己复礼"，还说"克己复礼为仁"。他终于心想事成，以血缘为纽带，以血亲之爱的"仁"为感情心理支撑，以"礼"为行为规范，在中华大地建构起了绵延数千年的宗法社会，至今依然若隐若现。李泽厚说："中国古代思想传统最值得注意的重要社会根基，我以为，是氏族宗法血亲传统遗风的强固力量和长期延续。它在很大程度上影响和决定了中国社会及其意识形态所具有的特征。"[1]在中国宗法社会中，家及家族是最基本的社会单位，以血亲遗传为纽带，家长或族长为至尊，以"孝道"为行为伦理规范，组织和导控家庭及家族

---

[1] 李泽厚：《中国古代思想史论》，安徽文艺出版社1985年版，第297页。

成员的全部精神和物质生活。就统摄全部家庭和家族的国家结构而言，同样是以血亲为纽带，以君王为至尊，以"礼仪"为行为伦理规范，建构起了中国家族体系中具有统治地位的皇族或说贵族家族系统，既组织和导控贵族系统本身也组织和导控全社会的家族系统。这就是宗法社会的"家国同构"机理，所谓"家是缩小的国，国是放大的家"，"家之君王即父（母），国之父（母）即君王"。在宗法社会里，血亲为纽带的家（家族）内部成员是十分紧密的，故有"打虎还靠亲兄弟，上阵还靠父子兵"之说。而家（家族）与家（家族）的关系则保持着相当距离，这就意味着家或家族具有某种独立性和封闭性。放大到全社会，就形成了因家或家族独立性和封闭性造成的松散性，从而形成了全社会的互相封闭性。这就是中国社会整体具有封闭性的社会结构根源。所以，中国社会既大又小，圈子现象、乡土现象、熟人社会现象、帮会现象也就因此形成，构成对大社会的割裂。人们总是习惯于在以家或家族为轴心的范围内交往。只要认真观察就不难发现，圈子、乡土、熟人、帮会其实都是家族扩张辐射的结果，往往是家族势力扩展的边界。这同样是一种放大了的封闭性和家族性。所以费孝通提出乡土中国、绅士中国的深意亦在于此。他说，家族是中国乡土社会的"基本社群"，并认为，"中国的家是个事业组织，家的大小是依着事业的大小而决定的"，"这个社群里的分子可以依据需要，沿亲属的差序向外扩大"①。这还意味着，在中国的控制机制中，家族具有很大的话语权，国家的统治，在很大程度上要通过家族的中介才能有效实现。即强调家族领袖阶层的桥梁作用，强调以家族势力为支撑的地方豪强在社会控制系统中的重要功能。因此，中国宗法社会具有统治地位的皇族系统也复制出一套家族性的控制机制和家族相对应，取得彼此间的沟通、契合与心理认同。这就是以血缘为纽带，以君王为尊长，以"礼仪"为伦理行为规范，当然，还包括暴力的支撑，从而把国家变成了一个放大的家族，把每个家族单位浓缩为子民，实现全社会的管理。

显然，宗法社会的管理本质就是人身的依附关系。所谓孝道，所谓礼仪的核心指向就是建立人身的依附关系。具体言之就是君臣父子，三纲五常的行为规范。这套规范的属性是建立在心理感情上的伦理体系。概要言之，中国的宗法社会是个人治的社会，其人治的理念就是建立人身依附关系，之所以对人身依附关

---

① 费孝通：《乡土中国》，北京大学出版社2012年版，第61—65页。

系具有信心,就在于血亲生理根源,所谓"血浓于水",基于血亲生理基础,建立人身依附关系的有效手段就是诉诸道德情感认同。而在全社会的治理结构中,皇权和家族构成合作关系。尤其是家族起着重要的中介作用,于是就形成了乡土中国、绅士中国、熟人社会等等重要现象。马克斯·韦伯在1916年的中国宗法社会考察中写下了这样一段话,确实发人深省:

> 一个信奉儒教的中国人要尽的义务的内容,无论何时何地,都是对那些通过现存的秩序与之接近的具体的活人或死人的虔敬,从来不是对某位超凡的神的虔敬,因而也不是对某项神圣的"事业"或"理想"的虔敬。至于"道",既非事业,亦非理想,仅仅是约束人的传统主义礼仪的体现而已,它的戒命不是"行动",而是"空"。客观化的人事关系至上论的限制倾向于把人始终同宗族同胞及与他有类似宗族关系的同胞绑在一起,同"人"而不是同事务性的任务(活动)绑在一起。……在中国,一切信任,一切商业关系的基石明显地建立在亲戚关系或亲戚式的纯粹的个人关系上面……①

基于以上对宗法社会的基本理解,再回到湖湘文化,回到近代湖湘政治精英群体,我们就不难意识到,宗法社会对湖湘文化以及近代湖湘政治群体一定会产生深刻的影响。比如,湖湘文化的保守性,湖湘民性的霸蛮血性,湖湘社会和视野的封闭性,湖湘士大夫的道德痴迷,湖湘人对政治的重视对商业、实业的轻视等等,难道与湖湘的宗法乡土环境熏陶无关吗?不无遗憾的是,当下关于湖湘文化的探讨中,这恰恰是一个很薄弱的研究领域。我们在撰写本书时检索有关参考资料,感觉这方面的研究论述少得可怜。坦率言之,我们也是进入本书的思考时,才意识到缺乏对湖湘乡土宗法社会的具体了解,对湖湘文化以及近代湖湘政治精英的解读往往是只知其一,不知其二。因此,如果说我们的思考还很肤浅的话,其重要原因就在于我们对湖湘乡土宗法格局的陌生。在这一节,我们将努力做出一些探讨,由于学力和资料把握有限,我们难以就湖湘乡土宗法社会的宏观面貌及其与湖湘文化包括近代湖湘政治精英群体的形成关系做出阐释,而只能就一些枝节性的问题发表点滴心得。具体言之,我们想探讨一下近代湖湘政治精英

---

① 马克思·韦伯:《儒家与道教》,商务印书馆2004年版,第289页。

群体在人际关系中烙印出的宗法关系，我们认为，正是因为宗法社会的交际特点构成了近代湖湘政治精英群体成员间的某些人际关系，反之，也正是这些人际关系，更加巩固了湖湘乡土宗法社会，在相当程度上，这种人际关系又构成了近代湖湘政治精英群体的组织机理。例如，湘军的组织机制，就是极为典型的宗法关系体现。对此，我们在有关章节已经做出了描述，但我们的描述还失之笼统。以下，我们将通过具体个案进行补充。可以肯定，我们的补充同样是粗浅的。但愿能抛砖引玉，引起学界的重视，产生扎实的研究。

二、近代湖湘政治精英群体的姻亲关系

宗法社会是个熟人社会。人们习惯于在熟人圈中交往，知根知底，血脉相通或情感相融，更容易建立信赖、建立交情、建立互助关系，从而形成具有凝聚力的利益共同体。俗话说就是抱团取暖，相互依赖。这也是宗法社会人身依附关系的具体表现。在熟人关系中，最容易建立紧密关系的无疑是血亲关系，此外大概就是姻亲关系了，这是以联姻而产生的一种血亲关系。在宗法社会中，通过姻亲关系建立利益共同体，以加强家族势力，是最常见的形式。俗话说联姻要讲门当户对，表面看只是图个名分上的体面虚荣，实质上还是诉求一加一等于甚至大于二的效益。按照恩格斯的判断，不含家族势力扩张和功利计算目的的婚姻那是共产主义的事。

近代以来，湖湘政治精英井喷似地群体化涌现，可谓社会学奇观。其中一个很重要的原因，就是相互提携。如贺长龄兄弟对左宗棠的提携，对曾国藩的提携，对罗泽南的提携，对魏源的提携，以及陶澍和贺长龄的相互提携等等都是史家频频提及，坊间津津乐道的佳话。可以想象，如果没有这种相互提携，近代湖湘政治精英未必能呈雨后春笋、后浪推前浪的涌现之势，而且近代湖湘政治精英群体，个个都是英雄豪杰，常言道，一山不容二虎，湖湘精英岂止二虎？说千虎出山都不为过。但总体而言，他们却在思想上和行动上表现出高度的一致性，形成了整体合力，共同创造了力挽狂澜、中兴大清天下的赫赫勋业，这也表明，他们在人际关系是比较和谐的。深入考察，就会发现，联姻是维系他们比较和谐人际关系的重要纽带。换言之，近代湖湘政治精英群体可称作是一个亲戚集团。有了这层关系，自然就同舟共济，相互支撑，即使有思想分歧，有利害冲突也不难

妥协。下面，我们就以贺长龄家族为个案，谈谈这个问题。

在第五章，我们已经就贺长龄的家族做过一些介绍。简言之，善化贺氏家族是近代湖湘最显赫的家族之一，其家族以贺长龄、贺熙龄、贺桂龄三兄弟高中进士，入仕为官为崛起之始，其中贺长龄官至兵部尚书、云贵总督，为贺家的最大的骄傲。在贺长龄显要的时代，贺家势力横跨湖湘政治、文教、经济三界达到鼎盛。而其鼎盛的一个重要支撑，就是姻亲关系。查阅贺氏家谱，可以发现，贺长龄八兄弟以联姻串联起了十多位尚书、督抚级别的显赫人物及家族，至于知府、知县级别的姻亲更多不胜举。无怪贺长龄在当时湖湘士人集团中能有领袖地位。根据《善化贺氏族谱》，贺长龄兄弟的姻亲关系如下图表。

善化贺氏家族主要姻亲表

姓　名	简　介
陶　澍	进士出身。两江总督，嘉道年间湖湘士人集团领袖人物。其女陶填姿嫁贺熙龄子贺珏。为贺长龄侄儿媳。值得一提的是，贺长龄的孙女又嫁给了陶澍的孙子陶宸翼，这样陶澍与贺长龄兄弟可谓双重亲家。
曾国藩	进士出身。两江总督，直隶总督，湘军创立者和统帅。其长子曾纪泽娶贺长龄女。曾国藩与贺长龄为亲家。贺长龄曾资助曾国藩赴京考试，学问上对曾多有指教，曾对贺执弟子礼相待，十分敬重。
左宗棠	举人出身。与曾国藩齐名的湘军统帅。陕甘总督，两江总督，总理衙门大臣。贺熙龄的授业门生。其长子左孝威娶贺熙龄第六女。左宗棠早年亦受贺长龄教诲，深得贺长龄器重。与贺长龄兄弟既为亲家且有弟子关系。
胡达源 胡林翼	胡达源，探花进士，翰林院编修，少詹事，胡林翼之父。胡林翼，进士出身。湖北巡抚，湘军统帅。胡达源之弟胡达澍的儿子胡杏翼，亦即胡达源的侄儿、胡林翼的堂弟娶贺桂龄的次女。这样一来，贺长龄兄弟与胡林翼家族也有了姻亲关系。
彭玉麟	湘军水师创建者，两江总督，兵部尚书。娶贺松龄的四女，为贺长龄的侄女婿，或说为贺家女婿。
劳崇光	进士出身。两广总督，云贵总督。娶贺寿龄的长女，为贺长龄的侄女婿，或说为贺家女婿。
吴其濬	嘉庆二十二年状元进士，著名植物学家，官至礼部尚书及湖广总督、云贵总督等。其子吴元禧娶贺长龄长女，吴其濬与贺长龄是亲家。
何凌汉	探花进士，书法家。工部尚书、吏部尚书等。其子为著名书法家何绍基。何凌汉的孙子何庆熙（何绍琪子）娶了贺熙龄的孙女，为贺熙龄的孙女婿，贺长龄的侄孙女婿。何凌汉和贺长龄兄弟为亲家。

唐 鉴	进士出身。清代大理学家。曾国藩师。曾为江宁布政使，贵州按察使等。其女儿嫁贺熙龄的次子贺瑗，为贺熙龄儿媳，贺长龄的侄儿媳。唐鉴和贺家兄弟不仅是密友还是亲家。
丁善庆	进士出身。著名教育家，岳麓书院山长。自小在外公刘权之身边长大。刘权之曾任大学士、军机大臣、兵部尚书等职。丁善庆曾任贵州、广东乡试正考官，广西学政，杰出学生有曾国荃、刘长佑、刘坤一等。丁善庆的女儿嫁贺长龄子贺诒令。丁善庆与贺长龄为亲家。
张百熙	进士出身。著名教育家，中国大学之父。曾为工部尚书、吏部尚书，管学大臣等。张百熙的孙子张孝谋娶了贺桂龄的重孙女（贺师谦女），张百熙与贺家有姻亲关系。
徐树铭	进士出身。唐鉴、曾国藩的学生，大收藏家。曾任工部尚书。其为劳崇光女婿。而劳崇光又为贺寿龄女婿，即贺寿龄之女是徐的岳母。

以上图表并不全面，也不细致。但也足以勾勒出贺家兄弟盘根错节，气象壮观的家族关系图，这些贺家的姻亲家族不仅是湖湘也是近代中国的显赫望族，如果再把这些贺家姻亲家族的关系延展开去，交织出的家族关系图景更是难以想象的壮观。比如贺长龄家族与陶澍家族的姻亲，涉及贺长龄、贺熙龄、贺桂龄三兄弟，五代人以上。与何凌汉家族的姻亲关系也是五代人，覆盖了何绍基、何绍业、何绍祺、何绍京号称何家四杰的四兄弟。和唐仲冕、唐鉴家族是四代姻亲，与吴其濬家族的姻亲关系也是三代人。最壮观的是上表中未列出的长沙金井郑敦允家族，一门八进士，为官者上至尚书（郑敦谨）、下至知府（郑世骏、郑敦允）、知县（郑敦亮），还有民国的陆军上将郑先声，中共的高级领导干部刘英（刘家惠）、刘彬（郑家献）等等。贺郑两家姻亲五代人以上，涉及36人。此外还有黄德濂、黄自元家族及至后来的黄兴家族。这些大家族的世代姻亲中又出现了姑表姻亲、姨表姻亲，亲上加亲，剪不断，理还乱。辐射开去，社会能量不言而喻。近代湖湘政治精英群体其实就是一个姻亲集团，其凝聚力、战斗力、社会影响力都大大地放大。这也是近代湖湘政治精英群体的一种组织机理，从而昭示着中国的宗法社会的特有组织结构。

顺着话题说开去，直观地看大家族，只是一个社会单位，大家族的联姻，只是家族硬实力的扩张，但从文化上说，就是文化的集成、融合与扩张，是宗法社会的一种独特的文化建构现象。一般来说，大家族凝聚着较多的文化精英，往往是某种文化集合体，甚至成为某种文化符号。再通过联姻，就促进了文化的交流与建构。不妨仍以贺家为例。贺长龄离世后，虽然以善化贺氏为旌幡的家族鼎盛不再，但是贺家后人依然活跃于中国的文教、政治、经济领域，英才荟萃，多有建树。比如贺长龄的侄孙，贺桂龄之孙贺师谦及其子贺家栋，相继是镇守伊犁的知府，贺师谦退职后获二品资政大夫的皇封。其子贺家栋接任伊犁知府，策动了伊犁起义，掀开了新疆的民国史，其历史勋业不让贺长龄。还有贺家后人贺家璧娶长沙黄炳昆之女为妻，成为黄兴的姐夫，不仅与黄兴家族联姻，也与革命结缘。其孙女贺澹江早年卷入革命，颠沛流离，后为齐白石的女弟子，语言学大师黎锦熙的夫人，成为文化名媛。还有贺师谦的孙女贺延祜参加新民学会，和毛泽东等早期湖南共产党人的交往很深。其夫欧阳继缋是共产党早期的广州学运领袖。他们都是走在历史潮头的人物。贺家后人有男儿留学日本，姑娘留学南洋的传统，在文教科技方面都颇有作为。如贺家后人贺家耀，毕业于日本政法大学，为民国知名的大法官，其子贺益兴，毕业于日本早稻田大学，为民国知名农学家，贺益兴妻子齐长为著名戏剧理论家齐如山的女儿，作为姻亲的高阳齐家在民国是赫赫有名的文化世家。贺益兴三个妹妹中两个都是名牌大学毕业，大妹贺延祉为银行高级职员，其夫黄子美是银行家，新月派的投资人，与徐志摩等文学圈名流的关系十分密切。二妹贺启兰是著名的书画家，其夫凌宴池也是银行家，著名的收藏家、诗人。夫妻俩和陈师曾、齐白石、吴宓、陈寅恪等大画家、大学者诗歌唱和，书画往来，关系极为密切，还是合肥张家四姐妹的干兄嫂。贺延祉有两个很有名气的儿子，一个叫黄昆，是世界著名的物理学家，中国固体物理学和半导体学的奠基人，两位诺贝尔奖获得者莫特和波恩都是黄昆的老师。黄昆还和老师波恩合作发表过著作，成为世界物理学界的名著。还有一个叫黄宛，为著名医学家，是中国心血管内科的开拓者。长沙有个著名女中，叫周南女中，贺家的姑娘大都是周南毕业，并且从事教育，成为湖湘教育界名师，如贺益昭、贺益恩姐妹。此外还有姻亲延伸出外姓英杰人物劳君展、劳竟九、劳思光、许德珩、许鹿希、邓稼先、李崇道等等，有趣的是，贺家后人通过联姻，竟然还和清朝末代皇帝溥仪家族结成了亲戚。诸此种种，都显示出大家族特殊的文化意义。某种意义上可说，中国文化的发育繁衍，是以大家族为重要基石。研究湖湘文化和近代湖湘精英，离开湖湘家族机理的解剖，我们对湖湘文化的许多现象可能就会浅尝辄止，不够深透。反之则会有很多深刻的启迪，比如对中国宗法社会关系的理解。

三、近代湖湘政治精英的师生同学关系

中国熟人社会人际关系中的师生同学关系，也是极其重要的交际纽带。以这种师生同学关系构成的势力集团，在中国的近现代社会生活中可谓屡见不鲜。最为人熟知的，恐怕就是黄埔师生群体了。资料显示，近代湖湘政治精英群体的师生同学关系，并不逊于黄埔师生。就学校而言，他们大多数都是岳麓弟子，具有学兄弟关系或说校友关系。如果就师承而言则更加集中——他们绝大多数都可以说是岳麓山长罗典的门生弟子。清代乾隆年间，岳麓书院以山长罗典为旗帜，形成了长达近六十年的罗典书院时代。之所以如是说，主要是此期间执掌岳麓书院的是罗典和他的两位得意门生袁名耀和欧阳厚均。这两位弟子，按照欧阳厚均的话说，对罗典的教统是亦步亦趋，不敢逾越。于是，将他们培养的英才群体称之为岳麓罗门弟子也就顺理成章。还值得说明，此期间湖南还有一所名校，即城南书院，地位和岳麓书院相当，也培养了不少湖湘英才。但是，城南书院本身就和岳麓书院有着渊源联系，可说是姊妹学校。此外，城南书院许多山长或执教者，如贺熙龄、胡达源、陶澍、郭嵩焘等本身就是罗门弟子，其学生可谓罗典再传弟子。总之，我们以岳麓书院和罗典为轴心来做一番考察，会发现近代湖湘精英群体间极为密切的师生同学关系，这种关系无疑是将他们凝聚在一起的重要机制。以下列举部分罗门著名弟子名录，肯定会有很多遗漏。按照当年统计，罗典执教27年间，培养出来的举人187人，会试成进士者36人，选拔及举优贡成均者112人，均载入当地史志。欧阳厚均同样主持岳麓书院27年，弟子著录3000人，发名成业者数百。我们估算，罗典书院时代的通显之才应有近千人之多。显然是我们难以掌握的。所以只能就我们掌握也最为今人熟知的人物做些介绍。

罗典英杰弟子群表

罗典亲传英杰弟子群	彭浚	嘉庆十年状元进士。道光皇帝之师，内阁大学士、太仆寺少卿。		
	何凌汉	嘉庆十年探花进士。书法家，翰林院编修、工部尚书、吏部尚书、户部尚书等。（何为罗典门生，从罗正纬说）		
	石承藻	嘉庆十三年探花进士。翰林院编修，迁御史。（石为罗典门生，从罗汝怀说）		
	胡达源	嘉庆二十四年探花进士。胡林翼之父，翰林院编修，少詹事。		
	贺长龄	嘉庆十二年乡试第一名，次年中进士。主编经世派经典《皇朝经世文编》，官至云贵总督。		
	陶澍	嘉庆七年进士。官至两江总督。为湖湘经世派领袖人物。少年随父陶必铨就读岳麓书院，陶父师从罗典。世人多认同陶澍亦为罗典门生。		
	贺熙龄 嘉庆十九年进士。贺长龄之弟。历任湖北学政等职。退休后主持城南书院八年。	罗典再传英杰弟子群	左宗棠	举人出身。湘军主帅。晚清重臣，与曾国藩齐名。近代湖湘第二代政治精英群体领袖人物。任闽浙总督、陕甘总督、总理衙门大臣等。
			罗泽南	著名学者、理学家。湘军重要统帅。授按察使衔。
			罗汝怀	拔贡出身。著名文史学家。曾国藩、左宗棠密友。因子罗萱封通议大夫内阁中书衔。
	贺桂龄	道光二十七年进士，贺长龄八弟。官至潮州知府同知。（或说罗典再传弟子）		
	袁名曜 嘉庆六年进士。任翰林院编修。回湘后继罗典后主持岳麓书院五年。	罗典再传英杰弟子群	魏源	道光二十五年进士。官高邮知州，清代著名思想家，政治家。
			罗绕典	道光九年进士。任云贵总督等职。传闻他本名罗兰阶，因慕罗典之名改名罗绕典。
			陈本钦	道光十二年进士。湘中名士，主讲过城南书院。
			郑东亮	
			黄本骥	道光元年举人。著名学者。
			严正基	严如煜子，副贡生，官郑州知州等。
			张中阶	

罗典亲传英杰弟子群	欧阳厚均 嘉庆四年进士。任浙江道监察御史等职。回湘后继罗典、袁名曜之后主持岳麓书院27年。	罗典再传英杰弟子群	曾国藩	道光十八年进士。湘军创立者和统帅。晚清四大名臣之一。近代湖湘政治精英群体第二代领袖人物。官至两江总督、直隶总督等。
			郭嵩焘	道光二十七年进士。湘军创建者之一。外交家。曾任广东巡抚。
			李元度	举人出身。湘军重要主帅。任贵州布政使等职。
			江忠源	举人出身。湘军重要主帅。官至安徽巡抚,追赠总督。
			刘长佑	拔贡出身。湘军著名统帅。任直隶总督等。
			唐训方	举人出身。湘军名将。授安徽巡抚。
			周玉麒	进士出身。著名教育家。督理浙江学政。岳麓书院山长。
			胡林翼	道光十六年进士。湘军主帅。晚清中兴名臣。任湖北巡抚等职。
			刘蓉	晚清著名学者,湘军重要幕僚。授陕西巡抚。
	严如煜	乾隆五十四年举优贡。军事地理学家。曾为贵州按察使,以军功赠陕西布政使。		
	周锷	乾隆五十二年进士。官贵州学政、苏州知府等。		
	魏辅邦	魏源的伯父,也是魏源的启蒙之师。后拜罗典为师,交情极厚。		
	唐鉴	嘉庆十四年进士。理学大师,曾任江宁布政使等职。(从罗正纬说)		
	汤鹏	道光二年进士。著名理学家,曾任山东监察御史。(从罗正纬说)		
	向曾贤	乾隆六十年进士。国子监学录。嘉庆帝师。杨昌济高外公。		
	罗麓西	为陶澍属下,官任镇江太守。		
	秦敬衡	生平不详,见《岳麓书院史》。		
	李白桥	生平不详,见《岳麓书院史》。		
	吴桃溪	生平不详,见《岳麓书院史》。		
	邓显鹤	文献学家。编撰刻印王夫之著述等湖湘文献名世,被梁启超誉为"湘学复兴导师"。(邓为罗典门生,从罗正纬说)		
	罗修源	乾隆三十七年进士。职任少詹事,《四库全书》提调。罗典后人。(从罗正纬说)		

　　从以上多有遗漏的名录看,基本上覆盖了嘉道、咸同年间两代湖湘政治精英群体的核心人物。如果再延伸开去,如把罗泽南、郭嵩焘、曾国藩、唐鉴等的弟子群勾连起来,规模就更为宏大壮观,就不止是两代英才的问题了。总之,印证

了我们所说，近代湖湘政治精英群体是个师生同学集团。师生同学关系，这是宗法社会里社会力量组织的重要机制。时至今日，依然具有强大的生命力。亲戚、师生、同学、老乡依然是人们交往中挥之不去的情结，在很大程度上决定我们的社会面貌。要走出宗法社会，进入公民社会，我们还任重道远。

尾声　怎样面对先辈的文化遗产

着手本书课题，我们查阅了不少史料和研究文章。有一个感觉，当下对湖湘文化的研究中，学人的研究动机何在，并没有清晰而确当的共识。相当多的研究是为研究而研究，即找一个角度，收集一些材料，概括出一个结论就万事大吉，如马克思所说，只是满足于解释世界，如何改造世界的学术功能则被遗忘。马克思说："使死人复活，是为了赞扬新的斗争……是为了重新找到革命的精神，而不是使它的幻影重新游荡起来。"[1]实在是很中肯的提醒，值得我们好好回味。还有一些研究是出于个人或集体的乡情激励，尖刻一点说，就是力图在祖先的荣耀中建构当下的心理虚荣和自信包括谋求急功近利的现实福利。例如为许多名人故里、文化景观打造所进行的论证，与其说是求真的学术探索不如说是急功近利的商业招数，亦即所谓文化搭台经济唱戏，用文化赚钱而已。必须申明，我们并不反感用文化赚钱，只是想说，不能用文化产业的逻辑来做学问。学问自有自己的逻辑，就是结论不可预设。而文化产业则往往要求按照某种预设的结论去建构论证，比如首先认定湖南是炎帝故里，然后再启动研究加以证明，不许出现否定结论。不言而喻，此时论据已经异化，不是学理的支撑而是学理的装饰。列宁说过，要为某种结论寻找一些依据并不难，难的是怎样排除那些反证性的依据。总之，在这种情状下，学术研究求真的品质被严重遗忘。

我们觉得，湖湘文化的研究既应该走出为研究而研究的学术自娱自乐，又要防止庸俗的实用主义。我们应以严肃而求真的态度审视历史遗产，不是为了浅尝辄止的现实功利，乃是为了长远的民族未来。于是，近代湖湘文化的当代赓续性问题，不仅显现出其重要意义，还考验我们的判断能力。

---

[1]《马克思恩格斯论艺术》第1册，人民文学出版社1960年版，第189页。

细心的人会发现，我们不笼统地说湖湘文化，而说近代湖湘文化，这是有讲究的。这意味我们指涉的是一种过去时态的文化形态，坦率言之，我们怀疑，在当下是否依然存在像当年那样由湖湘文化纵横驰骋的历史语境。这包含两层意味，其一，对当下社会而言，近代湖湘文化已经风光不再。其二，具有当代魅力的湖湘文化并未建构起来。经验事实昭示，当代中国社会的主流文化形态决不能用湖湘文化为符号来加以概括，如果我们妄自尊大，硬要如此想象只能沦为笑柄。况且，当代数十年来湖南社会的发展只能说是全国中游水平。如果说这是湖湘文化哺育的结果，也只能让湖湘文化蒙羞。于是，一连串尖锐的叩问就出场了：我们还有必要去建构具有当代性的湖湘文化吗？而这正是相当一部分人的憧憬。在当代语境，我们难以相信，这种具有当代性的区域文化建构还能复兴近代湖湘文化当年的辉煌。如果我们不再指望它具有当年的辉煌，那么，建构当代湖湘文化究竟想达到什么目的？指望它成为区域性的精神和行为的规范吗？如果这样，这种区域性的精神文化形态和国家性的精神文化形态又是什么关系？假如它只是国家性精神文化形态的本土化译本而已，这样的文化建构又有多大意义？这些问题，难道不值得思考吗？可是我们又思考了多少呢？

　　我们认为，近代湖湘文化是特定历史条件下的产物，它一度居于中华文化的核心地位，产生了辐射全国的影响力。在某种意义上说，近代湖湘文化就是近代中国文化，就儒学传统而言，它淋漓尽致地展现了儒学文化的核心理念和文化生机，从而成为中国儒学社会能量所能企及的最高阶段。也正因为如此，随着时代推进，其辉煌的文化影响很难再现。作为一种稳定的文化形态，它已经完成自己的历史使命。我们还必须特别意识到，近代湖湘文化的辉煌联系着乱世的社会背景，无论立场如何，保守还是革命，封闭还是开放，其实并不特别重要，特别重要的是，这是以政治博弈为中心的时代，是以救世为道德担当的时代，是以牺牲为人格风范的时代，是以暴力斗争为行为方式的时代，是必须走出湖湘才能实现勋业的时代。如本书所述，诸此种种，都是湖湘文化的强项。或者说，湖湘文化是治乱世的文化。所以，历史选择了湖湘文化，或者说，湖湘文化哺育出来的湖湘人拥抱了历史，书写了湖湘文化的近代辉煌。而一旦脱离乱世这个社会条件，湖湘文化就很难气壮山河。不妨翻阅历史文献，哪一个升平治世，湖湘文化大放过异彩？悠悠数千年，湖湘大地几曾有过领先全国的繁盛社会小气候？或许治平乱世就是湖湘文化的历史宿命。

或有问，湖湘文化既然能在治平乱世中大放异彩，为何不能在治世的建设中依然发扬光大？这就涉及到乱世文化与治世文化的差异了。对此，我们的思考也很不成熟，但不妨谈谈粗浅看法。

为何会有乱世？简单地说，就是社会平衡的机制被彻底打破，社会成员的利益冲突达到了爆发点，集中表现就是政权危机——保卫和夺取政权成为解决社会矛盾的中心任务。于是，社会生活便以政治斗争为中心展开。政治当仁不让地担任主角。乱世中最光彩照人的就是政治从业者，其中出类拔萃者就成为英雄。乱世的一切社会生活都将以政治意志为转移——政治化的经济，政治化的科学，政治化的文艺，等等。经验告诉我们，乱世政治似乎只能是暴力斗争——阶级斗争。所以毛泽东说，一些阶级胜利了，一些阶级失败了，这就是历史。他还说，必须以阶级斗争为纲。治乱世既然是阶级斗争，就会有阶级斗争的一整套思维方式和行为方式。比如，我们要绝对服从政治的思想和行为调控，我们要以极端的手段，即枪杆子剥夺敌对阶级的话语权，包括在肉体上消灭敌对阶级力量；我们要动员一些阶级对另一些阶级产生仇恨，进行殊死的搏杀；我们要以夺取政权为中心任务，而不是至少主要不是发展生产，满足社会消费；也不是发展科学和学术，自由地探求世界的未知之谜；更不是为了繁荣文艺，显现美学的个性和创造；就对社会成员的要求而言，我们的要求是形成战斗力——使民众成为战士，而不是让民众安享太平，安居乐业，等等。显然，上升到文化观照，乱世文化就是政治为中心的文化，就是以阶级斗争思维为核心思维的文化。

再说治世。治世就是社会成员的利益冲突保持平衡，因而社会生态保持协调稳定包括政权也表现为巩固的情状。与此相适应，以阶级斗争为手段夺取政权的革命党也转化为代表全社会成员利益，为全社会成员谋福祉的执政党。在治世，政治依然不可缺席，但政治的使命不是围绕保卫政权和夺取政权的斗争而展开，其功能主要指向社会管理和协调，指向经济建设，而不是阶级斗争。政治的权力也不是高度集权和强制，而是有足够的宽容度和协商度。经济也从对政治的高度配合，转向安居乐业的民生福利创造，而不是培植政治斗争的战斗力或生产力。在这个意义上，经济基础的建设成为社会主题和中心，作为上层建筑的政治则回归其位成为经济基础的服务者。此外，科学和学术的指向也应该多元化，自由化，以尽量释放智慧的灿烂。文艺的追求也应该使个性和想象力充分张扬。至于人们的生活方式，则更应该远离仇恨的博弈，而转向百花齐放，相安无事，自得其乐的生活姿态，等等。总之，治世文化应该使社会的精神和物质福利放大与丰饶，而这一切都意味着乱世文化的退场。如果此时我们还念念不舍乱世文化，就可能遭遇社会的蒙难——我们并非没有刻骨铭心的教训。

行文至此，我们就该叩问湖湘文化了。在乱世大放光彩的湖湘文化，还能胜任新的历史使命么？我们不得不怀疑，湖湘文化传统中的政治痴迷、道德痴迷、救世痴迷、斗争痴迷以及对激烈生活方式的痴迷，是否能适应治世那种平和而自由的生活节奏？不得不承认，上述治世文化所指向的种种要求，湖湘人的作为中并无特别杰出的表现。当代是一个以经济建设为中心的时代。而湖湘文化重政治轻经济的尴尬就凸显出来，湖湘文化的经世致用，其实只是指向政治作为。长期以来，湖南的工业经济和商业贸易，以及与此相关联的科技发展实在令人汗颜。《中国近代史词典》共收录近代湖湘名人110人，其中资本家仅聂缉椝一人，在上海经营纺织业。1904年他携巨款回家乡办实业，发现根本不具备发展实业的条件，只好买了五万亩湖地，讽刺性地当了传统的地主老财。1904年，湖南留日学生401人，占中国留日学生的14%，学实用技术的不足20人。其中只有范旭东学有所成。但是他回国后也没能在湖南施展作为，而是在天津创办了永利制碱公司，成为中国化工业的开山祖。曾国藩、左宗棠都有办洋务的开拓性业绩，可是他们办的主要是维护政权需要的军工业，不是民生工业，同样是玩政治。1949年，湖南全省工农业总产值只有19亿元，其中农业占83%，工业和商业两项合计仅占17%，平均只有8%左右。第一届中央人民政府中63位国家政治领导人，湖南人有11人，约占六分之一，1956年中共八届一中全会选举出17名中央政治局委员，湖南人7人，占总数的41%，中央委员97人，湖南人30人，占总数的近40%。均位居各省份之冠。可是在50年代，中国科学工作者协会第一届的15名理事长和理事的名单中，没有一个湖南人。①可见湖南人一进入经济建设，一展示第一生产力的科技能力，就显得力不从心。近代以来，湖南人的排外之持久之激烈，为全国之最。甲午战争前，外国传教士唯一无法立足的省份就是湖南，湖南被传教士望而生畏地称之为"铁门之城"。郭嵩焘也仅仅是多说了几句要向西方学习，就被湖湘绅士怒骂为"桑梓败类"、"汉奸"、"鬼奴"，最后郁郁而终。甲午战争前，湖南没有产生过一位维新思想家，没有创办一所新式学堂、一份新式报纸、

---

① 参见沈其新《文化大轮回——湖南文化大发展的序幕》，《湖南社会科学》1989年第1期。

一家真正的近代企业。正如当时舆论所言："湘中向不与外人通,读书积古之儒,几至耻闻洋务,西人所为守旧之党,莫湘人若也。"①熊希龄也凄然感叹:"湘人畏风波之险,老死不敢出洞庭一步,既无游历,岂有见解?蛮习未化,厥有由来!"②于是,想要有大作为,就要走出湖湘,就出现了"墙内开花墙外香"的"楚材晋用"现象。如倡导现代政治的郭嵩焘、曾纪泽、黄兴、宋教仁、蔡锷以及毛泽东、刘少奇、任弼时等湖湘英才都是走出湖湘才实现了作为。这似乎意味,即使湖湘文化思维充满魅力,也产生很难在故乡施展作为,开花结果,使湖湘本土成为文化表率之地。湖湘大地是英杰的产床,未必是英杰的舞台。

当下有些研究湖湘文化的学者,总结湖湘文化时常用"敢为天下先",甚至用"开放"的判断词,想必是把湖湘人走出湖湘建立勋业,行为处世敢冒险,敢玩命,喜欢走极端,视为敢为天下先,视为开放,其实大可商榷。敢为天下先不是简单的敢冒险,敢玩命,敢走极端就能包含的,更重要的是敢于首创性地挑战传统,离经叛道,否定自己的昨天,走出一条富有生机的新路,开放也并不仅仅是走出湖湘就能包含的,它还意味着兼容甚至接纳不同的价值体系。细细考量,湖南人这些方面的作为,未必令人充满惊喜。中国思想史上,湖南人几乎没有在背叛传统的意义上提出过原创理论性的新思想。魏源作为睁眼看世界的第一人,提出"以夷治夷",也是以维护传统为目的。湖南人走出湖湘,不屈不挠的斗争,很难说都是为了否定自己曾经的信仰,如陶澍、贺长龄、曾国藩、左宗棠他们走出湖湘,驰骋中国,恰恰是为了维护自己的旧有信仰。即使是革命者,也未必完全能叛逆传统,比如道德崇拜、内圣外王、人治天下的儒学基本理念,就胎记般地深深地烙印于几乎所有湖湘英杰的行止中。和湖南人接触,你还会发现,他们很少会服软,妥协,认错。他们太自以为是了。这又使我们联想湖南人比较意气用事的性格特点。亦即许多学者说的湖南人喜欢"窝里斗"现象。其实湖南人的窝里斗,不能理解为他们是对外人软,对老乡横,那样也未免太把湖南人小人化,虚伪化,外强中干化了。其实湖南人对外对内都比较咄咄逼人。可能对外人出于风度要客气一点罢了。确当地说,湖南人比较意气用事。如左宗棠和曾国藩,左宗棠和郭嵩焘,曾国藩和李元度的交恶,更多是意气用事,不够冷静,不

---

① 《申报》1898年第9074号。
② 林增平、周秋光主编:《熊希龄集》上册,湖南出版社,第48页。

够理智,不够妥协,不够委婉,不够宽容所致,再说白一点,他们的冲突不是出于心计太强,而是自尊心太强。这反而说明他们性格中的率性。意气过后,他们彼此还是惺惺相惜。曾国藩说左宗棠:"论兵战,吾不如左宗棠,为国尽忠,亦以季高为冠。国幸有左宗棠也。"左宗棠亦言曾国藩:"谋国之忠,用人之明,自愧不如元辅;同心若金,攻错若石,相期无负平生。"可见放下意气,他们还是能客观地看待对方的。但不管怎样,意气用事,斗争性太强,团结人的效果就必然差。湖南人更多是靠才华和权威而不是更多靠科学的理智和心灵的沟通建立信赖,对治理天下而言,无疑是一大忌。说来说去,都和封闭保守,重政治,轻经济的民风传统相关,就思想根源而言,都与根深蒂固的儒学传统相关。诸此种种,就形成湖南人上马打江山是豪杰,下马治江山就显示出文化的局限。

因而我们不能不产生困惑。似乎,湖湘人更适应英雄的时代。时移世易,时代对救世英雄的依赖大大降低,对英雄的权威也不再怀抱一呼百应的敬畏,治世的人们更热衷于自以为是地各自经营自己的日常生活,习惯于成为英杰带领民众摧枯拉朽创造伟业的湖南人在很大程度上已经失去了风云舞台。共和国近七十年的历程中,湖湘大地波澜不惊,表现平平,已经给我们足够的暗示,近代湖湘文化激荡中华的局面,已经一去不复返了。近代湖湘文化的主要品格难以适应新时代的要求,除非我们对近代湖湘文化进行脱胎换骨的改造。可是,一旦进行脱胎换骨的改造,比如,不再政治痴迷,不再道德痴迷,不再斗争痴迷,不再迷恋激烈的生活方式,湖湘文化还是湖湘文化么?总之,我们困惑重重。

马克思说:"当旧制度自身相信而且也应当相信自己是合理的时候,旧制度的历史就是悲剧性的。……历史的进程为什么是这样呢?这是为了使人类能够愉快地同自己的过去诀别。"[1]我们考察近代湖湘政治精英群体及其创造的近代湖湘文化辉煌,就是怀抱这样一种心情。我们对前辈的英雄主义勋业充满敬意,但走向未来的进程中,似乎又不得不与他们诀别。这当然绝不意味他们没有给我们启迪和营养,他们的担当,他们的求索,他们的殉献,他们不屈不挠的斗争意志包括他们对道德崇高的憧憬,等等,都经由更高的抽象,以新的形式滋养我们。问题在于,这些滋养,不再以湖湘文化的名义。因为这些滋养已不属于湖湘文化的个性,而融汇到中华民族精神甚至融汇到普世的人类精神之中。我们没有必要

---

[1] 《马克思恩格斯论艺术》第1册,人民文学出版社1960年版,第76—77页。

给这些精神传统再画蛇添足地冠以湖湘文化的称谓。喧嚣而辉煌的湖湘文化时代过去了，那就让它过去吧。我们迎来新的时代，应该拥抱新的文化——不是复兴湖湘文化，而是融入富有时代生机的新文化之中。难道这样不好么？或许此时此刻，我们应该满怀激情地吟哦一位湖湘英杰的诗句："俏也不争春，只把春来报，待到山花烂漫时，她在丛中笑。"

后记：我与湖湘文化

罗宏

我虽是湖湘子弟，但对湖湘文化发生兴趣是近两年的事。

一次去探望80高龄的叔叔，说起我父母当年订婚的事。大约1950年，我父母都参军，在部队相识并确立了恋爱关系，征求祖父意见。祖父当时寓居北京，等待中央政府安排工作，他是旧文人，青壮年时以幕僚身份辅佐过不少民国军政要员，可谓湖湘名士。他有不少老观念，大概认为当兵的姑娘不够淑女，就沉默以对——可能因为母亲在场，留了面子。事后祖父又向父亲了解母亲家世。父亲念过中央大学（现南京大学），1949年参军后在部队当文化教员，当时算"大知识分子"了。便说了母亲的籍贯和文化程度，想强调彼此都是老乡而且母亲也是知识女性。祖父听罢愣了一下，问，她是善化贺家小姐吗？父亲还不明蹊跷，又尽其所知说了几句，祖父态度立即发生了转变，说道，既然是贺家小姐那就错不了，你们订婚吧。此时父亲还一头雾水，后来才知道，母亲是湖湘望族之后。说到这里，叔叔问我，你妈妈给你说过她的家世吗？我自然摇头。叔叔笑道，你该去了解一下。我好奇地追问，叔叔只是笼统地告诉我，他只知道善化贺家有很多兄弟，最出名的是贺长龄，清代当过云贵总督。

这年春节回老家，有意识地清理了一下父母遗物。发现在一个纸袋里，集中收藏着母亲的大学毕业证书，她的团证，她受到的表扬证书，她翻译的俄文资料，她参加某次县级人民代表会议的入场券，还有我儿子小时候的涂鸦、作文本，她退休后每天家用的开支，以及病重期间每天的治疗记录……我突然意识到，细心的母亲默默无言，一点一滴地记录着自己走过的人生。这个意义上，母亲又是一个热爱生命的人。睹物思人，深深愧疚。对生我养我的母亲，我知道的是那么少，是那么的忽略。这种忽略，肯定是母亲人生中的遗憾，甚至构成对她的伤害，可是她默默承受，从未吱声——这就是母亲。

然而我没有发现母亲家世的资料。这是因为那段噤若寒蝉的历史，不奇怪。但是我在父亲的遗物中，却有了意外的收获，为人谨慎、党性极强的父亲竟然存留了一份祖父的亲笔遗嘱。这是祖父于抗日战争时期在重庆任政府国史馆顾问时写下的，当时发生了什么变故不详，他在遗嘱中向多位民国政要及文化名流交代后事，格外引人关注。我突然意识到祖父是个承载着历史风云的人。于是，父母的家世之谜吸引着我。随着对史料的查询，父母的家世一点一点清晰起来，我也不知不觉地进入了清代以来的湖湘历史。

先说说母亲的家世。母亲出生在长沙显望的善化贺氏家族。母亲的先祖贺知章，是唐代武则天时代的状元，官至礼部侍郎。他是大唐著名诗人，与李白等号称"醉八仙"，书法亦绝，与张旭、怀素并称"唐草三杰"。清代，母亲的十世祖宏声公由浙江赴湘为官，从此落地生根，掀开了湖湘善化贺氏一脉的家族史。母亲的五伯高祖贺长龄是清嘉庆朝进士，官至兵部尚书、云贵总督，是湘中士人领袖。他在魏源相助下主编的《皇朝经世文编》，成为清代经世派的经典文献。六伯高祖贺熙龄，嘉庆朝进士，官至湖北学政，后为长沙城南书院山长，是左宗棠、罗泽南、罗汝怀等人的老师，也是经世派重要人物。高祖贺桂龄为道光朝进士，与李鸿章、沈葆桢、张之万、郭嵩焘同榜。官至潮州知府同知，主持过粤海关事务。贺家一门同胞三进士，至今是湖湘美谈。贺家的姻亲，陶澍、曾国藩、左宗棠、吴其濬、劳崇光、何凌汉、丁善庆、唐鉴、胡林翼、彭玉麟、徐树铭、郑敦允、黄自元、张百熙、黄兴等都是赫赫有名的湖湘英杰，在中国近代史上都有可圈可点的勋业。母亲的祖父贺师谦，为新疆边塞要镇伊犁知府，敕二品资政大夫退休。伯父贺家栋继任知府，辛亥年举兵起义，掀开了新疆的民国史扉页。父亲贺家梁随父兄戍边伊犁，掌文案。民国初年赴日留学，修政法。回国后在湖南警厅任监察长，抗战后退休为地方乡绅。至于母亲的平辈兄弟姊妹中，也是英才云集。总之，母亲的家族在湖湘近代史上有重要历史和文化地位。

再说说父亲的家世。父亲也出身于一个湖湘望族——鼓磉洲罗氏家族。始祖应隆公于明代洪武年间自江西迁湘，至第五代，家族出了一位富豪叫罗瑶。乐善好施，热心教育，资助茶陵乞儿张治读书，张高中进士而位拜尚书大学士的故事至今流传。后来罗瑶去世，张治回报恩公，买下鼓磉洲以葬，明皇敕崇义坊以彰。罗瑶墓地如今成为株洲市级文物保护单位。也就是从罗瑶起，鼓磉洲罗氏成为湖湘望族，族中文武英杰迭出，如罗典、罗修源、罗云皋、罗汝怀、罗逢元、罗立德、罗经德、罗萱、罗启勇、罗正均、罗学瓒、罗哲等等，见于史志记载者数十人，绵延不绝500年。其中以罗典的文化贡献最显赫。典公是乾隆十二年乡试解元，十六年殿试一甲第四名进士。进仕后官至鸿胪寺少卿。乾隆二十一年为顺天乡试主考官，二十七年为河南乡试主考官，二十八年为会试同考官，三十年为四川学政。后还乡执掌岳麓书院27年，近代湖湘英杰大都是罗门弟子。上述母亲的伯高祖长龄公、熙龄公均为罗典得意门生。罗贺两家的缘分有二百余年交集，难怪祖父听说母亲是贺家姑娘立即答应了亲事。

  至于我祖父罗正纬，也值得说两句。他是清代最后的举人，毕业于湖南优级师范，师谭延闿。民国元年与友人符定一等创办湖南省高等学校（现长沙一中），学门弟子有毛泽东等英才。谭延闿督湘，他受聘为顾问，省参议员。民国四年，受袁世凯聘为参议院一等一级主事。获得四等嘉禾勋章。段祺瑞主政时为国会众议员。五四运动，他与李大钊、黄佑昌等发动国会议员弹劾曹汝霖，后又与蔡元培、刘揆一等组织国民外交大会，保我国权。南北和会期间，与湖湘名士发动驱张运动。大革命期间，祖父作为谭延闿顾问随谭入粤讨伐陈炯明，并与同学方维夏等从军北伐，直捣武汉。宁汉分裂后，祖父去职，就任张之江的顾问，后为冯玉祥的顾问，主持西北军文宣。抗战狼烟起，祖父入川为国史馆顾问，行政院参议。战后返湘潜心学问，有学术著述及诗文集二十多部。至新中国成立，年近70的祖父寓京寄住黎锦熙等老友处，贫困无奈，求助毛泽东。得到毛的慰问资助，拟安排国家文史馆就职。不幸中风病故。

  总之，说起湖湘近代史和湖湘文化，贺家和罗家是绕不过去的两大家族。以前从教科书中，我也大致了解近现代历史的风风雨雨，可是如今发现历史的道路上烙印着先人的足迹，感觉格外亲切，对资料的研读也比较认真，便有所发现，有所感悟，一点一滴串联起来，越来越强烈地感到，中国的近代史和湖湘精英们极为密切地关联着，谈论这百年历史，几代湖湘英杰就会迎面而来。学界谈论的湖湘文化，很大程度上就是近代湖湘英杰所书写，离开近代湖湘英杰，湖湘文化作为一种区域文化形态未必会受到如今这样的关注。可以说，湖湘文化是中国近现代文化的浓缩，也是透视中国近现代壮丽风景的一个绝佳窗口。那么，我是否能伫立于这扇窗口，领略一下视域中的历史风景呢？我最感兴趣的是，包括我的先人在内的近代湖湘英杰，是怎么走进历史的，他们给后人留下了什么遗产，而今天的我们又该向何处去。

于是我向湖湘出发了，踏上生养我的父母先人而我却从未问津的故园，湘江航道中的鼓磉洲孤岛，长沙高桥那片翠竹环抱的田园。父老乡亲热情地接纳了我，拿出了残破的族谱，拼接久远的记忆……我感到激励，更感到压力。其实并不自信，我的专业是文艺学，并非历史，尤其惭愧的是，这辈子没有潜心做过学问，可以说，真正主动想完成的研究课题，这是第一个。我并不想简单地复现先人的行状，只是想索解先人存在的理由。马克思说过，让死人复活起来，是为了赞扬新的斗争，而不是让死人的幻影重新游荡。先人在我面前，是一种文化姿态，是一个超出血缘赓续的群体。事实上，我不仅仅想了解先人，更想和全体湖湘英杰对话——这需要扎实的积累和功力，实在有些力不从心。于是又忐忑地拜访求教了许多湖湘学者和专家，如唐凯麟、唐浩明、周秋光、朱汉民、邓洪波、伍新福、熊治祁、龙长吟、兰甲云、雷树德、梁小进、罗立洲、徐新民……没想到，得到了一致的肯定与鼓励。著名曾国藩研究专家唐浩明先生说，对于近代湖湘英杰书写的业绩，人们如数家珍，你确实没有优势，至于这个群体怎样形成，怎样创造业绩的内在脉动却语焉不详。你做这个课题，还有一般学者不具有的家族后人身份和视点，有特殊的动力和激情。而且你父母的家族，就师承姻亲关系而言，可以把近代湖湘政治文化精英人物几乎全部穿连起来，这方面有很多认知空白点。你观察的角度有所突破，给予历史某种新解释，这个课题就很有价值，考据功夫差一点也可以接受。殷殷鼓励，终于激励我下定决心，开始了课题之旅。

就在我张罗收集史料的时候，经徐新民教授介绍，结识了历史学博士许顺富教授。他的主要研究领域是近代湖湘绅士群体，著有《湖湘绅士与晚清政治变迁》《湖湘绅士与近代湖湘文化变迁》等著作，知识覆盖面和我的研究对象基本吻合，史料和知识的积累十分厚实，尤其是相交后谈及有关话题，十分投机。我心一动，何不邀请他合作，这样我至少在史料和知识积累方面走了捷径，可以弥补我的学识短板，便坦诚地向许教授表达了合作意愿，许教授欣然应允。自此，我的课题也就成为我和许教授共同的课题。在和许教授沟通的基础之上，由我拿出了写作大纲，定名为《湖南人底精神：湖湘精英与近代中国》。许教授担任了六章的写作，我担任了三章的写作和统稿工作。后来的事实证明，我们这个课题能在两年时间内完成，许教授的加盟起了重要作用。

我们课题的基本意图是探讨近代湖湘政治精英的形成原因，在此基础上得出对湖湘文化的种种感悟。恩格斯说过："历史是这样创造的：最终的结果总是从许多单个的意志的相互冲突中产生出来的，而其中每一个意志，又是有许多特殊的生活条件，才成为它所成为的那样。这样就有无数互相交错的力量，有无数个力的平行四边形，而由此就产生出一个总的结果，即历史事变。"①恩格斯认为，由于合力的交织影响，历史的结果并不能完全符合任何一个单个意志，却又能妥协性地部分包含单个意志。这就是恩格斯著名的历史合力论，从而构成我们方方面面探讨近代湖湘政治精英形成因素的理论依据。我们将近代湖湘政治精英群体看成是各种合力产生的结果，而不认为他们仅凭雄才大略就可以创造历史。大致说来，我们有以下基本认知：

一、清代满族统治者以对儒学文化的投诚换取汉族士大夫的文化心理认同，实现了对汉族士大夫的政治招安，同时也造成满族贵族统治集团执政力的退化，反而造就了汉族士大夫群体的政治能力和政治机遇，尤其是晚清乱世的局面，是近代湖湘政治精英群体崛起的重要社会政治大背景。

二、湖湘内陆省份的乡土社会环境，如自然地理、经济地理、行政地理、文化地理的封闭性和保守性形成的湖湘特殊生态和民性，决定了湖湘本土很难形成独立繁盛辉煌的小气候，湖湘英杰只有走出湖湘才有大作为。移民迁徙以及乾嘉苗民起义等等也为近代湖湘政治精英的崛起提供了重要乡土文化条件，养成了湖湘英杰乘乱世而起的爆发力和行动力。

三、自宋代理学的湖湘植入以来，理学湖湘学派的兴起，经世致用的思想传统的形成，尤其是王夫之的思想建构，给湖湘近代政治精英的崛起提供了独特的思想资源。培养了一批以成就豪杰人格为人生理想，以卫道救世为使命，具有强大行动能力的湖湘士大夫群体。而无论是豪杰人格还是卫道与救世，只有在乱世才具有现实实现的社会舞台。

四、岳麓书院是理学湖湘学的思想重镇，也是湖湘英杰的教育摇篮，是培养湖湘英杰的思想学校和政治学校。它创造了"湖湘英杰，什九岳麓"的教育奇

---

① 《马克思恩格斯选集》第 4 卷，人民出版社 1972 年版，第 478 页。

迹，也以岳麓弟子为纽带，将近代湖湘政治精英群体捆绑成为一个岳麓弟子精英集团。岳麓书院的千年历史上只有南宋的张栻书院时代和晚清的罗典书院时代辉煌灿烂，这两个时代恰恰都是乱世。

五、近代湖湘政治精英群体从嘉庆到光绪时期可分为三代。第一代是陶澍、贺长龄为代表的经世派集团；第二代是曾国藩、左宗棠代表的湘军集团；第三代是谭嗣同、唐才常代表的维新派集团，以及黄兴代表的革命派集团。前两代英杰都以保皇为基本特征，各有其文化贡献。第三代英杰群体出现了保守与革命并存的复杂的政治取向，但依然保持着湖湘文化的基本根性。这些英杰走出湖湘创建的历史勋业成就了近代湖湘文化的辉煌，使湖湘文化成为近代中华文化的时代符号。这种文化辉煌无疑也是乱世的辉煌。

六、由近代湖湘政治精英创造的湖湘文化是一种乱世文化。它具有实用儒学理性以及激进精神的士大夫文化形态，内蕴着浓郁的道德痴迷、救世痴迷、斗争痴迷、政治痴迷的文化情怀。其经世致用诉求主要是政治诉求。就学科归属而言，湖湘文化属于政治文化形态，在社会走向治世的今天，我们应该怀抱敬意地与近代湖湘文化进行历史性的吸纳和诀别。

三十多万字篇幅的阐述无非是建构以上观点，这是我们爬梳了上千部史料和论著形成的认知。是否成立，有待学界评判指教，也有待时日检验。对我而言，算是完成了对先人的祭奠。在我的先人群体中，只选择罗典和贺长龄这对师生出场，篇幅约三万多字，算是弥补了湖湘文化研究中的某些缺失，是否成立，亦有待公论。其实，罗典公与长龄公对本书最大的贡献是支撑我持续专注本课题两年之久，对我这个无常性的书生而言，是空前也是绝后的。有心人会发现，我们并不在意给湖湘英杰怎样的历史荣誉，在意的是湖湘英杰们给今天提供了怎样的启示。一位朋友看了初稿说，说来说去，好像没给湖南人长多大脸呀，不就是说他们是一帮乱世枭雄，曾经牛过，现在过气了吗？朋友还有些尖锐地问，你未必想学亚里士多德，想来一个我爱先人但更爱真理？我坦然回答，我们研究前人不是为了崇拜，而是为了超越。因为我们不能活在过去，只能活在今天和未来。诚如鲁迅所言，要我们保护文化，首先文化要保护我们。如果先人的辉煌不再能够呵护后人，后人的诀别天经地义。

顺着话题再多说几句，进行本课题的过程中，我们还发现，近代湖湘精英群体还是一个以姻亲关系和师生同学关系组织起来的亲戚集团或者说师生学友集团,如贺长龄家族便联姻了十几位巡抚总督级别的显赫亲家,以岳麓弟子身份联系起的师生学友人脉关系就更为壮观。人们都说,湘军集团格外有战斗力,大多数湘军的战例都是以弱胜强,其中不乏以一当十的战例,这种姻亲师友背景显然对湘军战斗力的提升起着重要作用。此外,这种姻亲师友关系也可以使我们更直观具体地感受中国宗法社会的组织机制。我们的下一个课题,就是"姻亲视野中的湖湘家族",无疑这是一个更艰难的课题,也是一个充满传奇故事的课题。但我们兴味更加盎然。我们已和相关家族的后人取得初步联系,得到了响应和支持,他们会提供相关的家世资料,我们的研究团队也会扩充。我们相信,下一部著作会有更多鲜活的史料和故事,至少会更有可读性。

最后,还想对给我提供帮助的朋友及同学表示感谢。除了上文提及的湖湘学者专家外,还有我的老师、同学、同事、朋友,以各种方式给我牵线搭桥,提供资料和建议,接待食宿,使我们的课题大大提高了效率,节约了经费,这是我不会忘记的。至于我的亲人群体提供的照片、回忆录、家谱、档案、著作等更具特殊史料价值,同样使我铭感于心。鉴于人数太多,就不一一点名拜谢了。不过,要特别提及我的族叔罗学勋教授,他已90高龄,是罗典公的直系六代孙,知我在做这个课题,他说,鼓磉洲罗氏家族后人中你可能是最有专业能力完成这个课题的人了,一定要用科学的精神把这个课题做好。他的嘱托和希望,对我具有特殊的激励。此外,还有罗典故里,湖南株洲市天元区栗雨街道高塘社区的罗氏族人们,作为罗典后人,积极支持我完成课题,给我提供了不少原始素材和采访的方便,也是我难以忘怀的。总之,现在呈现于世的著述,是诸多专家、朋友、同学、亲人支持帮助的结果。谢谢了。

图书在版编目（CIP）数据

湖南人底精神：湖湘精英与近代中国/罗宏，许顺富著. -- 北京：新星出版社，2017.1
ISBN 978-7-5133-2305-5

Ⅰ.①湖… Ⅱ.①罗… ②许… Ⅲ.①文化史-湖南-近代 Ⅳ.① K296.4

中国版本图书馆 CIP 数据核字（2016）第 226365 号

湖南人底精神：湖湘精英与近代中国

罗宏 许顺富 著

责任编辑：简以宁 冯文丹
特约编辑：陶梦月
责任印制：李珊珊
封面设计：阳洪燕

出版发行：	新星出版社
出 版 人：	谢 刚
社　　址：	北京市西城区车公庄大街丙3号楼　　100044
网　　址：	www.newstarpress.com
电　　话：	010-88310888
传　　真：	010-65270449
法律顾问：	北京市大成律师事务所

读者服务：010-88310811　　service@newstarpress.com
邮购地址：北京市西城区车公庄大街丙3号楼　　100044

印　　刷：	北京市松源印刷有限公司
开　　本：	720mm×1000mm　　1/16
印　　张：	23.25
字　　数：	329千字
版　　次：	2017年1月第一版　2017年1月第一次印刷
书　　号：	ISBN 978-7-5133-2305-5
定　　价：	68.00元

版权专有，侵权必究；如有质量问题，请与印刷厂联系调换。